대만
유학

그 은밀한 탄생과 발전

대만유학

그 은밀한 탄생과 발전

臺灣儒學

진소영 지음   최영진 · 선병삼 옮김

성균관대학교
출판부

Contents

1장 유학의 대만 전래 및 발전: 명정에서 일본 점령 시기까지

2장 청대 대만 교육 비문에 나타난 주자학

 이 책은 2000년 3월에 정중서국에서 초판이 나온 후로 2쇄를 찍었다. 이제 정중서국에서 판권을 넘겨받아 대만대학 출판사에서 약간의 틀린 부분을 바로잡고 『동아문명연구총서』로 새롭게 출판하게 되었다. 근래 대만 연구는 하강세이기는 하지만 대만 유학이 갖고 있는 국제성과 지역성 및 근원성은 여전히 깊이 있게 탐구해야 할 대상이다. 가령 유학과 반제·반식민지주의의 결합은 학술적인 상상이 아니라 일본 점령 시기에 엄연히 존재했던 역사적인 사실이다. 이외에도 400여 년 동안 유학과 대만 원주민 간의 상호작용은 유학과 비한문화권 또는 변경문화와의 관계를 설정하는 데 유용하면서도 구체적인 사상사적 자료를 제공한다. 그렇지만 현재 유학 연구는 전통유학의 '대서사(grand narratives)' 및 '대이론(grand theories)'을 중심으로 전개되는 과정에서 자연스레 유학전통 중의 '대가(great writers)'가 중심이 되어 '소가(minor writers)'는 여전히 소외된 상황이다. 대만 유학에 등장하는 인물이나 주제는 유학 대전통에서 보자면 소전통이라고 할 수 있는데, 이에 대한 탐구가 이미 경전화된 인물들과 주제를 대체할 수는 없지만 현재의 문제를 새롭게 접근하는 역할은 할 수 있을 것이다.

 이 책이 출판되자 여러 선배 학자들이 격려를 해주었는데 상해의 나의준(羅義俊) 선생 서평은 가슴에 명심하고 있다. 또한 일부 젊은 학자들이 이 책의 논의를 기반으로 대만 유학의 새로운 문제를 탐구하고 있는데 좋은 결과를 기대한다. 본인은 개인적으로 학문적인 관심이 넓어서 앞으로 대만 연구에만 국한하지는 않을 것이다. 물론 앞으로 본인의 연구가 대만 유학과 직접적인 관계를 맺을 가능성은 희박하기는 하지만 대만 유학을 공부한 경험은 본인이 유학을 연구하는 데 훌륭한 안내자가 되었다. 이제 재출판에 즈음하여 대만 연구에 몰두하던 그때의 마음과 현재 대만의 상황을 생각해보니 만감이 교차한다. 그러나 외부의 여건과는 상관없이 현재 대만의 유학 연구자들은 다음의 확신을 견지해야 한다. 유학은 대만에서 단지 지나가는 과객이 아니고 경전과 같은 존재이다.

대북 서방풍첨(書房風簷)에서

2010년 10월 12일

천년이 지나도 닳지 않는 마음

1993년 가을부터 대만대학 중문과에서 학생들을 지도하기 시작했다. 그때 개설한 '대만 문학' 과목에 3개 반 120명의 학생이 수강했다. 1년 동안 진행된 수업은 선생과 학생이 혼연일체가 되어 유쾌하면서도 열띤 토론을 벌여가며 서로가 성장하는 좋은 기회가 되었다. 그때를 회상하면 지금도 흥분이 가라앉질 않는다. 1994년 여름, 『대만의 본토화 운동에 관하여: 문화사적 고찰』이라는 장편의 논문을 완성했다.(이 논문은 『대만 문학과 본토화 운동』, 정중서국, 1998년에 수록) 이 논문은 바로 1년 동안 진행한 수업의 총결산이라고 할 수 있다. 그해 8월에 열린 제3회 '고웅 문화 발전사' 토론회에서 이 논문을 발표하였는데 큰 반향을 얻지는 못했다. 1995년 2월에 오전성(吳全成) 선생이 주편을 맡고 있는『중외문학(中外文學)』에 요약본을 발표하였는데 본토화 논쟁을 불러일으켰다. 당시 독파(獨派) 학자들의 집중 포화 속에서 왕효파(王曉波) 학형, 요함호(廖咸浩) 은사, 진영진(陳暎眞) 선생, 임서양(林書揚) 선생 등이 성원을 보내주었다. 첫 번째로 '논쟁'이라는 특수한 상황과 논쟁에 빠진 당사자의 심정을 경험하게 되었다. 중국 사상사는 선진시대부터 민국 시기까지, 그리고 1960년대와 1970년대 대만에서 펼쳐진 '논쟁'은 모두 창조적인 사상의 불꽃을 일으키는 부싯돌이나 전통사상을 새롭게 거듭

나게 하는 채찍과 같은 것이었다. 본인이 이 논쟁에서 얻은 가장 큰 수확은 '대만 유학'을 새롭게 인식하게 되었다는 것이다. 1995년 4월 23일 중앙연구원에서 계획한 '당대유학(當代儒學)' 제3차 토론회에서 『현대 유학과 대만의 본토화 운동』(이 논문은 『대만 문학과 본토화 운동』에 수록)을 발표하여 열띤 토론을 불러일으켰다. 이 글은 4월경 논쟁에 말려든 당시의 심정 하에서 앞서 발표한 『대만의 본토화 운동에 관하여: 문화사적 고찰』의 논리를 계승한 글이다. 나는 논문 중에 '대만 유학'이라는 용어를 사용하면서 글 말미에 이렇게 적었다. "대만 유학의 근원에 대한 탐구는 전체 중국 유학이라는 '후산(後山)'으로 우리를 데려갈 것이며 이 '후산'은 또 다른 '전초(前哨)'가 될 것이다." 대만 유학을 새로운 연구 영역으로 삼는 것은 분명 유학 연구에서 낯선 시도임에는 틀림없지만 내 마음 깊은 곳에 자리한 대만 정감과 중국 정감이라는 이 두 가지 정감을 어떻게 조화시킬 것인가에 대한 해결 방안으로 제출한 것이다. 논쟁에서 대만 유학에 대한 연구로의 전환은 마치 대장간에서 방앗간으로 업종을 전환한 것과 같아서 물방울로 바위를 꿰뚫는 것과 같은 지난한 작업이 사방에 불빛을 날려 보내는 것 같은 열기를 대신하였다. 나는 이 침잠의 공부를 즐거운 마음으로 받아들였다. 이 자리를 빌려서 논쟁 중 나의 논적이었던 분들에게 감사의 마음을 전한다. 특히 진방명(陳芳明) 선생에게 감사의 마음을 전한다. 1997년 9월 중앙연구원에서 우연히 선생을 만났는데 당시 마음에 '서로 만나 한바탕 웃음 속에 은원(恩怨)이 말끔히 가시네'라는 감회가 용솟음쳤다.

대만 유학이라는 말은 근원의식과 본토의식을 담고 있으며 대만 유학은 유학의 보편성을 증명한다. 근원성이 없이는 보편성을 증명할 수 없다. 이는 유학에서 '경(經)'과 '권(權)'의 관계로 '경전'과 '경전 해석'의 관계와 유사하다. '해석'(일종의 '권(權)'으로 권변)은 당연히 '경전'에 근거한다. 해석은 해석자가 처한 시공간에 근거하여 경전에 대한 반응, 해석, 수정, 재창조이기 때문이다. 한편 '경전'도 '해석'에 의존한다. 어떤 시대와 지역에서도 반응과 해석이 가해지지 않는 저작은 '경전'이 아니다. '경전'의 특성은 시공적 차이에 상관없이 마음에 공명을 불러일으키는 무엇인가를 가지고 있어서 부단히 해석, 개조를 받으며 본래 가진 사상적 창조성을 잃지 않는다. 유학의 대만 판본 또는 대만의 유학 경험이 갖고 있는 것은 대만의 본토성과 유학의 보편성의 결합이다. 대만 유학은 대만이라는 이 작은 섬이 동아시아의 거대한 정신문명, 곧 유학전통이 결여되지 않았음을 증명하며 또한 유학의 보편윤리가 정권에서 버려지고 소외된 백성들을 교화하는 작용을 했음을 증명한다. 대만과 유학은 상승작용을 일으키는 관계이다. 이는 과거에도 그러했고 미래에도 양자가 정신문화의 창조성을 극대화하는 계기로 작동할 것이다.

중국 유학사 연구 측면에서 논하자면 유학의 각종 분파들, 가령 공자 사후의 8대 분파 또는 송유의 염락관민(濂洛關閩)의 도통을 지역적 시각을 가지고 연구하는 학자는 극히 드물다. 지역성에서 출발하여 제노(齊魯) 문화, 초(楚) 문화, 강절(江浙) 문화, 민월(閩粤) 문화, 대만 문화로 설명하는 방식은 유학 발전의 새로운 모색이 될 것이다. 대만 유학은 이러한 맥락 속에서 그 위치를 정할 수 있다. 다른 한편, 대만 유학사에서 대만 유학은 '기원', '발전', '전화'라는 3단계를 경유한다. 대만 유학은 명정시대 첫 번째 묘학을 설립하면서 시작하는데 남명 시기 유학이 표방한 경학과 경세치용 학문 전통을 계승한다. 청대는 대만 유학의 발전기에 해당한다. 200여 년의 개척을 통하여 유학은 대만에 굳건히 뿌리를 내리며 복건 주자학이 주류를 이룬다. 정명도의 고족인 양구산(楊龜山)이 민(閩)으로 돌아가서 '도남지전(道南之傳)'이 되었는데 주자학이 대만에 들어온 것을 '도동지전(道東之傳)'이라고 할 수 있다. 대만 주자학은 복건 주자학의 그늘을 벗어나지는 못했지만 그 사상의 역사성, 사회성, 문화성 측면에서 보자면 대만 주자학이 맞닥뜨린 주제들 가령 타문화(원주민 문화)와의 해후, 민간신앙(문창제군 신앙)과의 교류, 이민사회와의 상호작용 등은 모두 대만 주자학에 독특한 면을 조성하였다. 일본 점령 시기 대만 유학의 시대적 과제는 '현대 전화'였다. 50년의 식민지 경험과 1920년대 신문화 운동의 도전을 겪으면서 유학의 면모가 바뀌었다. 이민족의 지배를 받는 슬픈 역사는 유학이 주자학의 이학(理學)에서 경세적인 성격이 강한 사학(史學)과 시학(詩學)으로 그 무게를 옮기게 했으며 전체적인 정신은 남명 시기 유학으로의 복귀를 보여준다. 한편 항일운동이 구식의 화이론적 대항론에서 새로운 반식민지 투쟁으로 전환하면서 유학 또한 환골탈태하지 않으면 안 되었다. 이 시기 대만에서 '현대'라는 말의 맥락에는 어떻게 반제국주의를 할 것인가, 어떻게 서방사조를 흡수할 것인가, 어떻게 대만을 현대사회로 개조할 것인가의 문제가 담겨 있었다. 이 현대화에 참여한 지식인들은 대부분 전통학문의 교육을 받은 사람들로 문화적으로 신구의 융합을 어떻게 해낼 것인가에 그들 고민의 핵심이 있었다. 그 중 창화(彰化) 출신의 왕민천(王敏川)은 유학의 현대적 전화 여부는 현대 사회에서 유학의 존립 여부를 결정짓는다고 판단했다. 그가 보여준 노력은 대만인이 유학의 현대화에 기여한 최초의 공헌을 대표한다(왕민천의 사상에 대해서는 다음을 참조. 진소영, 『계몽, 해방, 전통: 20년대 대만 지식인의 문화 성찰』, 『대만과 전통문화』(개정판), 대북: 대만대 출판부, 2005년).

"천년이 지나도 닳지 않는 마음"이라는 시구는 육상산이 아호의 회합 전날에 읊은 구절이다. 여기서 마음은 반드시 '심학'에만 국한시킬 필요는 없을 것이다. '마음'은 대소의 구별이 있다. 작게는 개인의 정신이고 크게는 문화전통의 정신이다. "그 사람은 갔어도 그 정은 천년토록 여전하리"(도연명, 「영형가(詠荊軻)」)라는 구절은 심령의 항구성을 믿는 것이고, "글이 마음을 싣는다면 내 마음을 담아두리"(유협, 『문심조롱』 「서지(序志)」)라는 구절은 후세의 지음에 대한 기대를 표현한 말이다. 세상에는 천년이 지나도 닳지 않는 마음을 가진 사람도 있고, 천년을 뛰어넘어 고인의 마음을 아는 사람도 있다. 이처럼 시공을 초월한 '회심(會心)'은 인류의 정신활동에서 아름다우면서도 신묘한 부분이다. 역사의식과 역사 정감이 강렬한 민족일수록 '회심'에 대한 강한 욕구를 가진다. 문화의 지속은 바로 이 '회심'에 근거하며, 유학의 전승 또한 바로 이 '회심'에 근거한다. 대만 유학은 대만인의 마음과 역대 유자들의 마음이 서로 회합한 것이다. 이는 중국 유학사에서 뭇 마음이 만나는 큰 회합 장소 중에 작은 회합 장소와 같은 것이다.

이 책은 몇 년간 대만 유학을 연구한 초보적인 성과물로, 세부적이고 깊이 있는 연구는 앞으로 몇 년을 더 해야 나올 것이다. 이 책이 나오는 데 도움을 준 주호의(朱浩毅), 양적청(楊適菁) 조교에게 감사를 전하며 정중서국 편집부의 노고에 감사를 표한다. 유학을 공부한 23년을 회고하여 보자니 서복관(徐復觀), 황준걸(黃俊傑) 은사의 지도편달에 감사드리며 장영준(張永儁) 은사의 가르침, 양유빈(楊儒賓) 학형과 이명휘(李明輝) 학형의 격려, 그리고 유술선(劉述先) 선생의 고무에 진심으로 감사드린다. 유가시학 방면으로는 요위경(廖蔚卿) 은사의 가르침이 연구의 원천수가 되어주었다. 연횡(連橫)에 대한 연구는 임문월(林文月) 은사의 가르침을 통해 사고의 지평을 확대할 수 있었다. 또한 중앙연구원 문철연구소가 계획한 '당대유학', 대만대학이 계획한 '중국 문화 경전의 해석 전통의 연구' 및 2차에 걸친 '대만 유학 국제회의'(1997년, 1999년, 성공대학교 중문과 주최)에서 의견을 교환한 사우들 그리고 두유명(杜維明)

선생 및 '하버드 유학 토론회'에 참석한 학자들, 1998년에서 1999년 동안의 '케임브리지 회합'에 넘쳤던 그 뜨거운 열기, 날카로운 토론, 흉금을 터놓은 진심 등은 유학 전공자로서 가장 기억에 남는 순간으로 오래도록 기억될 것이다.

대북 서방풍첨(書房風簷)에서 따듯한 어느 날 진소영

2000년 2월 26일

1장

유학의 대만 전래 및 발전

명정에서 일본 점령 시기까지

서론

유학은 명정(明鄭) 시기 대만에 전래하였다. 명정의 역사는 남명사(南明史)의 한 부분으로 명정의 역사를 주도한 정성공(鄭成功)은 남명의 유학과 깊은 관계가 있다. 명정 시기의 대만 유학은 비록 초창기 수준이었지만 남명의 제반 유학 사조를 받아들여 청대 대만 유학의 기반을 마련하였다. 대만 유학의 또 다른 연원은 복건의 주자학으로 넓게 말하면 민학(閩學)이다. 복건성과 대만은 바다를 사이에 두고 마주 보고 있는데, 네덜란드가 대만을 통치하던 시대에 이주한 한족은 대부분 복건성 사람들이었고, 명정시대 정성공과 그 신하들 또한 대부분 복건성 사람들이었다. 또한 대만이 청대 광서11년(1885)에 성으로 승격하기 이전까지는 복건성의 직할지였다. 이런 연유로 민학의 대만 전래는 당연한 것이었다.

한족의 입장에서 보면, 청대의 대만 사회는 한족과 한족 문화가 주류를 이루고 있었다. 대남(臺南) 일대를 중심으로 유학은 한족 문화가 남쪽에서 북쪽으로 그리고 동쪽으로 확산되는 과정을 따라 퍼져나갔다. 문화의 계급적 요소로 평가하면, 정성공이 대만에 정착하기 이전에 서민계급의 한족 문화는 이미 그들의 이주와 함께 대만에 들어왔고 그 중에는 유학과 관계를 맺으면서 일상생활에 반영되어 나타났다. 그러나 사대부 계층이 보유한 한족 문화로서의 유학, 과거제, 완숙한 문학작품 및 서화작품은 명정 이후에 비로소 대만에 출현하였다. 명정이 대만을 통치한 기간은 고작 22년(1662-1683)에 불과하며 청의 통치 기간은 212년(1683-1895)이 된다. 이 200여 년 동안 한족 이주민이 증가하면서 관민 양측의 제창과 과거제를 통한 출세라는 현실적인 이유로 유학교육은 지속적으로 확대되었다. 이런 연유로 마관조약으로 대만을 양도하던 그때(1895), 대만에는 유교문화가 이미 광범위하게 퍼져 있었다. 당시 항일 농민군을 지휘한 수많은 항일 지도자들이 현지의 유학자였다는 점은 전혀 이상한 일이 아니다. 이는 남명시대 반청운동에 참가하여 기꺼이 목숨을 희생한 유학자들을 본받은 것으로, 항일 저항정신은 남명 시기 유학정신을 계승한 것이다. 다만 시대적으로 일본 점령기는 대만뿐만 아니라 아시아 전역에서 근대화의 거센 물결을 맞이하고 있었고, 전통과 변혁을 둘러싼 논쟁이 지식인들 사이에서 치열하게 전개되었다. 한편 일제의 식민 지배를 받고 있던 대만의 한족들은 일본의 동화정책 속에서 민족문화의 존망에 대한 강한 위기감을 느끼면서 전반서화론이 출현하지 않았다. 이런 과정을 겪으면서 대만은 독특한 면모를 갖게 되는데, 바로 20세기 초반 대만은 중국에서 가장 현대화가 잘된 지역임과 동시에 전통문화를 철저하게 고수한 지역이라는 것이다.[1]

---

1 대만의 근대화는 19세기 말 대만에 부임한 沈葆楨과 劉銘傳 등에서 시작했다고 볼 수 있다는데, 특히 유명부는 대만 근대화에 지대한 공헌을 했다. 일본인이 대만에서 전개한 근대화는 이를 바탕으로 확대·발전시킨 것이다. 물론 일본인들은 근대화를 통하여 대만을 자신들의 남진기지로 이용하려는 목적을 가지고

이런 모습은 기본적으로 오늘날까지 계속되고 있다.

명대와 청대에 대만 유학은 짧은 역사에다가 민학의 영향을 벗어나지 못함으로써 독자적인 학파가 출현하지는 못했다. 따라서 '대만 유학'이라는 말은 대만에서 발전한 민학의 지파 또는 대만에서 뿌리내리고 발전한 유학을 지칭한다. 물론 대만 유학 자체의 고유한 특성에 대해서는 별도의 평가가 필요하다. 민학과 대만 유학의 연원적 관계를 고찰하면, 대만의 관학이나 서원에서 교육을 담당한 대부분의 교사와 학문적 조예가 깊은 대만 최고의 행정관료들이 복건 출신인 관계로 자연스럽게 민학이 대만에 유입되었다. 그 중에서도 진빈(陳賓)과 남정원(藍鼎元)은 주목할 만한 인물들이다. 특히 남정원에 대해서는 고영인과 진기방이 공저한 『복건주자학』에 자세히 소개되어 있다.[2] 이외에도 비록 대만에 직접 오지는 않았지만 대만 각지 문묘나 학교의 비문을 작성하고 대만 지방지에 여러 편의 글이 실려 있는 민학 인물로 채세원(蔡世遠)이 있다. 채세원은 복건 주자학의 주요 거점인 오봉서원에서 학생들을 지도했고 많은 이학 관련 저작들을 남겼다. 고영인과 진기방의 『복건주자학』에 남정원과 마찬가지로 청초 주자학 부흥의 대표 인물로 수록되어 있다.[3] 따라서 남정원과 채세원의 저작은 민학과 대만 유학의 연원 관계를 고찰하는 데 매우 중요한 자료적 가치가 있다.

청초에 대만부학을 설립하고 유학교육 부흥을 위해 전심전력한 진빈은 일가를 이룬 유학자는 아니지만 그가 남긴 몇 편의 교육 관련 비문을 보면 그의 유학사상이 나름의 깊이를 가지고 있으며 연구할 만한 가

있었다. 근래 일부 학자들이 근대화 논쟁 중에 일본인들의 기여를 부각하면서 유명부의 공헌을 무시하거나 심지어 일본의 원래 의도를 포장하는 시도가 보이는데 이는 적절하지 않다.

2 高令印, 陳其芳 공저, 『福建朱子學』(복주: 복건인민출판사, 1986년), 406-424쪽.

3 고영인, 진기방 공저, 『복건주자학』, 397-405쪽.

치가 높은 인물임을 알 수 있다. 진빈 외에도 대만 각지의 교육 관련 비문을 쓴 사람이 거유나 홍유는 아니지만 비문에는 그 시대상을 반영하는 내용이 있고 어느 정도는 유학사상을 반영하고 있다. 비문 외에도 서원의 학규는 당시 유학사상을 검토할 수 있는 좋은 자료이다. 또한 역대 대만 각지의 지방지에는 교사와 학생 간의 이학 관련 논문이나 상당한 분량의 이학시(理學詩)가 실려 있는데 이는 사상사를 연구하는 좋은 재료가 된다. 사상 방면에 유념한 지방지 작성자는 교육제도나 현황을 설명하는 중간에 자신의 의견을 개진하거나 지방지에 자신의 유학사상을 피력하기도 하는데 이는 마치 주석과 같은 것으로 무시해서는 안 된다.

대만에서 유학 전개 양상은 2가지 특수성을 가지고 있다. 첫째, 대만은 원래 원주민이 거주하는 지역으로 유학이 한족에게는 보편적인 교육 내용이 되지만 원주민에게는 한족화 교육이라고 할 수 있다. 유학과 이질적인 문화의 조우는 대만 유학의 독특성을 형성한다. 둘째, 명·청 교체기에 유학이 주류문화로서 원주민들에게 침투하였지만 일본의 식민통치 기간에는 비주류문화로 전락하였다. 이는 일본 문화의 강한 영향 및 대륙과 마찬가지로 신문화 운동의 영향이라고 할 수 있다. 민족 억압의 상황에서 유학은 신학문과 조화를 꾀하면서도 명정의 경세적 학풍으로 회귀하는 경향을 보여주었다. 역사(櫟社)의 시 동인 및 왕송, 홍기생, 연아당 등의 시학은 유가 사회에 대한 사실주의적 시론을 계승하며, 연아당의 사학은 식민지 대만을 서술하면서 유가의 춘추정신을 극도로 발휘하였다.

1. 명정시대 대만과 유학

명정과 유학의 관계는 여러 측면에서 고찰이 가능하다. 첫째, 정성공과 유학의 관계. 둘째, 남명의 유자들과 대만의 관계. 셋째, 대만에서 명정의 문교 건설이다. 먼저 정성공(1624-1662)은 7세에 일본에서 돌아온 부친에게서 유학교육을 받기 시작한다. 기록에 의하면 정성공은 "춘추를 좋아하고 손자와 오자서의 병서를 겸하여 배웠다. 팔고문을 공부하면서도 검술, 마술, 궁술을 익혔다. 또한 장구에 매달리는 학문에는 주력하지 않았다"[4]라고 한다. 11세에는 '쇄소응대(灑掃應對)'라는 시제를 가지고 "탕왕과 무왕의 정벌이 쇄소이고 요임금과 순임금의 읍양이 진퇴응대이다"라는 빼어난 시구를 짓자 당시 정성공의 스승이 깜짝 놀랐다고 한다.[5] 이런 대목에서 정성공은 유학의 경세적 경향이 강하다는 것을 엿볼 수 있다. 또한 그가 어렸을 적에 좋아했던 춘추학의 의리 정신이 이후 반청 사상의 기초가 되었을 것도 미루어 판단이 가능하다.

정성공은 15세(숭정11년, 1638)에 '남안학 제자원(南安學 弟子員)'에 발탁되고[6] 19세(숭정15년, 1642)에는 복건성의 향시에 응시한다.[7] 숭정17년(1644)에 청군이 자금성을 점령하자(갑신국변) 유생 신분이었던 정성공은 다른 유생들과 공묘(孔廟)에서 통곡하고 유복을 태웠다.[8] 최초의 기

---

4 江日昇, 「臺灣外紀」(대북: 세계서국, 1979년), 39쪽.

5 강일승, 「대만외기」, 39쪽.

6 강일승, 「대만외기」, 42쪽.

7 강일승, 「대만외기」, 48쪽. 정성공의 유생 시절에 대한 기록은 다음을 참조. 陳昭瑛, 「明鄭時期臺灣文學的民族性」, 「臺灣文學與本土化運動」(대북: 정중서국, 1998).

8 청병이 산해관을 돌파하여 북경을 점령하자 공묘에 가서 곡하고 유복을 불태운 일은 남방 유생들 사이에서는 보편적인 의식이었다. 유생 계층은 이제 관직에 진출할 수 없었기 때문에 공묘에서 곡하고 유복을 태움으로써 항청 의지와 평생 출사하지 않겠다는 결의를 표시한 것이다. 陳國棟, 「哭廟與焚儒服: 明末淸初生員層的社會性動作」, 「新史學」 제3권 1기(1992년 3월), 66-94쪽.

록인 정역추의 『정성공전』에는 그의 부친이 청에 항복하자 "힘써 불가함을 말했지만 받아들이지 않았다. 그는 비명에 죽은 모친을 애통해하며 군사를 일으킬 것을 도모했다. 입고 있던 유건과 유복을 문묘에서 불태우고 공자에게 4배를 올렸다. 하늘을 우러러 '어제까지는 유자(儒子)였는데 이제는 망국의 고신(孤臣)이 되었습니다. 무엇이든 조국을 위해 도모하고자 합니다. 유복을 벗어놓으니 우리 선사께서는 지켜주소서' 하고 읍한 후에 떠났다. 출정할 적에 소리 내어 슬피 눈물을 흘렸다"[9]라고 적고 있다. 갑신국변은 유생들에게는 새로운 세계로 나아가게 하는 원동력이자 단련장이 되었다. 공묘는 유생들이 집단적이든 개별적이든 항쟁을 시작하는 시발점으로, 공자는 유생들이 심금을 토로하고 '권당(捲堂, 일종의 동맹휴학)'을 아뢰는 대상이었다. 여기서 공묘가 교육, 제사 기능 외에도 사회적 함의를 가지고 있다는 것을 알 수 있다.

명정과 남명시대 여러 유자와의 관계는 대만 연평군왕 사당에 배향한 명단에서 알 수 있다. 여기에는 증앵, 서부원, 왕충효, 심광문, 고조천, 심전기, 진영화 등이 있다.[10] 증앵(曾櫻)은 동림당 사람이고[11] 서부원(徐孚遠)은 자가 암공으로 절강성 화정 사람이다. 숭정 초년에 같은 지역 출신인 진자룡(陳子龍)과 함께 "끊어진 학문은 다시 일어날 기미가 있는 법인데 그 기미를 아는 것이 신묘한 것이다"[12]라는 의미를 가

---

9 鄭亦鄒 등 저, 『정성공전』(대북: 대북은행 경제연구실, 대만문헌총간 제67종, 1960년), 5쪽.

10 연평왕 사당 종사자 명단은 다음을 참조. 연아당, 「제신열전」, 『대만통사』(수정교정판, 대북: 국립편역관 중화총서 편심회 출판, 여명공사인행, 1985년), 704쪽.

11 증앵은 '東林黨人榜'(309명)에 실려 있는데 이 당인방은 王天有, 『晩明東林黨議』(상해: 상해고적출판사, 1991년), 114-115쪽에 실려 있다. 증앵은 강서 사람으로 진사에 급제했다. 이후 융무제가 죽자 정성공을 따랐다. 영력5년(1651) 정성공이 남하하여 왕을 보호하는 틈을 타 청군이 하문을 습격할 때 당시 성을 책임진 鄭芝莞이 성을 버리면서 혼란이 발생한다. 이때 증앵은 청군에게 잡힐 것을 두려워하여 자결하였다 (강일승, 『대만외기』, 116-117쪽).

12 祉登春, 「祉事本末」, 盛成, 「復社與幾社對臺灣文化的影響」, 『대만문헌』 제13권 제3기(1962년 9월),

진 기사(幾社)를 조직하였다. 이 조직은 많을 때는 100명 이상이었다고 한다.[13] 서부원과 진자룡은 『황명경세문편』 508권을 편찬하고 서광계의 『농정전서』 60권을 개편하여 간행했다.[14] 기사가 비록 문학 활동을 위한 모임이기는 하지만 경세적 색채가 매우 짙었다. 서부원과 정성공의 관계는 전조망의 『서도어사전(徐都御使傳)』에서 서부원이 노왕(魯王)을 따라 민(閩) 땅에 들어왔다고 적고 있다. "이때에 섬 안의 군사들이 연평을 따르고 있었는데 이들 중에는 의관을 제대로 갖추지 않은 자들이 많았다. 연평은 어려서 남경의 국자감에서 공부한 적이 있어 공에게 시를 배우고 싶어 했다. 암공이 도착하자 몸소 맞이하였다. 충의를 독려하는 암공의 이야기를 경청하던 연평은 어느새 밤을 꼬박 새웠다. 무릇 중대한 일은 반드시 자문한 후에 행하였다."[15] 여기서 정성공이 서부원을 스승으로 모셨음을 알 수 있다. 서부원은 뒤에 정성공을 따라 대만에 온다.

기사는 나중에 다른 단체와 합해서 복사(復社)로 재편된다.[16] 장부(張溥)는 복사의 중심 인물로 경학을 중시했다. 그는 당시의 세태를 두고 "시서(詩書)의 도가 무너지고 염치를 모른다"라고 비판하며, "유경(遺經)을 존중하고 속학을 바로잡고 하·은·주와 같이 문명을 떨치는 자는 아마도 우리 당인일 것이다"[17]라고 했다. 복사를 결성하면서 장부는

197쪽에서 재인용.

13 성성, 「복사여기사대대만문화적영향」, 199쪽.

14 성성, 「복사여기사대대만문화적영향」, 199~200쪽.

15 陳乃乾 등 저, 『徐闇公先生年譜』(대북: 대북은행 경제연구실, 대만문헌총간 제123종, 1961년), 68쪽.

16 "당시 강북에 광사, 중주에 단사, 송강에 기사, ……각각 세력을 형성하고 있었다. 천여(장부)가 이를 하나로 합쳐 ……인하여 복사라고 명했다"(陸世儀, 「復社記略」, 『東林與復社』(대북: 대북은행 경제연구실, 대만문헌총간 제259종, 1968년), 54쪽).

17 육세의, 「복사기략」, 「동림여복사」, 54쪽.

규약에서 "세교가 쇠퇴한 후로 선비들이 경술에 통달하지 못하게 되었다. 단지 현란한 글솜씨로 유사의 마음에 들기만을 바란다. 명당에 올랐지만 군주를 보좌하지 못하고 군읍의 수령이 되어서 백성들을 윤택하게 하지 못한다. ……사방의 선비들과 더불어 고학을 부흥시켜 앞으로 유용한 학문에 힘쓰고자 하여서 복사라고 한다"[18]라고 취지를 밝혔다. 이를 통해서 복사가 경학과 더불어 경세에도 관심을 두고 있음을 알 수 있다. 복사의 회원은 최대 2,255명으로[19] 산서, 하남, 섬서, 사천, 광동, 귀주 등 중국 전역에 회원들이 있었다.[20]

앞에서 이미 언급하였던, 연평군왕 사당에 배향한 심광문은 정성공보다 9년 먼저(영력6년, 1652) 대만에 건너왔다. 심광문은 대만 문학의 비조로서[21] 명말 유학자인 황도주(黃道周) 문하에서 공부하였다. 황도주는 동림당인으로 복사의 핵심 인물이다. 심광문은 대만 현지인들에게 한문을 가르치고 의술로 생계를 유지했다.[22] 복사와 기사는 실학정신을 근간으로 한다. 심광문뿐만 아니라 '해외 기사 6군자'[23]의 한 명인 심전기 또한 대만에서 의술을 펼쳤다.[24]

종사자(從祀者) 중에서 남명의 실학정신을 실천하고 대만의 다양한

---

18 육세의, 「복사기략」, 「동림여복사」, 54쪽.

19 성성, 「복사여기사대대만문화적영향」, 198쪽.

20 육세의, 「복사기략」, 「동림여복사」, 63-64쪽.

21 심광문의 시 세계와 생애에 관한 설명은 다음을 참조. 진소영, 「明鄭時期臺灣文學的民族性」, 「臺灣文學與本土化運動」, 49-50쪽; 진소영, 「臺灣詩選註」(대북: 정중서국, 1996년), 10-18쪽.

22 연아당, 「대만통사」, 714쪽.

23 "해외 기사 6군자"는 서부원, 심전기, 장황언, 노약등, 조종룡, 진사경(연아당, 「대만시승」, 대북: 대북은행 경제연구실, 대만문헌총간 제64종, 1960년, 11쪽)을 말한다. 그 중 장황언은 항청 명사로 정성공과 함께 북벌을 수행하다 산화했다. 노약등도 항청 무장투쟁을 지도하다 정성공의 군대와 함께 대만에 들어왔으며, 후에 병으로 팽호에서 죽었다. 그가 지은 시에 대한 자세한 분석은 다음을 참조. 진소영, 「명정시기대만문학적민족성」, 「대만문학여본토화운동」, 52-53쪽; 진소영, 「대만시선주」, 22-26쪽.

24 연아당, 「대만통사」, 718쪽.

영역에 지대한 영향을 미친 사람으로 진영화를 꼽을 수 있다. 진영화의 부친은 진정(陳鼎)으로 동안현 교유였다. 처음에 동안현은 청의 수중에 들어갔다가 나중에 정성공이 수복하였는데, 그 당시에 그는 "제생들에게 통문을 통해 의병을 일으키고 왕권을 수호할 것을 호소하였다."[25] 후에 청군이 재차 침입하자 지현인 섭익운과 동안현을 사수하다 포로로 잡혔는데 조금도 굴복하지 않고 장렬히 산화하였다.[26] 진영화가 일찍이 하문의 저현관에서 공부할 적에 증앵과 서부원의 가르침을 받았다.[27] 나중에 병부시랑이 된 왕충효(종사자의 한 명)의 추천으로 정성공을 접견하고, "더불어 정세를 논했는데 종일토록 논함에 지칠 줄 몰랐다. 정성공이 기뻐하며 '복보(진영화의 자)는 나에게는 와룡선생(제갈공명)과 같다'라고 했다"[28]는 기록이 있다. 정성공이 세상을 뜬 후에 진영화는 정경(鄭經)을 도와 대만을 통치하면서 민생과 교육에 중점을 두었다. 민생 방면으로 그는 몸소 남, 북 2로(路)의 각 사(社)를 방문하고 여러 진(鎭)의 개간을 독려했으며 오곡을 심고 양식을 저장했다. 설탕을 만들어서 판매를 촉진하였다. ……또한 울타리를 치고 도박을 엄금했다. 장인에게 기와를 굽도록 하고 산에서 벌목을 지휘하면서 동고동락하였다. 암염은 맛이 쓰기 때문에 염장을 만들고 해수를 끌어들여 천일염을 생산했다.[29] 선배 학자인 성성(盛成)은 방금 언급한 내용들을 자세히 검토하면 진영화가 『농정전서』, 『천공개물』, 『황명경세문편』 등을 숙독하였을

---

25 강일승, 「대만외기」, 106쪽.

26 강일승, 「대만외기」, 107쪽.

27 성성, 「복사여기사대대만문화적영향」, 208쪽.

28 연아당, 「대만통사」, 722쪽.

29 강일승, 「대만외기」, 235쪽.

것이다"[30]라고 지적하고 있다. 진영화가 부친 진정과 서부원 등의 가르침을 통하여 명말의 실학사상을 받아들인 것은 극히 자연스러운 일이다.

교육 방면을 언급하자면, 진영화는 정경에게 올린 글에서 "개간과 둔병 사업이 어느 정도 궤도에 올랐으니 조속한 시일 내에 성묘와 학교를 세워야 한다"고 주장하는데, 정경은 '변경 개간'과 '일손 부족'을 이유로 뒤로 미루려고 한다.[31] 이에 진영화는 재차 글을 올려서 다음과 같이 말하고 있다.

"옛날 성탕 임금은 백 리로 왕 노릇을 했고 문왕은 칠십 리로 왕업을 세웠는데 땅덩어리의 크기가 무슨 상관이 있습니까? 임금이 어진 이를 좋아하고 인재를 널리 구하여 왕업을 도울 뿐입니다. 지금 대만은 기름진 농토가 수천 리가 되고 항구가 있으며 백성들이 순박합니다. 만약 임금께서 어진 이를 선발하여 다스리도록 하여 십 년 동안 키우고 십 년 동안 교육하고 십 년 동안 거두어들인다면 삼십 년 안에 본토의 중원과 어깨를 나란히 할 수 있을 것입니다. 무에 조급하게 백성들이 없는 것을 근심할 것입니까! 지금 이미 양식이 충분할 것 같으면 교육을 해야 합니다. 만약 배불리 먹고 교육받지 않는다면 금수와 다를 바가 없게 됩니다. 마땅히 터를 골라 성묘를 건립하고 학교를 세워서 인재를 육성해야 합니다. 이렇게 되면 나라에 어진 선비가 있고 나라의 근본이 튼실해져서 국운이 날로 장성해질 것입니다."[32]

---

30 성성, 「복사여기사대대만문화적영향」, 217쪽.
31 강일승, 「대만외기」, 236쪽.
32 강일승, 「대만외기」, 236쪽.

이에 정경이 매우 기뻐하여 진영화의 주청을 윤허하였다. 그다음 해 (1666)에 대성전과 명륜당을 완공하고 과거제도를 확립했다.[33] 또한 각 사(社)에 학교를 세우고 선생을 초빙하여 자제들을 가르치도록 하였 다.[34] 따라서 원주민을 대상으로 하는 한족화 교육이 진영화에게서 시 작되었다고 할 수 있다.[35] 당시 국자감의 조교는 섭형(葉亨)이 담당하고 있었다.[36] 섭형은 하문의 제현관 생원 출신으로 서부원에게 가르침을 받았으며, 저서로『오경강의』가 세상에 전한다.[37] 섭형의 지도로 묘학의 제생들은 심도 있는 교육을 받았다. 나중에 청에서 대만을 직접 통치한 후에 여러 제생이 과거에 합격하고 또한 경학에 정통했다. 진영화의 아 들인 진몽구가 강희33년(1694) 진사가 되고『역경』에 정통한 것처럼 왕 충효의 조카인 왕장은 강희32년(1693) 과거에 합격하고『역경』에 정통 했다.[38] 이들 외에도 과거에 합격한 사람 중에 소아, 왕석기, 허종대, 양 아첩 등은『역경』에 정통했고, 왕무립과 진성표는『시경』, 읍성찬은『춘 추』에 정통했다.[39] 이를 통해서 섭형이 대만 최초의 묘학에서 지도한 경서 중에서『역경』이 가장 성과가 높았다는 것을 알 수 있다. 이들 학 생들이 역경에 대해서 쓴 글이 아직까지 발견되고 있지 않은 점은 아 쉽다.

공묘가 완성된 때부터 정경이 청에 항복하는 데까지는 겨우 17년

---

33 강일승,『대만외기』, 236쪽.

34 강일승,『대만외기』, 236쪽.

35 심광문 또한 羅漢門 山外 目加留灣社에서 원주민을 가르친 적이 있으나(연아당,『대만통사』, 715쪽), 단지 한 지역에 국한된다.

36 강일승,『대만외기』, 236쪽.

37 성성,「복사여기사대대만문화적영향」, 216쪽.

38 高拱乾,『대만부지』(대북: 대북은행 경제연구실, 대만문헌총간 제65종, 1960년), 207-208쪽.

39 周元文,『중수대만부지』(대북: 대북은행 경제연구실, 대만문헌총간 제65종, 1960년), 206쪽.

(1666-1683)이라는 짧은 기간이었음에도 불구하고 교육이 잘 이루어졌다. 이는 강희 연간에 고공건(高恭虔)과 주원문(周元文)이 수찬한『대만부지』의 「진사연표」, 「거인연표」, 「공생연표」에 실린 방대한 명단에서도 알 수 있고 또한 다른 자료에서도 살필 수 있다. 강희25년(1686)에 초대 대하도(臺廈道)로 부임한 주창(周昌)은 「과거 포고문」에서 "본인이 하문에서 부임하여 보니 생원들이 밤늦도록 공부하고 자제들이 학문에 매진하는 것을 보았다"[40]라고 적고 있다. 명정시대 교화의 영향을 대략 가늠할 수 있다. 이미 과거에 응시할 수 있는 많은 인재를 배양했기 때문에 주창은 부임하자마자 과거를 실시하고자 하였다. 강희39년(1700) 대만에 온 욱영하(郁永河)는『비해기유』에서 친구 고군의 말을 기록하고 있다. "신항, 가류완, 구왕, 마두는 위정(僞鄭)이 통치하던 시기의 사대사(四大社)로 자제 중에 공부할 만한 자들을 선발하여 요역을 면해주고 교육했다."[41] 여기서 명정시대에 원주민 교육의 성과를 알 수 있다.

현존하는 자료에 의하면, 명정시대의 유학은 경학과 경세지학을 위주로 한 것을 알 수 있다. 이는 남명의 시대정신을 반영하는 것으로 조정은 몰락하고 민족은 위기에 처한 시대 상황 때문에 공소한 심성(心性)에 관한 학문을 배격한 것이다. 그러나 청이 대만을 통치한 후로는 대만이 통일을 이루고 정치가 궤도에 올라 점차 이학이 부흥하게 된다.

---

40 고공건, 『대만부지』, 235쪽.

41 욱영하, 『裨海紀遊』(대북: 대북은행 경제연구실, 대만문헌총간 제44종, 1960년), 17쪽.

2. 청초 주자학의 부흥과 대만 유학교육의 확립

강희제는 주자학의 신봉자였다. 그는 자신이 8세부터 주자가 주석한 『대학』, 『중용』을 정독하였다고 한다. 또한 『주자전서』 「서」에서는 "주자의 주석은 도리를 밝게 드러내서 한 글자 한 구절도 명확하지 않은 곳이 없으니 중정한 바를 얻었다. ……집대성해서 천백여 년 동안 단절되었던 도학을 계승하고 몽매한 사람들을 계발하여 억만 세의 표준을 마련하였다"라고 극찬한다. 강희제는 주자를 공문십철과 동등하게 제사지냈다. 강희제가 주자학을 극존하여 천하의 선비들이 주자를 기준으로 삼았기 때문에[42] 일시에 주자학이 전국적으로 매우 흥성하였다.[43]

복건은 민학의 근거지로서 주자학이 깊이 뿌리를 내린 관계로 자연스레 이런 시대적 추세에 동참하게 된다. 청대에 대만 내 교육이 주자학을 존숭하는 것도 이와 같은 시대적 조류를 반영하고 있다. 건륭 초기에 유양벽(劉良璧)이 편수한 『중수대만부지』는 다른 대만 지방지와는 체제를 달리하고 있는데 1권 성모(聖謨)에는 강희51년(1712)에 품달한 「유표장주자(諭表章朱子)」라는 글이 실려 있다. 여기서 "송의 주자는 경사에 주해를 달아 경전의 의리를 밝혔다. 무릇 해석이 명확하고 출처가 분명하여 500년간에 한 글자 한 구절도 변경해야 한다는 논란이 일지 않았다. 이로 보면 공자와 맹자 후에 주자가 우리 사문을 비익하였다고 할 수 있으니 그 공이 실로 막대하다"[44]라고 한다. 나중에 「어제주역절

---

42 청 고종 건륭6년 上諭 참조.

43 청초 주자학 부흥에 대한 서술은 다음을 참조. 고영인, 진기방 공저, 『복건주자학』, 362~373쪽.

44 劉良璧, 『중수대만부지』(남투: 대만성문헌회, 1977년), 10쪽.

중서」,「어제춘추전설휘찬서」,「어제시경전설휘찬서」[45] 등에서 한결같이 주자를 추숭하고 있다.

전국(대만 포함)에 막대한 영향을 미친 공문은 순치9년(1652)에 각 성, 부, 주, 현의 유학과 명륜당에 하달된 와비문(臥碑文)이다. 대만은 강희 제 22년(1683)에 청조에서 통치를 시작한 후에 각 지방의 학교에 통일된 학교 훈령을 하달했는데, 이 안에는 정치적 색채가 짙은 조항들이 있다.

생원은 마땅히 충신과 청렴한 관리가 될 것을 목표로 해야 한다. 경사에 기록된 충신과 청관의 사적들을 철저히 공부해야 한다. ……군과 민에 대한 어떤 평가의 글도 생원은 올릴 수 없다. 만약 한 마디라도 있다면 이는 법규를 위반한 것이므로 출교로 처벌할 것이다. 생원은 또한 무리를 모아 결사체를 조직하여 관부에 영향력을 행사하거나 향촌에서 실력을 행사해서도 안 된다. 글을 함부로 판각해서도 안 된다. 위반 시에는 조사관의 처벌을 받게 된다.[46]

각급 학교에 하달한 본 학규에는 청나라가 중원을 공략하면서 맞닥뜨린 유생들의 강한 저항에 대한 뼈아픈 교훈이 잘 묻어난다. 만명(晚明)과 남명(南明)이 전개한 항청운동은 주로 지식인들의 결사체를 기반으로 하였다. 따라서 청은 선비들의 결사를 반대한 것이다. 또한 그들의 비판은 중국 전역을 움직일 수 있기 때문에 생원들이 군과 민에 대해 어떠한 평론도 할 수 없고 임의로 글을 판각하여 공개하는 것도 금하였

---

45 유양벽,「중수대만부지」, 11-12쪽.

46 유양벽,「중수대만부지」, 1쪽.

다. 교육을 통하여 백성들이 청에 순종하게 하려는 의도가 분명히 드러난다. 연아당(連雅堂)은 『대만통사』 「교육지」에서 이 점을 통렬하게 비판하고 있다. "국가가 선비를 육성하는 것은 나라의 원기를 배양하는 것이다. 후한 시기에는 3만 명의 태학생이 있었는데 권력에 굴하지 않고 날카로운 비판을 해댔다. 그리하여 공경의 대관들도 비판을 두려워하는 지경이라 온 천하 사람들이 공론으로 삼았다. 송대에 제생들이 궁궐에 엎드리고 신문고를 두드리며 이강(李綱)을 등용할 것을 상소하였다. 하·은·주 삼대의 유풍이 이와 비슷하다. 지금 국가의 대사를 논하지 말라고 한다면 공부한 것이 무슨 쓸모가 있겠는가?" 청 조정에서 학문을 독려하였지만 실제로는 "사상 검열을 철저하게 시행하여 선비들을 통제하고 훌륭한 인재들의 싹을 잘라버렸다. 진대의 분서갱유는 이에 비하면 아무것도 아니다." 연아당의 평가는 매우 타당하다. 물론 『대만통사』를 작성하던 시기는 민국 시기였기 때문에 과감하게 말할 수 있었다. 사실 청초에는 일부 지식인 중에 나라는 비록 망했지만 천하는 아직 망하지 않았다는 희망을 가지고 있었다. 그리하여 이민족의 통치 아래에서 유학을 지속적으로 계승하고자 전력을 다하였다. 그들이 보여준 이러한 열정을 단순히 청 조정에 부화한 것으로 치부할 수는 없다. 따라서 청 조정에서 시행한 문화 정책의 배후에 숨은 동기뿐만 아니라 이 문화 정책을 적극적으로 추진했던 선비들의 고심도 무시해서는 안될 것이다.

청이 대만 통치를 시작하면서 행정체제를 1부 3현으로 하여 대만부 밑에 대만현, 봉산현, 제라현을 두고 부에는 부유학, 현에는 현유학을 설치하였다. 따라서 강희 연간에는 대만에 모두 4개의 학교가 있었다. 후에 대만의 행정구역을 재편하면서 13개의 유학을 설치하였다.

유학 명칭	설치 연도	참고
평안현유학	강희23년(1684)	(원)대만현유학
봉산현유학	강희23년(1684)	
대남부유학	강희24년(1685)	(원)대만부유학
가의현유학	강희26년(1687)	(원)제라현유학
창화현유학	옹정4년(1726)	
신죽현유학	가경22년(1815)	(원)담수청유학
의란현유학	광서2년(1876)	
항춘현유학	광서3년(1877)	
담수현유학	광서5년(1879)	
대북부유학	광서6년(1880)	
대만부유학	광서15년(1889)	
묘율현유학	광서15년(1889)	
운림현유학	광서16년(1890)	

(『대만성통지』 권5, 『교육지 · 제도연혁편』, 대만성문헌회, 1970년, 13쪽)

이 중 7곳은 도광20년(1840) 아편전쟁 후에 설치되었다. 이는 청 조정의 대만에 대한 통치권 강화라는 측면과 더불어 서구열강이 대만을 차지하고자 눈독을 들이면서 청 조정에서 이에 대한 강구책으로 대만을 중시한 결과이다. 부학과 현학은 지방 최고 학교로 대성전, 명륜당, 반지 등이 설치되어 있고 유현과 문창제군을 제사 지내는 것이 본토와 마찬가지 체제이다.

부와 현의 유학 외에도 관립 또는 사립 서원은 규모가 작고 운영에 융통성이 있어서 널리 보급되었다. 200년 동안 적어도 45개가 운영되었다.[47] 서원은 성격상 공자를 제사 지낼 수 없었고 송유와 문창제군을 제사 지낼 수 있었지만 교육과 제사를 중시하는 측면은 부와 현의 유학과 별반 차이가 없었다. 서원 밑에는 각 촌락과 원주민 부락에서 운영하는 이른바 학교들이 있었는데 사학(社學), 의학(義學), 의숙(義塾)이라고 한다. 관립 서원이 아닌 경우에는 의학이라고도 명칭한다. 봉산현을 예로 들면 광서20년(1894)에 각지의 사학(번사학(番社學)과 민사학(民社學) 포함)은 200개가 넘었다.(자세한 내용은 4장 참조) 이로써 대만 할양 이전에 한문과 유학을 배우는 초급학교가 이미 대만에 널리 분포하고 있음을 알 수 있다.

교육체제와 관련하여 몇 가지 주의할 점이 있다. 첫째, 유학과 서원은 대부분 대만 서부에 집중되어 있으며 동부에는 단지 의란현에 유학과 앙산서원이 있었다. 대만 남단의 항춘현에는 비록 광서 초년에 유학을 설치하기는 했으나 대성전이 매우 낙후하고 사학이 몇 곳 있었지만 서원은 없어서 교육 성과가 높지 않았다. 방금 살핀 것처럼 유학 분포 양상은 대만이 본토로 향하는 서부 지역을 문호로 삼고 중원을 핵심에 두고 있음을 보여준다. 둘째, 청대 대만 관원들이 문교를 중시한 것이 진영화에 결코 뒤지지 않는다. 많은 관원들이 문교를 최대의 치적으로 삼았으며, 심지어 병부를 책임진 대만진 총병 양문괴(楊文魁)와 부총병 은화행(殷化行) 등도 교화를 중요한 치적으로 삼았다.[48] 대만 시사에 이름을 남긴 완채문 무장은 교육 진작에 최선을 다했다.[49] 그는 강희54년

---

47 黃秀政, 「淸代臺灣的書院」, 『대만사연구』(대북: 대만학생서국, 1992년), 129-135쪽.

48 陳壽祺 지은 『重撰福建通志』의 『國朝武臣績』 안의 '양문괴전'. 楊熙, 『청대대만: 政策與社會變遷』(대북: 천공서국, 1985년), 63쪽에서 재인용.

49 완채문 시에 대한 간단한 이해는 다음을 참조. 진소영, 「文學的原住民與原住民的文學: 從'異己'도'主體'」, 『대만문학여본토화운동』.

(1715)에 대만 북로영 참장이 되어 제라현유학을 강희54년에서 55년 사이에 새롭게 정비하는 과정에서 100냥을 기부하면서 이 일을 물심양면으로 도왔다.[50] 북부 방어를 책임지고 있을 때 일반적으로 참장은 순시를 거의 하지 않는데도 완채문은 직접 순시를 했다. "산골의 제번(諸番)에 ……(주민들이) 도중에 소, 양, 음식으로 계속하여 접대했다"는 등 성황을 이루었다. 물론 완채문은 애민의 마음으로 술과 음식을 되돌려 보냈다. 또한 "사학(社學)에서 공부하는 번(番)의 아이들을 불러 사서를 외우는 학생이 있으면 은량과 베를 주어 표창하고 군신과 부자의 대의에 대한 강해를 멈추지 않았다."[51] 완채문의 예는 결코 특별한 것이 아니라 이와 비슷한 관원들이 청대 대만에는 매우 많았다. 가령 대만 남단의 이른바 "궁벽한 오지로서 원주민이 거처하고 망명자들의 소굴로 기록할 일이다"[52]라는 항춘현조차 지현에서부터 숙사까지 엄청난 열정을 가지고 교육을 위해 고심하며 최선을 다했다.

항춘은 원래 봉산현에 속해 있었는데 동치13년(1874)에 모단사(牡丹社) 사건[53]이 발생하자 대만에 부임하여 이 사건을 마무리한 심보정이 조정에 요청하여 광서 원년(1875)에 독립된 현이 된다. 현으로 승격되자 지현 주유기(周有基)는 7곳에 의숙을 열 것을 명하고 직접 7항목의 학규를 제정하였다. 정밀하게 잘 정비된 학규에 따라 "월말에는 교사가 학생 명단 밑에 그동안 배운 내용과 범위를 구절까지 세밀하게 기입하였다." 심지어는 이 자료를 현에 보고하여 조사하도록 하였다. 또한 "학

---

50 陳夢林, 『제라현지』(대북: 대북은행 경제연구실, 대만문헌총간 제141종, 1962년), 68쪽.
51 진몽림, 『제라현지』, 134쪽.
52 屠繼善, 『항춘현지』(대북: 대북은행 경제연구실, 대만문헌총간 제75종, 1960년), 9쪽.
53 일본군이 항춘현을 침범한 사건으로 다음을 참조. 郭廷以, 『臺灣史事槪說』(대북: 정중서국, 1954년), 157-164쪽.

생들이 매일 학교에 오면 교사는 작은 책자에 등교 시간을 새벽, 아침, 오후로 구분하여 기록하도록 하였다. 월말에는 등교 날짜가 많은 학생 세 명에게 화홍전(花紅錢) 200문을 주었고, 등교 날짜가 가장 적은 학생 세 명에게는 경고 표시를 하였다. 만약 사고 결석인 자는 면제하였다." 수업 중에는 "만일 교사가 학생들에게 강의한 내용이 있다면 다음날 강해할 적에 먼저 학생들이 어제 배운 내용을 암송하는지를 확인하는데 연달아 두 번 암송하지 못하는 학생은 경고 처분을 한다"라고 적혀 있다. 이처럼 세밀하게 학규를 제정한 후에 주유기는 "의숙이 개교한 지 3년 후에는 현과 성에 대학 1곳을 세워야 한다. 의숙에서 공부한 자들 중에 성적이 우수한 자는 그곳에 입학시키고 학덕이 뛰어난 교사를 선발하여 엄격히 지도하도록 한다. 10년이 지나면 문풍이 진작되고 풍속이 정화될 것이다"[54]라고 원대한 포부를 말하고 있다.

비록 항춘현의 교육이 이처럼 좋은 취지에서 시작하기는 했지만 성과는 기대 이하여서 역대 지현들이 이를 근심하였다. 역대 지현인 나건상, 호배자, 무송양, 정방기 등이 남긴 공문서를 보면[55] 이들이 항춘현 교육 진작을 위해 노심초사한 흔적을 살필 수 있다. 광서18년(1892)에 새로 부임한 지현 진문위는 학규를 수정하였는데 주유기가 만든 학규보다 훨씬 세밀하였다. 하루 중 아침, 점심, 저녁에 공부할 내용을 명기한 외에도 각 과목을 공부하는 방법까지도 규정해두었다. 가령 경서는 이렇게 공부하고, 글자는 이렇게 공부하고, 시문은 이렇게 공부하고, 예의는 이렇게 공부해야 한다고 밝혀두었다. 그리고 말미에 이렇게 하는 것에 대한 해명을 적었는데 "이상의 각 조목은 본인도 심히 번쇄하

---

54 도계선, 「항춘현지」, 196쪽.
55 도계선, 「항춘현지」, 198-210쪽.

여 사람들이 싫어할 것이라는 것을 잘 안다. 그러나 지방에서 후학을
계도하고 문교를 진작시키려면 이렇게 하지 않으면 안 된다"라고 하였
다. 진문위 자신도 학생들의 시문을 검사하느라 한가로울 틈이 없었다.
"근, 태, 우, 열 등으로 상벌을 표시하고 매달 기숙사에 게시하여 학생들
을 격려하고 반성할 수 있도록 하였다."[56]

　항춘현의 교육 실태를 통해서 원주민 사회에 한화교육을 전개하는
것이 쉽지 않았음을 짐작할 수 있지만, 다른 한편으로는 유교적 문화전
통을 체화한 관원들이 보여준 신성한 사명감을 느낄 수 있다.

3. 청대 대만 교육 관련 비문 중의 유학사상

　청대에 대만 각지에서 유학이나 서원을 세울 적에 대부분 비문을 작
성하는데 이는 경과를 기록하여 후대에 전하고자 한 것이다.[57] 이 비문
들은 대부분 각 지방지와 채방책(采訪冊)에 기록되어 있다. 비문은 실용
적인 성격이 강한 글이지만 비문을 새기고 비를 세우는 것은 해당 지역
에서는 큰일에 속하기 때문에 비문 작성자는 전전긍긍하면서 이 일에
최선을 다하지 않을 수 없었다. 따라서 비문에는 사상적으로 풍부한 내
용들이 담겨 있기 마련이라 연구할 만한 가치가 충분하다.

　최초의 가장 중요한 비문 작성자는 진빈(陳璸)이다. 진빈은 자가 문
환, 호는 미천으로 광동 해강 사람이며 시호는 청단이다. 『진청단공연

---

56 도계선, 「항춘현지」, 212~215쪽.
57 비문에 관한 전통적인 분류는 다음을 참조. 유협, 「문심조룡」, 「뇌비」.

보』에 의하면 진빈은 어려서 사서와 오경을 읽고 자라서는 「태극도설」,
「서명」, 『주자소학』 등을 숙독하였다. 그는 「기자서(寄子書)」에서 "이런
종류의 책을 가슴에 품고 깊은 산에 들어가 세상을 등졌다. ……조석
으로 의미를 탐구하여 잠시도 곁에서 멀리하지 않았다. 후에 얻은 바
를 자신했다"[58]라고 스스로 밝히고 있다. 이 책들은 그가 대만에 건너올
적에 가지고 왔을 것이라는 추측이 가능하다. 진빈은 강희41년(1702)에
대만지현으로 부임하는데 「조진대만현사의」에서 대만을 통치하는 12가
지 요건을 제시한다. 그 중 앞에서 거론한 4가지는 교육과 관련이 있다.
"문묘를 중건하여 근본을 도탑게 한다." "각지 사학을 진작하여 교육을
확대한다." "계고(季考)를 정비하여 실학을 독려한다." "향음의 예를 실
시하여 풍속을 돈독하게 한다."[59] 등이다.

이 같은 계획에서 진빈은 공묘 중건을 시작하여 강희42년(1703)에 완
공하고 「대읍명륜당비기(臺邑明倫堂碑記)」를 작성한다. 여기서 명륜당
건립 이유를 충분히 잘 설명하고 있다.

인간이 태어난 이래로 인심(人心)이 있다. 인심이 있으면 인리(人理)가 있
다. 인리가 있는 것은 마치 천지가 자리를 잡으면 명륜당이 있게 되는 것과
같다고 할 수 있다. 명륜당이 세워지지 않으면 선비들이 공부할 곳이 없으니
인륜을 밝히지 못한다. 인리가 매몰되고 인심이 어두워지면 인간이 될 수 없
다. ……나는 오경과 오륜이 서로 표리가 된다고 생각한다. 인륜 중에 어디
를 밝혀야 하는가? 군신 사이에는 직(直)하고 풍(諷)하고 진(進)하고 지(止)

---

58 丁宗洛, 「진청단공연보」(대북: 대북은행 경제연구실, 대만문헌총간 제207종, 1964년), 49쪽에서 재
인용.
59 진빈, 「진청단공문선」(대북: 대북은행 경제연구실, 대만문헌총간 제116종, 1961년), 1-4쪽.

하고 자욕(自辱)하지 말아야 한다. 부자 사이에는 양(養)하고 유(愉)하고 기간(幾諫)하되 책선(責善)하지 말아야 한다. 형제 사이에는 이(怡)하고 공(恭)하되 상유(相猶)하지 말아야 한다. 부부 사이에는 옹(雍)하고 숙(肅)하되 교적(交謫)하지 말아야 한다. 붕우(朋友) 사이에는 절(切)하고 시(偲)하되 자주 하여 소원하지 말아야 한다. 이것을 밝히는 것이 반드시 경학에서 말미암는다. 결정정미(潔淨精微)는 『역』에서 취하고, 소통지원(疏通知遠)은 『서』에서 취하고, 온후화평(溫厚和平)은 『서』에서 취하고, 공검장경(恭儉莊敬)은 『예』에서 취하고, 비사촉사(比事屬詞)는 『춘추』에서 취한다. 경전의 가르침이 천만 가지지만 모두 성령(性靈)을 계발하고 근원을 개발하여 인륜의 기강을 바로 세우는 수단이다. 글귀를 현송(絃誦)하는 것은 작은 부분이다.[60]

이 글은 인류, 인심, 인리의 발생 과정을 논하면서 오륜과 오경의 상관관계를 논하고 있다. 이를 통해서 진빈이 경학을 중시하고 이론적인 것과 실천을 중시하는 것을 알 수 있다. 진빈은 실천적인 유자로서 "고결한 몸가짐으로 세속적인 것을 단절하고 백성들을 이롭게 하였다. 여가가 있으면 제생들을 모아서 공부를 지도하였는데 성품과 인륜을 돈독히 하는 것을 우선으로 삼았다. 밤에는 몸소 순행하여 향리 부형들의 어려움을 물어보고 글 읽는 소리나 베 짜는 소리가 들리면 포상하였다. 무리 지어 술 마시며 고성으로 노래 부르는 자는 엄히 징계하였다." 이런 노력을 통해 강희49년(1710) 진빈이 대하도(臺廈道)로 다시 부임하자 "백성들이 다시 부임한다는 소식을 듣고 노소를 불문하고 거리에 나와 열렬히 환호했다." 재차 부임했을 때에도 묘학을 건립하는 것을 최우선 과제로 삼았다. "모든 일들을 직접 진두지휘하면서 종일토록 쉬지 않았

---

60 范咸, 『중수대만부지』(대북: 대북은행 경제연구실, 대만문헌총간 제105종, 1961년), 680~681쪽.

다."후에 호광(湖廣) 편완(偏浣)에 순무로 승진하여 취임할 적에도 "늙은 노구를 이끌고 조촐하게 부임하였다." 일은 반드시 자신이 솔선수범하였는데 "일체의 장주는 모두 자신이 직접 작성하였다." 생활은 극히 단출해서 "청사 한 칸에 숙소를 마련하여 새벽에 업무를 시작해서 저녁이 되어서야 퇴청하였다. 음식은 간소하게 하고 매일 묵은 생강을 조금 먹었다." 강희56년(1717)에 해양을 순시할 적에도 음식을 별도로 준비하여 백성들이 진상하는 것을 사절하였다. "과로로 순직하였다. 시신을 염할 때에 단지 두툼한 비단옷과 시신을 가리는 홑이불뿐이었다. 염하는 사람들이 이를 보고 청렴함에 눈물을 흘렸고 백성들도 운구가 지나는 길에서 곡하였다." 진빈은 염하기가 겨우 홑이불로 몸을 가릴 지경이었기에 황제가 특별히 장례비를 하사하고 '청단(淸端)'이라는 시호를 내렸다. 진빈은 대만에 총 8년을 근무했는데 대만 사람들이 그의 공덕을 사모하며 '거사비(去思碑)'를 세우고 그의 생일이 되면 "등을 들고 음악을 연주하면서 축하했다." 공묘의 명환사에 봉향되었으며 문창각 안에 조상이 있다.[61]

진빈의 생애를 알고서 그의 글을 읽어보면 말이 헛되지 않으며 유자로서의 진심이 묻어나는 것을 알 수 있다. 진빈이 두 번째로 대만에 부임하여 유학을 창건할 적에 4편의 비문을 남겼다. 그 중 「신건주문공사비기」는 해외에서 주문공을 제사 지내는 도리를 밝히고 있는데, 이 글에서 문공이 살았던 민(복건) 지역과 대만은 단지 바다를 두고 마주 보고 있음을 밝히면서 주자학이 인생의 덕업에 대해 보편적인 가치를 가지고 있음을 밝히고 있다.

---

61 진빈의 생애 부분은 다음을 참조. 범함, 『중수대만부지』, 135-136쪽.

공자와 맹자 이후로 정학이 실전하여 이 도가 언제 끊어질지 모르는 실낱같았는데 주문공이 경사와 백가의 책을 분석하고 발명하여 비로소 해가 하늘에 뜬 것처럼 분명해졌다. 공부하는 사람들이 입으로 되뇌고 마음으로 생각하기를 자나 깨나 한결같고 국이나 담에서 환영을 본 듯이 한다면 세대가 차이 나고 지역이 떨어져 있는 것이 무슨 문제가 되겠는가? 나는 어려서부터 문공의 저서를 공부하였다. ……문공이 말하길, "우리가 재화와 여색 이 두 가지에 철저하지 못한다면 다른 것은 말할 것도 없다." "'의리' 이 두 글자를 분별하는 것이 유자에게 가장 중요하다." 또 말하길, "경으로 안을 곧게 하고 의로 밖을 바르게 한다'는 이 여덟 글자는 일생토록 써도 다하지 않는다." 이를 삼가 풀어보면 재화를 좋아하지 않아야 인품을 다듬을 수 있고 여색을 좋아하지 않아야 정명대로 살 수 있다. 의(義)와 이(利)는 경계가 사뭇 미묘하다. 의도하는 목적이 없이 하는 것이 의이고, 의도하는 목적이 있어서 하는 것은 이이다. 의는 본래 이롭지 않은 적이 없으니 이익은 가장된 의를 용납하지 않는다. 마음에서 공경하여 주일무적(主一無適) 하면 안을 곧게 하고, 일에서 의하여 인시제의(因時制宜) 하면 밖을 바르게 한다. 조금이라도 사곡을 용납하지 않는 것이 직(直)이고, 피차에 영합하지 않는 것이 방(方)이다. 인생의 덕업은 이 몇 마디 말에 모두 포함되어 있다.[62]

여기서 주자가 경사를 중시한 점을 강조한 외에도 '의리지변'에 대해서 "의는 본래 이롭지 않은 적이 없으니 이익은 가장된 의를 용납하지 않는다"라는 참신한 해석을 하고 있다. 「신건문창각비기」에서 진빈은 민간의 문창숭배에 배어 있는 미신적 경향에 대해 비교적 관용적인 태도를 취한다. 아울러 이성적 사고와 도덕실천을 통해서 그 안에 깔린

---

62 범함, 「중수대만부지」, 683-684쪽.

신비주의 색채를 제거하고 '방심(放心)'을 구제하는 학문으로 그 안에 내재한 과거 합격의 공명심을 올바로 계도하고자 하였다. (자세한 내용은 3장 참조) 문창신앙과 유가도통 의식 사이의 긴장관계는 그 유래가 오래이다. 문창제군이 원대에 정식으로 과거시험의 신으로 책봉된 후에 정통 유자들도 유생들 사이에 존재하는 문창신앙을 무시할 수 없게 되어 명초의 조단(曹端, 1376-1434)이 "문창제군[재동(梓潼)]이 사문을 책임진다면 공자가 책임질 게 뭐 있겠는가?"[63]라고 통렬히 비판했던 입장과는 다소 거리를 두게 된다. 이 때문에 진빈이 문창신앙에 대해 관용적인 태도를 취하면서 계도하고자 한 것이다. 등전안(鄧傳安) 또한 문창신앙에 대해서 이와 유사한 입장을 취한 비문을 찬한다. 그는 강서 부양 사람으로 도광 원년(1821)에 대만 북로 리번 동지 겸 녹항해방으로 취임하여 도광4년(1824)에 대만부 지부 겸 학정으로 승진한다. 두 번에 걸친 임기 중에 2편의 중요한 비문을 남긴다. 「수건나청서원비기(修建螺靑書院碑記)」에서 그는 진빈과 마찬가지로 도덕실천을 가지고 문창신앙의 공리적 색채를 바꾸고자 한다. 그는 이렇게 말한다.

오늘날 천하에서 벼슬살이하는데 독서를 통해서 과거 급제하는 것을 정도로 여긴다. 향시나 회시에서 이름을 가리고 등서하여 채점관이 편파적으로 평가할 수 없도록 하는 것은 공평한 것처럼 보이지만, 설령 문장을 통해 도리를 드러낸다고 하더라도 단지 문장 실력을 평가하는 것이지 글을 통해서 그의 사람 됨됨이를 알 수는 없는 것이다. 따라서 명실이 상응하지 않고 요행히 채점관의 눈에 띄고자 서로 경쟁하는 형국이다. 만약 진실로 문창제군의 공덕을 의지하여 징험이 있다고 믿는다면 철마다 향을 피우며 제사 드리는 것

---

63 梁其姿,「淸代的惜字會」,『신사학』 제5권 제2기(1994년), 86쪽에서 재인용.

으로 평소의 의지를 면려하고 학교에서 열심히 공부하는 것으로 수행을 삼을 것이다. 실제로서 위에 구하여 실제의 응답이 있다면 사람들이 감복할 것이다. 이것이 신이 보이지 않는 중에 보우하는 것에 나아가서 선비들이 배우기를 나태하지 않고 옛 도리에 이를 수 있는 것이다.[64]

북두의 나청서원은 등전안이 세운 것이 아니라 가경8년(1803)에 건립된 곳이다. 가경6년(1801)에 인종은 예부에 명하여 문창제군을 사전(祀典)에 편입시키도록 함에 따라 문창을 숭상하는 풍조가 만연하게 되었는데 나청서원이 문창을 주향하는 것도 이와 관련이 있다. 등전안은 글의 서두에 서원 건립 후에 비문 작성 의뢰를 받고 경과를 기술했음을 밝히고 있다.[65] 이 비문에서 등전안은 공명심에 사로잡힌 제생들을 권칙한다. 그가 두 번째로 대만에 부임했을 적에는 녹항에 서원을 새로 짓는데, 500냥의 금을 기증하고 '문개(文開)'로 서원 이름을 정하고 「문개서원종사의」를 짓는다. 제문과 비문을 직접 작성한 등전안은 문개서원의 건립에 전면적으로 참여했다고 할 수 있다. 그의 지도 아래 문개서원은 문창을 제사 지내지 않고 주자를 주벽(主壁)으로 하며 남명에서 대만으로 넘어온 7현을 배향하고, 아울러 "문장으로는 태복(太僕) 심광문(沈光文)을 따르고 대만에 공로가 많은"[66] 복건 주자학자 남정원(藍鼎元)을 배향했다. 등전안은 주자를 제사 지내는 것이 당연하다고 판단했다. "민(閩) 가운데 주자가 최고의 대유이다. 서원치고 주자를 숭상하지 않는 곳이 없고 해외에서도 마찬가지이

---

64 周璽, 「창화현지」(대북: 대북은행 경제연구실, 대만문헌총간 제156종, 1962년), 462쪽.
65 주새, 「창화현지」, 462쪽.
66 주새, 「문개서원종사의」, 「창화현지」, 412쪽.

다."[67] 서원을 문개라 칭한 것은 "해외의 문교가 현근현에 살았던 사암 심태복(심광문)에게서 비롯되는데 그의 자가 문개이다. 그의 자를 따서 서원 이름을 정하는 것은 내력을 드러내고자 한 것이다"[68]라고 한다. 따라서 심광문이 주벽이 되고 서부원, 노약등, 왕충효, 심전기, 고조천, 곽정일 등 남명의 유현들을 배향했다. 유현들을 제사하는 이유는 그들이 대만에서 문화의 기초를 다진 공로 외에도 충절을 높이 샀기 때문이다. 등전안은 「문개서원종사의」에서 "이 몇 분은 노왕(魯王)의 충신일 뿐만 아니라 위정(僞鄭)의 쟁우(諍友)였다"[69]라고 밝히고 있다. 등전안이 여기서 '위정(僞鄭)'이라고 한 대목은 분명히 정치적 맥락이 반영된 것이다. 그러나 「문개서원석전선현문」에서는 "정씨가 동도하자 제나라의 선비들이 전씨(田氏)를 따랐다"[70]라고 하면서 정성공을 전횡(田橫)에, 제(齊)나라의 노유(老儒)를 제사(齊士)에 비유한 대목은 분명히 명정을 긍정하고 있음을 엿볼 수 있다. 「신건녹항문개서원기」에서는 등정안이 유로를 제사 지내는 이유를 더욱 선명하게 보여준다. "제공은 모두 인사(人師)이지 결코 경사(經師)가 아니다. 학업에 몰두하는 제생들이 성현을 앙모하여 먼저 그 대본을 세우고 단지 과거에 합격하여 현달하는 데 뜻을 두지 않는다"[71]라고 한 대목에서 주자 외에 제로(諸老)를 배향하는 목적이 과거를 통해 현달하고자 하는 문창신앙을 바로잡고자 함임을 알 수 있다.

명정의 유로들을 숭상하는 풍토는 대만에서는 최초라고 할 수 있는

---

67 주새, 「신건녹항문개서원기」, 「창화현지」, 459-460쪽.
68 주새, 「창화현지」, 459-460쪽.
69 주새, 「창화현지」, 413쪽.
70 주새, 「창화현지」, 432쪽.
71 주새, 「창화현지」, 460쪽.

데 이후에 반세기가 지난 후에야 연평군 왕사를 건립하게 된다. 따라서 등전안이 보여준 일련의 실천은 사상사적으로 중요한 의미를 가진다. 대만에서 주자, 송유, 문창만을 숭상하지 않은 점은 관변 주도와 민간 유행의 한계를 넘어서는 것이다. 명정의 유로들을 배향한 것은 정성공과 명정이 대만에서 개국한 것을 긍정하는 뜻이 밑에 깔려 있는 것으로, 청초의 관료들이 즐겨 말한 '성조(聖朝)'의 교화 효과로 공을 돌리지 않는다. 다시 말하면 등전안은 대만 문화사의 새로운 장을 열었는데 그것은 명정을 대만 문화의 기원으로 인정했다는 점이다.

우리가 주목해야 할 비문 찬자는 채세원(蔡世遠)[72]이다. 그는 대만에 온 적은 없지만 복주의 오봉(鰲峰)서원을 맡고 있을 때 진빈의 초청을 받은 적이 있다. 오봉서원은 대만 내 서원 건립자가 모범으로 삼는 곳이었다. 양이유(楊二酉)는 「해동서원비기」에서 "제생들이 오봉서원을 앙모하였는데 망양지탄(望洋之歎)을 면할 수 없었다"[73]라고 적고 있다. 이 글에서 대만 제생들이 오봉서원을 경모한 정도를 짐작할 수 있다. 또한 해동서원을 건립할 적에는 "오봉서원과 쌍벽을 이루자"[74]고 면려하고 있다. 이런 이유로 오봉서원을 책임지고 있는 채세원은 대만 유생들에게는 낯선 이름이 아니었다. 게다가 그와 친밀한 진몽림(陣夢林)이 요청을 받고 대만에 가서 「제라현지(諸羅顯志)」를 찬수했는데, 제라지현인 주종선(周宗瑄)이 제라현학이 건립된 후에 진몽림을 통해 그에게 글을 부탁한다. 그래서 탄생한 글이 「제라현학비기」라는 비문이다. 이 글

---

72 채세원(1681-1731)은 복건 창포 사람으로 양촌선생으로 불린다. 주자학의 가학 전통이 있으며 주자학자인 張伯行 밑에서 공부했다. 서세창 등이 편찬한 『청유학안』(권60)에 「채세원양촌학안」이 있고, 뒷부분에 闓學者들로 『정성공전』을 지은 정역추, 문개서원에 종사된 채정원 등을 부기하고 있다. 저작에는 『주자가례집요』, 『이희당문집』, 『고문야정』, 『오봉학약』이 있다.

73 이 글은 건륭5년(1740)에 작성되었다. 범함, 『중수대만부지』, 690-691쪽.

74 범함, 『중수대만부지』, 690쪽.

은 채세원의 사상을 고스란히 담고 있는데[75] 특히 대만 제생들이 학문에 매진할 것을 독려하고 있다. 그는 글 안에서 이렇게 말한다.

군자의 학문은 오직 성(誠)을 위주로 할 뿐이다. 성은 오상의 근본이고 백행의 근원으로 순수지선하며 하늘이 우리에게 준 것이다. 사람이 불성(不誠)한 것은 뜻이 없는 것이다. 사람이 뜻이 없는 것은 성을 극진히 하지 않았기 때문이다. 성으로 그 뜻을 세우면 순임금을 본받고 문왕을 스승으로 배울 수 있는 법이다.[76]

학문의 근본은 성(誠)인데 그렇다면 그것을 어떻게 구할 것인가? 채세원은 이렇게 말한다. "명(明)을 통해 성(誠)을 구하는 방법은 독서가 핵심이다."[77] 이 글을 통해 묘학 건립 취지로 돌아가 제생들이 과명 얻는 것을 공부의 목표로 삼는 '용진(庸近)한 선비'가 되어서 '근본으로 돌아가지 못하고 종착지를 생각하지 못하는 지경'에 빠지지 않도록 신신당부하고 있다. 글의 말미에서는 제라서원에 대한 기대를 적고 있는데, "고을의 준수한 인재를 명륜당에 모아서 경서의 요지를 강론하고 송유들의 미언을 체구하면서 입성(立誠)하는 방법, 독서의 요령, 윤리를 배양한다. 경의 뜻이 바르게 서고 이치가 분명해지면 사기가 달통하게 된다"[78]라고 한다. 이 글은 강희54년(1715)에 작성된 것으로, 진빈의 비문과 마찬가지로 주자학의 대만 이식을 반영하고 있다.

---

75 채세원에 관한 간단한 소개는 다음을 참조. 고영인, 진기방 공저, 『복건주자학』, 397-405쪽.

76 진몽림, 『제라현지』, 255쪽.

77 진몽림, 『제라현지』, 255쪽.

78 진몽림, 『제라현지』, 255쪽.

위에서 밝힌 것처럼 교육 관련 비문은 청초 복건 주자학의 부흥과 이 것이 대만에 미친 영향을 반영하고 있으며, 또한 청 중엽 명정의 사상 문화를 새롭게 평가하려는 노력이 반영되어 있다. 아울러 문창제군 신앙과 유가도통 사상 간에 존재하는 긴장 관계도 비문에 중요한 주제로 나타난다. 이외에도 묘학 건축과 관련하여 제기되는 묘학이 정신적 공간이라는 의식은 비문의 찬자들이 주의를 기울인 부분인 것 같다. 이 부분은 내용상 제약 때문에 자세히 논하지는 않겠다.[79]

4. 청대 대만 서원 학규에 나타난 유학사상

현존하는 청대 대만 지방지 내에 학규에 관한 기록은 많지 않지만 그 중에서 대만도 유양벽(劉良壁)이 수정한 「해동서원학규」 및 대만도 및 제독학정 각라사명(覺羅四明)이 수정한 「해동학원학규」의 내용이 비교적 충실하다. 이 두 학규는 20년의 간격을 두고 완성되었다. 유양벽은 건륭5년(1740)에 부임하였고, 각라사명은 건륭26년(1761)에 부임하였다. 그다음으로 팽호통판 호건위(胡健偉)는 건륭31년(1766)에 부임하여 문석서원을 창건하고 '학규 10조'를 제정하였다. 이후 광서 초년에 문석서원에서 주강하였던 금문 거인(擧人) 임호(林豪)의 「속의학약팔조」가 있다. 또한 항춘현 의숙의 학규는 제1대 지현인 주유기(周有基, 광서 원년인 1875년 부임)가 작성한 '학규 7조'와 마지막 지현인 진문위(陳文緯, 광

---

79 제3장에서 묘학 건축의 정신 공간에 대해서 대략을 분석했다. 왕진화의 대만 교육 건축에 대한 연구는 참고할 가치가 높다. 王鎭華, 『書院教育與建築: 臺北書院實例之研究』(대북: 고향출판사, 1986년).

서18년인 1892년 부임)가 작성한 '숙규'가 모두 『항춘현지』에 수록되어 있다. 비록 내용이 심오하지는 않지만 구체적인 유학교육 상황을 잘 보여주는 중요한 자료이다.

유양벽이 작성한 학규 6조는 대략 다음과 같다:

1. 대의를 밝힌다. 즉 성현이 가르침을 세우는 것은 강상을 벗어나지 않는다. 군신의 의리는 달도의 으뜸이다. 우주의 기강을 바로 잡는 것이 최우선이다.

2. 학칙을 분명히 한다. 즉 정자, 동중서 두 분이 "여기서 공부하는 사람은 삭망의 예를 엄히 준수하고 기상과 취침 시간을 준수해야 한다. 반드시 공손하게 거처하고 바르게 걷고 서야 한다"라고 했다. 이는 백록동서원 교조와 오봉서원 학규를 합한 것으로 공부에 절실한 내용이다.

3. 실학에 힘쓴다. 즉 옛날 대유들은 명체달용하고 성기성물 공부를 했다.……

4. 경사를 숭상한다. 즉 육경은 학문의 근본으로 선비가 경문에 통달하지 않으면 이치에 어둡다. 역사서는 일을 기록한 것으로 역대 왕조의 성쇠와 치란의 술이 …… 망라되어 있다. ……경사에 대한 공부를 소홀히 한다면 시문을 천백 편이나 외우고 있다손 치더라도 일을 제대로 처리할 수 없다.

5. 문체를 바로 한다. 즉 ……본조에 문운이 창성하여 명공이 쓴 거편들이 한우충동(汗牛充棟)할 정도가 된다. 혹자는 다방면으로 채록하고 혹자는 독창적으로 일가를 이룬 것이 풍토에 따라 다르지만 정주를 기필하고 선정을 본받는 것은 바꿀 수 없다.

6. 교유를 신중히 한다. 즉 독서하는 선비가 본문에 충실하고 더불어

사귐에 『시』, 『서』를 강론하면서 서로 절차탁마한다.……[80]

제1조의 "대의를 밝힌다"는 대목에서 군신의 의리만을 논한 것을 상고하면 유양벽이 관방적 색채가 농후하다는 것을 알 수 있다. "실학에 힘쓴다", "경사를 숭상한다", "문체를 바로 한다"는 조목들은 중국 학문 전체를 아우르는 것으로 송학에만 국한하지 않는다는 것을 보여준다. 20년 후에 해동서원의 학규를 개정한 만주인 각라사명은 유양벽의 학규에 기초하여 더욱 심화시킨 8조의 학규를 제출한다. "1. 사습을 단속한다. 2. 사우를 중시한다. 3. 과정을 세운다. 4. 실행을 돈독히 한다. 5. 서리(書理)를 살핀다. 6. 문체를 바르게 한다. 7. 시학을 숭상한다. 8. 거업을 익힌다."[81] 유양벽의 학규에 비해서 각라사명은 "사습을 단속한다"와 "사우를 중시한다"는 조목을 으뜸으로 하고 관방적 색채를 띤 "거업을 익힌다"를 맨 나중에 배치하면서 군신의 의리를 논하지 않고 주자의 말을 인용하여 입론하였다. "오늘날에는 거업과 의리의 학문을 둘로 나누고서 거업은 의리의 학문에 방해가 된다고 하는데 이는 맞는 말이 아니다. 거업은 성현을 대신하여 입언하는 것으로, 심기가 반드시 화평하고 견해가 통달하여 강상과 명교에서부터 세밀하고 곡절한 이치까지 두루 갖추어야 비로소 과제가 주어지면 물 흐르듯이 쓸 수 있다. 바로 의리에 전심한 학자들이 과제에 따라 생각을 발휘하는 것이다. 주자가 말하길, '공자가 지금 세상에 계신다면 틀림없이 과거에 응시할 것이다'라고 한 말이 이 뜻이다." 각라사명은 신분적으로 관방적 색채가 유양벽보다 농후하지만 고도의 논술 전략을 구사하고 있다. 또

---

80 余文儀, 『속수대만부지』(대북: 대북은행 경제연구실, 대만문헌총간 제121종, 1962년), 355-356쪽.
81 여문의, 『속수대만부지』, 355-360쪽.

한 각 조목에서 논한 것도 유양벽의 학규보다 훨씬 자세하고 깊이가 있다. "실행을 돈독히 한다"는 조목에서는 학자들이 "독서의 명성만을 사모하고 일상 실천은 간여치 않는다면 독서의 근본을 잃어버리는 것이다"라고 비판하고 있다. "서리를 살핀다"는 조목에서는 정자와 주자의 논설을 인용하여 사서에서 육경으로 읽고 다음에 자부나 사부를 읽어가는 공부 순서를 제시하고 있는데, 유양벽이 제시한 "경사를 숭상한다"보다는 확실히 내용이 풍부하다. 각라사명은 정자와 주자의 독서법을 종합하여 "이것을 합쳐서 보아야 하는데 학자들이 독서할 적에는 범범하게 지식을 넓히는 데에 치중할 것이 아니라 내 마음으로 책을 읽어야 한다"라고 한다. 이 말은 비록 "육경은 나를 주석한다"는 육구연의 냄새가 나지만, 각라사명은 바로 이어서 "자구들은 경문의 주해를 깊이 이해한 데에서 나오고 일일이 몸으로 체득하여 마음에 증험해보아서 간극이 전혀 없어야 한다"라고 강조한다. 여기서 그는 "나로써 책을 읽는다"는 말을 책의 본래 지식을 심신으로 체험하는 것으로 구체화하고 있는데 적절한 견해이다. 또한 "문체를 바르게 한다"와 "시학을 숭상한다"는 조목에서 각라사명이 시문을 중시하는 것을 알 수 있다. 더욱 이 "시학을 숭상한다"는 조목은 유양벽의 원래 학규에는 없는 내용이다. 각라사명은 "문체를 바르게 한다"는 조목에서 심도 있는 논의를 전개하는데 "도가 드러난 것이 글이다. 천지가 생긴 이래로 문(文)은 원래 있었지만 왕조마다 숭상하는 것이 달라서 문체도 여러 번 바뀌었다"라고 하면서 『문심조룡』을 높이 평가한다. 그리하여 문장의 표준으로 "염(주렴계), 락(정명도, 정이천), 관(장재), 민(주자)의 의리와 왕신중(王慎中), 당순지(唐順之), 귀유광(歸有光), 호우신(胡友信)의 법식"을 제기하는데 송학의 그늘에서 벗어나지 못한 것으로 보인다.

호건위가 팽호의 문석서원 학규로 제정한 내용은 "인륜을 중시하고,

지향을 분명히 하고, 이욕을 분별하고, 궁행에 힘쓰며, 사우를 존경하고, 과정(課程)을 정해놓고, 경사를 읽고, 문체를 바르게 하고, 시간을 아끼고, 송사를 경계한다"[82]라는 것이다. 각 조목에는 자세한 설명을 붙여 한 편의 글이 된다. '인륜'을 먼저 한 것으로 보건대 호건위는 주자의 백록동서원 학규에서 오륜을 으뜸으로 하는 것을 본받은 것 같다. 그는 인륜을 형이상학적 이치와 연결한다. "성과 천도는 학문의 근본인데 실상은 인륜의 일용지간에 당연한 실리를 극진히 하여 천하 후세의 법도가 되는 것이다", "지향을 분명히 한다", "이욕을 분별한다"는 부분은 이학의 근본사상을 잘 잡고 있다. 호건위는 "도덕에 뜻을 둘" 것을 주장하고 세상의 공명에 뜻을 둔 사람은 실상 부귀에 뜻을 둔 자라고 비판한다. 이와 같은 사람은 "진정으로 불후의 공명을 남기려는 것이 아니다"라고 하여 '공명'에 대한 분변이 사뭇 엄정하다. "이욕을 분별한다"는 조목에서는 "사람들은 모두가 성(性)을 가지고 있다. 성은 이치이다. 성이 발하여 정(情)이 되고 정이 동하여 욕(欲)이 생긴다. 여기가 위태하고 은미한 것, 성인과 광인의 갈림길이니 어찌 분별하지 않을 수 있겠는가?"라고 한다. 이 말을 살펴보면 성이 정을 낳고 정이 욕을 낳는데, 성은 이치이니 욕도 이치에서 생겨난다면 욕에도 이치에 맞는 것이 있다. 그러나 이치와 욕은 종국에는 구별이 있으니 분별해야 한다는 의미이다. "학자들이 과연 이 사이에서 분명하게 구별하여 견고하게 지킨다면 천 길 벼랑 위에 서 있다손 치더라도 성현에게 돌아가는 데에 무슨 어려움이 있겠는가?" 이 말은 비록 분별하는 것이 아직 분명하지 못하더라도 능히 고수하고자 하는 것으로 실천을 강조한 말이다. 광서 연간

---

82 이 학약은 다음에 수록되어 있다. 胡建偉, 『澎湖紀略』(대북: 대북은행 경제연구실, 대만문헌총간 제109종, 1961년), 81-88쪽; 林豪, 『澎湖廳志』(대북: 대북은행 경제연구실, 대만문헌총간 제164종, 1963년), 112-120쪽.

50 _ 대만 유학, 그 은밀한 탄생과 발전

에 임호가 이어서 제정한 학약 8조에 "경의는 밝히지 않으면 안 되고, 사학은 관통하지 않으면 안 되고, 『문선』은 읽지 않으면 안 되고, 성리는 강구하지 않으면 안 되고, 제의(制義)는 근본이 없으면 안 되고, 시험 답안은 법식이 없으면 안 되고, 서법은 연마하지 않으면 안 되고, 예법은 지키지 않으면 안 된다"[83]라고 하는데 세세한 내용이 첨가되면서 도리어 의리는 감소한 면이 있다.

여러 학규를 종합적으로 고찰하면[84] 각라사명과 호건위가 제정한 것이 비교적 의리가 풍부하다. 학규는 비기에 비하여 유학의 실제적인 교육 상황을 잘 드러내며, 생동감 있는 내용은 심지어 읽는 사람이 그 자리에 있는 것 같은 감흥을 불러일으키기도 한다. 가령 두 편의 항춘현학 학규(제2절에서 간략히 소개)와 같은 글이다. 또한 학규를 살펴보면 청대 대만 유학의 교육은 송명이학에만 국한되지 않고 경, 사, 시, 문을 중시했음을 알 수 있는데 이는 비기에는 나오지 않는 내용이다. 이를 통해서 전통문화가 대만에 상당히 전체적으로 이식된 것을 알 수 있다.

5. 청대 대만의 유학시

청대 대만 내 학교에서 사생들의 시가 중에 유학을 언급한 부분이 있는데 이는 대만 유학을 연구하는 데 빠질 수 없는 자료이다. 여기서는

---

83 임호, 『팽호청지』, 120-124쪽.

84 또한 창화현의 백사서원 학규가 있다. 가경17년(1812)에 北路 理番 同知로 부임한 楊桂森이 직접 수정한 것으로 力行, 立品, 成物을 골자로 제생들이 독서와 詩賦에 힘쓸 것을 면려하고 있다. 여기서는 논문 편폭의 한계로 자세히 다루지 않겠다. 본 학규는 주새의 『창화현지』, 143-146쪽에 실려 있다.

'이학시'에 국한하지 않고 '유학시'를 검토하고자 한다. 연구 범위 확대 차원에서 비록 이학 범주에 부합하지 않는다손 하더라도 유학교육과 관련되는 시는 가급적 포함하여 논하고자 한다.

엄우의 『창랑시화』 「시체」에는 '소강절체'가 있다. 또한 송말원초에 김이상(金履祥)이 『염락풍아(濂洛風雅)』 한 권을 편찬하여 주돈이, 이정 이하 48명에 달하는 이학자들의 시를 수록했는데 『사고전서총목』(권192)에 "이상이 이 책을 편찬한 후로 도학자의 시와 시인의 시는 천추 토록 오월(吳越)의 관계가 되었다"라고 평하고 있다. 여기서 이학자들의 시를 독자적인 한 파로 인정하고 있음을 알 수 있다. 복건성 출신의 이학자인 양시 이래로 시에 능한 사람이 많지만 주희는 생동적이면서도 깊은 함의를 담은 시를 많이 지었다. 특히 「관서유감(觀書有感)」 2편은 전형적인 작품이라고 할 수 있다.[85] 이 작품은 후에 대만의 유학시 창작에 지대한 영향을 미쳤다.

대만의 유학시는 봉산현 사생들이 읊은 시가 가장 많고 이학적인 색채가 풍부하다. 이 시들은 주희의 「관서유감」과 주돈이의 「애련설」 영향을 강하게 받고 있는데 이는 봉산현학의 풍광이 수려하여 사생들의 시심을 자극한 결과이다.(자세한 내용은 4장 참조)

봉산현 외에는 창화현과 팽호현의 사생들의 시 또한 볼만하다. 백사 서원의 학규를 수정한 양계삼의 「낙경루기사(樂耕樓記事)」 4수 중에서 "오백 년 동안의 명사(名士)들이 팔천 리 밖의 창생을 위무하네", "학교에서는 출중한 선비들 즐겨 공부하고 학경루는 백성들 살림살이 돌보는데 여념없네" 등은 학문 진작을 중시하는 내용을 담고 있고, "풍속이

---

85 본 내용은 다음을 참조하였다. 陳慶元, 「宋代閩中理學家詩文: 從楊時到林希逸」, 『복건사범대학학보(철학사회과학판)』 제2기(1995년).

순화하여 예를 선망하며 농사짓고 현가(絃歌)의 소리가 무성(武城)에 가까워", "작년 부를 읊을 때는 신선과 함께했는데 누각에 오른 오늘은 제생과 함께하네"[86] 등은 사생이 함께 즐기는 정경을 묘사하면서 교화의 이상을 노래하고 있다. 제생 진서가 지은 「나청서옥(螺青書屋)」 중에 "건곤의 넓은 것은 나의 집이고", "소쇄한 흉금은 내 마음"[87]이라는 대목은 이학의 정대한 기상이 충만하다. 창화현에서 가장 볼만한 이학시는 호응괴의 「태극정기사시(太極亭記事詩)」로, 전체 시는 48구로 구성되어 있다. 호응괴는 가경 원년(1796)에 창화지현으로 부임하였다. "읍의 주산을 팔괘산이라 하고 관서 뒤에 태극정을 지었다. 이는 '태극이 양의를 낳고 사상이 팔괘를 낳는다'는 뜻을 취하였다."[88] 호응괴가 자찬한 「태극정비기」에는 정자 가운데 그림 하나를 그리고 그 안에 주렴계의 태극도설을 적었다.[89] 「태극정기사시」는 팔괘산으로 흥을 일으키고 주돈이의 도설로 마무리한다. 가령 "팔괘가 각각 나뉘어 맥락을 이루고 일원(一元)에서 근본함에 근맥(根苗)을 본다. 만상을 배태하는 기축은 여전히 숨어 있고 천문(千門)을 아우르는 기세는 홀로 내달리네"라고 하여 팔괘산의 산세를 팔괘 사상에 유비하여 형상화하고 있다. 말미의 "염계의 「도설」은 자세히 살필진저, 해국(海國)의 거문고 소리 듣기 쉽지 않다네. 뒤에 오를 이에게 말을 남기나니 범부의 부족한 말이라네"[90]라고 하는 대목은 태극정을 통하여 염계 학설을 선양할 것을 기대하고 있다.

---

86 주새, 「창화현지」, 480쪽.
87 주새, 「창화현지」, 487-488쪽.
88 주새, 「창화현지」, 19쪽.
89 이 비문은 다음에 수록되어 있다. 劉枝萬, 「대만중부비문집성」(대북: 대북은행 경제연구실, 대만문헌총간 제151종, 1962년), 11쪽.
90 주새, 「창화현지」, 488쪽.

팽호현 사생들이 주고받은 시들은 사생 간의 정분을 잘 보여준다. 가령 호건위의 「유별문석서서원제생(留別文石書院諸生)」에서 "학사(學舍)는 잊기 어렵고 맺은 정분 도탑다네. 지팡이 부여잡고 글 읽는 소리 들었네. 한자(韓子)의 흥조(興潮)한 조화는 없지만 문옹(文翁)의 교촉(敎蜀)한 마음은 있네. ……제생들아, 한결같이 면학하소. 문석(文石)이 휘황함에 나라의 보배일세"라고 읊고, 「유별마명경장교(留別馬明經掌敎)」 후반부 2연에서는 "치사(治事)와 분재(分齋)의 법도를 잊지 말고 날마다 경전 공부도 명심하시길. 밝은 달 배 안에 가득할 제 해국을 떠나나니 사무친 맘 다 못하고 바삐 몇 자 적어보네"[91]라고 노래하는데 가르치는 마음이 절실하고 이별의 각별함이 잘 드러난다. 오성성의 「유별팽호제생(有別澎湖諸生)」[92]에서는 "현가(絃歌)의 소리 잊기 어려워 기정(旗亭)에서 술과 시로 송별하네"라는 석별의 정을 노래하고 있다.

학생들에 대한 스승의 각별한 기대는 주개가 채정란과 이별하는 시에서 가장 잘 드러난다. 주개는 도광12년(1832) 팽호에 와서 재해를 구휼했는데 이때 팽효의 서생인 채정란은 「청급진가(請急賑歌)」의 장편 4수를 올린다. 이에 주개는 「무휼육수답채생(撫恤六首答蔡生)」, 「재답채생」 중에서 "채생은 팽호의 수재, 시를 지어 슬피 우네." "채생은 아름다운 구슬 같은 마음을 간직하고 학문의 뜻이 어찌 그리 웅대한가." 등의 시구가 있다. 또한 「송채생대만소시(送蔡生臺灣小試)」에는 "해외의 영재를 오늘에 만났으니 더불어 가히 시를 논할 만하다"는 시구가 있다.[93]

팽호의 선생들은 지역이 협소하고 학생이 적다고 하여 결코 게으름

---

91 임호, 「팽호청지」, 472쪽.

92 임호, 「팽호청지」, 472쪽.

93 蔡廷蘭과 周凱의 교우관계 및 채정란 시에 대한 분석은 다음을 참조. 진소영, 「대만시선주」, 84-91쪽.

을 피우지 않았다. 가령 장새의 「팽호모춘과사(澎湖暮春課士)」에서는 "성하(星河, 은하수)와 섬들은 하늘에 닮았으니 관자(冠者), 동생(童生)들과 더불어 봄놀이를 즐겼네. 백세의 교화로 성화(聖化)를 입고 공부하는 선비들이 유종(儒宗)을 숭상하네. ……글방에서 부지런히 학문에 전념하니 즐거이 영재를 가르치며 바라는 바 한량없네"라고 하고, 「전증제생부대원시(錢贈諸生赴臺院試)」에서는 "의관을 정제한 사십 명(유생들이 겨우 40여 명)에게 사문을 기탁하네"[94]라는 구절이 있다. 학생이 겨우 40명에 지나지 않지만 스승은 여전히 "바라는 바 한량없는"[95] 심정이다. 장새는 해방통판(海防通判)을 역임한 인물이지만 시에서는 유사(儒師)의 분위기가 풍겨난다.

같은 통판으로 호건위와 장새에 결코 뒤지지 않는 장용은 독서법을 곡진하게 설하고 있다. 「시문석서원제생(示文石書院諸生)」이라는 시의 첫 편에서는 "하급관리 7년에 상관의 명령을 충실히 따르고자 했는데 정무도 부족한 내가 과정(課士)의 공무까지 맡게 되었네" 하면서 겸손하게 말하고는 있지만 학문 중시를 잘 드러낸다. 둘째 편에는 독서하며 공부하는 방법을 논하고 있다. "차가운 모전(毛氈) 위에 공부하는데 견실한 마음이 귀중하니 이내 맘은 삼동설한에도 옮길 생각 추호도 없다네. 세속의 정회를 물리치고 실학을 증험하니 신의를 발견하며 참뜻을 알아가네. 『시』, 『서』는 완숙해야 묘한 이치를 터득하고 지기(志氣)가 근실해야 마음이 전일할 터.……"[96]

유학시 중에는 원주민 교육을 반영한 시도 있는데 이는 대만의 특

---

94 임호, 『팽호청지』, 473쪽.
95 임호, 『팽호청지』, 473쪽.
96 임호, 『팽호청지』, 510쪽.

수한 경우이다. 가령 봉산현 임소유의 「순사과번동(巡社課番童)」이라는 시에서 "간밤에 내린 비 계곡물이 흐리고, 말을 타고 한가로이 만촌(蠻村)을 찾아가니 빈랑나무 마을을 가득 덮고 야자나무 마을 대문에 높이 드리웠네. 갈옷 입고 경서와 한어를 가르치니 귀걸이 하고 밭을 매며 임금 은혜를 안다네. 삼 년을 내왕하며 선생임 부끄러워하였는데 기뻐하며 아이들의 예의를 지켜보네"[97]라는 시가 있다. 또 장미의 「번속(番俗)」이라는 시에 "아통(鵝筒, 원주민)이 홍이자(紅夷字)를 능숙하게 쓰며 격설(鴃舌, 원주민)이 성현의 책을 능숙하게 읽어가네. 진정 어린 번동들이 번속을 벗어나니 '관저(關雎)' 장(章) 읽는 소리 낭랑히 들려오네"[98]라고 하는데 이는 원주민 아이들이 『시경』을 읽는 모습을 묘사하고 있다. 항춘현 주민들의 대다수는 원주민이기 때문에 항춘현의 유학시는 유사(儒師)가 원주민을 교육할 때의 심정을 표현했다고 할 수 있다. 가령 종천우의 「경인항춘고의숙부(庚寅恒春考義塾賦)」(2월 달에 12과로 보는 시험을 운(韻) 자로 지었다) 제목을 보면 학생들과 같은 운으로 시를 지었음을 알 수 있다. 이 중 "극기 공부에는 조그만 사욕도 용납해서는 안 되고 독서는 만권을 독파해야지. 늘 바른 덕 간직하기를 염원하며 춘풍이 만당에 가득함을 사랑하네"[99]라는 시는 스승 된 사람의 즐거움을 노래하고 있다. 또한 지현 하여근이 이별을 노래한 「정해삼월하완, 장사전, 유별항춘료우사민(丁亥三月下浣, 將卸篆, 留別恒春僚友士民)」 4수[100] 중에서 제생과 이별하는 첫 수가 가장

---

97 王瑛曾, 『중수봉산현지』(대북: 대북은행 경제연구실, 대만문헌총간 제146종, 1962년), 408쪽.

98 범함, 『중수대만부지』, 768쪽.

99 도계선, 『항춘현지』, 243-244쪽.

100 도계선, 『항춘현지』, 239-240쪽.

절절하다.

이별시는 행낭(行囊)에 가득하고 술독에는 술이 가득하고(의숙에서 공부하는 학생들이 이별에 즈음하여 헌시를 하는 것은 석별의 절절한 마음으로 깊은 정분을 보여준다.……) 일찍이 강엄(江淹)이 노래한 남포시(南浦詩)가 석별의 감회를 가장 잘 보여주네.

감히 말하노니 때 맞은 비에 사람들이 모두 감화를 받고 살랑살랑 봄바람에 자리가 따뜻할세.

이별이 아쉬워 술독을 두드리며 날 새워 마셨지만 언제나 다시 모여 시문을 논하려나.……

이 시는 대만 사생 간에 이별을 노래한 시 중 가장 뛰어난 작품에 속할 것이다.

유학시 중에는 후산(後山)의 교육을 반영한 양정리의 「앙산서원신성지희(仰山書院新成誌喜)」,[101] 학전제도를 반영한 송영청의 「과나산, 유설현안영건흥학교지거, 서이기사(過羅山, 有設縣安營建興學校之擧, 書以紀事)」[102] 그리고 유생들의 문창괴성(文昌魁星)과 석자지(惜字紙) 풍습을 노래한 육십칠의 「구일(九日)」,[103] 진학성의 「자회(字灰)」[104] 등이 있다. 시가라는 형식적 제약 때문에 유학시 중에서도 특히 이(理)를 노래한 이학시는 쓰기도 어렵거니와 좋은 작품은 더욱 창작하기 어렵다. 그러나 유

---

101 진소영, 『대만시선주』, 81-83쪽.
102 진소영, 『대만시선주』, 59-62쪽.
103 범함, 『중수대만부지』, 781-782쪽.
104 주새, 『창화현지』, 491쪽.

학교육의 상황, 교육제도, 독서방법 내지 사생 간의 정분 등을 담고 있는 유학시는 상대적으로 좋은 작품들이 있기 때문에 다방면에서 고찰할 만하다.

6. 식민지 대만 유학: 1895-1945

1895년(강서21년) 대만은 일본에 할양되는데, 할양 1년 전인 1894년(강서20년)에 청 조정이 최후의 지방지인『항춘현지』를 편수했다는 사실에서 대만 할양을 앞두고서도 청 조정이 대만에서 유학교육을 확대하는 데 시종 최선을 다하고 있었음을 알 수 있다. 이는 유생 계층이 대만 할양 초기에 항일 무장투쟁의 주력군이 되는 이유를 설명해준다. 명정시대로부터 할양 때까지 유학은 대만에서 200여 년이라는 시간을 경과하면서 정착 · 발전하여 이미 서민생활에 깊숙이 파고들었고, 더욱이 사대부 계층의 정신생활에 있어 중요한 부분이 되었다. 서민들이 일상생활에서 스승을 높이고, 도리를 소중히 여기고, 부모에게 효순하고, 가정을 중시하고, 제사를 중시하는 등의 습속은 대만이 본토와 다르지 않았다. 대만 할양 후에도 서민 유학은 사대부 계층의 정밀화한 유학보다 더욱 오래 살아남아 한족문화의 동질성을 지탱하는 중요한 요소가 되었다.

할양 초기에 유생 계층은 항일 무장부대의 주요 성원이었다.[105] 유생

---

105 1895-1902년 동안 항일 무장투쟁에 참가한 대만 한인 출신에 대한 분석은 다음을 참조. 翁佳音,『대만 한인 무장항일사 연구: 1895-1902』(대북: 대만대학 문사총간, 1986년).

들의 항일정신은 명말 청에 항거한 정신을 계승한 것으로 중화민족이 이민족의 통치를 받을 수 없다는 사상에 근거하고 있다. 이런 관점은 일본 학자들도 인정하는 바이다. 가령 이능가구(伊能嘉矩)는 일본 점령 초기의 항일 무장투쟁에 대하여 "대만에 거주한 대부분의 한족들은 일본인에 대해 민족적 반감을 가지고 있었다. 이른바 중화민족이 오랑캐에게 복종한다는 치욕감을 가지고 있었다"[106]라고 한다. 이와 같은 항일 사상은 1920년대에 국제적인 신사조를 접하면서 점차 지식인들 사이에서 변화하기 시작한다.

항일 무장투쟁에 대한 일본군의 잔혹한 탄압을 겪으면서 유생 계층은 무장투쟁에서 서원과 시사(詩社)로 항일투쟁을 전환하여 한족문화를 보호하는 것을 자신들의 소임으로 삼았다. 1898년을 예로 들면 당시 대만에서 한학을 가르치는 서당은 1,777곳이 있었고 교사는 1,707명으로 그들 대부분은 청대의 수재와 거인 및 이름 없는 제생들이었다.[107] 서당학교가 표방한 기본 사상에 대해서는 오탁류(吳濁流)가 지은 자신의 회고록『무화과』와 자전적인 색채가 농후한 소설『아시아의 고아』에서 그 단서를 발견할 수 있다.『무화과』에서 오탁류는 이렇게 어린 시절을 회고한다. 훈장선생 앞에서 대륙에 있는 선조들의 원적지를 정확하게 대답하면 칭찬을 받았고, 훈장선생이 자신의 조부에게 "비색(否塞)한 것이 다하면 태평(泰平)한 시대가 오는 법이니 언젠가는 다시 일어날 수 있을 텐데"[108]라고 하는 말을 자주 들었다고 한다. 또한『아시아의 고아』에 나오는 운제서원 및 훈장 팽수재에 대한 묘사는 아주 생동감이

106　伊能嘉矩,『대만문화지』(중역본) 하권(남투: 대만성 문헌회, 1991년), 475쪽.

107　吳文星,「日據時代臺灣書房之硏究」,『思與言』제16권 3기(1978년 9월), 268쪽.

108　吳濁流,『無花果』(대북: 초근출판공사, 1995년), 10쪽.

넘친다. 팽수재는 방 안에 공자의 화상을 걸어두고 일본인 통치하에서 늘 "사문(斯文)이 땅에 떨어졌다", "우리의 도가 쇠해졌다"라는 말을 걸 핏하면 하면서 "성학이 몰락한 것을 크게 탄식했다."[109] 한편 새해에 팽 수재는 "큰 나무는 새 우로(雨露)에 젖지 않고 운제(雲梯)는 옛날 그대로 일세"라고 춘련을 지었는데[110] 여기서 '새 우로(雨露)'는 일본인들이 서 당을 장악하는 것을 암시한다. 총독부는 1898년에 '대만 공립학교령'과 '서당과 의숙에 관한 규정'을 제정하였다. 여기서 공립학교와 서당은 서로 대치하는 상황이 형성된다. 공립학교 설립 후에도 서당 수는 늘지 도 줄지도 않았다. 1903년 당시 서당 수는 공립학교에 비해 열 배가 넘 었다. 총독부는 서당에 대한 규제를 더욱 강화했다.(가령 반 개설 전 신청 의무화, 재학생 가정 현황 보고 등) 아울러 일본어와 산수를 가르치고자 하 는 학교는 보조금을 지급했다.[111] 오탁류가 묘사한 팽수재는 이와 같은 이유 때문에 전통식 서원교육을 고수하여 일본인이 교육을 농단하는 것을 용납하지 않았다.

서원 외에도 시사는 중국 문화를 지키는 보루의 역할을 수행했다. 일 본 점령 시기 시사 활동이 매우 활발했는데 이들이 표방한 시학적 입 장은 유가의 이른바 '흥관군원(興觀群怨)'의 시교를 위주로 하였다. 연 아당은 『대만시승』「자서」에서 "(청조가 들어서면서) 강역과 복식을 바꾸 게 되니 민심이 표동하고 상심 실의한 중에 비분강개하거나 분기탱천 한 심회를 읊은 시들이 전대 작품의 수준을 능가했다. 오늘날 대만에 서 시가 이처럼 왕성한 것은 시절 때문이기도 하고 형세 때문이기도 하

---

109 오탁류, 『亞細亞的孤兒』(대북: 원경출판사, 1993년), 5-6쪽.

110 오탁류, 『亞細亞的孤兒』, 12쪽.

111 오문성, 「일거시대대만서방지연구」, 267-269쪽.

다"라고 적고 있다. 이 단락은 대만 할양이 대만의 시 창작을 부추겼음을 지적하면서 대만시가 갖고 있는 '비분강개'한 격조의 연유를 알려준다. 그는 또한 『대만시승』을 편찬한 이유가 시와 역사를 통일적으로 보기 때문임을 밝힌다. "시는 곧 역사이다. 이를 통해 흥(興)하고 군(群)하게 할 수 있다. 이 책을 읽으면 변풍변아(變風變雅)를 알게 될 것이다." 대만 할양이라는 변고를 겪으면서 대만의 시 창작이 활발해진 것은 전통 시론에서 말하는 고통스러운 심사를 통해서 훌륭한 시어가 만들어진다는 이론에 부합한다. 신죽의 시인 왕송(王松)은 『대만시화』에서 일본이 대만을 통치하면서 시인들은 "시대의 아픔을 목도하고 가슴에 말하고 싶은 것이 있더라도 감히 꺼내지 못하고 그렇다고 또 표출하지 않을 수도 없는 말을 모두 시로 발설하지 않을 수 없었다. '나라의 불행이 시인의 시 창작에는 행운이기도 하다. 나라의 멸망을 노래한 시에 빼어난 작품이 많다'라는 옛사람들의 말이 있는데 바로 이를 두고 하는 말이다"[112]라고 적고 있다.

사학적으로 가장 큰 성과로는 연아당의 『대만통사』를 들 수 있다. 연아당은 「자서」에서 이 책은 중국의 사학 전통을 계승했음을 밝히고 있다. "역사는 민족의 정신이자 사람들의 귀감이다. 역대 왕조의 흥망성쇠와 풍속의 문야(文野), 정사의 득실, 물자의 영허(盈虛)가 모두 이 안에 들어있다. 따라서 문화를 가진 나라는 역사를 중시한다. 옛사람이 '나라는 망해도 역사는 없앨 수 없다'라고 했다." 식민지 대만에서 연아당은 10년의 시간을 대만사 서술에 온전히 쏟아부었다. 이는 한족의 정체성을 지키려는 목적이 밑바탕에 깔려 있는데 「자서」의 말미에서 "우리 동학과 친구들이 인효(仁孝)하고, 의용(義勇)하고, 봉공하여 민족성을 발

---

112 王松, 『臺灣詩話』(대북: 대북은행 경제연구실, 대만문헌총간 제34종, 1959년), 48쪽.

양한다"라고 적고 있다.

일본인들의 압박과 질시 속에서 대만인들은 고유의 한족문화를 보존하고자 노력을 경주한다. 일본 점령 시기에 전통서당과 시사가 매우 활발한 점은 같은 시기 중국 대륙과는 유를 달리한다. 1920년대 후반에도 대만은 신문학, 신문화 운동이 발생했지만 5·4 신문화 운동 이후의 중국 본토와는 달리 극심하게 전통문화를 폄하하지도, 전반서화론을 주장하지도 않았다. 일본 점령 시기 가장 중요한 문화단체인 '대만문화협회'의 여름학교 시간표에서 당시의 지식인들이 비록 국제적인 사상 조류를 받아들이는 데 급급하기는 했지만 결코 전통문화를 잃어버리지도 않았음을 엿볼 수 있다. 가령 시간표에 진만영(진허곡)이 개설한 '효' 과목 및 임유춘이 개설한 '중국고대문화사', '중국학술개론'[113] 등이 있는데 나중에 두 과목 제목을 살펴보면 새로운 관점으로 전통학문을 바라보는 것을 알 수 있다. 심지어 1925년에 문협이 대북에서 거행한 문화 강좌에서 사회를 맡은 장위수는 강연을 감시하는 일본 경찰에 맞서 고의적으로 왕민천에게 1개월 동안 『논어』 강의를 요청하고 강의를 듣는 청중들도 제시간에 정확히 입장하였다.[114]

일본 점령 시기에 유학은 한편으로는 명정시대의 사상 경향으로 회귀하면서 다른 한편으로는 신학문과 대화할 수 있는 계기를 갖게 되는데 식민지라는 특수한 상황 때문에 지식인들은 자각적으로 대만 유학과 전통의 한문화를 보존하는 데 주력하게 된다. 이 시기 대만 유학의 가장 큰 성과는 연아당이 지은 『대만통사』라고 할 수 있다. 유가 시학과

---

113 葉榮鐘, 『대만민족운동사』(대북: 자립만보출판공사, 1971년), 300쪽.
114 葉榮鐘, 『대만민족운동사』, 305쪽. 王敏川은 일본 점령 시기 신문화 운동에 참가한 유학자이다. 그의 생애와 사상에 대해서는 다음을 참조. 진소영, 「啓蒙, 解放與傳統: 二十年代知識分子的文化省察」, 『臺灣與傳統文化』(수정판, 대북: 대만대학출판사, 2005년).

사학이 흥성하고 이학이 상대적으로 쇠퇴한 것은 당시의 시대정신이 명정 시기의 실학적 전통에 속하며 청대의 발전 방향과는 일정한 거리가 있음을 보여준다. 식민지는 계몽주의 운동 이후 서방문화의 산물이다. 대만 유학이 일본 점령 시기 동안 겪은 식민지 경험은 유학과 현대 세계와의 관계를 형성하는 새로운 영역을 제공하였다고 평가할 수 있다.[115]

■ 본 논문은 대만중앙연구원 문철연구소에서 '동아시아 근현대 유학의 회고'라는 주제로 1996년에 개최한 국제학술대회에서 발표한 원고를 수정하여 『유가사상재현대동아(儒家思想在現代東亞): 총론편』(이명휘 편: 중앙연구원 문철연구소 출판, 1998년)에 수록하였다.

---

115 일본 점령 시기 유학에 대한 자세한 설명은 다음을 참조. 진소영, 「日據時期臺灣儒學的植民地經驗」, 『儒學與世界文明國際會議』(싱가포르대학 중문과 주최, 1997년 6월), 본 발표문은 현재 『대만여전통문화』 (수정판)에 수록.

2장

청대 대만 교육 비문에 나타난 주자학

서론

유학은 17세기 하반기 명정(明鄭) 시기에 대만에 들어왔는데 강희5년(1666) 공묘(孔廟)와 명륜당(明倫堂) 건립은 대만 유학사의 서막을 열었다. 역사적으로 중대한 본 작업을 주도한 사람은 정경(鄭經)을 보좌한 진영화(陳永華)로 1년 전(1665)에 정경을 설득하였다. 정경 본인은 대만이 "변경 지역인데다 이제 막 경략하기 시작[荒服初創]"하고 "인구가 적다[人民稀少]"[1]라고 하여 문교(文敎)를 급히 서두를 것이 없다는 생각을 가지고 있었다. 그러나 진영화는 백성을 양육하는 것과 교화하는 것이 모두 중요하다는 입장을 가지고 있었는데, 유가사상은 "양육은 교화에 우선한다" 하고 "양육한 다음에는 교화해야 한다"라고 하여 학문 진흥을 중시한다. "먹을 것이 족하면 가르쳐야 한다. 만약 편안히 살고 배우지 않는다면 금수와 다를 것이 없다"[2]는 그의 말은 유학교육의 목적

---

1 江日昇, 『臺灣外紀』(대북: 세계서국, 1979년), 236쪽.
2 강일승, 『대만외기』, 236쪽.

이 사람이 되는 도리(이른바 금수와 다른 것)를 교육하는 것임을 아울러 밝히고 있다. 진영화는 또한 왕패(王覇)를 이루는 것은 백성을 교육하는 여부에 달려 있지, 영토의 크기나 군사력이 강함에 있지 않다는 것을 확실히 파악하고 있었다. 그는 "옛날 성탕(成湯)은 100리로 왕 노릇을 했고 문왕은 70리에서 나라를 일으켰으니 국토의 크기가 무슨 상관이 있는가? 진실로 현명한 사람을 좋아하는 임금이 인재를 발탁하여 자신을 도와 다스리도록 했을 뿐이다"[3]라고 한다. 진영화의 사상적 계도로 대만 유학은 첫발을 제대로 내딛고 선진유학의 기본 가르침을 계승했다고 할 수 있다. 한편 남명유학(南明儒學)의 입장에서 보자면 진영화가 주도한 유학교육은 동림서원(東林書院), 복사(復社), 기사(幾社) 등 유학자 집단에서 경학(經學)과 경세(經世)를 중시하는 전통을 계승했다고 할 수 있다.[4] 공묘 건립에서 정씨(鄭氏, 鄭克塽)가 청에 항복하기까지는 겨우 17년(1666-1683)의 짧은 기간이지만 유학교육의 성과는 매우 높아서[5] 만청(滿淸)이 대만을 통치한 후에도 명정이 세운 기반 위에서 경영하였다. 청이 대만을 통치한 기간은 212년(1683-1895)이다. 이 기간 동안 유학은 대만에 넓게 뿌리를 내리고 발전해왔다. 마관조약(馬關條約)으로 대만을 일본에 할양한 초기에 항일(抗日) 군대의 주력군은 유학을 공부한 유생들이었다. 이는 200년 동안 유학 교화의 성과를 보여준다.

200여 년 동안 대만의 중대한 교육적 건설, 가령 각지의 공묘 및 서원의 창건과 중건에 참가한 사람들은 대부분 비석을 세우고 이 성대한 작업을 길이 전하고자 했다. 이 교육 비문(碑文)에 담긴 유학사상은 주

---

3 강일승, 『대만외기』, 236쪽.
4 명정 시기 대만 유학과 만명, 남명유학의 관계에 대해서는 제1장 참조.
5 제1장 참조.

자학을 위주로 한다. 이는 원(元)나라 이래로 주자가 주석한 '사서(四書)'를 과거시험 교재로 삼은 사상적인 추세를 반영한 것이자, 청나라 초기에 복건 지역 주자학이 부흥한 것을 반영한다.[6] 다른 한편으로는 유학교육에 종사하고 추진한 사람들이 주자학을 매우 중시한 점과 또한 주자학의 기본적 성격과도 연관된 것이지, 단순히 청 조정의 제창에 호응한 것으로 폄하해서는 안 된다.

주자의 고족인 황간(黃榦)이 지은 『행장』에는 주자학의 특색을 "궁리(窮理)해서 앎을 지극히 하고, 반궁(反躬)하여 실천하고, 거경(居敬)으로 시종을 이룬다"라고 확실히 밝히고 있다. 황종희(黃宗羲)는 『송원학안(宋元學案)』 「회옹학안(晦翁學案)」(卷四十八)의 말미에서 이렇게 말한다. "내가 보건대, '함양(涵養)은 반드시 경(敬)으로 하고 진학(進學)은 치지(致知)에 있다'라는 말은 정이천(程伊川) 학문의 핵심이다. 고정(考亭, 주자)은 이 핵심을 고수하여 잃지 않았다. 주자가 의론한 것이 많지만 핵심은 이 말에서 벗어나지 않는다." 비록 이런 평가는 주자학의 풍부한 내용을 너무 단순화한 혐의가 있기는 하지만 특히 유학교육에 유익한 주자학의 요소를 부각한다. 청대 대만 교육 비문들 중에는 천리(天理)를 논한 고담준론은 비교적 적지만 여러 곳에서 주자의 윤리학과 수양론을 잘 발휘하고 있다. 이 비문들은 대만 유학과 복건 지역 주자학의 밀접한 상관성을 보여주거니와 다른 한편으로는 송명유학의 각 분파 중에서도 주자학이 유학 교화를 추동하는 데 가장 적합하다는 것을 보여준다.

---

6 청초 복건 주자학의 부흥에 관해서는 다음을 참조. 高令印, 陳其芳 공저, 『福建朱子學』(복주: 복건인민출판사, 1986년), 362-373쪽.

1. 경(敬)에서 성(誠)으로: 현인에서 성인으로 들어가는 심성 수양

청대 대만 교육 비문 작자 중 주자 사상을 가장 잘 표현한 사람은 진 빈(陳璸)과 채세원(蔡世遠)이다. 진빈은 주자학도로 강희 연간에 대만에 두 번째 부임했다.[7] 첫 번째는 대만부학(臺灣府學)의 명륜당을 건립할 때이고, 두 번째는 대만부학을 중수하고 학교 안에 문창각(文昌閣)과 주문공사(朱文公祠)를 건립할 때이다. 그는 이 4번의 공사에 대해 4편의 비문을 작성했다. 「대읍명륜당비기(大邑明倫堂碑記)」(강희42년, 1703년)에서 진빈은 명륜당의 교육 기능과 명륜이라는 이름의 본의를 밝히고 오륜과 오경의 관계(3장에 자세히 서술)를 강조한다. 주자의 거경설(居敬說)을 논한 곳은 『예기』를 논한 대목으로 "정결(淨潔)하고 정미(精微)하는 것은 『주역』에서 취하고, 소통(疏通)하고 지원(知遠)하는 것은 『상서』에서 취하고, 온후하고 화평하는 것은 『시경』에서 취하고, 공검(恭儉)하고 장경(莊敬)하는 것은 『예기』에서 취하고, 비사(比事)하고 촉사(屬詞)하는 것은 『춘추』에서 얻는다"[8]라고 한다. 진빈은 주자와 마찬가지로 오경 중에서 『예기』를 통해 공경하는 마음을 가장 잘 배양할 수 있다고 생각한다.

진빈이 두 번째 대만에 왔을 때에는 문창각과 주문공사를 신축하였다. 문창각 건립은 관에서 비용을 충당하였지만 주문공(주자) 사당은 진빈이 출연하였다. 그는 「신건주문공사비기(新建朱文公祠碑記)」 말미에 "공금을 사용하지 않고 부역 없이 일체의 비용은 모두 본인의 재임 기

---

[7] 진빈은 강희41년(1702)에 대만지현으로 부임하고, 이후 강희49년(1710)에 대하도로 재차 부임한다. 진빈에 관한 간략한 내용은 제1장 참조.

[8] 이 글은 다음에 수록. 范咸, 『중수대만부지』(대북: 대북은행 경제연구실, 대만문헌총간 제105종, 1961년).

간 동안의 활동비를 출연했다"⁹라고 한다. 여기서 진빈이 주문공사 건립을 중시했다는 것을 알 수 있다. 「신건주문공사비기」와 「신건문창각비기(新建文昌閣碑記)」(이 두 편은 모두 강희52년, 1713년에 작성)에서 진빈은 주자학을 잘 설명하고 있으며, 아울러 정통 유학인 주자학으로 문창(文昌) 신앙의 공리적 색채와 과명(科名) 관념을 계도하고자 한다.¹⁰

「신건주문공사비기」에서 진빈은 이렇게 말한다.

공자와 맹자 이후로 정학이 실전하여 이 도가 언제 끊어질지 모르는 실낱 같았는데 주문공이 경사와 백가의 책을 분석하고 발명하여 비로소 해가 하늘에 뜬 것처럼 분명해졌다. 공부하는 사람들이 입으로 되뇌고 마음으로 생각하기를 자나 깨나 한결같고 국이나 담에서 환영을 본 듯이 한다면 세대가 차이 나고 지역이 떨어져 있는 것이 무슨 문제가 되겠는가? 나는 어려서부터 문공의 저서를 공부하였다. ……문공이 말하길, "우리가 재화와 여색 이 두 가지에 철저하지 못한다면 다른 것은 말할 것도 없다." "'의리' 이 두 글자를 분별하는 것이 유자에게 가장 중요하다." 또 말하길, "'경으로 안을 곧게 하고 의로 밖을 바르게 한다'는 이 여덟 글자는 일생토록 써도 다하지 않는다." 이를 삼가 풀어보면 재화를 좋아하지 않아야 인품을 다듬을 수 있고, 여색을 좋아하지 않아야 정명대로 살 수 있다. 의와 이는 경계가 사뭇 미묘하다. 의도하는 목적 없이 하는 것이 의이고, 의도하는 목적이 있어서 하는 것은 이(利)이다. 의는 본래 이롭지 않은 적이 없으니 이익은 가장된 의를 용납하지 않는다. 마음에서 공경하여 주일무적(主一無適)하면 안을 곧게 하고, 일에서 의하여 인시제의(因時制宜)하면 밖을 바르게 한다. 조금이라도 사곡을 용납

---

9 범함, 「중수대만부지」, 684쪽.
10 진빈이 이 문제를 처리하는 방식과 후대 유자들에게 미친 영향에 대한 설명은 제3장 참조.

하지 않는 것이 직(直)이고 피차에 영합하지 않는 것이 방(方)이다. 인생의
덕업은 이 몇 마디 말에 모두 포함되어 있다.[11]

이 단락에서는 '마음을 경건히 한다'라는 것을 논했는데, 「신건문창
각비기」에서는 한 발 더 나아가 마음에 대해 설명하면서 근독(謹獨)과
조존(操存) 공부에 대해서도 논하고 있다.

　　과명(科名)은 진신(進身)하는 계단과 같은 것이고 학문에 힘쓰는 것은 입
　신(立身)이 근본이다. ……학문하는 도리는 구방심(求放心)일 뿐이다. 요
　명혼묵(窈冥昏黙)한 데에서 구하면 도리어 마음을 무용지물로 전락시킨다.
　……반드시 홀로 있을 때에 삼가 계신공구(戒愼恐懼)를 해야 한다. ……뜻이
　있는 선비는 세상에 이름이 나는 것에 조급해하지 않고 자신을 수양하는 공
　부를 착실히 해나간다. 또한 헛되이 영험한 것만을 갈구할 것이 아니라 미방
　(未放)한 마음을 보존하고자 노력한다. ……만약 종일토록 흐리멍덩하게 마
　음을 놓아버리고도 모르거나 가까운 것을 버려두고 요원한 것에 힘쓴다면
　……문창각을 창건한 원래 의도와는 심히 상반된다.[12]

경 공부는 마음을 잡는 공부로 주자가 논한 것이 매우 많다. 주자는
『대학장구』의 "마음이 있지 않으면 보아도 보지 못하고 들어도 듣지 못
하고 먹어도 맛을 모르는 것이니 이것이 수신(修身)이 정심(正心)에 있
다는 말이다"라는 대목에 대해 "마음을 보존하지 않으면 몸을 검속할
수 없다. 따라서 군자가 마음을 살펴서 경으로 곧게 한 후에라야 이 마

11　범함, 「중수대만부지」, 683~684쪽.
12　陳文達, 『대만현지』(대북: 대북은행 경제연구실, 대만문헌총간 제103종, 1961년), 253쪽.

음을 항상 보존하여 몸을 닦는다"라고 주석한다. 여기서 「곤괘」 '경이직내, 의이방외(敬以直內, 義以方外)'의 '내(內)'를 주자가 '마음'으로 해석하고 있는 것을 볼 수 있다. 진빈은 '경재심(敬在心)'과 '의재사(義在事)'로 경과 의를 구분하는데, 이와 같은 이해는 경과 심이 연결되어 있음을 충분히 파악한 것이고 그가 '의'를 마음 밖의 일로 간주하지 않음을 보여준다. 진빈이 '의가 일에 있다[義在事]'라고 하는 것은 일은 '인시제의(因時制宜)'하는 '외방(外方)'이 필요하기 때문이다. 이는 일상의 일에서 마음을 연마하는 공부를 강조하여 의와 마음을 갈라놓는 것을 막고, 이른바 의외(義外)의 설로 떨어지는 것을 피하고 있다.

경이 마음을 보존하는 공부라는 것을 주자는 「관심설(觀心說)」에서 자세하게 밝히고 있다. "조존(操存)은 저것이 이것을 잡아서 보존한다는 말이 아니다. 잃어버린다는 것도 저것이 이것을 놓아 잃어버린다는 것도 아니다. 마음을 보존하면 잃어버린 것을 보존하게 되고, 놓아버리고 보존하지 않으면 간직한 것을 잃어버린다. ……존심(存心)이라는 것은 경으로 안을 곧게 하고 의로 밖을 바르게 하는 것으로, 위에서 말한 이른바 정일조존(精一操存)이다." 앞의 두 번째 인용문에서 진빈은 문창신앙의 과명 관념에 대항하기 위해 "미방(未放)한 마음을 보존하고자 노력한다"라고 강조하고 있다. 그리고 여기서는 맹자와 주자의 마음 수양론을 결합하고 있는데, 더욱이 글의 말미에서 학자들이 "마음을 놓아버리고도 모른다"면 문창각을 건립한 애초의 취지에 상반된다는 것을 강조하면서 세상에서 문창각 건립을 통해 공명을 바라는 마음을 말끔히 제거하고 있다. "미방한 마음을 보존하고자 노력한다"는 실학 관념을 문창신앙으로 대체한 것은 진빈이 주자학을 잘 활용하고 있다는 것을 보여준다. 한편 주자가 형이상학적으로 풍부하게 설명한 경의 내용은 진빈의 비문에서는 찾아보기 어렵다. 가령 주자가 「중화설3(中和說三)」

에서 장경부(張敬夫)에게 답한 편지에서는 동정(動靜)과 이발미발(已發未發)의 각도에서 경을 논하고 있는데 진빈은 전혀 논의가 없다. 그러나 채세원의 「중수제라현학비기(重修諸羅縣學碑記)」는 이에 대한 논의가 있다.

채세원은 복건(福建) 장포(漳浦) 사람으로 양촌(梁村) 선생으로 불렸으며 청초 주자학 부흥운동의 대표적인 인물 중 한 명이다. 주자학 가학 전통이 있었고 주자학자인 장백행(張伯行)에게서 배웠다. 서세창(徐世昌) 등이 편찬한 『청유학안(淸儒學案)』(卷六十)에 「채세원양촌학안」이 있다. 그는 진빈의 요청에 의해 복주(福州)의 오봉(鼇峰)서원을 맡았다. 민(閩, 복건성)에서 가장 유명한 이 서원은 대만에서 서원을 창건하는 사람들이 모범으로 삼은 곳이다. 게다가 그의 친구인 진몽림(陳夢林)은 요청을 받고 대만으로 건너가 『제라현지』를 중수하는데, 제라현학 건립 후에 지현 주종선(周鍾瑄)은 진몽림을 통하여 채세원에게 비문(碑文)을 부탁함으로써 대만 유학사에서 주자학 사상을 여실히 발휘하고 민·대(閩·臺) 유학의 연원 관계를 밝혀주는 글이 출현하게 된다.[13] 민·대 유학의 연원을 말하자면 채세원은 이 글에서 "고루한 내가 무엇을 알겠는가? 이에 오봉서원에서 동학들과 연마한 내용으로 고한다.……"[14]라고 하는데, 이는 채세원이 이 기회를 통하여 오봉서원의 민학(閩學)을 대만에 도입했음을 보여준다. 한편 대만 쪽에서 고찰하면 양삼유(楊二酉)의 「해동서원비기(海東書院碑記)」에서 "제생들이 오봉서원을 앙망하지만 또한 망양(望洋)의 심회를 금할 길이 없다"[15]라고 적고

---

13 자세한 내용은 제1장 참조.
14 陳夢林, 『제라현지』(대북: 대만은행 경제연구실, 대만문헌총간 제141종, 1962년), 255쪽.
15 범함, 『중수대만부지』, 690-691쪽.

있는데, 채세원이 대만 제생(諸生)들이 앙망한 민학의 대가라는 점을 고려하면 그가 지은 비문이 대만 유학의 사생(師生)들에게 미친 영향력은 충분히 짐작할 수 있을 것이다.

돌에 글자를 새기는 과정은 시간과 노력을 들이는 것이기 때문에 비문은 형식 면에서 제한이 있다. 따라서 채세원은 다른 글처럼 긴 웅변을 토해내지는 못하고 1천여 자의 짧은 비문에서 제라현학의 건설 과정을 기술한 부분 외에 주자학의 기본 사상을 천명한다. 한편으로는 이정(二程)을 소급하여 논하고, 다른 한편으로는 묘학(廟學)의 교화 기능을 설명한다. 비록 세속적인 과명(科名) 관념에서 벗어나지는 못했지만 진정한 실학을 강조하는 내용은 유학의 기본 입장에서 벗어나지 않는다. 이 문장에서 의리를 언급한 부분은 다음과 같다.

군자의 학문은 성(誠)을 위주로 한다. 성(誠)은 오상(五常)의 근본이고 백행(百行)의 근원으로 순수지선(純粹至善)한 것인데 하늘이 나에게 주었다. 사람이 정성스럽지 못한 것은 뜻이 없는 것이다. 사람이 뜻이 없는 것은 그 정성을 다하지 않았기 때문이다. 정성으로 그 뜻을 세우면 순임금을 법으로 삼고 문왕을 스승 삼는다. 그 근원은 자신을 속이지 않는 데에서 시작한다. 정자가 말하길, "무망(無妄)이 성(誠)이며 속이지 않는 것은 그다음이다. 그 공부는 경(敬)을 위주로 하여 완성한다"라고 했고, 또 "성(誠)에 이르지 못했으면 경(敬) 한 후에 성에 이르게 된다. 경이라는 것은 주일무적(主一無適)으로 본원을 함양하는 것을 말한다. 이를 통해 기미(幾微)를 삼가 장차 발할 것을 심찰(審察)하고 행동을 근신하여 이발(已發)을 지킨다면 동정(動靜)을 통하여 하나라도 정성스럽지 않은 것이 없다. 비록 그렇지만 명(明)을 통해 성(誠)을 구하는 방안은 독서가 가장 중요하다"라고 했다. 주자가 말하길, "독서하는 법도는 순서를 따라서 중단 없이 늘 항상 해야 한다. 한결같이 하고 나태해서는 안 된다. 구두(句讀)와 문의(文義) 사이에서 종용(從容)하고, 조존(操存)과 실천(實踐)하는 실제에서 체득해야 한다. 그렇지 않으면 널리 구하고 두루 섭렵하더라도 아무 보탬이 안 된다. 학자들이 이를 따라서 천하의 책을 읽는다면 의리 분별이 몸에 배고 널리 활용할 수 있다. 비록 그렇지만 직분을 벗어난 계책을 내지 않고 본문을 다할 따름이다"라고 했다. ……평범한 선비는 근본을 돌아보고 종국을 생각할 줄 모른다. 단지 독서해서 과명(科名)을 성취하여 명성을 얻고 영광 중에 유유자적하며 집안을 이롭게 하면 자신이 할 일은 끝났다고 생각한다. ……제라현은 비록 바닷가의 궁벽한 곳이지만 천자의 교화가 미친 지 30여 년이 되었다. 거공(巨公)과 명인(名人)들이 연이어 감사와 수령으로 부임하여 풍속이 날로 개선되었다. 읍의 수재들을 명륜당에 모아 그들과 더불어 경서(經書)의 요지를 강습하고 송유(宋儒)의 미언(微言)을 체득하면서 정성을 세우는 방안, 독서의 요체, 윤리를 수양하는 것을 가르쳤다. 경서의 의리가 정확하고 이치가 밝아지면 글이 통달하고 기세가 충만하여 과명(科名)을 떨치게 되니 단지 착한 사람이 많아지는 것만이 아니다.[16]

이 단락은 서두에서 '유경이성(由敬而誠)'의 심성 수양 과정을 언급하는데 바로 현인에서 성인으로 들어가는 과정이다. 『역경』에 의하면 '경(敬)'은 현인의 학문에 속하고 '성(誠)'은 성인의 학문에 속한다. 「건괘」에서 '한사존기성(閑邪存其誠)', '수사입기성(修辭立其誠)'이라는 대목이 있고 '성인'을 여러 번 언급한다. 가령 "성인이 일어나자 만물이 쳐다본다.", "진퇴존망을 알고 바름을 잃지 않은 자는 성인일 것이다." 「곤괘」에서 "군자는 경(敬)으로 안을 곧게 하고 의(義)로 밖을 바르게 한다. 경

---

16 진몽림, 「제라현지」, 255-256쪽.

과 의가 바로 서면 덕은 외롭지 않다." 아울러 "음(陰)은 비록 아름답지만 합하여서 왕의 사업을 따라야 한다. 감히 스스로 이루어서는 안 된다. 땅의 도리는 아내의 도리이고 신하의 도리이다." "천지가 닫히면 현인이 숨는다"라고 말한다. 따라서 정명도는 "학자는 멀리서 구해서는 안 된다. 가까운 자신에게서 구해야 한다. 인륜(人理)에 밝고자 한다면 경(敬)할 따름이다. 이것이 요약처(要約處)이다. 『주역』의 「건괘」는 성인의 학문을 말하고 「곤괘」는 현인의 학문을 말했다. 오직 '경(敬)'으로 안을 곧게 하고 의(義)로 밖을 바르게 한다. 경과 의가 바로 서면 덕은 외롭지 않다'라고 했으니 성인도 역시 이 공부일 뿐이다. 다른 길이 없다"(『이정유서(二程遺書)』卷二上)라고 한다. 여기서 '경'으로 '인륜'('人理'라는 말은 송유의 글에서는 드문 표현이지만 진빈의 비문에 보인다. 3절에서 상론)을 밝히는 공부로 삼고 있는데 현인 수준의 공부이다. 성인 공부는 '천리' 층차에 속하며 '성(誠)'의 경지이다. 정명도가 여기에서 비록 '성인도 역시 이 공부일 뿐이다. 다른 길이 없다'라고 하는 것은 성인 공부가 '경'에서 '멈춤'이 아니라 '경'에서 '시작함'을 강조한 것이다. 따라서 정명도는 "성에 도달하지 못했을 적에는 경한 후에야 성할 수 있다."(『이정유서』卷六) "성은 하늘의 도리이고 경은 인사의 근본이다. 경은 용공(用功)으로 경하면 성한다."(『이정유서』卷十一) "하늘과 사람은 본래 둘이 아니다. 합한다는 말을 굳이 할 필요가 없이 단지 하나의 성의 원리가 주관한다. 천지만물 귀신은 본래 둘이 아니다."(『이정유서』卷六) 따라서 '성'은 천리(天理)이고 도체(道體)이며, '경'은 인리(人理)와 인사(人事)에 속하는 것을 알 수 있다. '경자용야(敬者用也)'의 용(用)은 쉼 없는 공부를 지칭하는 것으로 이해할 수 있다. '경즉성(敬則誠)'은 경 공부를 통해 마침내 성의 도체를 체현하는 것을 말한다. 따라서 학문은 '시어경(始於敬)' 하여 '종어성(終於誠)' 하는 것이며 또한 '지어지선(止於至善)'

하는 것이다. 그러므로 채세원은 "군자의 학문은 성(誠)을 위주로 한다. 성(誠)은 오상(五常)의 근본이고 백행(百行)의 근원으로 순수지선(純粹至善)한 것이다"라고 한다. 그는 또한 정명도의 "성에 도달하지 못했을 적에는 경한 후에야 성할 수 있다"라는 말을 인용한다.

　그러나 채세원의 비문에서는 현인과 성인으로 경(敬)과 성(誠)을 구분하는 문구는 보이지 않는다. 아울러 인용한 글 중에서 '성인'이라는 말을 생략한 곳도 있는데 이는 음미해볼 만하다. 주자는 여러 번 '경'을 성인이 되는 공부로 강조한다. 가령 "경 공부는 성인 문하에서 제일 중요하다. 철두철미하게 찰나라도 중단해서는 안 된다." "경은 진실로 성인 문하의 강령이자 존양(存養)하는 핵심 방법이다. 여기서 주일(主一)하면 내외정추(內外精粗)에 쉼이 없게 된다."(『주자어류』 卷十二) 그러나 경은 성인에 들어가는 공부이지 성인의 경지는 아니다. '성'이 되어야 비로소 가능하다. 『중용장구』 제20장 주석에서 주자는 "성(誠)은 진실무망(眞實无妄)으로 천리의 본연이다. ……성인의 덕은 천리와 혼연하여 진실무망하다." 「태극도설해(太極圖說解)」에서는 "성(誠)은 성인의 근본이다"라고 한다. 채세원은 성을 설명할 적에 '성인' 개념을 전혀 사용하지 않고 주자가 지은 「인설(仁說)」의 정의를 사용한다. 즉 "성(誠)을 능히 체화하여 보존하면 모든 선(善)의 근원과 모든 행실의 근본이 여기에 있다." 채세원은 이 단락을 약간 변경하여 "성(誠)은 오상(五常)의 근본이고 백행(百行)의 근원으로 순수지선(純粹至善)한 것이다"라고 한다. 그가 '성(聖)' 자 사용을 회피하는 것은 청초 일부 한족 지식인들의 사상적 자기 검열의 발로로 보인다. 대만의 교육 비문에서 '성천자(聖天子)'라는 용어는 만청(滿淸) 황제를 지칭하는 데 주로 사용하는데, 일부 유자들이 '성인성덕지학(聖人成德之學)' 같은 명칭을 사용하지 않고 '군자지학(君子之學)'(가령 채세원의 앞 인용문) 혹은 '대유유용지학(大儒有用之

學)'[17]이라고 한 것은 필시 이와 관련된 정치적 고려가 있는 것 같다.

채세원은 정명도가 말한 '경이후능성(敬而後能誠)'으로 소급하고 주자와 마찬가지로 정이천의 '주일무적(主一無適)'으로 '경(敬)'을 해석하면서 경에서 성으로 나아가는 것을 강조한다. 아울러 '근신(謹愼)' 공부가 있다. 그는 "경이라는 것은 주일무적으로 본원을 함양하는 것을 말한다. 이를 통해 기미(幾微)를 삼가 장차 발할 것을 심찰(審察)하고 행동을 근신하여 이발(已發)을 지킨다면 동정(動靜)을 통하여 하나라도 정성스럽지 않은 것이 없다"라고 한다. 이 단락은 『중용장구』에서 '근독'으로 '경'을 해석하는 것과 주자가 「중화설3」에서 동정과 미발이발로 경을 해석하는 것을 결합한 것이다.

『중용장구』 제1장에서 "군자는 보이지 않는 것에 계신(戒愼)하고 들리지 않는 것에 공구(恐懼)한다"는 대목에 대하여 주자는 "따라서 군자의 마음은 항상 경외(敬畏)의 마음을 보존하여 비록 보고 듣는 것이 없더라도 감히 소홀히 하지 않는다"라고 하여 '경외'로 '계신공구'를 해석한다. 마지막 제33장에서 주자는 '근독'와 '계신공구'로 '경'을 풀이한다. 『대학장구』 제6장에서 주자는 '근독'으로 '신독'을 해석하고 아울러 "그러나 성실한 것과 불성실한 것은 남은 모르더라도 자신은 이미 홀로 안다. 따라서 반드시 여기에서 근독하여 기미를 심찰해야 한다"라고 한다. 이 마지막 구절이 채세원이 비문에서 말한 '근기(謹幾)'라는 말의 근거이다. 진빈이 「신건문창각비기」에서 "반드시 근독하고 계신공구한다"라고 하여 '근(謹)' 자를 쓰고 '신(愼)' 자를 쓰지 않은 것은 주자의 영향을 받은 것으로 볼 수 있다.

---

17 富鵬業, 「중수봉산현문묘비기」. 이 글은 다음에 수록. 진문달, 『봉산현지』(대북: 대북은행 경제연구실, 대만문헌총간 제124종, 1961년).

경을 동정, 미발이발과 연결한 것은 주자가 「중화설3」에서 "장경부에서 답하길, '근래에 체찰해보니 이 이치는 반드시 마음을 위주로 하여 논해야 할 것 같습니다. ……사람이 어질고자 하더라도 공경스럽지 않으면 어질게 될 수 없습니다. 마음이 몸을 주재하는 것은 동정과 어묵의 간격이 없습니다. 따라서 군자는 동정과 어묵을 불문하고 공경해야 할 것입니다. 미발 때에는 경(敬)이 존양하는 실질을 주재하고, 이발 때에는 경이 또한 성찰하는 사이에 행합니다"라고 한다. '성'과 동정의 관계에 대하여 주자는 「태극도설해」에서 "태극에 동정이 있는 것이 천명이 유행하는 것이다. 정성은 성인의 근본이고 사물의 시종(始終)이자 명(命)의 도리이다. 그 활동은 정성이 감통하는 것이고 고요함은 정성이 복귀하는 것이다"라고 말한다.

유술선(劉述先)은 「중화설3」의 장경부에게 답하는 서신은 주자 "중화신설에서 가장 성숙하고 원숙한 사상을 표현한다. ……미발과 이발은 둘이 되지 않는다. 마음은 두루 활동하여 정(靜)할 때에는 함양하고 동(動)할 때에는 성찰하여 공경이 동정을 관통한다"[18]라고 한다. 채세원은 아예 '미발(未發)'을 '장발(將發)'로 바꾸었는데 글자 한 자를 바꿈으로써 동과 정 사이를 긴밀하게 거의 상즉 관계로 만들었다. 채세원의 말은 그가 「중화설3」의 본의를 깊이 파악하고 있을 뿐만 아니라, '성(誠)'을 '동정'과 연결한 점은 「태극도설해」 중의 "그 활동은 정성이 감통하는 것이고 고요함은 정성이 복귀하는 것이다"라는 사상에 정통했음을 보여준다. 주자는 『중용장구』에서 동정으로 '성(誠)'을 말하지 않았는데 여기서는 '태극'으로 '성'을 삼았기 때문에 동정으로 말하였다. '성지통야(誠之通也)'의 '통(通)'은 체현, 유행으로 해석할 수 있는데 앞에서

---

18 劉述先, 『黃宗羲心學的定位』(대북: 윤신출판공사, 1968년), 67쪽.

말한 '천리지유행(天理之流行)'과 같은 것이다. '성지복야(誠之復也)'에서 '복(復)'은 처음으로 복귀하는 것을 지칭하는 것으로 '유행' 중에 능히 그 도체의 본연에 복귀(혹은 不離)하는 것을 지칭한다. 채세원은 주자의 이 말에 기초하여 '경성(敬誠)', '동정', '장발이발(將發已發)'을 합하여 다음과 같이 종합한다. "경이라는 것은 주일무적(主一無適)으로 본원을 함양하는 것을 말한다. 이를 통해 기미(幾微)를 삼가 장차 발할 것을 심찰(審察)하고 행동을 근신하여 이발(已發)을 지킨다면 동정(動靜)을 통하여 하나라도 정성스럽지 않은 것이 없다"라고 한다. 여기는 단지 '경관동정(敬貫動靜)"[19] 할 뿐만 아니라 성(誠)도 동정을 관통하고 동정 가운데 하나라도 불성한 것이 없게 된다. 현학(縣學)의 건립 취지는 교육에 있기 때문에 채세원은 총괄적으로 "더불어 경서(經書)의 요지를 강습하고 송유(宋儒)의 미언(微言)을 체득하면서 정성을 세우는 방안, 독서의 요체, 윤리를 수양하는 것을 가르쳤다"라고 한다. 주자는 송유 중에서 가장 경학과 독서를 중시했는데 이 단락은 주자학의 기본 정신과 학교 교육의 밀접한 관계를 보여준다.

진빈과 채세원의 비문 외에도 주자 '거경' 사상의 영향은 다음 두 개의 사례에서도 살필 수 있다. 창화현(彰化縣)은 가정 연간에 '주정(主靜) 서원'[20]을 건립하였는데 '주정'은 주돈이(周敦頤)가 쓴 「태극도설」의 "성인은 중정인의(中正仁義)로 정(定)하고 주정(主靜)하여 인극(人極)을 세운다"라는 말에서 나왔다. 그러나 이정은 '주경(主敬)'으로 '주정'을 대신하였는데 주자도 이를 계승하였다. 『송원학안』(卷16)에서 원대 오초

---

19 유술선, 『황종희심학적정위』, 67쪽.

20 楊桂森, 「건창화현명륜당기」. 이 글은 다음에 수록. 周璽, 『창화현지』(대북: 대북은행 경제연구실, 대만 문헌총간 제156종, 1962년).

려(吳草廬)의 말을 인용하여 "경(敬)으로 수기(修己)하는 것은 우리 성문의 가르침이다. ……주자(周子, 주돈이)의 학문은 주정인데 정자가 경으로 바꾸었다. 경하면 능히 주정할 수 있다"라고 한다. 따라서 창화현의 주정서원은 주돈이의 영향을 보여주며 주자 '거경(居敬)' 사상의 영향을 보여준다. 이외에도 주자는 인의예지 사단 중에서 예를 공경지심이라고 하는데 「답진기지서(答陳器之書)」에서 "가령 묘당이나 조정을 지날 적에 느끼는 마음은 예의 이치가 감응한 것으로 공경의 마음이 밖으로 드러난 것입니다"라고 한다. 대만 지부(知府) 저록(褚祿)은 「중수부학문묘비기(重修府學文廟碑記)」(건륭10년, 1745)에서 "대만은 비록 해외에 편벽된 곳이지만 묘당에 들어가는 자는 누구나 공경할 줄 안다"라고 한다. 따라서 문묘의 건축에는 '단사습(端士習)'의 기능이 있음을 강조하는데 틀림없이 주자학에 정통한 학자일 것이다.

2. 궁리와 실천: 실학의 이중성과 그 통일

아호의 모임에서 육상산은 "이간(易簡) 공부는 결국 구대(久大)하고 지리(支離) 사업은 결국 부침한다"라고 시를 읊으면서 주자의 학문이 '지리'하다고 비판하였다. 주자는 만년에, "내가 근일에야 전일의 지리한 병통을 알았다"(「답여자약서(答呂子約書)」, 『문집』 卷四十七)라고 반성한다. '지리'라는 말은 주자를 설명하고 비판하는 방편적인 용어이다. 상산은 주자가 지리하다고 비판하면서 자신의 이간 공부가 갖고 있는 병폐는 조금도 반성하지 않지만 주자는 지리의 병통을 자각함으로써 자신의 자성 능력을 보여준다. 마침내 주자는 이간과 지리의 단순 대립을 극복하는데 이것이 그의 학문이 광대유구(廣大悠久)하고 해내외에 영향을 미치는 원인이다.

주자의 학문은 결코 지리하지 않다. 설령 지리를 긍정적으로 검토한다고 하더라도 주자학은 지리에서 멈추지 않고 이간 공부가 그 안에 있다. 이른바 '지리 사업'은 바로 주자의 이른바 "치지(致知)하여 도체의 세미한 것을 다 한다"(『중용장구』 제27장, '존덕성' 주석』)라고 하여 주자는 이 두 방면에서 어느 한 곳도 폐지해서는 안 되며 그 사이의 연관성을 잘 알고 있었다. 황간이 「행장」에서 "궁리(窮理)하여 앎을 지극히 하고, 반궁(反躬)하여 실천하고, 거경(居敬)으로 시종을 이룬다"라는 세 구절로 주자학을 총괄하면서 이미 '경'의 개념이 '궁리'와 '실천'을 관통한다는 것을 보여준다. 따라서 황간은 "경으로 치지하지 않으면 미혹되고 어지러워 의리의 귀착처를 살필 수 없고, 경으로 궁행하지 않으면 게으르고 방자해져 의리의 실제를 극진히 할 수 없다"라고 한다.

이정 이래로 '궁리'는 단순히 지식을 탐구하는 말이 아니었다. 명도는 「식인편」에서 "학자는 인을 먼저 알아야 한다. 인은 혼연히 만물과 한 몸이 되는 것으로 의예지신(義禮智信)이 모두 인이다. 이 이치를 알면 성경(誠敬)으로 이를 보존할 따름이다. 단속할 필요도 없고 궁색할 필요도 없다"(『이정유서』卷二上)라고 하는데, 이 '식리(識理)'의 설은 명심견성의 돈오적 색채가 강하고 '궁리'처럼 지난한 수고가 별로 느껴지지 않는다. 그러나 근본을 따져보면 식리이든 궁리이든 모두 인의 이치를 아는 것이고 인의 이치를 궁구하는 것이다. 명도가 '불수궁색(不須窮索)'을 강조하는 것은 단지 궁리하는 자들이 득언망의(得言忘意), 매독환주(買櫝還株)처럼 궁리의 도덕적 목적을 상실하고 단순히 지식의 추구에만 빠질 것을 걱정한 것이다. 따라서 그는 "궁리(窮理)와 진성(盡性)과 지명(至命)의 세 가지 공부가 한 번에 완성된다. 원래 차례가 없다. 궁리의 일을 지(知)의 일로 삼을 수 없으니 만약 진실로 궁리하여 이치를 체득하면 성명이다"(『이정유서』卷二上)라고 강조한다.

이천은 또한 궁리는 도덕실천을 포함한다고 생각한다. 그는 "궁리는 방식이 다양하다. 혹은 독서하면서 의리를 강론하거나 혹은 고금인물을 논하면서 시비를 분별하거나 혹은 사물에 응접하면서 합당하게 처리하는 것들이 모두 궁리이다"(『이정유서』卷十八)라고 말한다.

주자는 궁리 공부와 거경 공부가 떨어질 수 없음을 반복해서 강조한다. 가령 "주경과 궁리는 비록 방식이 각각 다르지만 실질은 근본이 하나이다." "학자들이 하는 공부는 오직 거경과 궁리 두 가지이다. 이 두 가지는 서로 발명하며 능히 궁리하면 거경 공부가 날로 진보하고 능히 거경하면 궁리 공부가 날로 엄밀해진다. 가령 사람이 두 다리가 있어서 왼쪽 다리가 가면 오른쪽은 멈추고 오른쪽이 가면 왼쪽이 멈추는 것과 같다." "마음은 온갖 이치를 갖고 있으며 온갖 이치는 마음에 갖추어져 있다. 마음을 보존하지 않으면 이치를 궁구할 수 없고 이치를 궁구하지 못하면 마음을 보존할 수 없다."(『주자어류』卷九) 앞에서 언급한 것처럼 마음을 보존하는 것은 경 공부이다. 상술한 이런 말들은 모두 거경과 궁리의 상호 의존의 관계이자 '일본(一本)'으로 돌아가는 관계임을 강조한다.

주경과 궁리만이 "비록 두 단서이지만 실은 한 근본이다"라는 것이 아니라 실천과 궁리 또한 "비록 두 단서이지만 실은 한 근본이다."「백록동서원게시(白鹿洞書院揭示)」에서 주자는 명확하게 학자들은 오교(五敎, 부자유친, 군신유의, 부부유별, 장유유서, 붕우유신)를 배워야 한다고 밝힌다. 학문의 순서는 『중용』에서 말한 박학(博學), 심문(審問), 신사(愼思), 명변(明辨), 독행(篤行)으로 해야 한다고 한다. 이어서 그는 학, 문, 사, 변은 '궁리' 공부라고 말한다. 결국 궁리는 상술한 오교의 이치를 궁구하는 것으로 도덕적인 공부라는 것을 알 수 있다.

「대학보전(大學補傳)」에서 주자는 "이른바 치지가 격물에 있다는 것은 나의 앎을 지극히 하고자 할진대 사물에 나아가 이치를 궁구하는 것이다. ……오래토록 힘써 공부하다 어느 날 홀연히 관통하면 뭇 사물의 표리정추(表裏精粗)에 통달하지 않은 것이 없게 되고 내 마음의 전체대용(全體大用)이 밝지 않음이 없다. 이것이 물(物)이 격(格)한 것이고 앎이 지극해진 것이다"라고 한다. 팔조목인 '격물, 치지, 성의, 정심, 수신, 제가, 치국, 평천하'에서 보자면 주자의 이른바 '중물(衆物)'과 '오심(吾心)'은 바로 팔조목의 실천 과정에서 객체적 측면과 주체적 측면을 언급한다. 궁리에 힘쓴 지 오래되면 '중물'의 전체대용(이른바 '표리정추') 전체를 체현할 수 있으며, 이것이 물(物)이 격(格)한 것이고 앎이 지극해진 것이다. 그렇다면 궁리와 실천의 '일본(一本)' 관계는 여기서 더욱 분명하다. 이른바 궁리에 힘쓴 지 오래되어 도달한 "내 마음의 전체대용이 밝지 않음이 없다"는 것은 팔조목의 실천을 포함하고 있다. 그렇지 않다면 '대용'이라고 할 수 없다.

『대학장구』 앞의 이른바 실학이라는 말은 바로 궁리와 실천을 말한다. 주자가 "이 책은 하나의 이치에서 시작하여 중간에 만사로 나뉘고 마지막에 하나의 이치로 합해진다. '펼치면 육합(六合)에 가득하고 말면 은밀한 곳에 숨긴다,'라는 말은 그 의미가 무궁하니 모두 실학이다"라고 하는데 육합(六合)은 「대학보전」에서 말한 '중물'이 가득 찬 곳으로 도덕실천을 펼치는 생활세계이고, "은밀한 곳에 숨긴다[退藏於密]"의 '밀(密)'은 「대학보전」의 '오심'이다. 그렇다면 '실학'은 궁리('一理'를 궁구함)와 실천('萬事'에서 연마함)의 두 층면을 갖는다.

이러한 실학 관념에서 출발한 주자는 다른 송유들과 마찬가지로 과거시험에 깔린 공리적 색채가 실학 정신을 해친다고 반대하는데, 과명

(科名)을 폄하하고 실학을 숭상하는 주자학 정신은 대만 교육 비문에 나타난 공통적 의리이다. 「백록동서원게시」에서 주자는 "내가 삼가 살피건대, 옛 성현들이 교육하는 목적은 의리를 강명하여 수신하고 남에게 미루어 나가는 것이지 기람(記覽)에 힘쓰고 문장에 통달하여 명예를 낚고 이록을 취하는 것일 뿐이 아니다. 오늘날의 학자들은 이와 다르다"라고 탄식한다. 육상산의 「백록동서원강의」 또한 과거가 성학에 해가 되는 것을 비판한다. "과거로 선비를 취하는 것이 오래되었다. 명유와 거공들이 모두 여기서 배출되었다. 지금 선비들이 과거를 외면할 수는 없을 것이다. 그러나 과거에 합격하는 것은 응시자의 재주와 시험관의 선호도에 달려 있을 뿐이니 군자와 소인을 구분하는 것이 아니다. 오늘날 과거 합격을 서로 높여서 여기에 골몰할 뿐 빠져나올 줄 모른다면 종일토록 공부하는 것이 비록 성현의 책이지만 뜻이 지향하는 바는 성현과 서로 배치된다."

대만 교육 비문의 작자들도 독서와 실천의 병행을 강조한다. 가령 진빈은 「중수부학비기」(강희52년, 1713)에서 "경서를 잡은 선비들은 각자 발분 면려하여 옛것을 익히고 경서에 통달하는 것을 본업으로 삼고 도를 행하여 세상을 구제하는 것으로 어질게 여길 것이며, 향리에 있을 적에는 도리를 지키고 조정에 나아가서는 뜻을 펼치기를 삼가 바란다"[21]라고 한다. 또한 「신건문창각비기」에서는 과명을 폄하하고 실학을 숭상하는 정신을 밝히는데, "과명(科名)은 진신(進身)하는 계단과 같은 것이고 학문에 힘쓰는 것은 입신(立身)이 근본이다. 학문에 힘쓰지 않고 공명을 바라는 것은 씨앗을 뿌리지 않고 수확을 기대하는 것으로 반드

---

21 이 글은 다음에 수록. 범함, 「중수대만부지」.

시 결실을 얻지 못할 것이다"²²라고 한다.

채세원 또한 궁리와 실천을 중시한다. 가령 "(정자가 말하길······) 명(明)을 통해 성(誠)을 구하는 방안은 독서가 가장 중요하다. 주자가 말하길, '독서하는 법도는 순서를 따라서 중단 없이 늘 항상 해야 한다. 한결같이 하고 나태해서는 안 된다. 구두(句讀)와 문의(文義) 사이에서 종용(從容)하고 조전(操存)과 실천(實踐)하는 실제에서 체득해야 한다. 그렇지 않으면 널리 구하고 두루 섭렵하더라도 아무 보탬이 안 된다'라고 했다." 여기서 마지막 구절은 단지 궁리에만 치중하지 말 것을 강조한 것이다.

봉산현(鳳山縣) 교유(教諭) 부붕업(富鵬業)은 「중수봉산현문묘비기」(강희58년, 1719)에서 특별히 '공묘를 중수하는 뜻'이 실학에 있지 과명에 있지 않다는 것을 강조한다.

수신하여 도를 행하는 것은 큰 선비의 유용한 학문이다. 수양하여 지절을 드러내는 것은 선비가 세상을 경영하는 도구이다. 옛 학자들은 궁리해서 얻은 지식에 근본하여 정심(正心)과 성의(誠意) 공부를 극진히 하면 수신제가 치국평천하의 이치가 그 안에 있다. 따라서 그 배운 바로 조정에 헌신하여 나라의 기둥이 되고 배운 바를 체득하여 유덕한 선비가 된다. 그런데 오늘날의 학자는 배운 바를 몸소 실천하는 것에는 힘쓰지 않고 잘 외우는 것을 서로 높이면서 공명을 얻는 도구로 삼고 있다. ······천하의 선비로 하여금 정학(正學)을 숭상하고 사설(邪說)을 내쫓으며 실행(實行)을 돈돈히 하고 허성(虛

---

22 과명 관념과 실학 사이의 갈등 및 문창신앙과 유가도통 간의 투쟁은 대만 유학의 중요한 주제에 속한다. 진빈은 이에 대한 견해를 밝힌 초기 학자로 자세한 내용은 제3장 참조.

聲)을 버리도록 해야 한다.[23]

이 단락에서는 간결하게 "궁리해서 얻은 지식에 근본하여 정심(正心)과 성의(誠意) 공부를 곡진히 하면 수신제가치국평천하의 이치가 그 안에 있다"라는 것으로 궁리, 거경, 실천 세 방면을 개괄하고 있는데 궁리는 격물치지이다. 따라서 전문에서 『대학』의 팔조목을 개괄하고 있다. 부봉업은 고금 학자들의 대조를 통해 오늘날의 학자들이 실천수양에 힘쓰지 않고 허명에 몰두하는 것을 비판하면서 정통 유학의 입장을 강하게 발휘한다.

팽호(澎湖)는 문석(文石)서원 중수 비문(도광10년, 1830)에서 황간이 주자의 「행장」에서 쓴 글을 직접 사용하면서 "궁리(窮理)해서 앎을 지극히 하고 반궁(反躬)하여 실천하는 것은 주자를 깊이 사숙한 것이니 바로 호면정(胡勉亭) 공이 서원을 세워 어진 인재를 육성하려는 유지를 저버리지 않았다"[24]라고 한다.

도광20년(1840)에 황개기(黃開基)의 「중수창화현학비기(重修彰化縣學碑記)」에서는 공묘와 문창묘의 높이를 서로 더 높이고자 한 사건을 반영하고 있는데 이는 사묘(祠廟) 건축을 통해서 문창신앙의 유행에 따른 정통 유자들의 압박감을 여실히 보여준다.[25] 황개기는 비문의 말미에 실학의 중요성을 강조하면서 "선비들은 분명히 알아야 할 것이다. 진실로 성현의 도에 뜻을 두고 진실한 인품과 실학에 힘쓸 것이니 향당에서는 소문난 선비가 되고 출사해서는 어진 관리가 되어 그 도덕과 문장이

---

23 이 글은 다음에 수록. 진문달,『봉산현지』(대북: 대북은행 경제연구실, 대만문헌총간 제124종, 1961년).
24 이 글은 다음에 수록. 林豪,『澎湖廳志』(대북: 대북은행 경제연구실, 대만문헌총간 제164종, 1963년).
25 두 묘 사이에 고도를 두고 벌어진 사건은 제3장 참조.

역사에 길이 빛난다면 어찌 높은 등수로 과거에 합격하고 현달하여 시골에서 부귀영화를 누리는 것뿐이겠는가?[26]라고 한다. 그리고 과명(科名)에 대한 반성으로 대미를 장식한다.

19세기 하반기까지 주자가 대만 유학교육에 미친 영향은 여전하였다. 동치12년(1873)에 장병(莊竝)이 지은 「대관의학비기(大觀義學碑記)」는 감동적인 글인데, 대관의학은 판교(板橋) 임가(林家)가 기부하여 세운 규모가 작은 민간서원이지만 교사 장병은 형식과 내용이 잘 갖추어지고 의미가 깊은 비문에서 간절한 소망을 피력한다. 그는 서두에서 "정자가 '천하를 다스리는 것은 풍속을 바로잡는 것이고 어진 인재를 등용하는 것이 근본이다'라고 했는데 나는 굳이 천하만이 아니라 고을이나 마을도 마찬가지라고 생각한다. 풍속은 인심에 근본하고 인심은 선비들의 기풍과 관련이 있다"[27]라고 밝히며 이어서 선비의 기풍을 배양하는 것을 논한다. "제생들이 공자를 법 받고자 할진대 의관을 정제한 선비라는 것은 장구를 묵수하고 시류에 영합하여 과명(科名)을 얻을 뿐이 아니다. 수신하고 집안에 본이 되어 날마다 자제나 마을 사람들과 덕담을 나누고 어디서나 도움을 주면서 서로 화친하고 즐거워하며 요순의 백성이 되고자 한다"라고 한다. 글 말미에서는 의학에서 문창을 제사 지낸다는 것을 언급하고는 있지만 염락관민(濂洛關閩) 다섯 선생도 같이 봉사하고 있다.

광서8년(1882) 대만 할양 13년 전에 「중수녹항문사비기(重修鹿港文祠碑記)」에서도 주자의 궁리설은 여전히 중시되고 있다. 손수명(孫壽銘)은 이 비문에서 "나는 선비들이 공부에 더욱 정진하기를 바란다. 경서를

---

26 이 글은 다음에 수록. 『대만교육비기』(대북: 대북은행 경제연구실, 대만문헌총간 제54종, 1959년).
27 이 글은 다음에 수록. 『대만교육비기』.

해석할 때는 당연히 한대 유자처럼 정밀하고 상세해야 하며 함부로 해서는 안 된다. 이치를 따지는 것은 당연히 송유처럼 명달(明達)해야 하고 허무적멸에 빠져서는 안 된다"[28]라고 적고 있다. 여기서 주자학이 대만에 미친 영향력은 200년이 지난 후에도 여전하다는 것을 알 수 있다. 비록 대만 교육 비문 중에는 궁리 실천을 철학적으로 깊이 있게 논한 글이 적기는 하지만 대다수가 궁리와 실천이 실학의 양면성으로 불가분의 관계라는 것을 잘 알고 있다. 한편 손수명은 정통 유학 입장에서 실학과 대립적인 과명 관념을 비판한다. 이 점은 그가 주자를 계승했을 뿐만 아니라 송명이학의 전통도 계승하고 있음을 보여준다.

3. 오경과 오륜의 표리 관계

송유 중에서 주자는 경학을 가장 중시하여 이에 대해 심혈을 많이 쏟았다. 주자는 오경에서 「춘추」를 제외하고 모두 주해를 붙였는데 그 중에서도 「시경」에 각별한 힘을 쏟았다. 이는 주자가 문학을 중시했음을 잘 보여준다. 주자는 경서를 배우는 목적은 단지 경문을 익히는 것이 아니고 성현의 도를 전하는 것이라고 밝힌다. 「백록동서원게시」에서 "성현이 사람을 교화하는 방법은 경에 갖추어져 있다"라고 한다. 황간은 주자의 「행장」에서 주자의 경학을 강조하여 "성현이 도통을 전한 것이 책에 산재하니 경서의 뜻이 명확하지 않으면 도통을 전한 것이 어두워진다. 따라서 온 힘을 다해 성현이 남긴 글의 의미를 궁구한다"라고

---

28 이 글은 다음에 수록. 「대만교육비기」.

적고 있다. 청대 대만 교육 비문에서 경학을 중시하는 것은 한편으로는 주자학의 영향을 반영한 것이고[29] 다른 한편으로는 청초 경학 부흥운동의 사조를 반영한다고 할 수 있다.

진빈은 「신건주문공사비기」에서 특별히 주자가 경학을 중시한 것을 부각한다. "공맹 이후로 정학(正學)이 실전하여 사도(斯道)가 실낱같은 처지였다. 주자가 경사와 백가의 책을 분석 발명하여 비로소 밝은 해가 하늘에 떠 있는 것 같았다." 채세원은 「중수제라현학비기」에서 더욱 명확하게 이학과 경학을 결합하여 "읍의 수재들을 명륜당에 모아 그들과 더불어 경서(經書)의 요지를 강습하고 송유(宋儒)의 미언(微言)을 체득하면서 정성을 세우는 방안, 독서의 요체, 윤리를 수양하는 것을 가르쳤다. 경서의 의리가 정확하고 이치가 밝아지면 글이 통달하고 기세가 충만해진다"라고 적고 있다. 건륭16년(1751)에 양개정(楊開鼎)의 「중수부학문묘비기」에서도 이학과 경학을 하나로 결합한다. "송대에 호안정(胡安定)이 소주(蘇州)와 호주(湖州)에서 교육할 적에 경의(經義)와 치사(治事) 두 재(齋)를 열고 학생들을 교육하면서 함께 3경, 5경, 6경에서 옛 성현의 뜻을 구하고자 전심전력하였다."[30]

「백록동서원게시」는 옛 선현이 전한 오교(五敎)가 경서에 있다고 하면서 오경과 오륜의 관계를 자세히 논하지 않고, 오교(오륜)에 대해서는 맹자가 말한 "부자유친, 군신유의, 부부유별, 장유유서, 붕우유신"(『맹자』, 「등문공상」)을 반복할 뿐이다. 그러나 진빈은 주자 사상에 기초하여 이 문제를 탁월하게 설명하며 「대읍명륜당비기(臺邑明倫堂碑記)」에 이렇게 적고 있다.

---

29 학규를 보면 경학을 중시하고 있음이 명확하다. 자세한 내용은 제1장 참조.
30 이 글은 다음에 수록. 범함, 「중수대만부지」.

인간이 태어난 이래로 인심(人心)이 있다. 인심이 있으면 인리(人理)가 있다. 인리가 있는 것은 마치 천지가 자리를 잡으면 명륜당이 있게 되는 것과 같다고 할 수 있다. 명륜당이 세워지지 않으면 선비들이 공부할 곳이 없으니 인륜을 밝히지 못한다. 인리가 매몰되고 인심이 어두워지면 인간이 될 수 없다. ……나는 오경과 오륜이 서로 표리가 된다고 생각한다. 인륜 중에 어디를 밝혀야 하는가? 군신 사이에는 직(直)하고 풍(諷)하고 진(進)하고 지(止)하고 자욕(自辱)하지 말아야 한다. 부자 사이에는 양(養)하고 유(愉)하고 기간(幾諫)하되 책선(責善)하지 말아야 한다. 형제 사이에는 이(怡)하고 공(恭)하되 상유(相猶)하지 말아야 한다. 부부 사이에는 옹(雍)하고 숙(肅)하되 교적(交謫)하지 말아야 한다. 붕우(朋友) 사이에는 절(切)하고 시(偲)하되 자주 하여 소원하지 말아야 한다. 이것을 밝히는 것이 반드시 경학에서 말미암는다. 결정정미(潔淨精微)는 『역』에서 취하고, 소통지원(疏通知遠)은 『서』에서 취하고, 온후화평(溫厚和平)은 『서』에서 취하고, 공검장경(恭儉莊敬)은 『예』에서 취하고, 비사촉사(比事屬詞)는 『춘추』에서 취한다. 경전의 가르침이 천만 가지지만 모두 성령(性靈)을 계발하고 근원을 개발하여 인륜의 기강을 바로 세우는 수단이다. 글귀를 현송(絃誦)하는 것은 작은 부분이다.

공묘와 명륜당의 설치는 맹자에 나온다. 『맹자』 「등문공상」에 "하나라에서는 교(敎)라 하고, 은나라에서는 서(序)라 하고, 주나라에서는 상(庠)이라고 하는데 학교는 삼대가 모두 공통으로 인륜을 밝히는 곳이다"라고 한다. 따라서 공묘 안의 교육 공간을 '명륜당'이라고 칭한다. 진빈은 인륜(人倫)에서 인리(人理)로 다시 인심(人心)과 인류(人類)로 소급한다. 송유의 용어 중에 '천리'와 대비되는 것이 '인욕'이고, '도심'에 대비되는 것이 '인심'인데 '인리'는 거의 사용하지 않는다. 가령 정명도가 "학자는 멀리서 구해서는 안 된다. 가까운 자신에게서 구해야 한다.

인리(人理)에 밝고자 한다면 경(敬)할 따름이다"(『이정유서』 卷二上)라고 하면서 '경'으로 '인리'를 해석하고 있는데 이는 매우 드문 예이다. 진빈은 위의 인용문에서 '인리'를 '인심'과 '인륜'의 매개로 설명하면서도 본격적인 논의는 전개하지 않았다. 그러나 명도가 '인리'를 '경'으로 해석하는 것은 진빈이 「신건주문공사비기」에서 말한 '경재심(敬在心)'에 해당하는데[31] '인심'을 이미 '인리'로 해석하고 있음을 볼 수 있다. 아마도 교육을 확대하기 위해서는 명확하고 실제적인 논리를 바탕에 깔고 있어야 하기 때문에 청대 대만 교육 비문 중에는 '천리(天理)', '이기(理氣)'의 논의가 거의 출현하지 않은 것 같다. 진빈의 '인리' 설은 비록 명도의 비슷한 용례가 있기는 하지만 '인류→인심→인리→인륜'이라는 발생 과정을 설정하고 '인심'에서 '인륜'으로 나아가는 필수 과정으로 '인리'를 설명한 것은 진빈의 독창적인 견해이다.

이 비문 중에서 진빈의 또 다른 독창성은 "오경과 오륜은 서로 표리가 된다"라는 말인데 바로 '군신지의(君臣之義)'에 대하여 사맹(思孟)학파에 근거하여 해석하는 점이다. 주자는 "성현이 사람을 교화하는 방법은 경에 갖추어져 있다"라고 간략하게 말했는데, 진빈은 "오경과 오륜은 표리가 된다"라고 하여 발전된 논의를 전개했다. 또한 '오륜'에 대하여 주자는 맹자의 "부자유친, 군신유의, 부부유별, 장유유서, 붕우유신"을 반복하고 있을 뿐이지만, 진빈은 "인륜 중에 어디를 밝혀야 하는가?[倫於何明]"에서 자세하면서도 깊이 있는 논의를 전개하였다. 그 중에서도 특히 진빈이 '군신유의'를 설명한 대목은 주목할 만하다. 진빈은 군신 관계를 부자 관계 앞에 두면서도 '유의(有義)'에 대하여 다음과 같이 해석한다. "군신 사이에는 직(直)하고 풍(諷)하고 진(進)하고 지(止)

---

31 범함, 「중수대만부지」, 683쪽.

하고 자욕(自辱)하지 말아야 한다." 이 말은 신하가 임금을 대하는 것만을 언급하고 임금이 신하를 대하는 것은 언급하지 않고 있다. 따라서 사실상 '선비(지식인)'의 출처와 군왕에 대한 태도를 언급하는 것으로 볼 수 있다. '의직(宜直)'은 신하가 임금에 대하여 강직하고 굽힘이 있어서는 안 된다는 말이다.

진빈의 「신건주문공사비기」에서 "경이직내, 의이방외(敬以直內, 義以方外)"의 '직(直)'과 '방(方)'에 대한 "조금의 부정도 용납하지 않는 것이 직(直)이고 피차의 변동이 없는 것이 방(方)이다"라는 해석은 참고할 만하다. '의풍(宜諷)'은 일정한 시기에 완곡한 말로 간언해야 한다는 것이고 '의진(宜進)', '의지(宜止)'는 사실상 '의직(宜直)', '의풍(宜諷)'의 진일보한 설명이다. '의진'은 의에 합당한 일은 권유하고 '의지'는 의에 합당하지 않은 일은 만류해야 한다는 것을 말한다. '불의자욕(不宜自辱)'은 인군이 만약 신하가 의리에 근거하여 표현한 '직', '풍', '진', '지' 등을 받아들이지 않는다면 신하는 마땅히 떠나서 마치 공자가 "그 뜻을 굽히지 않으면서도 그 자신을 욕되게 하지 않는다"(『논어』 「미자」)는 것과 같이 해야 한다는 것을 말한다.

진빈이 신하의 덕을 발휘한 대목은 사맹 정신이 잘 드러나는데 맹자의 정치비판 의식은 일반인들이 잘 아는 바이다. 1993년에 출토된 『곽점초묘죽간(郭店楚墓竹簡)』에서 자사가 신하의 덕을 논하는 부분은 자사와 맹자가 일맥상통하다는 것을 보여준다. 이 글에서 "어떠해야 충성스럽다고 할 수 있습니까?"라는 질문에 자사는 "항상 그 임금의 악을 지적한 자가 충신이라고 할 수 있습니다"[32]라고 답한다. 또 「육덕(六德)」에서는 "부모 때문에 임금을 버릴 수는 있어도 임금 때문에 부모를 버

---

32 『곽점초묘죽간』(북경: 문물출판사, 1998년), 141쪽.

리지는 않는다"[33]라고 한다. 「어총3(語叢三)」에서는 "군신이 함께하지 않으면 그만두고, 기뻐하지 않으면 떠나고, 불의한 대우는 받아들이지 않는다"[34]라고 한다. 이러한 견해는 진빈의 '불의자욕(不宜自辱)' 견해와 전후로 상응한다고 할 수 있다. 더욱이 이족(異族)인 만청(滿淸)이 중국을 막 통치하기 시작한 초기라 공포가 아직도 그림자를 드리우고 문자옥이 막 시작하여 다른 학자들의 교육 비문은 천자의 교화를 칭송하는 때에 여념이 없었는데, 도리어 진빈은 대만 유학사에서 중요한 최초의 정부 문헌을 통해 권력에 타협하지 않는 지식인의 기세를 보여준다. 이 점만으로도 이 비문은 대만 유학의 발전 과정 중에서 매우 중요한 원천으로 평가할 수 있다.

4. 문사(文史)의 중시에 대하여

경학 외에도 대만 교육 비문에서 문학과 사학을 중시하는 태도는 주자의 영향을 깊이 받았다. 선진유학에서 문사를 중시하는 전통은 송대 유학에 오면 점차 쇠퇴한다. 이는 선종의 문자 경시 풍조의 결과이기도 하고, 한대 이래 유림(儒林, 哲), 문원(文苑, 文), 사학(史學, 史)이 분화하는 경향의 결과이기도 하며, 송명유학이 점차 철학적으로 변모하면서 문사를 소홀히 하거나 혹은 경시하는 풍조에서 연유한다고 할 수 있다.

송유 중에서 '문'을 경시한 학자로는 정이천이 가장 유명하다. 『이정

---

33 『곽점초묘죽간』, 188쪽.
34 『곽점초묘죽간』, 209쪽.

유서』(卷十八)에서 "'글을 짓는 것이 도에 해가 됩니까?'라는 질문에 이천은 '해가 된다. 작문은 전심전력하지 않으면 볼품이 없다. 그렇지만 만약 작문에만 매달린다면 천지처럼 위대한 일을 하는 것은 요원하다. 『서경』에 '완물상지(玩物喪志)'라고 했는데 글도 완물이다"라고 답했다. 정이천은 세 수의 시를 남겼을 뿐 시를 즐겨 짓지 않았다. 그는 두보의 "나비는 꽃잎 속에 이리저리 나풀거리고 청개구리는 물 위에 폴짝폴짝 뛰어 드네"라는 시에 대해 "이처럼 한가한 말에서 어찌 도가 나올 수 있겠는가?"(『이정유서』券十八) 하고 비평한다. 이천이 문학을 경시하는 태도는 문학에 대한 이해가 부족한 데에서 말미암은 것을 이 비평에서 알 수 있다.

이천과 비교해보면 주자는 문학을 매우 중시한다고 할 수 있다. 그는 중국 문학의 양대 원류인 『시경』과 『초사』에 주석을 붙였는데 그의 시호가 '문'인 것은 '문'을 중시한 것과 관계가 있다고 할 수 있다. 황간은 「행장」에서 주자가 『시경』에 대하여 "그 본의를 강구하고 잘못된 것을 바로잡아서 고인들이 수천 년 전에 남긴 뜻을 깊이 얻었다"라고 한다. 그는 아울러 문학예술에 대한 주자의 체득을 평하여, "문장과 서법은 시인 묵객들이 온 정신을 다 쏟아도 어렵다고 토로하는데 주자 선생은 여기에 특별히 마음을 두지 않지만 절도와 법도에 딱 들어맞아 세상의 법이 될 만하다"라고 한다. 육왕의 입장에서 보자면 '문'과 관련한 주자의 작업은 지리한 사업의 일환이라고 하겠지만, 교육적 입장에서 '문'을 학습하는 것은 기본적인 문화 소양을 배양하는 것이자 '도'를 체오하는 데 필요하다.(이른바 '문이재도(文以載道)') 이것이 유학교육의 추동자로서 주자를 높이는 이유이다. 주자가 '사(史)'를 중시하는 것은 송유 중에서 상당히 특출나다. 그는 『자치통감강목』을 편저하였는데 황간은 「행장」에서 "역대의 사서로는 서주부터 오대까지의 기록을 검토하였으며, 사마온공의 편년체를 참고하고 『춘추』의 기사(記事)하는 법도를 기준으로 삼아서 강(綱)은 번잡하지 않고 목(目)은 문란하지 않아 국가의 치란과 군신의 득실을 손에 쥔 듯하다"라고 『자치통감강목』을 평한다. 따라서 주자의 영향을 받은 대만 유학교육에서 '사'를 중시하는 전통이 비문에 반영된 것은 당연할 것이다.

진빈은 「신건주문공사비기」에서 "공맹 이후로 정학(正學)이 실전하여 사도(斯道)가 실낱같은 처지였다. 주자가 경사와 백가의 책을 분석 발명하였다"라고 하는데, 여기서 '백씨지서(百氏之書)'는 사부(四部) 중에서 자부(子部)와 집부(集部)에 상당하며 그 안에는 문학적인 작품들이 무수하다. 진빈은 심지어 '정학'과 '사도'는 경에만 있는 것이 아니라 사(史)와 백가의 책에도 있다고 한다. 이는 진빈이 주자의 제자백가에 대한 개방적인 태도를 계승한 것으로 보인다. 앞에서 논한 것처럼 부붕업의 「중수봉산현문묘비기」는 주자의 영향을 깊이 받았고 '문'을 매우 중시한다. 가령 "우주 내에서 가장 큰 사업은 문장에서 연유한다"라고 한다. 그러나 '문'의 중시는 호건위(胡建偉)의 「문석서원낙성기」(건륭32년, 1767)에서 볼 수 있다. 그는 팽호(澎湖)에서 생산되는 문석을 가지고 서원 이름을 문석이라 하고 문석의 오색 무늬를 오행, 오상, 오교에 연결하여 '문실(文實)'이 서로 빈빈한 관계를 강조한다.

어떤 물건이 화려하지만 부실하다면 비록 아름답게 조각하고 다듬었다고 하더라도 깨지기 쉬워서 오래가지 못한다. 실이 없다면 문을 어디서 취할 수 있으랴. 오직 문실이 빈빈한 문은 단단한 바탕에 광채가 난다. 오색이 휘황한 것은 하늘에 견주면 오위(五緯)가 환한 것이고, 땅에 견주면 오행(五行)이 올바로 위치한 것이며, 사람에 견주면 오상을 베풀고 오교가 창달한 것이다. 충실하면서도 밝게 빛나는 것은 절로 배어나와 감출 수 없으니 사문에서 귀히 여기는 바이다. 군자가 이를 보고 학문하는 도리를 얻을 수 있다.

그는 제생에게 "심성을 연마하고 문장을 윤택"하게 할 것을 면려한다. 따라서 '작문'은 중요한 공부 과목이다. 아울러 그는 말미에 "천지를 경위하는 것이 사문에서 말하는 지극한 문장이니 그것이 바로 돌이다. 여기서 서원 이름을 취한 것은 본디 그 이유가 있다"라고 밝힌다. '문'의 중요성을 극도로 높이는 이런 견해는 바로 주자학에서 근거를 찾을 수 있다.

역사에 대해서는 위에서 인용한 진빈의 글 외에 후대의 「중수녹항문사비기」(광서8년, 1882) 또한 경사(經史)와 궁리를 합쳐서 논한다. 손수명은 이 글에서 "경서를 해석할 때는 당연히 한대 유자처럼 정밀하고 상세해야 하며 함부로 해서는 안 된다. 이치를 따지는 것은 당연히 송유처럼 명달(明達)해야 하고 허무적멸에 빠져서는 안 된다. 역사서를 읽는 것은 사마천과 반고에서 왕씨(王氏)와 송씨(宋氏)의 저작에 이르기까지 깊은 의미를 탐구하고 정미한 부분을 파악하여 수천 년의 치란과 성쇠의 연고를 분명하게 꿰뚫어야 한다. 나머지 제자백가는 관통해서 이해한다"라고 제생들을 면려한다. 이 단락은 주자학이 경사와 제자백가를 모두 통섭하는 것을 보여준다.

종합하면 대만 주자학에서 문학과 사학을 중시하는 것은 교화 내용의 방향 외에도 일정한 의리적 맥락이 있다. 하나는 문으로 도를 담는 것을 강조하는 맥락으로 문과 실이 빈빈한 것을 강조한 진빈과 호건위 등이 이에 속하고, 다른 하나는 경사와 제자백가를 관통하는 것을 강조하는 맥락으로 손수명이 이에 속한다.

결론

주자가 대만 유학에 미친 영향은 200여 년을 거치는 동안 전혀 쇠퇴하지 않았다. 이 글에서는 최초 강희42년(1703) 진빈이 지은 「대읍명륜당비기」에서부터 마지막 광서8년(1882) 손수명이 지은 「중수녹항문사비기」까지의 비문을 검토하였는데 주자학의 영향이 면면히 내려오고 있음을 볼 수 있다. 주자의 영향은 대만의 문묘와 서원에서 주자를 제사지내는 데서도 살필 수 있다. 진빈은 최초로 주문공사당을 건립하고 그 비문을 쓴 학자이다. 그는 비문에서 매우 감동적으로 주문공을 제사하는 이유를 밝히고 있다. "깊이 믿고 지극히 생각하여 단지 이른바 '제사지낼 적에 처연히 마치 눈앞에 아른거리다'라는 것만이 아니다." 여기서 '깊이 믿고 지극히 생각함'은 유가사상을 깊이 체득하여 유학이 가진 신앙적 정수를 꿰뚫고 있다고 할 수 있다. 이외에도 주자를 제사하는 또 다른 이유로 도통을 생각할 수 있다. 채수방(蔡垂芳)의 「봉의서원종사오자병입원전비(鳳儀書院宗祀五子並立院田碑)」(1873)에서 염락관민의 오부자를 제사하는 것을 '정학통(正學統)'으로 지적하고, 장병의 「대관의학비기」(1873)에서도 오자를 봉사하는 것은 "학술의 표준을 보이는 것이다"라고 한다. 이는 과명을 위주로 하는 문창신앙을 교정하기 위한 의도가 밑에 깔려 있다. 청대 유학을 통관하면 주류는 주자학으로, 주자학의 개방적인 전개가 이 시기 대만 유학의 기본 성격을 형성하고 이 영향은 19세기 말 대만 할양 전야까지 계속된다고 할 것이다.

■ 본 논문은 1999년 7월에 대만 중앙연구원 문철연구소에서 '현대 동아시아에서의 유가사상'이라는 주제로 개최한 국제학술대회에서 발표한 논문이다.

3장

대만의 문창제군 신앙과 유가도통 의식

서론

문창제군(文昌帝君)을 과거시험의 신으로 삼는 신앙은 송·원 연간에 출현하였다. 명·청시대에 민간에 도교가 흥행하면서 유생 계층에게도 도교가 깊이 침투하였는데 파지를 아끼는 도교신앙의 풍습은 유생에게만 국한되지 않고 일반 백성들에게도 널리 퍼졌다. 문창제군 신앙의 유행은 정통 유학자들에게 위기감을 안겨주었으며 그들의 비판과 반대에도 불구하고 더 이상 막을 수 없는 상황이 되자 유학자들은 민간신앙의 합리화와 도덕화를 도모했다. 심지어는 유학화를 통화여 문창신앙이 유생 계층과 유학도통관에 미치는 부정적 영향을 최소화하고자 하였다.

명정(明鄭)시대 이후로 대만에 본격적으로 이식된 유학은 발전을 거듭하여 오늘날에 와서 풍성한 성과를 일구어냈다.[1] 대만은 이민 한족사회로서 민간신앙이 매우 발달하였다. 문창신앙은 대만에서 매우 오랜

---

1 명정시대에서 일본 점령 시기까지 대만 유학에 대한 개괄적 설명은 제1장 참조.

역사를 가지고 있으며 이민사회라는 대만의 특징과 일정한 관계가 있다. 청나라 가경 연간에 문창신앙이 국가에서 주관하는 제사에 편입되자 이는 민간의 미신 풍조를 더욱 가속화시켰고, 다른 한편으로는 도통의식이 강한 유학자들에게 위기감을 불러일으켰다. 이 글은 대만의 사례를 통해 문창신앙과 유가도통 의식 간에 벌어진 갈등을 구체적으로 탐색하고자 한다. 이를 위해 유학자들이 문창신앙의 위협에 직면하여 펼친 사상 투쟁을 분석하고, 아울러 파지를 아끼는 풍습에 나타난 유학의 기본 사상을 검토할 것이다.

문창신앙과 유가도통 간의 긴장관계는 송·원·명 이래 삼교합일의 경향을 반영한다. 유생 계층의 문창신앙은 도교의 유학 내 침투를 반영하며 유학의 세속화 경향을 보여준다. 또한 통치 집단이 문창신앙을 적극적으로 확대하고자 한 이면에는 유학사 발전의 배후에 숨겨진 정치적 계산이 작동하고 있었다.

1. 공묘의 발전과 문창신앙의 침투

『좌전』(애공16년)에 노나라 애공이 공자의 죽음을 깊이 애도하면서 그가 살던 곳을 '수당(壽堂)'이라고 하여 그곳에 "묘당을 세워 그 안에 공자의 유품을 보관하고 병사로 지키게 하였으며 해마다 제사를 모셨다"라는 기록이 있다. 이는 역사상 최초로 공자를 제사 지낸 것으로 볼 수 있으며 '묘옥삼간(廟屋三間)'은 최초의 공묘라고 할 수 있다. 제왕이 공자를 제사 지내기는 한고조 유방에게서 시작한다. 그는 기원전 195년에 곡부에서 공자를 제사 지냈는데 이는 한무제가 "백가를 내쫓고 유가를 독존하는"정치 결단의 선하가 된다. 그 뒤 한대의 무수한 황제들이 곡부에 와서 공자를 제사 지냈다. 이때에는 이미 노성(魯城)의 '묘옥삼간'은 더 이상 사용하지 않았다. 153년에 한나라 환제는 공묘를 중수하고 공묘를 관리하는 관리를 두어 춘추로 두 번 공자를 제사 지내는 것을 골자로 한 조서를 반포하였다. 이때부터 공자를 제사 지내고 공묘를 중수하는 것은 역대 통치자들이 행한 문교 정치의 중요한 부분이 되었다.

지방 학교에서 공자를 제사 지낸 것은 북위의 효문제부터이다. 효문제는 태화 초년에 군현에 학교를 세우고 공자를 제사 지내라는 조서를 반포하였다. 태화13년(489년)에 효문제는 평성(平城)에 "선성(先聖, 공자)의 묘를 세우고"곡부 이외의 지역에서도 공자를 제사 지내는 것을 시작했다. 아울러 묘 · 학(廟 · 學) 일치의 제도를 확립하였다. 이로써 중앙에서부터 지방 각급 학교에 이르기까지 교육 공간은 제사 기능을 갖게 되며, 유가도통의 확립과 지속 및 변천과 발전은 공묘의 제사 활동 및 종사(從祀)제도와 밀접한 관계를 형성하게 된다.[2]

당대부터 명 · 청시대까지는 공묘가 가장 번성한 시기라고 할 수 있다. 당나라 초년에 공자는 '문선(文宣)'이라는 시호를 받고 공묘에서 22명의 선유들을 제사 지냈다. 당나라 말엽의 혼란기에 공묘가 많이 훼손되자 송나라 초년에 거대한 토목공사를 일으켜 공묘를 중수하였다. 송나라 진종 때(1008년) 공자를 '현성문선왕(玄聖文宣王)'에 봉했다가 오래되지 않아 '지성문선왕(至聖文宣王)'으로 시호를 변경하였다. 곡부의 공묘는 북송 때 7차에 걸쳐 중수하였으며 진종 천희2년(1018년)에는 대대적인 중수를 거쳐 360칸으로 확장하였다. 이는 전대와는 비교할 수 없

---

2 공묘 종사제도와 유가도통의 관계에 대한 이해는 다음을 참조. 黃進興, 「學術與信仰: 論孔廟從祀制與儒家道通意識」, 『新史學』 제5권 2기(1994년), 1–83쪽.

을 정도로 극진하게 공자를 존숭한 것이다. 건축 구조가 확대되면서 도
교신앙이 침투할 수 있는 여지도 넓어졌다. 북송 이후로 금나라 장종
명창2년(1191) 공묘를 중수할 적에 누각 한 채를 '규문각(奎文閣)'으로
칭하였는데 이는 문창신앙이 공묘에 침투할 수 있는 단서를 열었다. 청
대에 이르러 곡부 공묘는 9중 배치 구조를 이루면서 5전, 1각, 1단, 2무,
2당, 8문, 1사, 3방을 갖춘 대형 궁전의 규모를 갖추게 되었고 그 가운
데 1각을 '규문각'이라고 하였다. 규모가 큰 공묘에 문창각이 있는 구조
는 대만의 공묘도 예외가 아니다.[3]

문창신앙이 금나라 때 공묘에 침투한 데에는 적어도 북송 이후 민간
도교가 날로 번성한 것과 무관하지 않다. 그러면 도교의 여러 신들 중
에서 유독 문창이 유학에 쉽게 침투할 수 있었을까? 이는 문창신앙 중
의 과명(科名) 관념과 경자(敬字) 관념이 유생 계층의 생활과 밀접한 관
계가 있기 때문이다. 문창이라는 말은 천신(天神) 또는 인귀(人鬼)를 지
칭하는 말인데 나중에 이 두 가지 의미는 점차 합치되었다.

『사기』「천관서」에 "규성(奎星)은 나머지 6성(星)을 거느리는데 이 6성
을 문창궁(文昌宮)이라고 하며 상장(上將), 차장(次將), 귀상(貴相), 사명
(司命), 사중(司中), 사록(司祿)으로 구성된다"라고 적고 있다. 여기서 규
성을 제외한 나머지 6성을 합하여 문창궁이라고 한다. 또한 "문창궁의
여러 별 신 중에서 사명성을 가장 중시하여 한대(漢代)에서 진대(晉代)
까지 이에 대한 신앙은 여전하였다"라고 적고 있다. 그러나 위·진시
대 이후로 "도교가 흥기하여 '남두육성은 생을 주관하고 북두칠성은 죽
음을 관장한다[南斗主生, 北斗主死]'는 신앙이 유행하기 시잖면서 민간

---

3 본 단락에서 언급한 공묘 역사에 대한 부분적인 내용은 다음을 참조. 高文, 范小平 공저, 『중국공묘』(성
도: 성도출판사, 1994년), 1-13쪽.

에서는 태산(泰山)이 수명을 주관하고 부엌신이 집안을 관장하는 신이 되어 문창(文昌)의 사명 기능은 점차 소멸하였다."[4] 결국 문창신의 사명 기능은 점차 다른 신으로 대체되고 사록 기능이 상대적으로 높아졌다.

인귀 방면으로 보자면 문창신앙은 사천 재동현(梓潼縣)의 지방 귀신과 동일시되었다. 이 귀신의 성은 장씨(張氏)이고 이름은 아자(亞子)인데 촉 땅의 칠곡산에 거주했으며 진(晉)나라에 출사하여 전사하자 사람들이 그를 위해 사당을 세웠다.(『문헌통고』「교사고이십삼(郊社考二十三)」) 송나라 홍매(洪邁)의 『이견지(夷堅志)』나 채조(蔡條)의 『철위산총담(鐵圍山叢談)』 등 책들은 재동신이 보우하여 선비가 높은 성적으로 과거에 합격한 이야기를 기록하고 있다. 가령 『철위산총담』(卷四)에 "장안에서 서쪽 촉도에 가면 재동신 사당이 있는데 자못 신령하다고 한다. 사대부들이 이곳을 지나다가 비바람을 맞닥뜨리면 반드시 재상에 오르고 진사가 맞닥뜨리면 과거에 장원을 한다고 하는데 한 번도 틀린 적이 없다"[5]라고 적고 있다. 송대 이전에 문창신앙과 과거시험은 이미 상당한 관계가 있었음을 엿볼 수 있다.

임계유(任繼愈) 등 여러 학자들은 송나라가 망한 후에 "실의에 찬 유학자들과 민족의식이 투철한 사람들이 도교에 투신함으로써 도교가 흥성하게 되었다"라고 하고, "도교철학이 이학과 융합하여 원대에 새로 출현한 정명충효도(淨明忠孝道)와 같은 것은 도교와 유교 및 이학이 융합한 전형적인 사례이다"[6]라고 평한다. 원대 연유3년(1316년)에는 인종이 재동신을 '보원개화문창사록홍인제군(輔元開化文昌司祿弘仁帝

---

4 呂宗力, 欒保群 공저, 『中國民間諸神』(대북: 대만학생서국, 1991년), 105쪽.

5 여종력, 난보군 공저, 『중국민간제신』, 105쪽에서 재인용.

6 任繼愈, 『중국도교사』(상해: 상해인민출판사, 1990년), 462쪽.

君)[7]에 봉하면서 과거시험의 신으로 삼았다. 이는 원대에 유교와 도교가 합일하는 측면을 보여준다. 한편 원대에 과거제도를 회복하면서 문창신앙을 과거시험의 신으로 삼는 이면에는 이민족 정권이 과거제도를 통하여 천하의 문사들을 포섭하려는 의도가 있음을 보여준다. 아울러 하늘의 별 신인 문창궁과 인귀인 재동신은 이 시기에 하나로 합일된다.

이민족 통치가 끝난 명대에는 문창신앙이 더 이상 정부의 비호를 받지 못했다. 명대 초기 경사에 소재한 문창묘를 여전히 중수하기는 했지만 얼마 지나지 않은 홍치 원년(1488)에 조정에서는 학교 안의 문창사를 철거하도록 명하였다. 『명사』「예지사(禮志四)』에 "재동신은 촉 땅에서나 신령하니 그곳의 사당에서 제사를 받드는 것이 마땅하다. 문창궁의 6성과는 아무 상관이 없고 마땅히 철폐해야 한다. 온 천하의 학교 안에 소재한 재동신 사당은 모두 철거하라."[8] 이 조령은 예부상서 주홍모(周洪謨) 등의 의견이다. 따라서 학교 내의 문창사를 철폐하는 것은 조정의 명령이기는 하지만 사실 유자와 문창신앙 간의 알력의 소산이라고 할 수 있다. 그러나 "명대 이래로 궁중에서 민간에 이르도록 부계(扶乩, 도교에서 점치는 법의 일종)의 풍속이 날로 성행함에 따라 신이 내렸다는 권선서(勸善書)나 공과격(功過格) 등이 민간에 널리 유행하였다.…… 그 중에서도 하층사회에 미친 영향은 이학을 훨씬 추월하였다."[9] 따라서 표면적으로 문창신앙이 공식적인 글에서는 수세에 몰린 것처럼 보이지만 실제로 민간 및 중하층의 유생들 사이에서는 여전히 폭넓은 지지를 받았다. 건륭 연간에 완성한 『중수대만현지(重修臺灣縣志)』에서 이

---

7 여종력, 난보군 공저, 『중국민간제신』, 121쪽.
8 여종력, 난보군 공저, 『중국민간제신』, 113쪽에서 재인용.
9 임계유, 『중국도교사』, 674쪽.

를 언급하고 있는데, 명대 홍치 원년에 "예부상서 주홍모 등이 의론하
여 ……천하의 학교에서 그 사당을 철폐할 것을 명했지만 학교 안에서
제사 지내는 자들이 여전히 많았다"[10]라고 적고 있다. 이는 정부의 철폐
명령이 무효했고 학교에서 여전히 문창을 제사 지냈음을 보여준다.

역사는 반복되는 법이다. 조정에서 공식적으로 문창을 다시 제사 지
내기 시작한 것은 원나라 이후의 이민족 정권인 청나라인데 이민족 정
권은 과거를 통하여 선비들을 포섭하는 데 문창신앙이 유리한 것을 알
고 있었을 것이다. 아울러 정통 유학정신에 깔린 이민족 정권에 대한
적의도 완화하고자 했을 것이다. 가경6년(1801)에 청 인종은 조서에서
이렇게 말한다.

경사의 지안문 밖에 명 성화 연간에 세운 문창제군의 묘우가 있는데 오래
되고 낡아서 중수할 것을 특별히 명하였다. 낙성한 것을 보니 예전처럼 당당
하다. 짐은 오늘 삼가 알현하고 구고례(九叩禮)를 행하였다. 삼가 생각건대
문창제군은 문운을 쥐고서 부국안민하며 정교를 높이고 사설을 내치는 신령
한 능력이 영험하다. 해내에서 받들어 모시는 것이 관성대제(관우)에 비견할
만하니 국사의 전례에 편입할 것을 윤허한다.[11]

이 글을 통해 조정에서 문창을 전례가 없을 정도로 극진하게 제사 지
내는 것을 볼 수 있다. 황제가 구고례를 행할 뿐만 아니라 국가에서 주
관하는 제사에 편입시키고 관우와 병칭하였다. 이로부터 후대에 허다
하게 문묘와 무묘를 병설한 곳에서 문창사는 공묘를 대신하여 문묘의

---

10 王必昌, 『중수대만현지』(대북: 대북은행 경제연구실, 대만문헌총간 제113종, 1961년), 188쪽.
11 여종력, 난보군 공저, 『중국민간제신』, 119-120쪽에서 재인용.

대표가 되었다.

청대에 대만이 한족 문화가 주류를 이루면서 대륙 내지에 널리 퍼진 사상 및 민간풍속 또한 이민자 및 관료와 문인 계층의 도래와 더불어 대만 사회의 내부 요소가 되었다.

2. 대만의 문창신앙 및 경자 풍습

문창신앙이 청대에 성행한 것은 조정의 적극적인 후원 외에 청대 민간도교의 공전의 활약에 기인한다. 대만의 이민사회 특징은 문창신앙이 더욱 성행하도록 하였다.

강희59년(1720)에 세공생(歲貢生) 진문달(陳文達) 등이 편찬한 『대만현지』에서는 대만 민간신앙의 과열과 부조리를 고발하고 있다.

> 대만 사람들은 조상의 신위는 집 안의 좌측이나 우측에 봉안하면서 보살상은 집의 한가운데에 두고 제사를 지내는 사람이 열에 칠팔 명이 된다. 이는 조상에게 드리는 제사가 귀신만 못한 꼴이다.[12]

또 "특히 대만에서는 부녀자들이 절에서 분향하는 풍습이 아주 성행한다. 평소에는 별로지만 석가탄신일이 되면 무리를 지어 돌아다니면서 절 주변을 배회하는 한량들과 어울리는 것을 전혀 피하지 않는다. ……어찌 단지 부녀자들만의 잘못이겠는가! 남편이나 부형들도 비난을

---

12 陳文達, 『대만현지』(대북: 대북은행 경제연구실, 대만문헌총간 제103종, 1961년), 57~58쪽.

면치 못할 것이다."[13] 진문달 등 유생들의 눈에는 일반 백성들만이 아니라 대만에 온 승려들도 문제가 있었다.

승려는 백성 중에서 별종에 속하지만 대대로 사라지지 않은 데에는 그들이 어려운 처지의 백성들을 적극 도왔기 때문이다. 그런데 대만의 승려들은 수려한 미소년들이 많고 빈랑(檳榔)을 먹으면서 대하(樓下)에서 창극을 구경한다. 늙은 승려 중에는 젊은 처자를 제자로 삼는 자도 있다. 천지의 조화를 범하는 것이며 좋지 않은 풍속이다.[14]

이 단락은 유학자가 불교를 배척하는 의도가 짙게 깔려 있기는 하지만 대만에 거주하는 승려가 대륙의 승려와 다른 점을 논한 대목은 틀리지 않다. 단지 불교만이 아니라 도교신앙의 사치는 이루 말로 할 수 없다. "대만은 왕초(王醮) 제사를 숭상해서 3년에 한 번씩 거행하는데 역병을 내쫓는 염원을 담고 있다. 교외와 향촌에서도 동일하게 지낸다. 경내에 거주하는 사람들은 돈을 모아 배를 만든 다음 그 안에 온왕(瘟王)이 좌정할 세 자리를 배치하고 종이로 온왕을 만든다. 도사를 모셔다가 초제(醮祭)를 거행하는데 기간은 이틀 밤낮이나 혹은 사흘 밤낮으로 일정하지 않다. 마지막 날에는 '청왕(請王)'이라는 굿을 한다." 초제가 끝나면 온왕을 배에 태우고 음식, 그릇, 재물을 같이 담아서 바다로 흘려보낸다. "한번 초제를 하는 데 수백 금이 지출되며 구경하는 사람들이 100여 명에 달한다. 실로 아무 소용 없는 낭비이기는 하지만 유래가 오

---

13 진문달, 「대만현지」, 60쪽.
14 진문달, 「대만현지」, 60쪽.

래되어서 금하는 것이 쉽지 않다."[15]

　진문달 등 유생들은 도교신앙의 유행과 승려들의 패륜에 대하여 대만의 풍속은 "조상에게 드리는 제사가 귀신만 못한 꼴이다"라고 일침을 가하고 있지만 "유래가 오래되어서 금하는 것이 쉽지 않다"는 자탄을 내뱉고 있다. 이런 배경에서 보자면 문창신앙과 경자(敬字) 풍습이 대만 일대에서 불길처럼 유행한 것은 전혀 이상할 것이 없다.

　기록에 의하면 대만에서 최초의 문창사는 강희 연간에 세워졌다. 강희51년(1712)에 찬수한『중수대만부지』「사우(祠宇)」 조에 "대만부 문창사는 부(府) 치소(治所) 동쪽에 있으며 강희48년에 건립되었다가 후에 의학(義學)이 되었다"[16]라고 한다. 여기서 대만 최초의 문창사는 강희48년(1709)에 세워졌음을 알 수 있다. 그 중 대만현에 소재한 문창사는 후에 의학이 되었는데 이 의학은 비교적 초기의 것으로 강희45년(1706)에 지현 왕사준(王士俊)이 설립하였다.[17] 이는 의학과 문창사를 같이 짓는 선례가 되었으며 후에 종종 이렇게 하였다.

　강희 연간에는 문창의 사당이나 누각을 수차례 건축한 기록이 보인다. 강희51년(1712) 대하도(臺廈道) 진빈이 부유학(府儒學)에 문창각을 건립했다.[18] 강희54년(1715)에는 제라현학에도 문창사를 건립했다.[19] 봉산현학에는 문창사를 건립하지 못했지만 민간에는 다섯 명의 문창을 제사 지내는 사당이 있었다. 강희58년(1719)에 수찬한『봉산현지』「사묘」 조에 "선당(仙堂)은 장치리(長治里) 앞 아사(阿社) 내에 위치한다. 향인

15　진문달,『대만현지』, 60-61쪽.
16　周元文,『중수대만부지』(대북: 대북은행 경제연구실, 대만문헌총간 제66종, 1960년), 47쪽.
17　주원문,『중수대만부지』, 47쪽.
18　范咸,『중수대만부지』(대북: 대북은행 경제연구실, 대만문헌총간 제105종, 1961년), 271쪽.
19　陳夢林,『제라현지』(대북: 대북은행 경제연구실, 대만문헌총간 제141종, 1962년), 68쪽.

하간(何偘)이 다른 이들과 힘을 모아 건립하였다. 다섯 명의 문창을 제사 지내며 강신의 효험이 있었다. 대나무, 꽃, 과수를 둘러 심었는데 경치가 훌륭했다. 나중에 초정(草亭)을 지어 내방객들이 쉴 수 있도록 했다. 근래에는 동왕공(東王公)과 서왕모(西王母)를 합사하고 있다"[20]라고 적고 있다. 언제 건립했는지 밝히고 있지는 않지만 봉산현지를 중수한 강희58년(1719) 이전임은 틀림없다. 다섯 문창은 재동(梓潼), 한수정후(漢壽亭侯, 關公), 괴성(魁星), 주의(朱衣), 여조(呂祖)로 '선당'이라고 하는데 모두 도교신앙에 속한다. 학교와 같이 건축하지 않았기 때문에 교육 기능은 없었다.

옹정 연간에는 두 차례의 건축이 있었다. 옹정4년(1726)에 공생 시세방(施世榜)을 선발하여 대만현 대남문 밖에 '경성루(敬聖樓)'를 건립하고 재동제군을 제사 지냈다.[21] 이 일은 훗날 시세방의 중요한 치적이 되었다.「인물지」'효의(孝義)' 조에는 시세방이 "대남문 밖에 경성루를 건립하고 승려를 모집하여 파지를 모았다"[22]라고 기록한다. 따라서 경성루는 석자(惜字) 기능도 했음을 알 수 있다. 이곳이 대만 최초의 경자루(敬字樓)이다.

같은 해 대하도 오창조(吳昌祚)는 서정방(西定坊)에 '괴성당(魁星堂)'[23]을 건립했다. 괴성을 제사하는 것은 문창을 제사하는 것과 같은 목적이다. 괴성은 바로 규성(奎星)이다. 후한의 위서(緯書)인『효경원신계(孝經援神契)』의 "규성은 문장을 주관한다"는 대목에 대해 송균(宋均)은 주에

---

20 陳文達,「봉산현지」(대북: 대북은행 경제연구실, 대만문헌총간 제124종, 1962년), 68쪽.

21 왕필창,「중수대만현지」, 188쪽.

22 왕필창,「중수대만현지」, 376쪽.

23 왕필창,「중수대만현지」, 188쪽.

서 "규성은 갈고리처럼 휘어진 것이 자획과 비슷하다"[24]라고 설명한다. 『사기』「천관서」에 의하면 규성은 북두칠성의 제1성을 지칭하기도 하고 혹은 제1성에서 4성까지를 지칭하기도 하는데 문운을 주관한다는 기록은 없다. 그러나 위서 『효경원신계』를 참고하면 후한에 이르러 규성을 문운과 연결한 것을 알 수 있다. 그렇다면 어떻게 규성에서 괴성으로 바뀌었을까? 아마도 "괴(魁) 자는 으뜸의 의미로 과거에서 우등으로 합격한 것을 괴라고 한다. 민간에서는 길리(吉利)의 염원으로 규를 괴로 바꾸었는데 지금에 이르고 있다."[25] 괴성신앙이 시작한 시기에 대해 고염무(顧炎武)는 『일지록(日知錄)』(卷三十二)에서 "요즘 괴성을 제사 지내는 풍습이 언제 시작했는지는 알 길이 없다"[26]라고 적고 있다. 전대흔 (錢大昕)은 『십가재양신록(十駕齋養新錄)』(卷十九) 「괴성」 조에서 "학교에서 괴성을 제사하는 것은 옛날에는 없었다"라고 하면서 그렇지만 "남송에 오면 사례가 있다"[27]라고 고증한다. 괴성신앙과 학교 교육이 서로 연결된 것은 아마도 문창신앙과 마찬가지로 송대 이전에 시작된 것으로 추정할 수 있다.

대만의 괴성신앙은 구체적으로는 옹정4년(1726)에 최초의 괴성당을 건립하면서부터 시작한다고 할 수 있다. 이어서 건륭 연간의 지방지에는 유생들이 괴성을 대대적으로 제사한 정황을 기록하고 있다. 건륭6년 (1741) 『중수대만부지』(卷六) 「풍속 · 세시」 조에 "7월 7일을 칠석이라고 하는데 ……혹자는 괴성이 이날 태어났다고 한다. 선비들은 이날 밤에

---

24 『辭源』 '奎宿' 조목에서 재인용.

25 여종력, 난보군 공저, 『중국민간제신』, 134쪽.

26 顧炎武, 『日知錄』.

27 錢大昕, 『十駕齋養新錄』(대북: 대만상무인서관, 1956년), 458쪽.

괴성회(魁星會)를 열고 술과 안주를 준비하여 즐겁게 놀았다. 시골 서당에서는 더욱 성대하게 하였다"[28]라고 기록한다. 『중수대만현지』「풍속」조에도 "7월 7일에 선비들은 괴성이 강림한다고 하여 술과 안주를 준비해 즐겁게 놀았으며 시골 서당은 더욱 성대했다"[29]라고 적고 있다. 범함(范咸)의 『중수대만부지』나 여문의(余文儀)의 『속수대만부지』에도 같은 기록이 보인다. 그러나 건륭9년(1744)에 부임한 만어사(滿御史) 육십칠(六十七)의 시 「구일(九日)」에 의하면 선비들이 칠석 외에 중추절과 중양절에도 괴성을 제사 지냈음을 보여준다.

아침에 유생들이 골목에 모여 피리 소리 요란한 중에 개 머리로 제사를 드리네.
(대만 풍습에 칠월칠석, 중추절, 중양절에 괴성에게 제사를 지낸다. 이날 유생들은 개를 잡고 그 머리를 취하여 제사를 올린다)
나비는 꽃이 시들면 하늘하늘 몽혼(夢魂)이 되고 잉어는 바람이 잦아드는 봄이 제철일세.
술 한 잔을 국화에 부으니 꽃술이 더욱 노랗고 장고 소리 소리개는 푸른 하늘에 훨훨.
(중양절 전후로 연을 날리는데 내지에서 봄에 하는 것과 같다)
홑옷에 깃털 부채를 한들한들 가을 옷을 만드는 건 남방에선 헛된 소리[30]

괴성을 제사 지내는 유행 풍조는 건륭6년(1741)에 부임한 순대어사

---

28 劉良璧, 『중수대만부지』(남투: 대만성 문헌회, 1977년), 109쪽.

29 왕필창, 『중수대만현지』, 398쪽.

30 범함, 『중수대만부지』, 781-782쪽.

(巡臺御史) 장미(張湄)가 남긴 「칠석」이라는 시에서도 살필 수 있다.

축축한 이슬이 내리고 상쾌한 바람이 부는 서늘한 칠석에 큰 잔치를 열어
괴성을 위해 높이 잔을 들었네.

창밖에서 우우 거리는 소리 들리고 과일과 꽃을 진설하고 향을 피우며 칠
랑마(七娘媽)에게 소원을 빈다네.

(칠월 칠석에는 집집마다 제수와 꽃 과일을 진설하고 밤에 처마 쪽을 향하여
제사를 드리면서 칠랑마에게 무병장수를 빈다. 혹자는 괴성이 이날에 태어났다
고 하는데 선비들은 이날 괴성회를 열고 밤새도록 음주를 즐겼다. 시골 서당은
더욱 성대하다)[31]

대략 건륭39년(1774)에 지은 『속수대만부지』에는 앞에서 인용한 두
편 시 외에 공생 정대추(鄭大樞)의 「풍물음(風物吟)」이라는 시를 기록하
고 있는데, 그 중 한 수는 괴성을 제사 지내는 것을 반영한다.

오늘 밤 견우와 직녀는 즐거운 해후를 할 텐데 해외(대만)에는 '작답지(鵲
踏枝)'와 같은 형식의 사랑 노래가 없다네. (대만에는 까치가 없었다)

개 머리를 준비하여 괴성에게 제사를 올리는데 삶은 콩을 나눠 먹으며 정
분을 맺을 때는 언제이런가.

(칠월 칠석에 선비들은 개 머리를 준비해서 괴성에게 제사를 드렸다. 또한 삶
은 콩, 사탕수수, 우두, 용안 등을 서로 선물하였는데 이것을 결연이라고 한다)[32]

---

31 범함, 『중수대만부지』, 767쪽.
32 余文儀, 『속수대만부지』(대북: 대북은행 경제연구실, 대만문헌총간 제121종, 1962년), 983~984쪽.

이 시에서 정대추는 특히 유생들이 개를 잡아 괴성에게 제사 지내는 풍습을 긍정하지 않고 있는데 여기에는 괴성을 제사 지내서 과명(科名)을 얻고자 하는 습속에 대한 반성이 깔려 있다고 볼 수 있다.

문창제군과 같이 향사한 신은 괴성 외에도 창성(倉星, 倉頡)이 있다. 그러나 옹정4년(1726)에 시세방이 건립한 경성루에는 파지를 모아서 보관했지만 여기서는 문창만을 제사 지냈지 창성은 제사 지내지 않았다. 기록에 의하면 대만에서 창성을 제사한 것은 가경 연간에 시작되었다. 앞에서 이미 밝힌 것처럼 가경6년(1801)에 황제는 문창제군을 국가에서 주관하는 제사에 포함시키고 관제(관우)와 병칭함으로써 문창신앙이 절정을 맞이하는데 대만도 예외는 아니었다. 창성 또한 가경 초년에 문창제군 향사에 편입되어 문창제군의 좌우에서 괴성과 함께 협시하였다. 아울러 창힐을 한자 창시자로 여기기 때문에 '제자선사(制字先師)'라고 하여 파지를 소각하는 경자정과 석자정에서는 주로 창성만을 제사한다.

앞서 언급한 순무 오창조가 옹정4년(1726)에 괴성당을 건립했는데 가경4년(1799)에는 괴성당 뒤에 경자당을 건립하여 소각한 파지를 보관하였다. 가경6년(1801)에는 괴성당에서 사창을 제사 지냈다.[33] 오창조가 괴성당을 건립한 옹정4년(1726)에 시세방도 경성루를 건립하였는데 가경4년(1799)에는 여기서 창성을 종사했다.[34]

봉산현도 가경5년(1800)에 경자정을 설립하고 규성과 창성을 종사했다. 다만 사당에서 공식적으로 제사를 지내지는 않았다. 가경19년(1814)에 봉의(鳳儀)서원을 세울 적에 문창사를 건립하고 규성과 창성 두 신

---

33 謝金鑾, 『속수대만현지』(대북: 대북은행 경제연구실, 대만문헌총간 제140종, 1962년), 161쪽.
34 사금란, 『속수대만현지』, 161쪽.

을 합사했다.[35] 창화현은 가경15년(1810)에 '창성인사(倉聖人祠)'를 건립하였는데 도광 원년(1821)에 건립한 괴성루보다 11년이 앞선다.[36] 심지어 벽촌인 동부 갈마란청(噶瑪蘭廳)에도 경자의 풍습이 성행하여 가경 23년(1818) 관제묘 뒤에 문창궁을 건립하고 좌측에는 창힐의 신위를 배향했으며 경자정을 건립하였다.[37] 매년 2월 3일 문창제군 탄신제를 지낼 적에 "창힐의 신위를 배향"하고 송자회(送字灰, 일명 送聖蹟) 의식을 거행하였다.[38]

외떨어진 섬 팽호(澎湖)에서도 문교 건설은 중단되지 않았다. 건륭31년(1766)에 문석서원을 건립하면서 괴성루와 문창사를 건립하였으며 가경 연간에 개축하였다. 광서2년(1876)에는 신축한 강당에서 창성을 제사 지내고 바깥뜰에 석자정을 건립했다.[39] 비록 정식으로 창성을 제사 지낸 것은 이때부터이지만 일찍이 동치11년(1872)부터 자회(字灰)를 바다로 떠나보내는 의식에서 선비들은 창성 신위를 만들어 같이 봉향하였다.[40]

만약 7월 7일이 괴성이 높이 비추는 좋은 날이라면 2월 3일에 자회를 바다에 보내는 의식은 창성이 가장 빛나는 한때로 성황이 절정을 이룬다. 『갈마란청지(噶瑪蘭廳志)』를 예로 들면 칠월 칠석에 대해서는 "선비들이 괴성 탄신일 밤에 문명(文明)의 상(象)을 취하여 괴성회를 벌이는데 향과(香果), 술, 안주를 준비하여 함께 즐겁게 마셨다. 시골 서당은

---

35 이에 대해서는 張廷欽이 도광3년(1823)에 지은 「敬字亭木碑記」에 기록하고 있다. 이 비기는 다음에 수록. 盧德嘉, 『鳳山縣采訪冊』(대북: 대북은행 경제연구실, 대만문헌총간 제73종, 1960년), 345쪽.

36 周璽, 『창화현지』(대북: 대북은행 경제연구실, 대만문헌총간 제156종, 1962년), 154쪽.

37 陳淑均, 『噶瑪蘭廳志』(대북: 대북은행 경제연구실, 대만문헌총간 제160종, 1963년), 117쪽.

38 진숙균, 『갈마란청지』, 117쪽.

39 林豪, 『팽호청지』(대북: 대북은행 경제연구실, 대만문헌총간 제164종, 1963년), 110-111쪽.

40 임호, 『팽호청지』, 304쪽.

더욱 성황을 이룬다"[41]라고 간략하게 적고 있지만 송자회 의식에 대해서는 감동적으로 대서특필하고 있다.

갈마란(噶瑪蘭)에서는 비록 시골의 어린아이와 촌부라도 파지를 아낄 줄 안다. 길 가운데 문창궁이 있고 그 좌측에 경자정이 있는데 석자회(惜字會)를 결성하고 사람을 고용하여 글자를 수집한다. 수집한 파지는 깨끗이 씻은 후에 소각하고 재는 단향목에 담아서 화선지로 봉함한다. 매년 2월 3일 문창제군 탄신일에 일반 선비들과 서민들이 모두 문창궁에 모여서 행사 자리를 펼치고 채색 실을 엮어서 등을 매단다. 이 일이 끝나면 제주(祭主) 한 명을 뽑아서 창힐의 신위에 앉힌다. 삼헌례를 마치면 창힐의 신위를 채정(菜亭)에 받들고 선비들은 유사가 되어 1년 동안 소각한 파지의 재를 그릇에 담아서 온 길거리를 두루 다닌다. 들어간 집에서는 향안(香案)을 진설하고 금저(金楮)를 태우고 폭죽을 터트리며 환대한다. 이날에는 어린 학동들이 옷을 차려입고 늙은 유자들과 함께 북문 밖 선착장까지 가서 재를 작은 배에 실어 보내는 의식에 참가하는데 채색 깃발을 흔들고 북을 치면서 바다로 흘려 보내고 돌아온다.[42]

이와 유사한 경자(敬字) 풍습의 성황은 다른 지방지에도 기록되어 있다. 경자 의식의 전체 일정은 먼저 파지를 수집하여 경자정에서 소각한 후에 그 재를 모아두었다가 문창제군 탄신일에 제사가 끝나면 바다로 흘려 보낸다. 상술한 것처럼 의식이 매우 성대했을 뿐만 아니라 매년 한 차례 실시했다.

---

41 진숙균, 『갈마란청지』, 189쪽.
42 진숙균, 『갈마란청지』, 188-189쪽.

다른 지방의 성황도 결코 갈마란에 뒤지지 않는다. 단지 의식을 거행하는 간격이 비교적 길 뿐이다. 가령 대만부성은 늘 묘년(卯年)에 이 의식을 거행했고[43] 묘율현(苗栗縣)은 5, 6년 혹은 7, 8년에 한 번 거행하였다. "파지를 아끼는 풍습은 참성(塹城)에 결코 뒤지지 않는다. 5, 6년 혹은 7, 8년마다 선비들과 서민들이 모두 모여 창힐의 신위를 받들고 제사를 지낸 후에 자회를 바다로 흘려 보낸다. 의관을 차려입고 음악을 성대하게 연주하는데 볼 만하다."[44] 참성[新竹]은 3년에 한 번씩 "매년 자, 오, 묘, 유 해에 선비들과 서민들이 모두 모여 창힐 신위를 받들고 제사를 지낸 후에 재를 바다로 흘려 보낸다. 채색 등롱과 악기 연주는 정말 가관이다."[45] 갈마란 지역과 마찬가지로 매년 자회를 흘려 보내는 곳은 봉산현, 팽호청, 창화현, 항춘현 등이다. 봉산과 팽호도 매우 성대하게 의식을 치르는데 봉산현에서 자회를 흘려 보내는 날에는 "모든 관리들이 운집하여 수백 명의 제사 지내는 사람들과 같이 자회를 성 밖으로 보낸다." 심지어는 미리 수십 석의 술자리를 준비하여 손님들을 접대했다.[46] 실로 낭비가 심했다고 할 것이다. 팽호는 비록 외딴섬이기는 하지만 문풍(文風)이 흥성하고 선비들이 석자(惜字) 풍습을 중시했다.

사민(士民)들이 자회를 매우 경앙하였다. 돈을 모아 사람들을 사서 그들로 하여금 달마다 각 지방으로 다니면서 파지를 수집하게 하고 그 모은 파지를 서원에 보관해두었다가 매년 바다로 떠나보냈다. 이후 풍습이 되어 지속되었

---

43 林文龍, 「記臺灣的敬惜字之民俗」, 「대만풍물」 제34권 2기(1984년 6월), 32쪽.
44 沈茂蔭, 「묘율현지」(대북: 대북은행 경제연구실, 대만문헌총간 제159종, 1962년), 113쪽.
45 陳培桂, 「담수청지」(대북: 대북은행 경제연구실, 대만문헌총간 제172종, 1963년), 297쪽.
46 노덕가, 「봉산현채방책」, 158쪽.

다. ……자회를 흘려 보낼 적에는 우선 선비들이 의관을 정제하고 서원에 모여서 의장대를 격려한다. 그리고 글자를 만든 창힐의 신위를 들고서 마궁(媽宮)으로 마중을 갔다가 바다로 흘려 보내는 의식을 마치고 서원으로 돌아왔다. 해마다 돌아가면서 일을 치렀다. 이에 사표(四標)의 뱃사공이나 교외의 상민들이 모두 고무되어 적극적으로 동참했다.[47]

가장 늦게 현으로 승격되었고 교육 여건이 가장 낙후한 항춘현[48]이지만 매년 자회를 흘려 보내는 의식을 거행하였으며 이를 학규로 제정하였다.

의숙 내에 경석자지(敬惜字紙)라고 쓴 세발솥을 마련하여 여기서 소각한다. 파지를 수거할 수 있는 대나무 상자를 많이 준비하여 각 촌에 두루 나누어준다. 가까운 곳은 의숙 안의 일꾼들이 5일에 한 번 파지를 수거하고, 먼곳은 각 촌에서 의숙에 와서 바치도록 한다. 한 근에 2문을 준다. 수거한 파지는 숙사의 감독하에 일꾼들이 더러운 곳이 있는지 확인하고 맑은 물로 씻어내어 햇볕에 잘 말려서 태운다. 파지가 재가 되면 종이로 잘 싸서 매년 바다로 흘려 보낸다.[49]

항춘현은 파지를 수거하고 소각하는 도구가 매우 조악한 편이라 파지를 태우는 세발솥[鼎]과 수거하는 대나무 상자[簍]는 있었지만 정루(亭樓)는 없었다. 그러나 맑은 물로 씻어내는 과정, 말리는 과정, 소각한

---

47 임호, 『팽호청지』, 304쪽.

47 임호, 『팽호청지』, 304쪽.
48 항춘현 유학교육 상황에 대해서는 제1장 참조.
49 屠繼善, 『항춘현지』(대북: 대북은행 경제연구실, 대만문헌총간 제75종, 1960년), 196쪽.

후에 재를 매년 바다로 흘려 보내는 과정이 매우 엄정하고 심지어는 학교의 정식 학규로 삼은 점에서 알 수 있듯이 그 삼가고 공경하는 태도는 어디에도 뒤떨어지지 않는다.

대만은 사면이 바다로 둘러싸여 있기 때문에 자회는 대부분 바다로 흘려 보낸다. 그러나 창화현은 하류로 흘려 보냈는데 『창화현지』에 "5월 15일에 자회를 대도(大道) 계류(溪流)로 흘려 보냈다"[50]라고 적고 있다. 창화현은 보내는 장소만이 아니라 날짜도 달라서 상원절(上元節)에 흘려 보냈다. 민간에서는 이날 창힐이 태어났다고 하는데 이날에 자회를 흘려 보내는 의미는 진학성(陳學聖)의 「자회(字灰)」 시에서 살필 수 있다.

글자를 창힐이 만든 후로 두 섬 되는 활을 잡아당기는 힘은 정(丁) 한 글자를 아는 지력만 못하네.
소중한 자회를 조심해서 긁어모아 북 치고 장구 치며 배에 실어 보내나니 신령한 하신이여 굽어살펴주소서.[51]

창성 탄생일에 자회를 보내는 것은 석자(惜字) 활동을 글자를 만들고 배우는 문명적 차원에서 접근한 것으로, 과명을 추구하는 마음은 상대적으로 축소된 것으로 평가할 수 있다. 진학성의 시는 창성신앙 중 비교적 합리적인 요소를 보여주고 있다.

---

50 주새, 『창화현지』, 153쪽.
51 주새, 『창화현지』, 491쪽.

3. 문창신앙과 유가도통의 모순과 조화

강희 연간에 청 조정에서 대만을 통치하기 시작했을 때만 해도 문창 신앙은 대만에서 그리 보편적이지 않았다. 그러나 200여 년의 시간을 경과하여 19세기에 이르면 대만 곳곳마다 문창신앙이 널리 퍼져서 대륙과 비교해도 결코 뒤지지 않았다. 큰 성(城)과 작은 진(鎭)에서부터 궁벽한 시골까지 글 읽는 소리가 들리는 곳이면 거의 문창사(文昌祠)와 동생(童生)들의 모임인 문창사(文昌社)가 있었다. 도광 이후에 완성된 몇몇 지방지를 살펴보면 문창신앙이 어느 정도 유생 계층에 침투하였는지를 알 수 있고 심지어는 공부의 일부분이 되었다고 할 정도이다.

도광 연간에 완성한 『창화현지』 「학교지」의 '사학(社學)' 조에 "사학은 선비들이 학문을 목적으로 모여서 학문을 연마하고 서로 사귀는 곳이다. 대개 문창사가 있는 곳이 사학이다. 가령 이두점(犁頭店)의 문창사 안에서 선비들이 수시로 학문으로 회합하는데 '등기사(騰起社)'라고 칭한 것이 이것이다. 나머지도 대략 이런 유이다." "진문사(振文社)는 서라가(西螺街)의 문사(文祠) 안에 있고, 나청사(螺靑社)는 북두가(北斗街)의 문사 안에 있고, 홍현사(興賢社)는 원림가(員林街)의 문사 안에 있다."[52] 여기서 '문사'는 바로 '문창사'이다. 「풍속지」 '사습(士習)' 조에 "창읍(彰邑) 학교는 민(閩, 복건성 일대)과 월(粤, 광동성 일대) 출신으로 나뉜다. 책을 읽을 적에도 출신 지역의 발음으로 읽고 사승 또한 각각이다. 성시와 향촌에는 곳곳마다 서당이 있고 정월에 개학하여 납월에 방학한다. 서당 훈장은 대부분이 내지에서 건너온 사람이다. 각 보(保)에서 근래

---

52 주새, 『창화현지』, 149쪽.

에 문창사를 지어 동생(童生)들이 모여 학문하는 곳으로 삼았다."[53] 이 말은 복건성과 광동성 출신의 동생들이 비록 방언이 다르고 사승이 다르기는 했지만 문창을 제사 지내는 데는 동일했음을 보여준다. 등전안(鄧傳安)의 『수건나청서원비기(修建螺青書院碑記)』에서 가경22년(1817)에 건립한 나청서원이 문창을 봉사하였음을 밝히고 있다. 현재 나청서원은 이미 없어졌지만 문창사우는 여전히 보존되어 있다.[54] 이는 문창신앙이 서원의 교육 기능보다 생명력이 더욱 길다는 것을 보여준다.

동치 연간의 『담수청지(淡水廳志)』 「풍속고」 '사습' 조에 "남북의 각 고을 생원과 동생들은 모두 문창사를 결성하여 달마다 모여서 공부하였다. 거기에 다시 소강회(小講會)가 있어서 관례를 하지 않은 학생들을 모아 매월 초하루와 보름에 시험을 보는데 강경(講經)에서 시작하며 중간에 하루를 쉬고 성적은 갑과 을로 나누어 방을 붙인다."[55] 또 부인위(傳人偉)의 『지산문창사기(芝山文昌祠記)』에 의하면 문창사를 건립한 목적은 "제생들이 여기서 과업을 익히도록 하고자 하였다."[56]

광서 연간에 완성한 몇몇 지방지도 비슷한 내용을 기록하고 있다. 가령 광서20년(1894)에 완성한 『묘율현지(苗栗縣志)』 「풍속고」 '사습' 조에 "묘속(苗屬)은 도광 이래로 공부하는 자들이 흥기하여 마을과 시정에서 경쟁하듯이 서당을 열고 선생을 초빙하였다. 수업료는 다른 지역에 비해 후했다. 각 고을의 생원과 동생들은 '문창사(文昌社)'를 결성하였

53 주새, 『창화현지』, 289쪽.
54 이는 창화현 출신인 대만대학 철학과 林義正 교수가 1996년 12월 18일 중앙연구원 문철연구소가 '동아시아 근현대 유학의 회고'라는 제목으로 개최한 국제학술대회에서 발언한 내용에 근거하였다.
55 진배계, 『담수청지』, 297쪽.
56 진배계, 『담수청지』, 408쪽.

다"[57]라고 적고 있다.

신죽현의 선비들도 문창사를 건립하는 데 열성적으로 기금을 출연하였다. 대만을 할양하기 한 해 전(광서20년, 1894)에 완성된 『신죽현채방책(新竹縣采訪冊)』에는 4편의 문창사 건립 관련 비문이 실려 있다. 「신포(新埔)문창사비기」[58], 「중건신포문창사비기」[59], 「연충문창제군영조병회과전조비(捐充文昌帝君永租並會課田租碑)」[60], 「구궁림문창사연헌지기기병사조비(九芎林文昌祠捐獻地基並祀租碑)」[61]이다.

대만 할양 전년에 완성된 『운림현채방책(雲林縣采訪冊)』에도 여러 곳에서 문창사와 서원 병용 상황을 설명하고 있다. 가령 용문서원은 앞에서는 주문공, 재동제군, 관성제군을 제사 지내고 뒤에는 글자를 만든 창선성인(倉先聖人)을 제사 지냈다.[62] 대강랑(大槺榔) 동보(東堡)에 '취규사(聚奎社)'라는 사학이 있는데 "거리에서 서북쪽에 위치한 문창묘 안은 취규사의 제생들이 모여서 학문하는 곳이다."[63] 사연보(沙連堡)의 임이포(林圯埔) 거리에 있는 문창사는 "문창제군과 대괴부자를 제사 지내는데 학사(學社) 10여 칸은 사연에 사는 선비들이 강학하고 글을 짓는 곳이다." 이곳에 또한 성적정을 건립하였다 등등이다. 문창사의 10여 개 사학 중에서 이름이 아직도 전하는 곳으로는 '욱욱사(郁郁社)', '겸겸사(謙謙社)', '제영사(梯瀛社)', '삼익사(三益社)'[64] 등이 있다.

---

57 심무음, 「묘율현지」, 113쪽.

58 陳朝龍, 『新竹縣采訪冊』(대북: 대북은행 경제연구실, 대만문헌총간 제145종, 1962년), 244쪽.

59 진조룡, 「신죽현채방책」, 247-248쪽.

60 진조룡, 「신죽현채방책」, 188쪽.

61 진조룡, 「신죽현채방책」, 189쪽.

62 倪贊元, 『雲林縣采訪冊』(대북: 대북은행 경제연구실, 대만문헌총간 제37종, 1959년), 15쪽.

63 예찬원, 「운림현채방책」, 48쪽.

64 예찬원, 「운림현채방책」, 158-160쪽.

문창신앙은 정통 유학관을 소지한 유학자들을 불안하게 했다. 제1절
에서 밝힌 명대 예부상서 주홍모 등이 각 학교 내의 문창사 철훼를 주
청한 것은 문창신앙과 유학도통관 간의 갈등을 보여준다.[65] 대만의 유
생 계층에서 문창신앙을 통해 공명을 얻으려는 기풍은 이미 본토와 마
찬가지로 보편화 되었다. 따라서 유학도통 의식을 견지하거나 이성적
인 유자들은 이 현상에 대한 반성이 없을 수 없었다.

문창을 제사 지냄으로써 자신이 현달하는 효험을 얻으려는 의도는
여러 편의 비문에 나타난다. 이는 유생들이 문창신앙을 통해 공명을 얻
으려는 기풍이 널리 퍼져 있었음을 보여준다. 가령 도광25년(1845)에
지은『신건췌문서원비기(新建萃文書院碑記)』에 "묘당의 당당한 풍세를
말하자면 왼쪽으로는 호두산(虎頭山)이 감싸고 오른쪽에는 용담정(龍潭
井)이 접해 있다. 앞으로 공부가 일취월장하여 유생들이 과거에 척 붙
고 현달한다면 여기서 공부한 효험이 아니겠는가?"[66] 도광23년(1843)에
지은「신포문창사비(新埔文昌祠碑)」에는 진학광(陳學光)과 그의 문인들
이 땅을 사들여 문창사를 건립한 후에 "기해년 향시에서 다행히 합격하
였다. 성신께서 보우하시는 영험이 이렇게 빠르다"[67]라고 적고 있다. 이
후 광서7년(1881) 진조강(陳朝綱)의「중건신포문창사비」에서는 진학광
등의 생각을 이어서 문창사를 중건하여 환로가 순탄하기를 바라는 염
원을 적고 있다. "이로 미루어보면 장차 과거에 급제한 이는 황궁에 먼

---

65 문창신앙을 반대한 대표적인 예로 다음을 들 수 있다. 명초 曹端(1376-1434)은 "재동이 사문을 주관
하면 공자는 무슨 일을 주관하라는 것인가?"라고 한다. 청초 顔元(1635-1704)은 문창제군에 대해 "천하
선비들의 과명과 귀천을 담당하여 문인들을 기롱하다니 요망스럽다"라고 한다. 청 건륭 때의 陸燿은 "근래
사람들이 文昌祠를 통하여 惜字의 모임을 갖는 것은 문자를 아끼는 마음을 확대하는 데에 연유하기는 하
지만 여전히 귀신에게 부귀를 구하는 구복적 세태를 벗어나지는 못했다." 자세한 내용은 다음을 참조. 梁其
姿,「淸代的惜字會」,『신사학』 제5권 제2기(1994년 6월), 86, 103, 106쪽.

66 黃典權,「대만남부비문집성」(대북: 대북은행 경제연구실, 대만문헌총간 제218종, 1966년), 277쪽.

67 진조룡,「신죽현채방책」, 245쪽.

저 들고 반궁에 입학한 이는 청원의 꿈을 일찍 이룰 것을 보게 될 것이다. 예악과 교화가 흥기하여 과갑(科甲)한 이들이 줄줄이 나올 것이다. 이후로 실로 큰 기대를 품는다."[68] 공리를 추구하는 마음은 일반 유생들 사이에 보편적일 것이다. 이 비문은 이를 대표적으로 표현한 문헌으로 볼 수 있다.

대만에서 최초로 문창신앙에 대한 반성을 시도한 인물이 진빈이고[69] 최초로 문창각을 유학 안에 건립한 이도 진빈이다. 이것이 진빈에게는 결코 모순적이지 않는다. 공묘 안에 문창각을 건립하는 것은 원(元)나라 이래로 대형 규모의 공묘에서 보이는 기본적인 건물 배치 방식이다.(제1절 참조) 진빈이 문창각을 건립한 근본적인 의도는 간단하다. 바로 공평하게 하려는 것으로 내지에 있는 공묘의 규묘에 비견하여 대만에서 공묘를 건설하고자 한 것이다. 이는 그가 「건문창각상문(建文昌閣詳文)」에서 분명하게 밝히는 바이다. 글의 표제(表題)에서 "문창각을 건립하여 사풍(士風)을 배양하고 해외의 문교를 진흥하도록 상주(詳奏)합니다"라고 한 후에 본론에서 "대만 사학(四學)은 인재가 점차 늘어나고 부학(府學)에서 배우는 내용도 과목(科目)에 가깝고 격식에 들어맞아 부족함이 없습니다. 그러나 학생들 공부가 날로 새롭게 진보하도록 고무하고 격려하고자 문창각을 세울 것을 삼가 주청합니다. 문창이 하늘에 배열한 것을 본떠 누각을 세우고 봉사하기를 각 상(庠)에서도 하고 있습니다만 대만은 아직 없습니다"라고 논한다. 이 글에서 진빈은 또한 별도로 반지(泮池)를 만들 것을 요구하는데 이유인즉슨 "문묘 앞에는

---

68 진조룡, 「신죽현채방책」, 247쪽.

69 진빈의 생애와 사상에 대한 간략한 설명은 제1장과 제2장 참조.

반지가 있다"[70]라는 것이다. 이는 내지에 있다면 대만에도 있어야 한다는 입장이다. 문창각을 낙성할 적에 진빈은 「신건문창각비기」를 쓰는데 이 누각은 복주부상(福州府庠)의 규광각(奎光閣) 양식을 참고했음을 특별히 밝히고 있다.[71]

그러나 진빈이 문창신앙의 신비적 성격과 공리주의 색채를 인식하지 않은 것은 아니다. 진빈의 이와 같은 태도는 다소 어쩔 수 없는 상황에 기인한다고 할 수 있다. 완전히 금지할 수 없는 상황에서 차선의 방법을 통해서 교화할 수밖에 없었다는 입장이다. 그는 두 가지로 문창신앙을 해석하여 교화하고자 하였는데 이 방법은 후대에 두루 사용되었다. 첫 번째는 문창신앙을 합리화, 도덕화, 유학화함으로써 공리주의 경향을 변화시키는 것이다. 두 번째는 비교적 독특한데 문창을 제사하는 제사 공간에서 '세심(洗心)' 하고 '여지(勵志)'(「신건문창각비기」) 하는 학문 공간으로 전환함으로써 미신 색채를 완화하는 것이다. 첫 번째 문제에 대하여 진빈은 다음과 같이 말한다.

일찍이 『문창화서(文昌化書)』를 읽었는데 한두 마디 현묘한 말이 있었다. 마음에 심히 의아해했는데 다시 음미해보니 사람들로 하여금 덕을 닦고 적선하도록 하는 것으로 『재동제군음즐문(梓潼帝君陰騭文)』과 서로 표리가 된다. 이에 그 말이 도를 얻은 것이 있고 나를 속이는 것이 아님을 깊이 믿었다. ……나는 문창과 재동이 같은지도 모르겠고, 천인인지 신인지도 모르겠다. 다만 맹자가 말하길, "대인으로 조화의 경지에 이른 이가 성인이고, 성인으로 알 수 없는 경지에 오른 이가 신이다"라고 했으니 우선 깊은 내용은 그만두

---

70 진문달, 「대만현지」, 234쪽.
71 진문달, 「대만현지」, 254쪽.

고 사람이 최선을 다하면 하늘에서 효험을 받는다는 정도로 이해해도 될 것 같다. 과명(科名)은 진신(進身)하는 계단과 같은 것이고 학문에 힘쓰는 것은 입신(立身)이 근본이다. 학문에 힘쓰지 않으면서 공명을 바라는 것은 씨앗을 뿌리지 않고서 수확을 바라는 것과 같아 반드시 얻을 수 없다. 원컨대 학문의 도리는 구방심(救放心)에서 시작해야 한다. 애초에 요명(窈冥)하고 혼묵(昏黙)을 구하는 것은 도리어 마음을 무용지물로 황폐하게 만든다. ……반드시 홀로 있을 때에 삼가 계신공구(戒愼恐懼)를 해야 한다. 덕을 닦고 적선하는 것은 모두 여기에 근본한다. 학문은 이외에 다른 방도가 없다. 학문이 진보하면 견식이 진보하고, 견식이 진보하면 도량이 넓어지고, 도량이 넓어지면, 덕을 닦고 복 또한 모이게 된다. 이를 통해 좋은 성적으로 과거에 급제하고 명성이 자자해진다. 좌권(左卷)을 쥐는 것은 어찌 사람이 할 수 있을까! 하늘이 하는 것이다. 뜻이 있는 선비는 세상에 이름이 나는 것에 조급해하지 않고 자신을 수양하는 공부를 착실히 해나간다. 단지 헛되이 영험한 것만을 갈구하는 것이 아니라 미방(未放)한 마음을 보존하고자 노력한다.[72]

이 단락은 문창신앙을 유가사상에 부회하면서 동시에 학자들에게 "학문의 도는 구방심(救放心) 공부"라는 것을 통해 학자들이 자기 수양에 전념하도록 면려하고 있다. 따라서 글 중에서 "반드시 홀로 있을 때에 삼가 계신공구(戒愼恐懼)를 해야 한다." "세상에 이름이 나는 것에 조급해하지 않고 자신을 수양하는 공부를 착실히 해나간다. 단지 헛되이 영험한 것만을 갈구하는 것이 아니라 미방(未放)한 마음을 보존하고자 노력한다"라고 적고 있다. 이와 같은 이학의 기본 가르침을 설파한 데에서 진빈의 고초를 충분히 읽을 수 있다.

---

72 진문달, 『대만현지』, 253쪽.

두 번째 문제에 대해서는 진빈이 「건문창각상문(建文昌閣詳文)」에서 논한다. "만약 조만간에 문창각이 완성되면 누각에 오를 것이니 멀리 넘실대는 바다를 바라보면 시상(詩想)이 샘물처럼 솟아나고, 짙푸른 산들을 훑어보면 구상(構想)이 구름처럼 몽실 피어오를 것이다. 학자들이 공부하는 틈에도 식유(息游)를 폐하지 않는 법이니 경치를 접하면 회심하는 바가 있어 감흥이 많을 것이다."[73] 「신건문창각비기」에서는 더욱 자세하게 말한다.

이 누각에 올라 사방을 둘러보니 동쪽으로는 대산(大山)이 첩첩이 푸르게 솟아 있어 소쇄한 마음이 일고, 남쪽으로는 봉산(鳳山)이 활개 치는데 안석 사이에 숨고, 서쪽으로는 양양한 대해에 파도가 넘실대는데 돛단배가 보였다 사라졌다 천변만화하다. 그 북쪽은 만수정(萬壽亭)이 구름을 뚫고 솟아 있다. 만 리나 되는 문(門)과 같으니 언제나 이 섬을 벗어나 해내의 준걸들과 교유하며 금마문(金馬門)에 들고 옥당(玉堂)에 오를 수 있으려나! 이 뜻으로 세심(洗心)하고 여지(勵志) 한다면 이 누각으로 암실에서도 속이지 않는 도움으로 삼을 수 있으리라.[74]

진빈은 생동감 넘치는 필치로 문창각과 주변 풍경을 묘사하고 있다. "이 누각에 올라 사방을 둘러보니"라는 표현은 문창각을 문인 묵객들이 상람하는 누각으로 변모시켰다.[75] 이는 문창각을 미학 공간으로 변화시킨 것으로, 다시 말하면 상상력을 발휘할 수 있는 예술 공간으로

---

73 진문달, 「대만현지」, 234쪽.

74 진문달, 「대만현지」, 253쪽.

75 진빈은 문창각 낙성 후에 「文昌閣落成」이라는 시를 지었고, 郡司馬인 王禮는 「登文昌閣」이라는 시를 지었다. 자세한 내용은 다음을 참조. 진문달, 「대만현지」, 267-268쪽.

변모시켰다고 할 수 있다. 원숙한 유학자로서 진빈은 '세심(洗心)'과 '여지(勵志)'를 실천하는 학문 공간으로서 문창각의 기능을 중시한다. 이런 맥락에서 아름답게 묘사한 자연경관 또한 유자가 천지와 서로 마음을 소통하는 장소가 된다. 여기서 진빈은 철저하게 제사 공간으로서의 문창각의 기능을 소멸시키면서 미학화, 예술화를 넘어선 유학화를 시도한다.

진빈 이후의 유자들은 적극적으로 문창신앙을 반성하면서도 진빈이 제기한 두 가지 문창신앙 해석 방식을 계승한다. 진몽림(陳夢林)은 『제라현지』 「학교지」(강희56년, 1717년 완성)에서 문창사에 대해 기록한 다음에 부연하여 "문창사를 건립하는 것에 대해 선인들은 선비들이 출세하기를 바라서 도교의 황당무계한 신들을 공자 곁에 협시하였다고 비판하지만, 천하에 있는 유학(儒學)에서는 문창사를 통해 유생들을 보우하고 격려하였으니 성인의 말씀을 펼치는 곳에서는 없앨 수 없다. 건축 과정을 기록한다. 학궁과 관련되는 것은 다음에 열거한다"[76]라고 해명조의 글을 적고 있다. 이 글에서 "도교의 황당무계한 신"을 "공자 곁에 협시"하는 문창신앙에 대해 불안감을 드러내면서도 또한 어쩔 수 없이 진빈과 마찬가지로 "문창사를 통해 유생들을 보우하고 격려하였으니 성인의 말씀을 펼치는 곳에서는 없앨 수 없다"라고 하면서 유학화를 시도한다.

사금란(謝金鑾, 복건 후궁인, 대만에서 교유 역임)은 『속수대만현지』 「학지」(가경13년, 1807년)에서 규광각, 문창사, 괴성루, 경성루를 기록한 후에 장편의 논설을 전개한다. 여기서 그는 문창신앙에 대하여 진빈과는 다른 차원에서 비판을 전개하면서도 또한 도덕화를 시도한다. 먼저 비판적

---

76 진몽림, 『제라현지』, 69쪽.

인 어조로 "도가(道家)에서는 황제가 재동제군으로 하여금 문창의 녹적(祿籍)을 주관하도록 명하자 온 천하에서 제사를 지낸다. 이는 과명과 복을 구하는 마음이어서 도와는 점차 멀어졌다"라고 비판한다.[77] 여기서 "도와는 점차 멀어졌다"라는 말은 핵심을 찌른 표현이다. 아래에서는 이를 더욱 상세하게 논하고 있다.

오늘날 문창을 봉사하는 자들이 찬한 글에는 『음즐문(陰騭文)』, 『감응편(感應篇)』, 『단계적(丹桂籍)』, 『공과격(功過格)』 등이 있는데 대개 착하면 복을 주고 악하면 재앙을 준다는 사상에 근거하여 수신과 근신 공부를 면려한다. 가령 공과격 하는 법은 날마다 자신이 한 행위를 기록하고 밤에 분향하면서 이를 귀신에게 아뢰는 것이다. ······충신한 선비가 이를 신봉한다면 평상시의 일거수일투족이 모두 경외(敬畏)하는 마음에서 나오게 된다. 이른바 "인(仁)에 뜻을 두면 악을 행하지 않는다"라는 것으로 절대로 무기탄(無忌憚) 하지는 않을 것이다. 성학이 어두워지자 선비들은 공맹의 책을 단지 과명(科名)을 얻는 도구 정도로 생각하기 때문에 이치를 밝히고 앎을 극진히 하여서 염치를 실천할 줄을 모른다. 그런데 간혹 화복을 두려워하는 마음 때문에 계신 공구하면서 처신을 조심하고 함부로 하지 않는 이가 있다면 이는 재동의 책 때문이다. 따라서 국가에서 주관하는 제사에 포함시킨 것이다.[78]

이 단락은 문창신앙의 권선서(勸善書)가 유가가 지향하는 '수신칙기(修身飭己)'의 기능이 있음을 인정하고 있다. 아울러 "성학이 어두워지자 선비들은 공맹의 책을 단지 과명(科名)을 얻는 도구 정도로 생각"하

---

77 사금란, 『속수대만현지』, 162쪽.
78 사금란, 『속수대만현지』, 162쪽.

는 시대에 인과응보에 의지한 문창신앙은 적어도 불초한 자로 하여금 '불감망위(不敢妄爲)'하지 못하도록 하는 기능이 있음을 지적한다. 결국 이는 문창신앙이 갖고 있는 도덕 교화 기능을 일정 정도는 인정한 셈이다. 그러나 "성학이 어두워지자"라는 말을 곰곰이 따져보면 공리에 빠진 천하의 선비들을 비판하면서 문창신앙이 성행하는 데에도 비판적인 입장을 읽을 수 있다. 따라서 우리는 이렇게 판단할 수 있다. 가경6년 (1801)에 문창제군이 국가의 사전(祀典)에 오른 후로 선비들이 문창제군을 숭사하는 상황이 더욱 극성하자 사금란이 이처럼 탄식에 가까운 논조를 전개한 것이다. 사금란의 전체 글은 비록 진빈처럼 문창신앙을 도덕적으로 이해한 측면이 있기는 하지만, 강한 비판 어조는 진빈과는 사뭇 다르다.

동치 연간의 채수방(蔡垂芳)은 사금란의 논조를 그대로 답습한다. 봉산현은 가경19년(1814)에 봉의서원을 세우면서 문창사를 건립하고 규성과 창성을 배향했다. 경자(敬字) 의식의 성대함은 이미 앞에서 밝혔다. 동치12년(1873)에 채수방이 세운 「봉의숭사오자병립원전비기(鳳儀崇祀五子並立院田碑記)」에는 봉의서원에서 문창의 세 신만을 봉사한 데 대해 불만을 드러내고 있다.

삼가 생각건대 서원이 세워지면 응당 선현을 봉사하고 학통을 바로 해야 한다. 학통이 바로 선 후에야 여론이 돌아온다. 송의 염, 락, 관, 민 다섯 선생이 위로는 수사(洙泗)의 연원을 계승하고 아래로는 만고의 어리석은 자들을 계도하였다. 그러하니 이분들을 반드시 배향해서 춘추로 제사하고 불천(不遷)해야 한다. 하물며 봉의서원은 조수(租收)가 전보다 두 배로 늘었는데도 유사가 어찌 분사(奮社) 제군의 거사를 잊어버리고 다시 진흥하지 않을 수 있겠는가? 나 수방이 힘이 비천하여 사문에 공을 세우지는 못했지만 선인들이 뜻은 있었으되 미처 이루지 못한 일을 생각함에 말씀이 귓가에 쟁쟁하다. 어찌 세속의 흐름을 따라서 나에게 맡겨진 사명을 설령 지나치더라도 다하지 않을 수 있겠는가?[79]

이 단락은 유가의 학통을 가지고 문창신앙과 대비한다. 아울러 "서원이 세워지면 응당 선현을 봉사하고 학통을 바로 해야 한다"는 대목은 간접적으로 문창신앙의 잘못을 비판하고 있다. 아울러 다섯 선생을 "반드시 배향"해야 한다는 말은 종사 문제가 유학도통 확립에 중요하다는 것을 알려준다. 글 말미에 "군(郡)의 상생(庠生)인 채계명의 유언으로 아들 수방이 삼가 세운다"라는 대목을 보면 채수방이 부친의 유명을 받들어 지은 것을 알 수 있다. 위의 비문에서 "선인들이 뜻은 있었으되 미처 이루지 못한 일을 생각함에 말씀이 귓가에 쟁쟁하다"라는 말을 참작하면 송대 오부자를 배향하는 것은 채수방의 생각일 뿐만 아니라 그 부친의 유언임을 알 수 있다. 또한 일부 유생들의 견해라고도 볼 수 있다. "어찌 세속의 흐름을 따라서"라는 대목과 그 말미에 "탁여(卓如) 이공(李公)이 봉의현에 온 지 수개월 동안 근본을 교화하고 사습을 바르게 하고자 하는지라 다시 청하여 실행한다"라는 말들은 문창을 미신하는 '풍기(風氣)'와 '사습(土習)'에 대한 불안과 불만을 보여준다. 진빈 외에도 도통과 학통 관념을 가지고 문창신앙을 비판한 사금란, 채수방 등은 유생 계층의 또 다른 전형으로 평가할 수 있다.[80]

사금란과 채수방의 날카로운 풍격과는 달리, 기타 학자들은 대부분 진빈의 온유하고 돈후한 유풍을 계승하여 문창신앙을 다양하게 수용하

---

79 노덕가, 『봉산현채방책』, 351쪽.

80 봉산현 유학교육의 개괄 및 거기에 드러난 사상적 내용은 제4장 참조.

는데 그 방법은 진빈이 제시한 두 가지 방법을 벗어나지 않는다. 첫 번째는 도덕화를 통하여 공리적 색채를 희석하는 것이다. 유사한 예는 가경 연간 대만에 부임한 양계삼(楊桂森)이 「간문창제군효경서(刊文昌帝君孝敬序)」에서 민간에 퍼진 문창신앙의 권선서(勸善書)와 유가 기본 사상 간의 일치를 강조하는 대목에서 살필 수 있다. "효는 백행의 근본이고 오륜의 으뜸이다. ……공자가 '나의 행실은『효경』에 있다'라고 했다. ……유자가 이 경을 숙독하지 않고 체득하지 않으면 유자라고 할 수 없다. ……『문창제군효경』 간행은 공자의『효경』밖에 별도로 은미한 뜻이 있다는 것이 아니다. 따라서『문창제군효경』은 공자가 지은『효경』의 뜻을 확대하여 독자들이 쉽게 입문할 수 있게 한 것이다."[81] 이 글은『문창제군효경』에서 인과응보를 중시하고 부명서응(符命瑞應)을 설하는 위서(緯書) 색채와 유학의 경학을 한데 엮어서 논하고 있다. 양계삼이 "독자들이 쉽게 입문할 수 있게 한 것이다"라고 말하는 속내는 문창신앙의 통속적이고 이해하기 쉬운 내용을 활용하여 유가에서 강조하는 효도를 널리 확대하고자 한 것이다.

도광 연간에 창건한 창화현 문개(文開)서원의 등전안(鄧傳安)은 대만 서원사에서 일정한 위치를 차지한다.[82] 「수건나청서원비기(修建螺靑書院碑記)」에서 그는 서원에서 문창을 제사하는 것을 적극적으로 해석하면서 유학화를 꾀하고 있다.

자고로 덕행과 도예(道藝, 재능)의 책은 반드시 효제를 으뜸으로 한다. 후

---

81 주새,『창화현지』, 419-420쪽.
82 등전안의 중요한 공헌은 대만 내 서원에서 처음으로 명말의 심광문 등 유로들을 배향하는 선례를 남겼다는 점이다. 이에 대해서는 제1장 참조.

세에 문창의 신에 대하여 실제 인물을 찾으려고 하고 『시경』「소아」에서 노래한 '장중효우(張仲孝友)'에서 시작하고 있다. 그런즉 서원에서 문창을 봉사하는 것은 당연하다. 지금 천하에서는 독서하여 과명(科名)을 얻는 것을 환로에 드는 바른길로 삼고 있다. 향시와 회시 답안을 채점할 적에 이름을 가리고 글을 옮겨 적는 것은 채점자가 선입견 없이 공평하게 평가하고자 하는 것이다. 그러나 설령 글을 통해서 응시자의 도를 본다손 하더라도 이는 단지 도예를 평가하는 것이지 덕행은 알 길이 없다. 이것이 명과 실이 상응하지 못한 것이고 허망한 신령의 효험을 구하는 이유이다. 만일 하늘에 있는 신이 덕에 따라 효험을 준다는 것을 염두에 둔다면 철 따라 드리는 제사는 밤낮으로 자신의 뜻을 면려하는 것이고, 학교에서 공부하는 것은 집 안에서 수행하는 것과 같다. 진실함으로 하늘에 구하면 진실한 응답을 내려준다. 사람이 앙망하는 것을 하늘이 보우하여주실 것이니 이렇게 된다면 선비들의 기풍이 나태해지지 않고 옛 기상에 미칠 수 있을 것이다.[83]

이 단락은 선비들이 과명만을 중시하는 것에 결코 동조하지 않으면서 문창신앙의 무게 중심을 과명 관념에서 효제 관념으로 이동시키고 있다. 아울러 "철 따라 드리는 제사는 밤낮으로 자신의 뜻을 면려하는 것이다", "진실함으로 하늘에 구하면 진실한 응답을 내려준다" 등의 말은 문창신앙을 빌려서 후학들이 수신하는 실학을 중시할 것을 격려하고 있다.

동치 연간에 묘율현(苗栗縣)의 오자광(吳子光)은 「문창제군사전서(文昌帝君祀典序)」에서 천도(天道), 문장(文章), 복명(福命) 등 관념을 한데 혼합하여 "내가 생각건대, 천도는 사사로이 하지 않기 때문에 복선화음

---

83 주새, 「창화현지」, 462쪽.

(福善禍淫)은 이치에 가까운 것 같다. 사람이 한마음으로 선을 향하여 생각마다 선을 행한다면 신이 여기에 있고, 문장이 여기에 있고, 복이 여기에 있다. 독서는 선을 행하는 데에 종자와 같은 것이니 이것을 제쳐두고 어디로 갈 것인가? 이른바 '명덕유형(明德惟馨)'이 이것이다. 나는 이것으로 문창제군에게 아뢰고 세상에 문창제군을 봉사하면서도 음덕이 나오는 근원에 어두운 자들에게 묻노라!"[84]라고 적고 있다. 그의 주장은 등전안의 논리와 비슷하지만 다소 명확하지 않은 것 같다.

『창화현지』를 수찬한 주새(周璽)는 「문묘」 '사묘(祠廟)' 조에 문창사를 기록하고 미진한 부분을 다시 부연하여, "세상에 전해지는 문창제군의 책은 『음즐문』, 『감응편』, 『권효문』, 『효경해』 등등이다. 모두 교화에 도움을 주는 것으로 성인의 뜻을 잃지 않았다. 따라서 학자들이 봉독하고 평상시 일거수일투족을 모두 경외한 마음으로 한다면 과명에 뜻을 둔 자들이 단지 제사하여 복을 구하는 것과는 종류가 다르다. 지금 창읍(彰邑)은 문창사가 매우 많은데 거개가 선비들이 돈을 모아 공동으로 건축하여 과업을 닦고 학문하는 곳으로 삼았다. 신명을 빌어 몸과 마음을 조신하게 한다면 문풍이 크게 진작될 것이다"[85]라고 적고 있다.

함풍 초년에 수찬한 『갈마란청지』도 문창제군 제사를 비교적 소상히 적고 있다. 진숙균(陳淑均)은 「부고(附考)」에서 주새와 유사한 견해를 제출한다. 세상에 전해지는 문창제군의 책은 "교화에 도움이 되고 성인이 사람을 교화하는 뜻을 잃지 않았다"[86]라고 밝힌다. 글 중에 갈마란의 문

---

84 심무음, 「묘율현지」, 222쪽.

85 주새, 「창화현지」, 153쪽.

86 진숙균, 「갈마란청지」, 114쪽.

창사 단액(壇額)인 '인효유풍(仁孝維風)'[87]을 기록하고 있는데 이는 문창 신앙이 유학사상화된 증거로 볼 수 있다.

진빈이 도입한 두 번째 해석은 문창사라는 제사 공간을 미학화, 예술화, 유학화하는 것으로 후대의 학자들도 종종 사용한다. 가경2년(1797)에 대만 독학으로 부임한 계학금(季學錦)은「중수남사서원문창각서(重修 南社書院文昌閣序)」에서 문창각을 오른 후의 소회를 적고 있다. "등에 진 괴산(魁山)을 바라보니 군봉들이 도열하고, 남쪽으로 대해를 굽어보니 만경창파가 실로 장관이다."[88] 이는 진빈의 견해를 차용하여 문창각을 관망누각으로 표현한 것으로 제사에 대해서는 전혀 언급하고 있지 않다. 그러나 진빈이 여기서 한 발 더 나아가 문창사를 유학화하는 내용은 이 글에서는 전혀 살필 수 없다.

도광 연간의 부인위(傅人偉)는「지산문창사기(芝山文昌祠記)」에서 문창사 공간을 유학화하는 데 주력한다. 화려하고 멋진 표현은 진빈의「신건문창각비기」에 손색이 없다. 그는 지산을 "산봉우리들이 사방에서 몰려들어 하늘 높이 솟구쳤다. 산 중턱에 드넓게 펼쳐진 밭 가운데 우뚝 솟아 있다. 기암괴석들이 막대처럼 빽빽이 도열하고 나무들은 그림처럼 울창하며 계곡물은 띠처럼 굽이굽이 흘러간다"라고 묘사한다. 이어서 문창사를 창건하여 "제생이 여기서 공부하는 것을 도왔다"라고 하면서 이 일을 도모한 반자(潘子)가 "진실로 뜻이 있다"고 칭찬한다. 이에 기세 좋게 문창사 주변 경관을 유학적으로 풀이하여 "도열한 괴석들을 보니 책을 읽을 적에 그 사람을 생각하며 명령을 기다린다는 말이 떠오르고, 울창한 숲을 바라보니 100년의 계획은 사람을 교육하는

---

87 진숙균,「갈마란청지」, 117쪽.

88 사금란,「속수대만현지」, 460쪽.

데 있다는 말이 떠오르고, 굽이굽이 흘러가는 물을 보니 웅덩이를 채우며 나아간다는 진리를 알 듯하다. 옛날에는 소인배들이 설쳐댔는데 지금은 선비들이 시를 읊으며, 옛날에는 외침을 방어하기 위해 이 산을 막았는데 지금은 학문에 뜻을 둔 선비가 찾아가는 곳이 되었다. 인걸들이 배출되는 곳이 있으면 그곳을 세상에 전하는 이도 반드시 있는 법이다"[89]라고 적고 있다. 이 글 전문에는 어디에도 문창사의 제사 기능을 언급하지 않고 있다. 문창사가 선비들이 유식(遊息)하며 공부하는 공간을 제공하는 점만을 언급하고 있을 뿐이다. 이런 점에서 이 글은 진빈의「신건문창각비기」뒤에 나온 걸작이라고 할 수 있다.

사묘의 건축 공간과 관련하여 주의를 끄는 대목은 공묘의 대성전과 문창사 간에 고도를 놓고 벌인 시비이다. 도광 연간에 창화현(彰化縣) 지현 황개색(黃開基, 사천 영천인)이 지은「중수창화현학비기」[90]에서 이 이야기를 밝히고 있다. "앞서 병자년과 무인년(건륭21년, 23년)에 실시한 과거시험에서 대만 쪽 합격자는 모두 창현의 선비였다. 현의 아전인 오성성(吳性誠)은 인문이 울기한다고 하여 문창묘를 학궁 서편에 창건하고 장엄하게 만들다가 대성전보다 2척 정도가 높아지게 되었다. 논자들이 주종의 의리에 맞지 않다고 비판하였다. 때마침 수차의 과거시험에 합격자가 적었다. 이에 공묘를 중축할 것을 의론했는데 대성전을 증축하여 인재가 다시 무성해지기를 기대한 것이다." 이 글에서 '논자'는 공묘가 으뜸이고 문창묘는 그 다음이라고 여겼다. 따라서 문창묘가 "대성전보다 2척 정도 높은" 것이 예에 합당하지 않다고 생각한 것이다. 그러나 예로만 따지자면 문창묘의 고도를 대성전보다 더 올리지 못할 충분

---

89 진배계,「담수청지」, 408쪽.
90 「臺灣敎育碑記」(대북: 대북은행 경제연구실, 대만문헌총간 제54종, 1959년), 46-47쪽.

한 이유가 안 된다. 따라서 작자는 생원 시험 성적이 좋지 않은 사실을 거론하여 마침내 '중수성묘(重修聖廟)'의 목적을 달성한다. 중수 후에 공묘는 "원래보다 2척 7촌 정도 높아졌다"라고 하는데 문창묘보다 그렇게 높지는 않다. 이 생동감 있는 이야기는 문창신앙과 유학도통 간에 벌어진 갈등을 잘 보여준다.

이상으로 대만 유학 발전사에서 문창신앙과 유학도통 사이의 긴장관계를 살펴보았다. 유생들은 문창신앙을 과명을 획득하는 도구로 여겼는데 이는 당시에 극히 일반적인 현상이었으며 '유학의 세속화'라는 시대 사조를 반영한다. 아울러 유학 안에 민간도교신앙이 침투하였음도 보여준다. 그러나 '정통 유학'에 뜻을 둔 유자들은 응전의 태도를 견지했다. 가령 유학의 도통 관념을 가지고 비판을 가하는 입장으로, 사금란과 채수방을 대표 인물로 꼽을 수 있다. 진빈이 제시한 두 가지 방안은 문창신앙이 가진 통속적인 교리를 유학화하고, 문창사라는 제사 공간을 미학화, 예술화, 유학화하는 것이다. 이 방안은 유자들의 지지를 많이 받았다. 진빈의 해석 방식이 완전히 만족할 만한 수준은 아니지만 사상사적으로 깊은 의미를 지니고 있으며, 문창신앙과 정면충돌했을 때 유학교육이 받게 될 타격을 면하게 했다. 이후에 양계삼, 등전안, 계학금, 부인위 등 학자들이 이를 더욱 발전시켰다.

4. 경자 풍습의 통속적 교의와 유학 교의

이미 논한 것처럼 경자(敬字) 풍습은 문창신앙에 부속되어 있으며 문창신앙에서 의식성이 농후한 종교 활동이다. 이 영향은 유생 계층만이 아니라 일반 백성들에게도 파급되었다. 따라서 일반 자선기구의 중요한 활동 중 하나가 되었다. 신죽현의 자선조직은 석자(惜字) 하는 것을 의로운 일로 여기고 비석에 새겨놓았다. 가령 「명선당개소의거조관비(明善堂開銷義擧條款碑)」에는 "매달 사람을 고용하여 파지를 검수하는데 본 당에서 수고비를 지급한다. 도자기나 기와 조각도 글자가 새겨져 있으면 수거하였다. 비바람이 불어도 쉬지 않았다[91]라고 기록한다. 그렇다면 석자 활동은 단지 파지만을 대상으로 한 것이 아니라 도자기나 와편에 새겨진 글자도 포함하는 것을 알 수 있다. 석자 활동은 불교와 도교의 자선조직에서 행하는 의거가 되어 대만뿐만 아니라 대륙에서도 이와 같았다.[92]

석자 활동 이면에는 어떤 관념이 존재한다. 간단히 두 가지로 정리할 수 있다. 첫째는 불교와 도교의 인과응보 관념이고, 둘째는 유학에서 글과 문자 및 언어를 중시하는 전통에서 출발한 관념이다. 민간에서 대체로 유행한 관념은 첫 번째 의식이고, 유학적 관념은 유자들이 석자 활동이 지닌 미신적 색채를 희석하려는 노력의 일환이다.

위에서 논한 것처럼 석자 및 경자 의식은 문창 세 신 신앙의 중요한 내용이다. 도교적 색채 또한 농후하다. 경자 활동을 문창신앙에 부회한 것은 아마도 「문창제군공과율(文昌帝君功過律)」에서 '석자공율(惜字功律)' 24조와 '설자과율(褻字過律)' 29조 중에 다분한 인과응보 사상일 것이다. 가령 '석자공율' 제1조에서 "평생 돈으로 파지를 사가지고 집에 와서 잘 씻어 소각한 자는 만공(萬功)에 해당하기 때문에 일기(一紀)

---

91 진조룡, 「신죽현채방책」, 192쪽.

92 대륙에서 행해진 석자 활동에 대해서는 다음을 참조. 梁其姿, 「淸代的惜字會」, 「신사학」 제5권 제2기 (1994년 6월).

만큼의 생명을 연장해주고 부귀를 누리며 자손들이 어질고 효순할 것이다." 제3조에서 "파지를 많이 수거하여 소각한 재를 깨끗한 곳에 묻는 자는 일천공(一千功)에 해당한다. 안락하게 정착하여 떠돌아다니지 않으며 자손이 번성할 것이다." 제13조에서 "물건에 새겨진 글자를 깨끗이 씻어내는 자는 십공(十功)에 해당하기 때문에 시력이 좋아질 것이다." 한편 '설자과율' 29조 중 제1조에서 "남의 돈으로 깨끗이 씻은 파지를 사서 자신의 공으로 삼으려는 자는 일백죄(一百罪)에 해당하기 때문에 요절하며 자손이 빈천할 것이다." 제2조에서 "남을 속여 자지전(字紙錢)을 사고 자지분(字紙焚)을 사지 않은 자는 일백죄에 해당하기 때문에 악질로 요절한다." 제3조에서 "자신도 파지와 경서를 공경하지 않고 자손에게 공경하도록 가르치지도 않아서 글자를 공경할 줄 모른다면 일백죄에 해당하기 때문에 악창이 온몸에 퍼지고 사지와 정신이 온전하지 않은 자식을 낳는다." 제4조에서 "파지를 태우는 곳을 함부로 밟아서 망가뜨리는 자는 팔십죄(八十罪)에 해당하기 때문에 종기가 덕지덕지한 자식을 낳을 것이다." 제10조에서 "권선문과 석자문을 믿지 않고 전하지 않는 자는 삼십죄(三十罪)에 해당하기 때문에 평생 곤궁한 생활을 하며 불효자를 낳는다."[93]

위에서 언급한 조목들은 극히 일부분이다. 전체 '설자과율'은 설자정의 범위가 매우 넓어 권선서와 석자문을 믿지 않는 것도 포함하면서 처벌은 매우 엄격하다. 당사자가 병들거나 요절하는 벌을 받을 뿐만 아니라 자손도 재앙을 입는다. 이런 말은 극히 황당무계하기 때문에 유자들이 보자면 불교와 도교의 근거 없는 미신일 수도 있지만 막을 수도 없고, 그렇다고 대놓고 할 수도 없는 상황에서 대만의 일부 유생들은

---

93 이상의 내용은 임문룡, 「기대만적경석자지민속」, 『대만풍물』 제34권 2기(1984년 6월)에서 재인용.

유학 전통 중에서 중요한 위치를 차지하는 경자(敬字) 교리를 발전시킨다. 그 내용은 크게 두 가지로 이루어진다. 첫 번째는 문자 창시가 인류 문명사에서 차지하는 중요성을 강조하는 것이고, 두 번째는 문자는 성인이 의리를 기탁한 것임을 강조하는 것으로 이른바 하이데거의 "언어는 존재의 집"이라는 의미를 갖고 있다.

제2절에서 창화현의 경자 활동을 논할 적에 인용한 진학성의 「자회」시에서 "글자를 창힐이 만든 후로 두 섬 되는 활을 잡아당기는 힘은 정(丁) 한 글자를 아는 지력만 못하네"[94]라는 구절에서 글자를 창제하고 글자를 배우는 문명 활동으로 창성에 대한 미신을 전환시키려는 의도를 읽어낼 수 있다. 건륭 연간에 시문 창작이 뛰어난 장보(章甫)[95]의 「연건경성정서(捐建敬聖亭序)」에서도 동일한 맥락을 잡아낼 수 있다.

책은 누가 만들었는가? 비룡(飛龍)이 괘서(卦書)의 기묘함을 본받은 것이다. 글자는 누가 만들었는가? 창힐이 규광(奎光)의 형상을 본뜬 것이다. 결승 문자 사용이 끝나자 죽간에 글자를 새기기 시작했다. 상고시대에는 과두문자를 쓰다가 중세에야 문장이 생기고 육서체가 모두 구비되었으니 이는 세상을 인도하고 백성을 깨우치는 도구이다. 오음이 모두 조화를 이루었으니 세상을 인도하고 백성을 깨우치는 수단이다. 따라서 진나라에서 분서(焚書)를 당하기는 했지만 진본(眞本)이 여전히 전해지고, 노(魯)나라 공자 고택의 담벼락을 허물어 고문을 얻기 전에도 신령한 빛이 빛나고 있었다.[96]

---

94 주새, 「창화현지」, 491쪽.

95 장보의 생애와 시에 대한 소개는 다음을 참조. 진소영, 「臺灣詩選註」(대북: 정중서국, 1996년), 10-18쪽.

96 사금란, 「속수대만현지」, 458쪽.

이 단락에서는 "세상을 인도하고 백성을 깨우치는" 문교 수단으로서의 문자의 기능을 특히 강조한다. "진나라에서 분서를 당하기는 했지만" 이하의 말은 유학 경전의 전래가 문자에 의뢰한 것을 밝히고 있다. 이 글에서 장보는 경자 관념을 유학 전통의 기본 교리로 치환하는 데성공한 셈이다. 글 말미에서는 "글자를 공경하는 것이 비록 복을 구하려는 목적은 아니지만 정성스러운 마음은 당연히 하늘의 가호를 얻는다"[97]라는 세속적인 표현이 보이는데 이 대목은 상론하지 않겠다.

장보는 「중수숭문서원문창각기」에서도 '문명' 교화의 의미로 문창신앙을 규정한다. "대만의 문창각은 두 곳이 있다. 하나는 군의 수학(首學)인 주자사당 뒤에 있는데 체제가 괘상(卦象)과 유사한 모양이다. 하나는 숭문서원의 강당인데 곤도(坤道)와 비슷하다. ……위로는 신상에 제사하는데 그 신위는 남쪽을 향하는 것이 '문명' 교화의 의미를 취하였다."[98] 또한 그는 진빈과 마찬가지로 학문하는 공간으로서의 문창각을 강조한다. 가령 "내가 동학들과 이 누각에 오르니 경치가 천변만화하다. 주자사당의 문창각과 광채를 드날리며 나란히 위치하여 서로가 환히 비취고 있다. 아래로 명륜당을 내려다보니 춘풍이 살랑살랑한데 술잔을 높이 들고 학문을 논하자니 예전의 감흥이 새롭네"[99]라고 한다.

도광 연간의 진사 시경방(施瓊芳, 1815-1868)[100]은 「봉읍낭교신건경성정비서, 위이천부작(鳳邑琅璚新建敬聖亭碑序, 爲李天富作)」이라는 변려문에서 글자 창제의 위대한 의미를 밝히고 있다. "서계(書契)문자 이후로

---

97 사금란, 「속수대만현지」, 459쪽.

98 장보, 「牛崧集簡編」(대북: 대북은행 경제연구실, 대만문헌총간 제201종, 1964년), 69쪽.

99 장보, 「반숭집간편」, 69쪽.

100 施士洁은 광서 연간 구봉갑과 같이 이름을 떨친 대시인이다. 시사결의 생애와 시에 대한 소개는 다음을 참조. 진소영, 「대만시선주」, 146-154쪽.

결승(結繩)문자를 사용하였는데 어리석은 자들은 헌신짝처럼 이것들을 버렸다."[101] 그는 석자 대상을 유가경전과 연결하여 "예(倪)씨 성의 광사(狂士)가 『모시』를 불태운 것이 대를 이어 내려왔다. 유(游)씨 성의 귀인(貴人)이 『논어』를 불태우는 것은 애초에 땔나무가 부족해서가 아니다. 사풍(士風)이 이에 쇠퇴하였다."[102] 여기서 작자의 초점은 글자를 소홀히 여기는 것에 상응하는 나쁜 과보가 아니라 경전을 능멸하는 퇴풍(頹風)이다. 아울러 자회를 바다로 흘려 보내는 의식을 '송향청류(送向淸流)'[103]로 해석하는데 이는 유가의 본의에 상당히 부합한다.

그 다음으로 "문자는 성인이 의리를 기탁한 것"이라는 논리를 세운 측면에서는 정겸재(鄭兼才, 복건 영춘인)의 「연건경자당기(捐建敬字堂記)」를 대표작으로 꼽을 수 있다. 입장이 확고하고 논리가 치밀하면서 참신하다.

창성(倉聖)을 제사 지내는 것은 파지를 공경하고 아끼는 과정에서 글자가 나온 근원을 거슬러서 공경하는 것이다. 또한 오래되면 공경하는 것이 느슨해질까 염려해서 자산을 마련하고 거기서 나온 돈으로 제사에 드는 비용과 사람을 부려서 파지를 수집하는 비용을 충당하게 하여 오래토록 지속할 수 있도록 하였다. ……공경하기를 지극히 하고 그 일이 족히 사람을 감동시키지 않았다면 능히 이와 같을 수 있었겠는가? 내가 삼가 밝히노니, "파지는 그 흔적이다. 성인이 글자를 만드신 연유를 헤아려보건대 사람들이 충효신의의 일을 알게 하고자 한 것이다. 그러므로 글로 써서 눈으로 보고 마음을 경

---

101 施瓊芳, 『石蘭山館遺稿』 上冊(대북: 용문출판사, 1992년), 95쪽.

102 시경방, 『석란산관유고』 上冊, 95쪽.

103 시경방, 『석란산관유고』 上冊, 96쪽.

각하게 한 것이다. 그 의미를 이해하여 제대로 실천한다면 조정에서는 정인(正人)이 되고 향리에서는 선사(善士)가 될 것이니 모두 글자를 아는 데에서 시작한다. 공경함이 이보다 더 큰 것이 있겠는가? 이에 내가 이 경자당에 오르고자 하는 뜻이 있다. 흔적을 말미암아 성인이 글자를 만든 깊은 뜻을 얻어서 진실로 성인을 공경하는 마음을 갖는다면 창성을 제사하는 것이 문창이나 괴성처럼 학교를 빛낼 것이니 단지 파지에만 국한되지 않는다. 기를 적고 아울러 글자를 공경하는 것의 실제 내용을 이와 같이 밝힌다."[104]

이 글은 앞서 논한 진학성, 장보, 시경방 등과 같이 '글자 창제'의 공로를 밝히면서 한 발 더 나아가 성인이 글자를 만든 목적이 "사람들이 충효신의의 일을 알기를 원하는"데에 있음을 강조한다. 말로만 하면 쉽게 잊혀지기 때문에 "글로 써서 눈으로 보고 마음을 경각하게 한 것이다." 이것이 석자와 경자의 종교 의식 활동을 글자를 창제하는 것과 글자를 배우는 인문 활동으로 전환시킨다. 또한 작자(作字)와 식자(識字)를 성인이 세상을 교화하는 필수 도구로 삼는다. "이에 내가 이 경자당에 오르고자 하는 뜻"과 "기를 적고 아울러 글자를 공경하는 것의 실제 내용을 이와 같이 밝힌다"라는 말은 자신이 밝힌 유학 교리에 입각하여 글자를 공경하고 아끼는 풍습을 용인하며, 아울러 바로 이 교리가 "글자를 공경하는 것의 실제 내용"임을 강조하면서 암암리에 민간종교 활동으로서의 글자를 공경하는 것은 "글자를 공경하는 허상"이라는 비판을 표현한다. 정겸재가 활용한 논리는 비교적 뛰어나다고 할 수 있다. 석자 풍습에 깔린 인과응보 관념을 직접적으로 비판하지 않으면서 유학이 표방한 경자의 교리를 밝힘으로써 미신적인 민간신앙을 바로잡고

---

104 사금란, 『속수대만현지』, 519-520쪽.

있다. 아울러 유가의 문자관에도 유의미한 기여를 하고 있다.[105]

결론

불교가 중국에 들어오고 도교가 흥성해지면서 유학은 송·원·명·청 기간 동안 힘든 도전을 받았다. 송·원대 이래의 유학사 또한 유학과 도·불 간의 갈등과 조화의 역사라고 할 수 있다. 유가 쪽에서는 불교와 도교의 위협에 처하여 유생 계층의 영향력을 유지하기 위해 이론을 다듬지 않으면 안 되었고, 불교와 도교 쪽에서는 유가사상을 받아들이거나 빌리지 않는다면 한족사회에서 살아남고 발전하기 어려웠다. 이것이 삼교합일의 시대적 요인이다. 현대 유학자 중에서 유가에 미친 현상적 요인으로 혹자는 정치적 압력(서복관)을 강조하고, 혹자는 불교의 사상적 도전(모종삼)을 강조하고, 혹자는 서구와 서화파의 압박을 강조하지만 오늘날에도 여전히 영향을 미치고 있는 민간도교에 대해서는 비교적 덜 관심을 기울이는 것 같다.

임계유 등 학자들은 "제왕 이하 왕공, 대신, 관리, 태감, 백성들이 모두 불교와 도교의 민간 잡신을 믿었으며 명대에 이르면 종교생활이 사회생활의 중요한 일부분이 되었다"[106]라고 평가한다. 유생 계층도 예외

---

105 선진 유가에서 말과 글을 중시한 견해로는 가령 순자가 다음과 같이 말하고 있다. "군자는 말에 있어서 뜻은 좋아하고 행동은 편안하게 하고 즐거이 말한다. ……그러므로 사람에게 말을 주는 데에 있어 금석이나 주옥보다 귀하게 여긴다. 남의 말을 보는 것이 관복의 화려함보다 더 아름답고, 남의 말을 듣는 것이 북이나 금슬의 소리보다 더 즐겁다."(『순자』 「非相」).

106 임계유, 『중국도교사』, 662쪽.

는 아니다. 명대 이래로 도교의 내단 수련에 열중한 유생들이 적지 않았고, 청대에 난서(鸞書)가 유행하면서 선비들 사이에 부계(扶乩)를 통해 신의 뜻을 살피는 풍조를 조장했다.[107] 또한 일부 대륙학자들도 서원이 도교의 영향을 받았음을 지적한다.[108] 그 중에서도 정강(丁鋼)과 유기(劉琪)가 만든 「서원여사관관계일람(書院與寺觀關係一覽)」을 살펴보면 서원, 절, 도관의 건축 양식에서 공통점을 보게 되는데 이는 삼교합일의 구체적인 증거라고 할 수 있다.

대만은 명·청 시기에 중국 영토가 되었다. 명·청시대에 대륙에서 나타난 삼교합일의 현상은 자연스럽게 대만에도 출현한다. 또한 대만은 이민사회로 미신적인 풍습이 성행했다. 경자 관념의 과도한 측면에서도 도교가 성행한 단면을 살필 수 있다. 도교 중에서도 문창신앙은 유생 계층과 밀접한 관계를 맺고 있었다. 따라서 이를 통해 대만에서 유생들이 보여준 문창신앙을 살피고 정통 유자들이 이 현상을 바로잡기 위해 노력한 것을 볼 수 있다. 이들이 문창신앙을 비판하고 바로잡기 위해 활용한 견해는 유학과 도교 양 방면에 모두 중요한 자료이고 또한 대만이 중국 유학사에 남긴 족적이다.

■ 본 논문은 1997년 4월에 성공대학과 중문과와 대남공묘가 공동으로 주최한 제1회 '대만 유학' 국제학술대회에서 발표한 논문에 기초하여 『대만문사철학보(臺灣文史哲學報)』 제46기(1997년 6월)에 투고한 글이다.

---

107 임계유, 『중국도교사』, 580쪽.

108 丁鋼, 劉琪 공저, 『中國書院與傳統文化』(상해: 상해교육출판사, 1992년); 楊布生, 彭定國 공저, 『中國書院與傳統文化』(장사: 호남교육출판사, 1992년).

(1992년 『중수대만성통지(重修臺灣省通志)』 중 「주민지 · 종교편」(1087-1379쪽) 정리)

현/시	사묘 명칭	위치	창건 연대	참고
대북현	대관서사(大觀書社) 문창묘(文昌廟)	판교시 황석리 문창가12호	광서22년	
대북현	문창사(文昌祠)	신장시 벽강가20호	광서 원년	
대북현	진문사(振文社. 속 칭 文昌祠)	담수진 영길리 청수가208호	가경9년	
신죽현	문림각(文林閣)	궁림향 문림촌 문산가164호	광서2년	
묘율현	문창사(文昌祠)	묘율시 녹묘리 중정로346호	광서13년	
묘율현	오성궁(五星宮)	두옥사담촌8린 65호	광서26년	이로군(李老君), 관음불(觀音佛), 공자(孔子), 관성제군 (關聖帝君) 합사
대중시	문창공묘(文昌公廟)	남둔구 만화로 1 단 51-1호		
대중시	문창묘(文昌廟)	북둔구 창평로 2 단 41호	도광5년	속칭 문울사(文蔚 社) 또는 문병사 (文炳社)
대중현	문창묘(文昌廟)	동세진 동기가 문창신촌5호	도광5년	속칭 공자묘
대중현	문창묘(文昌廟)	대두향 황계촌 문창로60호	광서14년	오문창(五文昌: 文昌帝君, 關公, 魁星, 呂洞賓, 朱衣) 배향
대중현	문창궁(文昌宮)	대갑진 문무로 116호	광서13년	공자를 합사, 속칭 공자묘
창화현	문무궁(文武宮)	녹항진 가미리 청운로2호	가경11년	
남투현	남전서원(藍田書院) 문창사(文昌祠)	남투시 영북리 하장항21호	도광13년	

현/시	사묘 명칭	위치	창건 연대	참고
남투현	문창사(文昌祠)	초둔진 신장리 사관로 문창항 30호	도광28년	속칭 옥봉사 (玉峰社)
남투현	명신서원(明新書院) 숭덕당(崇德堂)	집집진 영창리 동창항4호	광서11년	
남투현	문창묘(文昌廟)	어치향 동광촌 경융항	민국36년	공자를 합사
남투현	문창계궁(文昌桂宮)	죽산진 운림리 하횡가1호	동치 원년	오문창 배향
운림현	진문서원(振文書院)	서나진 광복리 흥농서로6호	가경4년	
운림현	성안궁(聖安宮)	북항진 화승리 화흥가17호	민국49년	
대남시	은동지묘(銀同祗廟)	부전로 122항 68농 8호	광서2년	보생대제 (保生大帝) 합사
내남현	진문궁(振文宮)	마두진 동각리		오문창 배향
대남현	문창사(文昌祠)	백하진 옥풍리 해풍적39호		
고웅현	문창궁(文昌宮)	임원향 왕공촌4호	민국 초년	
고웅현	췌문서원(萃文書院) 문창사(文昌祠)	내문향 관정촌 관음가42호	도광24년	
병동현	관제묘(關帝廟)	내포향 동세촌 남항55호	강희 말년	부우제군(孚佑帝君), 관성제군(關聖帝君) 합사
병동현	자운당(慈雲堂)	남만향 오구촌 동흥로15호	민국44년	부우제군, 관성제군 합사
의란시	문창묘(文昌廟)	문창로66호	가경2년	

4장

청대 대만 봉산현의 유학교육

1. 봉산현 유학교육의 확립 개관

명 영력15년(1661)에 정성공이 대만 남부에 1부 2현을 설치하였는데
바로 승천부, 천흥현, 만년현이다.[1] 만년현은 청대에는 봉산현이 되고[2] 행
정구역은 현재 봉산시보다 더 넓어서 현재의 고웅시 외에 고웅현과 병
동현 일부를 포함한다. 강희22년(1683)에 명정이 청에 항복하자 청조는
명정의 행정구역을 새롭게 1부 3현으로 재편한다. 바로 대만부와 직할
대만현, 제라현, 봉산현이다.[3] 그 중 봉산현의 행정구역은 "동쪽으로 담
수계까지, 서쪽으로 다고산항까지, 남쪽으로 사마기두까지, 북쪽으로
이층행계까지이다." 다고산항은 지금의 고웅항이고, 사마기두는 병동

1 楊英, 『從征實錄』(대북: 대북은행 경제연구실, 대만문헌총간 제32종, 1958년), 188쪽.

2 陳文達, 『봉산현지』(대북: 대북은행 경제연구실, 대만문헌총간 제124종, 1961년), 3쪽.

3 蔣毓英 편찬, 陳碧笙 校註, 『대만부지』(하문: 하문대학출판사, 1985년), 3쪽; 高拱乾, 『대만부지』(대북: 대북은행 경제연구실, 대만문헌총간 제65종, 1960년), 5-6쪽.

의 묘비두이며, 이층행계는 이인계에 해당한다.[4]

관제로 살피면 청대에는 부에는 지부를, 현에는 지현을 두었다. 대만 지부는 비록 대만 최고의 행정장관이지만 실제적으로는 "대하순도의 지시를 받았다."[5] 강희23년(1684)에 청이 대만을 점령한 초기에는 복건성에 분순대하병비도를 설치하여 대만과 하문을 겸하여 통치하도록 했다. 강희60년(1721)에 병비를 혁파하고 분순대하도를 설치하였으며, 옹정6년(1728)에는 분순대만도를 설치하여 대만과 팽호를 다스리도록 했다. 건륭32년(1767)에 병비의 직함을 보태어 대만병비도를 설치하였고, 건륭53년(1788)에 다시 안찰사 직함을 보태어 "정3품 벼슬로 상주(上奏)하는 것을 전함(專銜)했다. 권한이 크고 임무가 막중한 것을 알 수 있다." 심지어 건륭47년(1782)에는 양정화(楊廷樺)가 '종2품'으로 대만도에 부임하기도 했다. 청 조정에서 대만을 중시하고 있음을 알 수 있다.[6]

교육행정 면에서는 제독학정은 한 성의 학교행정을 총괄한다. 순무는 성을 관리하는 최고의 행정장관인데 순무 아래에 부치(府治)를 설치하여 부에는 부학이 있으며 그 교관(敎官)을 교유라고 한다. 직예주(直隷州)는 주 유학을 설치하고 교관을 학정이라고 한다. 부치 밑은 현인데 현에는 현 유학이 있고 교관을 교유라고 한다. 각급 유학에는 훈도를 두어서 학교행정을 보조한다. 부학, 주학은 부나 주치에 예속되고 지부나 지주의 관할을 받는다. 현 유학은 현치에 예속되며 지현의 지시를 받는다. 이 교육행정 체계는 다음 표와 같다.

---

4 楊熙, 『淸代臺灣: 政策與社會變遷』(대북: 천공서국, 1985년), 26쪽.

5 양희, 『청대대만: 정책여사회변천』, 34쪽.

6 양희, 『청대대만: 정책여사회변천』, 34-35쪽.

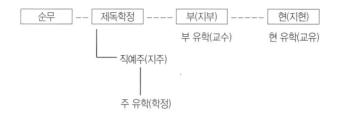

이상은 청대의 일반적인 교육행정 체계이다. 그러나 대만은 약간 다르다. 복건성의 부치 중 한 곳에 해당되는 대만은 부 유학과 현 유학은 있지만 주 유학은 없었다. 광서11년(1885)에 성으로 승격한 후에도 학정을 별도로 두지 않았다.[7]

봉산은 청초에 현이 되었기 때문에 현 유학이 있다. 일반적으로 봉산현 유학은 강희23년(1684)에 건립되었다고 하는데 이는 고공건(高拱乾)의 『대만부지』(이하 『고지(高志)』라고 함)에서 "봉산현학은 현치가 소재한 흥륭장에 있다. 강희23년 지현 양방성이 건립했다"[8]는 기록에 근거한다. 그러나 『고지』보다 더 이른 첫 번째 대만지서에는 내용이 다르다. 장육영(蔣毓英)의 『대만부지』(이하 『장지(蔣志)』라고 함)에는 "봉산현학이 아직 건립되기 전 강희24년 지현 양방성이 명정 시기에 내려온[위유(僞遺)] 가옥을 문묘로 개조하여 선성과 선현의 신위를 모시고 춘추로 제사를 지냈는데 토격정에 있다"[9]라고 되어 있다. 『장지』는 강희24년(1685)에 완성되었는데 이 일은 그해에 있던 일이기 때문에 오류가 없을 것이다. 또한 이 『장지』는 청초에 작성되었기 때문에 명정을 '위(僞)'

7 『臺灣省通誌』 권5, 『教育志 · 教育行政篇』(남투: 대만성 문헌회, 1969년), 12쪽.

8 고공건, 『대만부지』, 32쪽.

9 장육영, 『대만부지』, 63쪽.

라고 하고 있다. 그렇다면 『고지』에서 봉산현학이 강희23년(1684)에 건설되었다는 설은 확실한 것 같지 않다. 그러나 『고지』의 기록이 자세한 관계로 널리 보급되어 많은 학자들이 봉산현학이 강희23년에 건립되었다는 다소 정확하지 않은 설을 수용한 것이다.[10] 『장지』가 「학교」 조에 대한 서술이 소략한 이유는 아마도 청조가 대만을 점령한 지 2년밖에 되지 않은 초창기이기 때문에 자세히 서술하지 못했을 것이다. 이를 두고 장육영은 『장지』(권6), 「학교」 조에서 "대만, 봉산, 제라 3읍의 문묘는 문치와 관계가 있기 때문에 서둘러서 지어야 한다"[11]라고 걱정하고 있다.

강희25년(1686)에 초대 분순대하도로 온 주창(周昌)[12]은 부임하자 「상청개과거시문(詳請開科擧試文)」이라는 공이(公移)에서 당시 대만 지현인 장육영의 의견을 전하면서 학교 진흥을 제창한다. "본인이 부임한 후에 위(僞, 명정)에서 선발한 진사와 생원을 살펴보니 한결같이 사문을 전수하고 자제들 역시 학문을 즐겨한다"[13]라고 적고 있다. 여기서 명정을 "위(僞)"라고 지칭은 하지만 명정시대의 교화 성과를 도리어 잘 알려주고 있다. 주창은 "1부와 3현에는 내지의 예를 참고하여 문묘 4곳을 지어서 선성을 제사하고 아재(衙齋) 4곳을 옆에 지어서 강당으로 써야 한다. 지방이 처음 학교를 열게 되면 생원이 드물다. 학교마다 우선 선생한 명을 두고 상부에서 선발이 확정되면 생도를 가르도록 해야 한다"[14]

---

10 본문의 '많은 학자들'은 근현대 학자들만이 아니라 『봉산현지』, 『중수봉산현지』, 『봉산현채방책』 등의 편찬 사업에 참여한 학자들도 포함한다.

11 장육영, 『대만부지』, 63쪽.

12 고공건, 『대만부지』, 54쪽.

13 고공건, 『대만부지』, 235쪽.

14 고공건, 『대만부지』, 235쪽.

라고 적고 있다.

여기서 강희25년(1686)에 대만에는 아직 정식 학교가 없다는 것을 알수 있다. 그러나 주창이 이 공문서를 보낸 그다음 해인 강희26년(1687)에 청조는 마침내 초대 교수와 교유를 파견한다. 초대 대만부 유학 교수는 임겸광(林謙光), 초대 대만현 유학 교유는 부정장(傅廷璋), 초대 봉산현 유학 교유는 황사영(黃賜英), 초대 제라현 유학 교유는 진지우(陳志友)이다. 이 4명은 강희26년에 부임하였다. 따라서 봉산현 유학은 강희24년(1685)에는 낙후한 공묘 건물만 있었고 강당은 없었으며, 정식 수업은 강희26년에야 시작했음을 알 수 있다.

부나 현 유학 외에도 사학(社學)을 개설하였는데, 『장지』에서 "대만부 사학은 3곳이 있다. 2곳은 대만현 동안방에 위치하고 1곳은 봉산현 토격정에 있는데 모두 군수(郡守) 장육영이 출연하여 건립하였으며 선생을 초빙하여 가난한 집안의 자제들을 교육했다"[15]라고 적고 있다. 사학은 작은 규모라서 장육영 개인이 출연해서도 세울 수 있었으며 현학보다는 일찍 설립되었다. 장육영이 수찬한 『장지』의 강희24년(1685)에는 교사 월급이 적혀 있어 당시에 수업을 이미 하고 있었음을 알 수 있다. 봉산현 사학은 토격정에 위치하는데 바로 지현 양방성이 중수한 문묘 내에 위치한다.

봉산현 유학의 초대 교유인 황사영은 복건 진강 사람이다. 강희26년(1687)에 부임한 지 얼마 안 돼서 사재를 출연하여 학전을 마련하고 "문묘 제사 및 제생의 월과(月課) 소요 경비를 충당했다. 선비들이 그 은덕을 기려서 학궁에 신위를 모시고 제사 지냈다."[16] 여기서 초대 대하병비

---

15 장육영, 『대만부지』, 64쪽.

16 王瑛曾, 『중수봉산현지』(대북: 대북은행 경제연구실, 대만문헌총간 제146종, 1962년), 241쪽.

도, 대만지부, 봉산현 지현, 봉산현 유학 교유 모두가 문교를 중시하여 봉산현 유학교육의 기초를 다졌음을 알 수 있다.

양방성 후에 문묘를 중수한 봉산현 지현은 송영청(宋永淸)이다. 그는 강희43년(1704)에 부임한 지 얼마 지나지 않아 사재를 출연하여 문묘와 학궁을 중수하였다.[17] 학자들은 "그가 부임하자마자 문묘를 중수했다"[18] 라고 기록했다. 강희48년(1709)에 송영청은 문묘전을 마련하여 거기에서 거두어들인 곡식으로 먼저 정공(正供)을 바치고 나머지 "20석을 문묘 관리 비용으로 충당했는데 이 일을 담당하는 늠생(廩生)들에게 지급하고" "문묘 수리와 의학(義學)의 경비"로 사용하였다.[19] 또한 다음 해(1710)에는 "홍릉장 공묘의 좌측"[20]에 의학(서원)을 건립하였는데, 경비를 충당할 의학전은 미리 한 해 전에 사두었다.[21] 송영청의 주도면밀함을 엿볼 수 있다. 그러나 건륭29년(1764) 왕영증의 『중수봉산현지』에 의하면 봉산현의 첫 번째 서원은 이미 존속하지 않았다.[22]

세 번째로 문묘와 학궁을 중수한 지현은 이비욱(李丕煜)이다. 강희56년(1717)에 부임한 그는 강희58년(1719)에 문묘의 "기둥이 좀먹어서 무너질 지경"[23]임을 보고 중수했다. 이때의 중수를 '장려거관(壯麗巨觀)' 하다고 평가하기도 한다.[24] 이어서 건륭2년(1737)에 봉산현 병마사지휘인 시세방(施世榜)이 중수했다. 이후에도 두 번의 중수가 더 있었는데

---

17 진문달, 『봉산현지』, 14쪽.

18 李欽文의 『縣義學田記』는 다음에 수록. 왕영증, 『중수봉산현지』, 368쪽.

19 진문달, 『봉산현지』, 23쪽.

20 진문달, 『봉산현지』, 23쪽.

21 진문달, 『봉산현지』, 24쪽.

22 왕영증, 『중수봉산현지』, 181쪽.

23 진문달, 『봉산현지』, 14쪽.

24 진문달, 『봉산현지』, 14쪽.

한 번은 건륭17년(1752)에 지현 오사원이 중건하였고, 한 번은 광서 원년(1875)에 유학 훈도인 섭자동이 경비를 모금하여 3년 만에 마쳤다.[25] 비교적 규모가 큰 봉산현 문묘 중수는 총 여섯 차례이다. 이 6차에 걸친 중수를 통하여 전체 문묘는 더욱 완비되고 기능도 제대로 갖추게 되었다.

고공건의 말에 의하면 봉산현 묘학은 양방성이 처음 건축하여 "뒤로는 계성사(啓聖祠)가 있고 학교 앞에는 천연의 반지(半池)가 있었다."[26] 2차로 중수한 송영청은 "전보다 규모를 확대하여 대성전 뒤로 계성사가 있고 양무(兩廡)와 누성문(欞星門)을 지었다."[27] 양방성이 건립한 대성전, 계성사 등은 작은 규모이고, 송영청이 원래의 건축물을 확대하여 양무와 누성문을 건축했음을 알 수 있다. 후에 대만의 강풍과 다습한 기후로 인하여 "기둥이 좀먹어서 무너질 지경"[28]이라 지현 이비욱이 강희58년(1719)에 중수하였는데, 당시 교유였던 부붕업이 지은 「중수봉산문묘기」에는 강풍 때문에 문묘의 문과 누성문 및 양무의 담장이 무너질 지경이라고 적혀 있다.[29] 따라서 이때의 중수는 "외양의 화려함보다는 내실을 기하여 튼튼하면서 오래가도록 하고 대충 짓지 않았다." 중수 과정에서 종전보다 더 튼튼한 건축 자재를 사용했음을 알 수 있다.

건륭2년(1737)에 시세방이 주도한 중수에 대해서는 지(志)에서 자세히 언급하고 있지 않고 『중수봉산현지』에 몇 마디 기록이 있다. "많지 않은 서까래에 기와지붕을 얹었는데 규모를 제대로 갖추지는 못했

---

25 盧德嘉, 「봉산현채방책」(대북: 대북은행 경제연구실, 대만문헌총간 제73종, 1960년), 155쪽.
26 고공건, 「대만부지」, 32쪽.
27 진문달, 「봉산현지」, 14쪽.
28 진문달, 「봉산현지」, 14쪽.
29 진문달, 「봉산현지」, 142쪽.

다.”[30] 『봉산현채방책』은 이 몇 마디 말을 옮겨 적었다. 그러나 강희58년 (1719)의 제3차 중수에 대해서는 “튼튼하면서 오래가도록 했다”라고 하고 문묘는 '장려거관(壯麗巨觀)'이라고 하면서 시세방이 중수한 것은 어떻게 '와옥수연(瓦屋數椽)'이라고 하는 것인지 이해하기 어렵다. 제3차와 제4차 중수 사이인 18년 동안에 문묘가 훼손되었을 가능성이 있다. 아마도 강희60년(1721)에 주일관이 봉산현에서 반청의 기치를 들고 봉기하여 대략 2년 정도를 끌었는데 쌍방 간 군사 충돌로 문묘가 훼손되었을 가능성을 배제할 수 없다.

이후로 주목할 만한 중수는 건륭11년(1746)에 지현 여종수가 숭성사(崇聖祠, 옹정 원년에 '계성사'를 숭성사로 개칭) 좌측에 전체 7칸 규모로 가운데 중향당(中享堂) 3칸, 좌우 보사(補舍) 각각 2칸인 주자사(朱子祠)를 건립한 것이다.[31] 이는 주자학이 봉산현 유학교육에 미친 영향을 잘 보여준다. 여종수는 또한 숭성사 오른쪽에 교유택(教諭宅)을 지었는데 [32] 전체 15칸으로 정택은 7칸, 좌우 학사는 각 4칸이다.[33] 여기서 선생과 학생들이 안심하고 학문에 매진할 수 있도록 했다. 실상 여종수의 중수는 작은 규모에 속한다. 6년 후(1752)에 지현 오사원은 대규모 중수를 벌여 새롭게 의로, 예문방, 명륜당, 명환사, 향현사, 훈도택 등을 지었다.[34] 광서 원년(1875)에 섭자동의 중수는 대체적으로 오사원이 건축한 것을 중수한 것으로 숭성사 오른쪽의 규루(奎樓)를 신축하여 광서3년

---

30 왕영증, 『중수봉산현지』, 157쪽.
31 노덕가, 『봉산현채방책』, 155쪽.
32 왕영증, 『중수봉산현지』, 174쪽.
33 노덕가, 『봉산현채방책』, 156쪽.
34 노덕가, 『봉산현채방책』, 155-156쪽.

(1877)에 준공하였다. 높이 3장, 폭이 1장 4척 8촌이다.[35]

　유학 아래에는 의학(서원)과 사학이 있다. 앞에서 언급한 장육영은 봉산현에 사학을 세우고 송영청은 서원을 증축하였다. 송영청이 지은 것은 옹정4년(1726)에 "지현 소진이 성(城) 동상(東廂) 내에 이건하였는데 2칸의 강당 좌우로 재사(齋舍)가 있다."[36] 이후로 여러 차례 중수가 있었지만 무슨 연고로 건륭29년(1764)의 『중수봉산현지』에서 이미 폐기되었다고 하는지 모르겠다. 서원 건립은 처음 송영청이 세운 곳 외에도 여러 곳이 있다.

1. 정읍서원, 봉산현치 동문내 소재, 옹정7년(1729) 봉문(奉文)하여 건립[37]
2. 봉각서원, 봉산현 전영(前營) 소재, 건륭12년(1749)에 건립[38]
3. 봉의서원, 현서(縣署) 동쪽으로 수무(數武) 떨어진 곳에 소재, 가경 19년(1814) 건립, 광서17년(1891) 중수, 전체 37칸[39]
4. 봉강서원, 장치리 전와장 소재, 도광10년(1830) 건립[40]
5. 조양서원, 항(港) 동쪽으로 조외장 거리 북쪽 소재, 광서6년(1880) 유생 모금으로 건립[41]
6. 병동서원, 항(港) 서쪽으로 이아후 거리 동쪽 소재(지금의 병동시),

35　노덕가, 『봉산현채방책』, 155쪽.
36　왕영증, 『중수봉산현지』, 181쪽.
37　劉良璧, 『중수대만부지』(남투: 대만성 문헌회, 1977년), 356쪽.
38　『臺灣省通誌』 권5, 「教育志 · 制度沿革教篇」(남투: 대만성 문헌회, 1969년), 52쪽.
39　노덕가, 『봉산현채방책』, 158쪽.
40　노덕가, 『봉산현채방책』, 159-160쪽.
41　노덕가, 『봉산현채방책』, 160쪽.

가경20년(1815) 건립, 광서6년(1880) 중수[42]

7. 설봉서원, 항(港) 서쪽으로 이아후 거리 북쪽 소재, 광서3년(1877) 건립[43]

8. 췌문서원, 나한내문 관음정 소재, 도광25년(1845) 건립[44]

　봉산현에서는 전체 9개 서원이 있었으며 그 중 6곳은 19세기에 건립되었다. 이는 대만의 인구가 증가하고 문풍이 일어나면서 청 정부가 대만을 점차 중시하는 것과 관련이 있다. 상술한 서원 중에는 원래 의학을 확충한 것도 있다. 의학은 의숙이라고도 한다. 강희52년(1713) 예부에서 의준한 안에 의하면 의학의 목적은 "이름 있는 선생을 초빙하여 어려운 학생들을 모아 독서를 독려한다"[45]라고 한다. 동치12년(1873)에 봉산현 지현 이영증은 의학을 건립하고 의학전은 봉의서원에서 맡아서 하도록 했다.[46] 후에 광서13년(1887) 봉의서원 조공사 내에 의학을 설치했다.[47] 이외에도 4개의 의학이 있었는데 설립 연대는 자세하지 않다.[48] 이상 7곳의 의학은 한인들을 위하여 설치했고, 별도로 '번사(番社)의학'은 원주민을 위해서 설치했다. 광서 원년(1875)에 10여 곳을 설치하였는데 광서20년(1894)에는 이미 "태반을 폐지"하여 6곳이 남았다고 한

42　노덕가, 『봉산현채방책』, 160쪽.

43　노덕가, 『봉산현채방책』, 160쪽.

44　췌문서원 건립에 관한 기록은 지방지에 없다. 현존하는 「신건췌문서원비기」(도광25년 완성)를 통해서 건립 시기를 추정해보았다. 본 비기는 다음에 수록. 黃典權, 『臺灣南部碑文集成』(대북: 대북은행 경제연구실, 대만문헌총간 제218종, 1966년), 277-278쪽.

45　李汝和, 『臺灣文教史略』(남투: 대만성 문헌회, 1972년), 18쪽.

46　노덕가, 『봉산현채방책』, 161쪽.

47　노덕가, 『봉산현채방책』, 161쪽.

48　노덕가, 『봉산현채방책』, 161쪽.

다.[49]

의학 외에도 비교적 작은 규모의 사학이 있었다. "청대 초년 주현에 세운 학교는 대부분 성시(城市)에 위치하여 벽지에 사는 향민들은 배울 수 없었다. 이에 정부에서는 이를 보완하기 위하여 지방관에게 대향(大鄉)과 거보(巨堡)에도 사학을 설치하도록 했다."[50] 봉산현은 장육영이 대만 지부로 재임하던 중에 사학이 1개 있었는데(앞에서 이미 언급) 나중에 점차 늘렸다. 옹정12년(1734)에 "순도 장사창이 각 사(社)에 선생 1명을 두어 번동(番童)을 교육하고 각 현의 훈도가 철마다 점검하도록 했다." 이에 봉산현 8곳의 번사에 사학을 설치했다.[51] 광서20년(1894)에도 '번(番) 사학'은 8곳이 있었지만 위치는 변동이 있었고 '민(民) 사학'은 200여 곳으로 늘어났다.[52] 이 시기 봉산현 곳곳에서 현가(絃歌)의 소리가 울려 퍼진 것을 짐작할 수 있다.

2. 봉산현 교육 비문 중의 유학사상

봉산현의 교육 비문은 모두 13편이 있다. 작자와 연대는 다음과 같다.

1. 시사악(施士嶽), 「중수묘학비기」, 강희47년(1708)[53]

---

49 노덕가, 『봉산현채방책』, 161쪽.

50 이여화, 『대만문교사략』, 24쪽.

51 왕영증, 『중수봉산현지』, 182쪽.

52 노덕가, 『봉산현채방책』, 164쪽.

53 이 글은 최초로 『봉산현지』에 수록되었으며 이후 『중수봉산현지』, 『봉산현채방책』 및 『대만교육비기』(대

2. 이흠문(李欽文),「현의학전기」, 연대미상 강희48년(1709) 추정[54]

3. 정응구(鄭應球),「중예련지담비기」, 강희49년(1710)[55]

4. 부붕업(富鵬業),「중수문묘비기」, 강희58년(1719)[56]

5. 범함(范咸),「신건명륜당비기」, 건륭12년(1747)[57]

6. 탁조창(卓肇昌),「반계교관제항서원전비기」, 연대미상 건륭25년-29년
   사이(1760-1764) 추정[58]

7. 오옥린(吳玉麟),「신체반지비기」, 가경4년(1799)[59]

8. 장정흠(張廷欽),「봉의서원목비기」, 가경4년(1799)[60]

9. 장정흠(張廷欽),「경자정목비기」, 도광3년(1823)[61]

10. 호균(胡鈞),「중수연지담비기」, 도광19년(1839)[62]

11. 유화(游化) 등,「신건췌문서원비기」, 도광25년(1845)[63]

북: 대북은행 경제연구실, 대만문헌총간 제54종, 1959년, 277-278쪽)에 수록되었다.

54 이 글은 최초로『봉산현지』에 수록되었으며 이후『중수봉산현지』에 수록되었다. 작성 연대를 밝히고 있지 않지만 宋永淸이 지현 재임 중에 의전을 설치했기 때문에 그가 재임 중이던 강희48년(1709)에 작성되었을 것이다.

55 이 글은 최초로『봉산현지』에 수록되었으며 이후『중수봉산현지』,『봉산현채방책』에 수록되었다.

56 이 글은 최초로『봉산현지』에 수록되었으며 이후『중수봉산현지』,『봉산현채방책』및『대만교육비기』에 수록되었다.

57 이 글은 최초로『중수봉산현지』에 수록되었으며 이후『봉산현채방책』및『대만교육비기』에 수록되었다.

58 이 글은『중수봉산현지』에만 수록되어 있다. 작성 연대를 알 수 없지만 본문 중 "우리 읍 수령인 왕 선생은 江左의 명현으로 이곳에 부임했다"라는 대목이 나오는데 여기서 왕 선생은 王瑛曾을 지칭한다. 그는 강소 무석인이기 때문에 '강좌의 명현'이라고 했다. 비문을 지은 卓肇昌은 왕영증과 함께『중수봉산현지』의 편찬 작업에 참여했다. 왕영증이 지현으로 재임한 기간은 강희25년에서 29년(1760-1764)이다. 따라서 이 글은 이 기간 동안에 작성되었을 것이다. (왕영증에 대한 설명은 다음에 나온다. 노덕가,『봉산현채방책』, 193쪽)

59 최초『봉산현채방책』에 수록되고 이후『대만교육비기』에 재수록.

60 최초『봉산현채방책』에 수록되고 이후『대만교육비기』에 재수록.

61 최초『봉산현채방책』에 수록되고 이후『대만교육비기』에 재수록.

62 이 글은『봉산현채방책』에 수록.

63 이 글은 다음(황전권,『대만남부비문집성』)에 새로 집일한 글로 수록되어 있고, 구 지방지에는 수록되어 있지 않다.

12. 채수방(蔡垂芳), 「봉의서원숭사오자병입원전비기」, 동치12년(1873)[64]
13. 손계조(孫繼祖, 許文璧 대리 찬술), 「중수학궁비기」, 광서4년(1878)[65]

상술한 비문 약자의 이력은 다음과 같다.[66]

1. 시사악: 복건 진강인으로 강희47년(1708)에 봉산현 유학 교유 부임.
2. 이흠문: 자(字)는 세훈으로 민남 원적에 대만 출생이다. 강희60년(1721) 세공(歲貢)이었는데 강희58년(1719)에 대만, 봉산, 제라 3현의 현지를 분담하여 수찬하였고 복건 남정의 유학 훈도를 역임.
3. 정응구: 민남 원적에 대만 출생으로 자는 동군이다. 강희52년(1713) 봉산현 은공생으로 주일관 사건에 공을 세워 관직이 하사되었지만 부임하지 않았다. 현 서원에서 10여 년 동안 학생을 지도.
4. 부붕업: 복건 진강인으로 강희56년(1717)에 봉산현 유학 교유 부임.
5. 범함: 자는 정길이고 호는 구지로 절강 인화인이다. 옹정 원년(1723)에 진사가 되고, 건륭10년(1745)에 순대어사를 역임. 『중수대만부지』를 찬집하고, 오비묘의 묘도비를 중건하며 비시(碑詩) 12수 7절을 친서(親書) 하였는데 대만 시사(詩史)에서 미담으로 전승됨.
6. 탁조창: 민남 원적의 현 상생(庠生)으로 자는 사극이다. 건륭5년(1740)에 공생이 되고, 건륭28년(1763)에 왕영증이 주도한 『중수봉산현지』 수찬에 참여함.
7. 오옥린: 가경 초년에 봉산현 유학 교유를 역임.

---

64 최초 『봉산현채방책』에 수록되고 이후 『대만교육비기』에 재수록.
65 최초 『봉산현채방책』에 수록되고 이후 『대만교육비기』에 재수록.
66 이하의 작자 설명은 다양한 자료를 정리한 내용이다.

8. 장정흠: 민남 원적의 대만 출생으로 가경20년(1815)에 세공이 되었다. 봉산현 예비 훈도를 역임.

9. 호균: 순천 완평인으로 원적은 강소이다. 도광18년(1838)에 봉산현 하담수 순검으로 부임.

10. 유화: 도광 연간에 현학 훈도를 역임.

11. 채수방: 군 상생 채계봉의 아들로 광서 원년(1875)에 증공생이 되었다. 부친의 유명을 이어「봉의서원숭사오자병입원전비기」를 찬함.

12. 손계조: 절강 소흥인으로 동치10년(1871)과 13년(1874)에 봉산지현을 역임.

13. 허문벽: 복주인으로 광서 초년에 봉산 의학 훈도로 부임.

상술한 사람들은 태반이 민적(閩籍)이고 현유학 교유들 또한 거의 민적이다. 『봉산현채방책』에 기록된 초대 교유 황사영으로부터 건륭21년(1756)까지 부임한 교유 이종문 등 21명은 전부 복건인이다. 따라서 봉산유학은 필연적으로 민학과 사승관계를 갖는 것을 알 수 있다. 상술한 13편 비문은 비록 일의 경과를 기록하기 위해 작성되었지만 기록한 내용은 유학교육과 관계가 있기 때문에 글자의 행간에서 유학사상을 드러내고 있어서 자세한 검토가 필요하다. 이 글들을 유학사상의 시각에서 접근하는 것과 더불어 '비문'이라는 개념에 맞춰 탐색할 수 있다.

비문은 중국 문학에서 중요한 문체의 일종이다. 소명태자가 지은 『문선』「비」항에는 5편의 유명한 비문을 수록하고 있는데 하나같이 걸작이다. 근래 고웅과 대북에 세운 228개의 비 또한 내용과 형식이 잘 갖춰진 비문이다.[67] 비문의 특색에 대하여 유협은 『문심조룡』「뇌비(誄碑)」

---

67 高雄에 세운 비문은 陳芳明이 찬했고, 대북의 비문은 葉明勳이 찬했다. 그러나 이 글은 정치적인 이유

항에서 전문적으로 다루고 있다. "용기(庸器)가 점차 결핍되어 후대에는 점차 비석을 활용했다. 돌로 쇠를 대신하였는데 불후한 것은 마찬가지였다." 여기서 비석의 용도는 청동기에 새긴 명문처럼 사적을 오래도록 보존할 필요가 있어서 후대 자손을 위하여 명기한 것이다. 돌에 글자를 새기는 작업은 시간과 공력이 많이 들기 때문에 문체나 격식 면에서 다른 형식의 글들과 차이가 있다. 유협은 비문이 "서술은 간단명료하고 글은 우아하고 윤택해야 한다"라고 하고, 또한 비문은 사적을 기록하는 것을 주요 목적으로 하기 때문에 작자가 '사재(史才)'가 있어야 한다고 말한다. 여기서 비문이 성격상 시(詩)와 사(史)의 중간에 위치하며 시나 사에 비해서 간단명료해야 하는 것을 알 수 있다.

이런 맥락에서 봉산현 소재 13편의 교육 비문은 묘학과 서원을 건립 중수하고 풍속을 진작하는 일이 유생과 백성들에게는 중대한 일이기 때문에 성금을 모아 비문을 새기고 영원토록 기념하고자 한 것이다. 비문들은 "서술이 간단명료하고" "글이 우아하고 윤택하여" 예술성이 상당히 높으며, 특히 비문 중에는 대만의 생원이 직접 쓴 것도 있어서 대만 본토 문인의 문학적 소양을 가늠해볼 수 있다.

13편 비문 중에 2편은 목비(木碑)인데 아마도 비용 때문에 돌을 사서 새길 수 없었던 것 같다. 그러나 모두 비문이 있고 목비의 편수(「봉의서원목비기」 주에 의하면 3편), 설치 장소, 매 편의 척촌, 전문의 행수 및 매 행의 글자 수를 밝히고 있어 지극히 공경하는 마음은 석각에 조금도 뒤지지 않는다.

13편의 비문 중에 표현된 사상은 대략 몇 가지로 정리할 수 있다.

13편 비문 중에서 7편은 묘학에 관한 내용이고, 3편은 의학과 서원의

로 刻字하지 못했다.

학전에 관한 것이다. 이 3편 중 1편과 여기에 포함되지 않은 3편 중 2편은 관립 의봉서원에 관한 것이고, 단지 1편만이 민립서원(「신건췌문서원비기」 1편)에 관한 것이다. 따라서 이 비문들이 표현하는 사상은 대체로 관방 색채가 다분하다고 할 수 있다.

첫 번째로 시사악이 찬한 「중건묘학비기」는 서두에서 "성천자(聖天子)가 등극한 지 22년에 해우(海宇)를 안정시키고 군현을 설치하였는데 남쪽을 봉산으로 정했다"라고 한다. 성천자는 강희제를 지칭하며 '해우확청(海宇廓淸)'이란 청이 대만의 명정 정권을 소멸한 것을 지칭하는 것으로 이 글이 청 조정의 입장에서 발언했음이 분명하다.

부붕업이 찬한 「중수문묘비기」는 그가 막 부임했을 때 문묘가 완비된 것을 보고 찬탄하여 "성천자의 문치가 해외까지 미쳤으니, 아! 위대하도다" 또 "조정에서 스승을 높이고 도를 중시하여 인재를 배양했는데 ……"라고 하는 대목에서 위로부터 아래로 미치는 교화 과정을 설명하고 있음을 알 수 있다.

이외에도 이흠문이 찬한 「현의학전기」에서 "성천자가 스승을 높이고 도를 중시하여 문교가 진흥됐다"는 대목, 오옥린이 찬한 「신체반지비기」에서 "대만을 영토로 편입한 후로 성조(聖朝)의 교화를 입었다"라는 대목은 모두 청 조정의 교화 정책을 찬양하는 내용이다. 여기서도 학교의 건립이 정권의 통제를 받고 있으며 인재를 배양하는 목적은 백성을 순화하여 조정에서 활용하고자 한 것임을 알 수 있다.

비록 비문의 관방 색채는 통치자가 유가를 이용하여 선비들을 통제하는 데 활용하려는 의도를 드러내고 있지만 비문의 작자들은 비문에서 적극적으로 유학사상을 전개한다. 이 부분이 진정한 의미에서 비문의 정화 부분이다. 아울러 공묘와 학궁 건축에서 나타난 유학사상의 공간화는 주의할 필요가 있다.

시사악의 비문에는 지현 송영정이 목도한 공묘를 전언하여 "10여 년이래로 풍우에 시달리며 겨우 서까래와 기와만이 남았다. 선성의 묘당은 을씨년스럽게 궁색하기 이를 데 없다." 일찍이 "창연히 생각건대, '봉산은 ……지금 명성과 문물이 넘쳐나는 것이 본토에 비견할 만한 데 묘당이 협소하여 성천자가 내세운, 스승을 높이고 유학을 받드는 지극한 뜻을 받들[體] 수 없다면 이는 누구의 잘못인가?'"라고 한다. 여기서 '체(體)'라는 글자는 완미해야 한다. 그 의미는 "스승을 높이고 유학을 받드는 지극한 뜻"에 상응하여 구체적으로 드러난 외재적 형식을 강조하고자 한 말이다. 공묘 중에서 이러한 외재 형식은 한편으로는 예악이고 한편으로는 건축이다. 송영청은 공묘 건축에서 '고대전제(高大前制)', '장려거관(壯麗巨觀)'에 역점을 두고 완비하고자 했다. 공묘는 일종의 정신 공간이기 때문에 중수에 참여한 역대 유학자들은 공간과 정신의 상호관계 및 공묘 공간의 교육과 제사 기능을 중시했다. 이 정신적 공간에 대한 관조는 공묘라는 건물 자체에만 국한되지 않고 공묘가 소재한 주변 환경에 대해서도 풍수적으로 까다롭게 따졌다. 이 점에 대해서 봉산유학은 대만 사학(四學)의 공묘 중에서 풍수적으로도 가장 훌륭한 곳으로 평가된다. 최초의 현지 기록에는 이렇게 적혀 있다.

봉산현학은 ……앞으로는 연지담이 천연의 반지(半池)를 이루고 있다. 못의 물은 맑고 거기에 핀 연꽃 향은 몇 리나 퍼진다. 봉산은 뭇 산들이 서로 맞서서 우뚝 솟아 있다. 다고산, 반병산이 좌우로 솟아 있고 구산과 사산이 삥 둘러싸고 있다. 진실로 인문적으로 수승한 곳으로 풍수가들이 사학(四學)에서 으뜸이라고 평한다.[68]

---

68 진문달, 「봉산현지」, 14쪽.

형세는 묘학 정신 공간의 중요한 구성 요소 중 하나이기 때문에 봉산 현학이 갖춘 천연의 연화담은 공묘를 중수한 사람들이 주목한다. 상술한 13편의 비문 중에서 3편은 이 연화담을 언급하고 있는데 봉산현학의 선생과 학생들 사이에 이 반지를 노래한 시가가 끊이지 않았다.(하절에서 상론) 또 한편으로 이 연못은 반지의 역할뿐만 아니라 근처 논에 농수를 관개하는 중요한 수원이다. 따라서 유학과 민간을 연결하는 가교 역할도 하고 있다. 이 연못은 반지이기 때문에 "학교에서 관할하도록 한다."[69] 세월이 흐르면서 수로가 막혔는데 이를 개통하는 작업이 송영청이 실시한 공묘 중수 사업의 하나가 되었다.

두 번째로 큰 공사는 도광22년(1842)에 당시 지현 조근이 대천의 물을 끌어다가 연못과 연결하여 그 유명한 '조공천'을 조성하였다. 앞서 거론한 정응구의 「중준연화담비기」는 바로 송영청의 1차 공사를 기록하였다. 오옥린의 「신체반지비기」는 가경4년(1799)에 반지에서 했던 연못 난간 정비 공사를 기록한 것이다. 공사비는 좌영장 거주민들이 기부한 것이고 이를 감독한 사람은 묘학의 생원이라고 적고 있는데 선비와 백성이 협력하여 교육 사업에 공헌한 상황을 보여준다.

호균의 「중수연화담비기」는 가장 나중에 쓰인 글로 조근이 대천의 물을 못에 끌어다 연결한 일을 기록하였다. 반지를 다룬 3편의 비문 중에서 이 글이 가장 뛰어난 수작이다. 호균은 자신이 처음 부임하여 "문교가 빛나지만 과거에 합격한 이가 드물고 경작지가 많은데도 소출이 일정하지 않다"라고 지적하면서 그 이유로 "연못이라는 이름은 가지고 있지만 물을 충분히 저장하지 못하고 있다"라고 평한다. 이에 호균은 물의 중요성을 언급하는데 "하늘이 다섯 가지 재질을 주었는데 물이 으

---

69 진문달, 「봉산현지」, 31쪽.

뜻이다. 마치 글에 흐름이 있는 것과 같은 것이니 흐름이 넉넉하면 글은 저절로 활기차고, 재용은 근원이 있는 것이니 근원과 소통하면 재용은 저절로 넉넉해진다"라고 한다. 아울러 '이민(利民)' 원칙을 강조하여 "선인들이 경계를 분명히 하고 하천을 준설한 것은 만일 백성들에게 도움이 된다면 온몸이 으스러지더라도 꺼리지 않는다는 것이다"라고도 한다. 이때에 연못을 준설하고 대천과 연결한 일은 선비들과 농민들이 합력하여 완성하였다. 이 일이 완성되자 사람들이 본 것은 수리(水利)적 측면만이 아니라 문교가 흥성할 예감이었다. "이때부터 문풍이 흥성하였는데 이는 반지의 물이 맑고 수량이 늘어난 데에서 기인하며, 과거에서 좋은 성적을 올리는 것도 이 못이 넉넉한 데에서 기인하며, 곡식들이 쑥쑥 잘 자라는 것도 관개하는 물이 넉넉한 데에서 기인하며, 조개가 풍부한 것은 번식이 무궁한 것이다." 호군의 이 글은 연화담이 문교와 농업에 미친 기능을 충분히 파악하고 있다. 대만 각 묘학의 반지 중에서 봉산현학의 연못이 이처럼 유생들과 농민, 유학교육과 농업생산을 밀접하게 연결하였다. 따라서 유생과 농민이 합작할 수 있는 기회를 많이 만들었다.

공묘라는 정신 공간은 풍수적인 면과 더불어 교육과 제사 기능을 중시한다. 청초 대만 묘학은 묘적 기능은 중시하고 학적 기능은 경시한 경향이 있었다. 이후의 위정자들은 이를 시정하고자 노력하였다. 범함과 손계조의 비문은 이 방면의 문제를 반영하고 있으며 묘학 병중의 사상을 보여준다. 범함은 「신건명륜당비기」에서 다음과 같이 밝히고 있다.

『예』에서 "대학에서 학기를 시작할 적에 먼저 예복을 입고 제사를 드린다"라고 했는데 선사에게 존경을 표하고 도덕을 높이는 것이다. 옛사람들은 학이 있어서 묘가 있었다. 천자의 원자, 중자 및 공경대부, 원사(元士)의 적자와 범민의 준수한 자들이 학교에서 공부하지 않은 자가 없었다. ……후세는 묘를 중시하고 학을 경시하여 극문(戟門)과 반궁(頖宮)이 모두 묘의 외양만을 중시하여 춘추에 예약을 가르치고 하동에 서서는 가르칠 곳이 없으니 옛날의 본의를 거의 상실했다. 국가의 법제에 의하면 대성전 외에 반드시 명륜당을 두어서 가르치는 곳으로 삼는다고 하여 모든 군과 읍에서 이를 법으로 삼아 선비를 배양하는 제도가 완비되었다. 그러나 유독 대만은 해외의 외떨어진 곳이라 이전에는 군학과 명륜당을 세우지 않았는데 청단공 진빈이 부임하여 건축하기 시작했다. 오늘날 양무에는 육예재가 있어서 제생들이 학문을 연마하고 있으니 묘와 학은 하나라도 결핍된 것이 없다.

이 단락은 묘와 학을 병중할 것을 강조하면서 학을 폐지해서는 안 된다고 주장한다. 또한 대만 초창기에는 묘를 중시하고 학을 경시하였다가 후에 진빈이 대만에 온 이후로 비로소 부 유학을 중수하여 묘와 학 기능의 한 부분이라도 부족하지 않도록 하였다고 한다. 그러나 범함은 이어서 봉산현의 공묘를 순시한 감회를 적는데 "선사의 묘를 알현하고 제생을 모아 강학했는데 명륜당 건물은 협소하고 그 옆 동은 교유의 침소가 연하여 있으며 훈도는 다른 방에 세 들어 기거하고 있었다." 이에 범함이 "스승들이 학생들을 교육하고 학생들이 배우는 곳을 마련하고자" 당시 현령 여종수의 청에 응하여 "명륜당을 건축하여 강학의 처소로 삼고 주자사, 명환사, 향현사 및 연지담을 중건하였다.

광서4년(1878)에 지은 마지막 비문은 범함처럼 묘학병중 사상을 표현한다. 손계조가 봉산현 지현으로 부임했을 적에 본 공묘의 상태는 형편없었다. 그는 「중수학궁비기」에서 "내가 명을 받고 봉산읍에 부임하여 삭망으로 문묘를 찾았다. 담은 무너지고 기와는 깨지고 기둥과 서까래가 서로 얼기설기 겹쳐 있는 모양새가 마치 공사를 시작했다 중간에 그

만둔 것 같았다." 또한 "제생들이 생활하고 공부하는 곳에 초목이 무성하다"라고 적고 있다. 그러나 손계조는 오래지 않아 자리를 옮겨[70] 중수할 수 없었다. 그는 동치13년(1874)에 다시 부임하여 당시 유학 훈도인 섭자동이 주도한 중수 작업을 적극적으로 후원하고 경비를 지원했다. 이때 문묘의 체제를 거의 완비하는데 손계조의 비문에서 묘학 완성 후의 면모를 볼 수 있다.

그 전에 있던 사당과 대성전 외에 양무, 대성방, 누성문, 명륜당 및 봉황, 교룡, 거북, 짐승 등의 장식 상을 새로 만들었다. 붉은 흙으로 담장을 에두르고, 문묘 주위를 물이 흐르도록 하고, 문창성 사당을 지었다. 전적과 도서를 보관하는 도서관을 수리하고, 제사에 사용하는 악기와 제기를 보관하는 창고도 수리하고, 제사 음식을 만드는 부엌도 정비하였다. 규모가 완비되고 웅장한 분위기가 흘렀다. 산천의 형세나 건물의 위치 등이 모두 법도에 맞았다.

이처럼 여러 산들이 "빙 둘러 달려오는 형상에 수승한 기운이 잘 조화를 이루고" 있는 풍수라 묘학은 여러 면에서 완벽했다. 봉산묘학은 처음에는 "세월이 흘러 단지 서까래만이 덩그렁 남은 곳에 선사의 신위를 모셨는데 비바람도 피하지 못할 지경이었다"[71]가 중간에는 무너지면 중수하고 다시 무너지면 중건하기를 반복하여 광서 초년에 이르러 마침내 "규모가 완비되고 웅장한 분위기가 흘렀다. 산천의 형세나 건물의 위치 등이 모두 법도에 맞았다." 이 과정에서 "선사와 유교를 높이는 지극한 뜻을 체현하여" "선사의 혼령"이 깃들 수 있도록 하는 것이

---

70 손계조는 동치10년에 부임하여 다음 해에 혁직하였다. 노덕가, 「봉산현채방책」, 197-198쪽.

71 진문달, 「봉산현지」, 14쪽.

공묘 건축의 중요한 원칙이 되었다. 이를 통하여 묘학은 실제적인 기능을 담당함과 동시에 유가정신을 체현하는 공간이 되었고 반지(泮池)는 '지자요수(知者樂水)'의 사상을 체현하였다. 물론 이는 반지가 원래 담고 있는 의미이지 봉산현만의 독특한 것은 아니다. 봉산묘학은 뭇 산들이 "빙 둘러 달려오는 형상에 수승한 기운이 잘 조화를 이루고" 있는 형국으로 역대 학자들이 즐겨 말하는 데에는 또한 그것이 '인자요산(仁者樂山)'의 사상을 체현하기 때문일 것이다.

건축물 자체의 유학정신에 관하여 건축학자 왕진화는 유학 교육 기능의 건축은 '정대기분(正大氣氛)'의 정신을 체현한다고 평한다.

나는 고색창연한 서원에 들어설 때마다 호방한 배치, 공간의 층차, 한가운데 위치한 명륜당과 네모난 뜰, 단정한 외관, 평면적인 공간 분할 이 모든 것들을 통하여 정대(正大)하다는 인상을 받는다. 심지어 평면상으로 굽은 것도 실질적으로는 정대한 기상을 표현한 것이다. ……'정대'는 인생의 체득에서 나오는 것으로 대소나 대칭 등 기하학적인 개념이 아니다.[72]

그는 또한 "공간적 분위기"는 "배치 방식 및 각 건물 사이의 거리"와 밀접한 관계가 있고 "서원 건축과 통상적인 묘당(廟堂)은 천지를 공간적 간격으로 삼는다"[73]고 강조한다. 그렇다면 봉산묘학 앞에 위치한 천연의 연화반지와 뭇 산들이 둘러싼 형세는 도시에 근접한 다른 묘학과 비교하여 "천지를 공간적 간격으로 삼는" 것이 분명하다. 왕진화는 정대기분의 건축정신은 주역에서 연유한다고 지적한다. 바로 『역경』「계

---

72 王鎭華, 『書院教育與建築: 臺灣書院實例之研究』(대북: 고향출판사, 1986년), 64쪽.
73 왕진화, 『서원교육여건축: 대만서원실례지연구』, 65쪽.

사전」의 "상고시대에는 동굴이나 들판에서 생활했고, 후대에 성인이 집을 지어서 살 수 있도록 했는데 대들보를 얹고 기둥을 세워 집을 지어 비바람을 막았다. 이는 「대장」의 상을 취하였다." 「대장」 괘 '단사'의 "대장은 정함에 이로우니 대(大) 자는 바르다는 뜻이다. 정대(正大)함에 천지의 실정을 볼 수 있다"[74]라는 대목이다. 유학 건축과 유가정신 사이의 상관관계는 분명히 대만 유학의 연구 분야에서 주목해야 할 과제 중 하나이다.

13편 비문 중에서 또한 주목할 점은 문창제군과 정통 유자들을 제사 지내는 것 사이의 긴장감이다. 대륙과 대만을 막론하고 수많은 공묘와 서원은 문창사가 있다. 문창신앙이 갖고 있는 도교 색채와 공리주의 경향에 대하여 정통 유학자들이 지속적인 문제를 제기했다. 문창은 본래 문창궁을 지칭하는데 북두성 앞에 있는 6개의 반월형 별자리를 말한다. 『사기』 「천관서」에 "북두성의 광주리 모양을 한 6개 별자리가 문창궁이다"라고 기록하고 있다. 후에 문창신앙은 도교의 신인 문창제군에 부회한다. 문창제군은 원래 사천 재동의 뱀신으로 신령을 발휘하여 난을 평정하였는데 남송시대에 오면 촉 지역 사람들에게 과거시험의 신이 된다. 원대에는 조정에서 재동신을 과거시험 담당 신으로 정식 책봉하고 '문창제군'으로 명한다.[75] 명초에 이르면 조단(1376-1434)은 이를 통렬하게 비판한다. "재동이 사문을 주재하면 공자는 무엇을 주재하란 말인가?"[76] 그러나 공부를 통하여 과거에 응시하고 공명을 구하는 공리적 성향은 학문을 통해서 도를 밝히고 행하겠다는 숭고한 이상적 목

---

74 왕진화, 『서원교육여건축: 대만서원실례지연구』, 65쪽.

75 송대에서 명대까지 문창제군의 위상에 대한 내용은 다음을 참조. 梁其姿, 「淸代的惜字會」, 『新史學』 제5권 제2기(1994년), 84-85쪽.

76 양기자, 「청대적석자회」, 『신사학』 제5권 제2기(1994년), 86쪽에서 재인용

표와 견주어 서민들이 쉽게 받아들일 수 있었다. 따라서 문창제군은 민간에서 줄곧 그 세를 이루면서 심지어는 공자를 넘어서기도 했다. 이에 유생 계층에게 문창신앙과 도통 의식은 긴장관계를 형성하고 있었는데 대만도 예외는 아니다.

최초로 대만부에서 공묘를 중건한 사람은 진빈이다. 그는 명륜당과 주자 사당을 건립한 후에 여론에 힘입어 학궁 안에 문창각을 세웠다. 그러나 사실상 유자의 도통 관념 때문에 진빈은 도교 색채가 농후하며 과명(科名)을 목적으로 하는 문창신앙을 받아들이기 어려웠다. 따라서 「신건문창각비기」(강희52년, 1713)에서 이성적 사고를 동원하여 문창신앙의 신비성과 공리성을 제거한다. 그는 먼저 "문창화서(文昌化書)를 읽어보니 한두 개의 신비한 말이 있어서 마음으로 의심했었다. 그러나 다시 곰곰이 헤아려보니 그 요지는 덕을 닦고 선을 쌓는 내용이었다. ……이에 그 말이 도를 얻은 바가 있고 허투루 말한 것이 아니라는 확신을 갖게 되었다"[77]라고 한다. 여기서 진빈은 "덕을 닦고 선을 쌓는 것", "도를 얻은 바가 있다"라는 도덕적 실천성을 통하여 문창신앙의 신비적 색채를 제거하였다. 이어서 학문에 힘쓰고 몸을 세운다는 유학의 정통적 관념으로 문창신앙 중의 공리적 색채를 희석시킨다. "과명이라는 것은 세상에 나아가는 절차 과정이다. 학문에 힘쓰는 것은 입신의 근본이니 학문하지 않고서 공명을 바라는 것은 씨앗을 뿌리지 않고서 수확을 기대하는 것과 같다. 반드시 얻을 수 없다." 아울러 제생들에게 "뜻있는 선비는 세상에 이름 알리는 데 급급하지 않고 스스로 학문을 쌓는 데 힘쓰며, 또한 신에게 무슨 영험을 간구하지 않고 독실한 마음을 소중히

---

[77] 이 글은 여러 지방지에 수록되어 있다. 가령 진문달, 「대만현지」; 범함, 「중수대만부지」 등. 또한 「대만교육비기」에도 수록되어 있다.

간직한다"라고 면려한다.

　대만 최초로 묘학 안에 주자 사당을 건립한 사람도 진빈이고, 학궁 안에 문창각을 세운 사람도 진빈이다. 진빈은 서로 용납할 수 없어 보이는 이 두 가지를 적절하게 균형을 잘 잡아서 처리했다. 그가 주자 사당을 건립한 데에는 학통을 세우고 복건과 대만 유학을 연원적으로 연결하고자 하는 목적이 담겨 있다. 또한 문창각을 건립한 것은 세상의 흐름을 수용하면서 그것을 바른길로 인도하고자 하는 목적이 있었다. 나중에 묘학은 대체로 송유와 문창을 병사하는 원래의 제도를 따랐지만, 일부 지방 색채가 농후한 작은 서원에서는 단지 문창만을 제사하고 송유를 제사하지 않는 상황도 출현하였다. 봉산현을 예로 들면 봉의서원과 췌문서원은 문창만을 제사 지냈다. 상술한 13편의 비문 중에서 3편이 이 문제를 언급하고 있다.

　한 편은 유화 등이 지은 「신건췌문서원비기」인데 이 글에는 췌문서원이 문창을 제사 지내고 과명을 학문의 목표로 삼고서 학문을 통하여 덕성을 높인다는 유학의 강령적 모습은 보이지 않는다. "우리 나한내문에 거주하는 동학들이 문창제군을 제사 지내기는 가경 임신년(가경17년, 1812)에 시작했다. 비용을 갹출하고 힘을 모아 해마다 돌아가며 제사를 담당하였다. 오래도록 신령의 보우함이 있었음에도 문창제군을 모실 만한 마땅한 재실이 없었다"라고 하여 유화 등(주로 생원)이 출연하여 "사당을 짓고 문창제군에게 제사를 올렸다"고 한다. 이 사당은 또한 교육 장소로서 서원의 역할도 수행하였다. "동서로 두 개의 방이 펼쳐 있고 선생을 초빙하여 자제들을 교육했다." 췌문서원은 비록 이름은 서원이지만 건축물의 주체는 문창사당이라는 것을 알 수 있다. 일반인들이 과명을 일삼는 마음은 더욱 분명해 보인다. 비문 시작 부분에는 문창이 "과명을 맡고 있음"을 말하고, 말미에는 사당의 모양과 과거시험과의 상응관계를 언급한다. 바로 "웅장한 사당의 모습을 말할라치면 좌측으로 호두산이 둘러싸고 우측으로는 용담정에 접한다. 앞으로 문재를 드날려 선비들이 호방(虎榜)과 용문(龍門)에 들 것이니 이곳에서 공부하여 당당히 과거에 합격할 것일세." 이 글은 가경12년(1807)에 문창제군을 제사하기 시작했음을 언급하고 있는데, 이는 가경6년(1801)에 인종이 예부에 칙령하여 문창제군을 국가 제사 대상에 편입하라고 한 것과 관계가 있다.

장정흠이 지은 두 편 또한 유생의 문창신앙과 관계가 있다. 묘학 내부에 건립한 봉의서원은 문창, 규성(혹은 괴성), 창성을 제사 지낸다. 괴성은 북두칠성에서 움푹이 들어간 4개 별자리를 말한다. 괴성 제사는 사실 문창 제사와 같고, 창성은 글자를 만든 창힐을 지칭한다. 문창과 창성을 합사하는 것은 민간의 경자(敬字), 석자(惜字) 풍속과 신앙을 반영한다. 중국인들이 문(文)을 좋아한 것은 주대에 시작하여 문자에 대한 사랑도 역대로 쇠하지 않았다. 이는 회화, 건축물의 제자, 각자 등에 수반하는 풍습이면서 글씨를 써서 보내고 받는 것은 심미적 기능과 더불어 사회적 기능을 갖고 있다. 중국인들이 문자를 좋아하는 전통에서 보자면 명·청시대에 경자와 석자의 풍습으로 발전한 것은 충분히 납득이 간다.

서민 중에서 유생 계층과 문자의 관계는 매우 직접적이다. 바로 경자와 석자 풍습은 유생의 공묘 제사 및 다른 빈번한 종교성 활동과 관련이 있다. 경자는 글자가 적힌 종이에 대한 경의로 나타난다. 유가적 입장에서 보자면 문자는 정감을 서술하고 뜻을 말하며 도를 담는 것으로 문자의 창조는 인류문명사에서 확실히 경천동지할 만큼 중대한 일이다. 경자는 문자가 담고 있는 정(情), 지(志), 도(道) 및 문화의식에 대하여 경의를 표하는 것으로 단순히 합리적인 필요성에 따른 것만은 아니다. 그러나 경자가 민간신앙으로 확립되고 도교의 신들과 결합한 후에는 신비성과 과도한 의식화(儀式化)를 면할 수 없었다.

『봉산현채방책』에는 봉의서원과 관련된 주요 내용 중에 '성적고(聖蹟庫)'에 대한 기록이 있다. 이것은 바로 경자정(敬字亭)으로 글자를 성인의 자취로 여기고 공경하는 것이다. 서원 경비 관련에 '장송자회(裝送字灰)' 항목이 있는데 이는 글자가 적힌 종이를 마음대로 버리는 것이 아니라 반드시 소각하고 일정한 의식을 치른 후에 바다로 흘려 보냈음을 알려준다. "불에 태운 글자를 바다로 보낼 적에 선비들이 모이고 제사에 참여한 사람이 수백 명이었다. 조심스럽게 성 밖으로 들고 나가는데 유사는 미리 수십 석 자리에 술과 안주를 차리고 손님을 접대한다. 은 120원을 지출했다"[78] 이 대목은 봉의서원에서 경자정을 지은 후의 상황을 묘사하고 있다.

장정흠의 「봉의서원목비기」는 경자정을 세운 동기와 관련하여 "성안에 많은 사람들이 거주하여 글을 적은 종이가 거리에 아무렇게나 버려졌다. 경신년(가경5년, 1800)에 동학들을 독려하여 돈을 마련하고 일꾼을 고용하여 수거한 후에 규성과 창성 신위에 제사를 지냈다. 개별 사우는 아직 건립하지 않았다"라고 밝히고 있다. 이 글에서 경자정이 봉의서원보다 먼저 있었다는 것을 알 수 있는데 원래 묘학에 부속되어 있었다. 14년 후에 봉의서원을 세울 적에 사우가 없는 규성, 창성의 신위를 새로 지은 문창사 안에 합사하면서 동시에 경자정을 중건하였다. 장정흠은 같은 시기에 쓴 「경자정목비기」에서는 "갑술(가경19년, 1814)에 시작했다. ……오공(현령 오성성을 지칭한다 - 저자 주)이 서원을 창건하였다. 이에 문창사를 건립하고 두 개의 신위를 여기에 합사했다. 경자정을 강당

---

78 노덕가, 『봉산현채방책』, 158-159쪽.

의 좌측에 복원하였다." 이를 참고하면 봉의서원의 공간 배치는 "앞에
는 강당이 있고 뒤에는 청사가 있어서 문창, 규성, 창성을 봉사했다. 방
세 개를 증축하고 책상을 들여서 동생(童生)들이 공부하는 곳으로 삼았
다. ……아울러 경자정을 강당의 좌측에 세웠다." 이에 서원 신설을 통
해 "동생들 사이에 서로 몸이 닿지 않을 만큼 공간이 넓어지고 글씨를
쓰면 더러워지는 걱정도 덜었다."

봉의서원의 교육 대상은 동생으로 여기서 동시를 거행했다. 이와 같
은 활동은 당연한 것으로 간주되었지만 동치 연간에 이르러 서원에서
진행한 문창신앙 관련 활동은 비판을 받는다. 채수방의 「봉의서원숭사
오자병입원전비기」에서 정통 유자의 문창신앙에 대한 비판을 볼 수 있
다. 그러나 이미 반세기가 지난 상태에서 문창신앙의 권위는 정통 유학
을 압도하는 형세였다. 이 글은 그에 대한 하나의 예증이다. 채수방은
이 글에서 문창신앙을 정면에서 비판하지는 않았지만 송유를 존숭해야
한다고 하면서 간접적인 비판을 가하고 있다.

서원 창제를 생각해보건대 선현을 마땅히 숭상하고 학통을 바로 해야 한
다. 학통이 바로 선 후에 세상의 여론이 따른다. 송의 염락관민 다섯 선생은
위로는 수사의 연원을 잇고, 아래로는 만고의 어리석은 자들을 계몽하였다.
이분들을 사당에 배향하여 춘추로 제사하고 대대로 변치 말아야 한다.

이 글은 채수방 개인의 의견만을 표현하는 것이 아니다. 글 안에서
부친의 유명을 받아서 부친을 대신하여 지은 것임을 밝히고 있다. "선
군이 뜻을 이루지 못하고 남기신 말이 지금도 귓가에 쟁쟁하다. 어찌
세속의 흐름에 내버려두고 이른바 월조대포(越俎代疱)의 책망을 회피
하리오?" 여기서 "어찌 세속의 흐름에 내버려두고"라는 말은 문창신앙

이 유가의 도통 관념을 압도하는 현상을 가리킨다. 글에서 비록 문창신 앙을 직접적으로 분명하게 배척하지는 않았지만 행간에서는 이에 찬동 하지 않는 태도를 읽을 수 있다. 선유를 숭사한다는 말은 바로 '정학통 (正學統)'으로 암암리에 문창신앙이 정도에 합치되지 않는다는 비판을 전개한다. 그러나 채수방은 여전히 진빈과 마찬가지로 관용적인 태도 를 취하고 있다. 채수방의 글은 오자(五子) 제사가 문창 제사를 대체해 야 한다는 말이 없을 뿐만 아니라 오자를 제사 지내는 비용을 마련하는 데에도 어려움이 없다고 밝힌다. "하물며 봉의서원의 조세가 전일에 배 가 되었다"(서원 학전의 수입이 증가함을 말함)라고 말하면서 오자를 더하 여 제사하는 것의 설득력을 높이고 있다. 이 글에서 문창신앙의 보급에 따라 유자들이 상당한 압력을 받고 있음을 알 수 있다.

공묘 종사제도를 연구한 황진흥은 종사제도의 변천과 종사 유자의 출입은 유학도통 의식의 발전을 반영한다고 밝혔다.[79] 대만의 실례는 또 다른 관찰 시점을 제공하는데 바로 유학도통 의식은 유학 내부에서 표현될 뿐만 아니라 유학과 기타 민간신앙 사이의 긴장관계를 통해 표 출된다는 것이다. 유학도통 면에서 청은 정주를 최고로 높였는데 대만 도 이와 다르지 않다. 그러나 대만은 이민사회로서 민간신앙이 특별히 발달하여 심지어는 압도적이었다. 또한 이민사회는 공리주의 경향이 강하므로(역대 지방지는 대만 악습의 하나로 혼인할 때 재산을 따지는 것을 기록 하고 있다) 과명을 맡은 문창제군에 대한 신앙이 막강하여 역대로 쇠하 지 않았기 때문에 정통 유자들이 사도를 펼치는 데 어려움을 느꼈을 것 이다. 이 유자들에게 송유와 문창 간의 투쟁은 비단 도통과 학통에 관 한 논쟁일 뿐만 아니라 실질적으로는 실학과 과명의 투쟁이라고 할 수

---

79 黃進興, 「學術與信仰: 論孔廟從祀制與儒家道通意識」, 『新史學』 제5권 2기(1994년 6월).

있다.

이 문제는 진빈이 「신건문창각비기」에서 논하고 있고 부붕업도 「중수문묘비기」에서 실학적 관점에서 후학에게 가르침을 베풀고 있다. "수신입행(修身立行)하는 것은 대유(大儒)의 유용한 학문이다. 지려명절(砥礪名節)한 것은 선비의 경세하는 도구이다. 옛날 학자가 궁리한 지식에 근거하여 정심성의의 공부를 극진히 하였는데 수제치평의 이치가 이 안에 있다. ……오늘날 학자는 실제적인 공부에는 힘쓰지 않고 단지 책자에만 몰입하여 공명을 낚는 도구로 삼는다. ……천하의 선비들로 하여금 정학을 높이고 사설을 내몰며 실행을 돈독히 하고 허성(虛聲)을 버리게 하는 데 힘쓴다." 부붕업은 봉산유학 교유로 그가 가르침을 베푼 봉산유학의 기상을 대강이나마 엿볼 수 있다.

비록 과명 추구는 고대의 유학교육에서도 그림자처럼 따르는 것이기는 하지만 뜻있는 선비들은 과도하게 과명을 추구하는 기풍을 교정하고자 노력하였다. 이들의 노력은 유학을 대만에 이식하고 발전시키는 데 지대한 공헌을 했다. 봉산현 교육 비문에서 드러난 유학정신과 관련한 공간화 표징(表徵), 묘학병중(제사와 교육의 병중)의 사상, 유학도통 및 민간신앙, 실학과 과명 사이의 긴장관계는 모두 이학의 입장에서 탐구할 필요가 있다. 이 주제는 봉산유학 교육 비문만이 가지고 있는 것이 아니라 대만 유학교육에 공통적이다.

3. 봉산현 사생의 시가와 유학교육

청대 봉산현의 문학작품 중에서 비문과 유학교육은 직접적으로 관계가 있을 뿐만 아니라 시가 중에서도 유학 사생들이 지은 작품에서 유자의 기상을 표현하고 유학교육의 상황을 반영하고 있다. 이 시가들은 봉산현 유학교육을 관찰하고 사색하는 데 매우 흥미로운 소재이다.

봉산현학 사생들의 창작적 영감은 학궁 소재지의 지세와 밀접한 관련이 있다. 최초의 『현지』 「형승(形勝)」의 서두에서 "읍치의 기(旗)와 고(鼓) 두 봉우리는 실로 천연적으로 솟구친 비취와 같고, 구(龜)와 사(蛇) 두 산봉우리는 문묘를 장엄하게 돋보이게 하는 장관이다. 십 리에 연꽃 향이 진동하고 연담은 천연의 반수를 형성한다. 칠곤(七鯤)의 고기잡이 배 불빛은 섬들 사이에 울타리를 친 듯하다." 또 '봉산 육경(六景)'으로 "봉수(鳳岫)의 봄비, 반수(泮水)의 연꽃 향, 강산(岡山)의 나무 색, 낭교(㟖嶠)의 파도 소리, 평안(平安)의 저녁 나루, 곤신(鯤身)의 새벽 일출"[80]이 있다. 「형승」은 문장이 좋고 생동감이 넘치면서 글 안에 소개된 경치처럼 멋진 글이다. 여기서 『현지』가 완성된 강희 말년에는 아직 평안이 봉산에 속하고 낭교(㟖嶠 혹은 瑯嶠)가 항춘에 귀속되지 않았음을 알 수 있다.

『중수봉산현지』의 「형승」은 대체로 진문달 판본에 근거한다. 반지를 "10리의 연담(蓮潭), 학교의 벽소(璧沼)에 연꽃이 활짝 핀다"[81]라고 묘사한다. 나중에 봉산 육경은 팔경이 되는데 행정구역의 변경에 따라 팔경의 내용에 변동이 있지만 '반수의 연꽃 향'은 변함없이 팔경의 하나이다.[82] 『봉산현채방책』에도 낭교를 항춘에 배속시키는데 팔경의 내용에는 변동이 있지만 '반수의 연꽃 향'은 여전히 그 중 하나

---

80 진문달, 『봉산현지』, 4-5쪽.

81 왕영증, 『중수봉산현지』, 10쪽.

82 왕영증, 『중수봉산현지』, 11쪽.

이다.[83] 이곳의 아름다운 경치를 두고 "가운데에 활천(活泉)이 있어서 대성전의 반지를 이룬다. 연꽃이 만개할 무렵에는 수 리까지 향기가 진동한다. ……혹자는 새벽에 일어나면 연못의 고요한 물에 뭇 산들이 비취는데 학궁 누각의 그림자와 어울리면서 한 폭의 가경을 이룬다"[84]라고 묘사한다.

여기서 어렵지 않게 반수가 학교의 사생들이 즐겨 노래한 소재임을 알 수 있다. 주희의 유명한 「관서유감(觀書有感)」 중에 "반무(半畝) 정도 크기의 사각 연못이 거울이 되어 하늘과 구름이 그 안에서 노닌다. 어찌도 이리 맑은가 물으니 원래 활수에서 나온 것이라 하네"라는 시구와 주돈이의 「애련설」은 사생들에게 선명한 의상을 심어주었을 것이고 이 내용을 자신들이 직접 경험한 것과 새롭게 맞추어갔던 것이다.

강희43년(1704)에 공묘를 중수한 지현 송영청은 낙성할 적에 「신건문묘공기」라는 시를 지었다.

연꽃 향이 십 리를 퍼지는 곳에 성인의 처소를 즐겨 지었으니
반수의 물길은 하늘 끝으로 흘러가고 구름다리가 연못에 걸쳐 있네.
천추토록 조두를 진설하고 만국에서 거서(車書)를 함께하세
장엄하고 환하게 지었으니 영재들이 무성하리.[85]

이는 현존하는 문헌 중에서 최초로 봉산현의 '반수하향(泮水荷香)'을 묘사한 시이다. 고시 중에는 통상 서정시나 서사시를 막론하고 풍경을

---

83 노덕가, 「봉산현채방책」, 131-132쪽.
84 노덕가, 「봉산현채방책」, 107쪽.
85 진문달, 「봉산현지」, 150쪽. 후대의 지방지에도 수록.

통해서 흥을 일으키는데 봉산현학의 사생들에게 반지의 연꽃은 감흥을 일으키는 가장 적합한 경치이다. 송영청의 시는 연꽃 향에서 시작하여 영재들이 무성하기를 희망하는 것으로 끝을 맺는다. 여기서 공묘라는 정신적 공간이 교육에 미치는 중대한 영향을 엿볼 수 있다. 또한 진문달은 자신이 지은 「연담야월」을 송영청의 시 뒤로 수록하였다. 이 시는 의경(意境)이 공원(空遠)하고 이학 정신으로 충만하다.

> 맑은 물결에 밝은 달이 또렷하고 물에 잠긴 달은 멀리 하늘이 담겨 있는데
> 산 그림자는 살짝 푸르고 연꽃은 보일 듯 말 듯 붉다네.
> 연못 가운데 태극이 떠오르고 물 밑은 섬궁(蟾宮)에 가까운데
> 마름 따는 아낙네야 비단 침소로 데려가지 마시게.[86]

먼저 이 시는 송영청의 시가 연꽃 연못의 대낮 풍경을 묘사한 것과 달리 달밤의 풍경을 그리고 있는 점에 독창성이 있다. 그 다음으로 진문달은 '연꽃 향'으로 흥을 일으키는 상투적인 수법을 취하지 않고 과감하게 맑은 물결의 밝은 달로 흥을 일으킨 것이 밤의 정경과 잘 맞아떨어진다. 또한 이 시에서는 송유들의 '광풍재월, 흉회쇄락'의 경지를 보여준다. "물에 잠긴 달은 멀리 하늘이 담겨 있네"라는 표현은 초연한 지향을 보여주며, 물 위에 비친 달을 '심벽(沈璧)'이라고 한 표현은 생동감이 넘친다. 제2연에서 하지(荷池)에 비친 산천의 경치를 묘사하고 있는데 전혀 상투적이지 않다. 달빛 아래 어렴풋이 드러나는 산천의 색다른 면모를 보여주고 있다. 제3연은 전환으로 연못 한가운데의 밝은 달은 태극으로 표현되면서 이학적 사유를 드러내고 있으며, '근섬궁(近蟾

---

86 진문달, 「봉산현지」, 153쪽.

宮)'은 과명을 얻는 것으로 학문의 실용적 목적을 묘사한다. 마지막 결구에서는 마름 따는 아낙네에게 이끌려 규방으로 들어가지 않겠다는 것으로 학문의 결심을 보여주면서 송유의 공론인 '천리'와 '인욕'의 긴장성을 보여준다. 또한 '마름 따는 여자'와 '비단 침소' 등 여성적인 이미지를 통해 성인 공부의 고원함을 부각시킨다. 비록 무의식적으로 전근대 중국 유자들이 여성의 특성과 정감을 경시하는 태도를 보여주고는 있지만, 한편으로 성현을 추구하는 의지와 영감 넘치는 시어들은 「연담야월」의 원형이 되어서 훗날 봉산현학 사생들이 반복적으로 채택하는 시재가 된다. 이 점에서 진문달의 이 시는 큰 공헌을 했다.

　나중에 반지를 묘사하면서 색다른 시상을 통하여 유학정신을 표현한 시들이 몇 편 있는데 가령 왕빈의 「봉산현 효렴(孝廉)」 조의 '반수하향'은

　　훈풍이 반수에 불어오면 연꽃은 청향을 털어대고
　　아련한 물안개 속에 인온(氤氳)이 대사(臺榭) 옆을 감도네.
　　감히 군자의 자질을 자랑하여 성인의 광채를 바라노니
　　국정을 도울 수 있는 역량을 키워 옥당에 향기를 드리우리.[87]

　봉산 수재인 유학위의 같은 제목의 시는

　　반수의 연꽃 향이 미나리 냄새보다 가득하네.
　　마치 염계(濂溪)의 종자를 뿌린 듯 큰 선비가 꽃 피리니.
　　지인(至人)이 제사 지내고 군자는 소회하는 곳이라

87　노덕가, 「봉산현채방책」, 487쪽.

국정을 도울 힘을 키워 그 향기 왕께 바치리.[88]

또 같은 수재인 유학붕의 「유학휘지형제」 조의 같은 제목의 시는

푸른 연꽃 곡소(曲沼)에 피어나니 물 따라 멀리멀리 향기가 퍼져가네.
모양은 반듯하되 마디가 없고 가운데가 통하여 남몰래 감추었네.
바람이 스쳐가자 연못에 향기 가득, 빗방울이 은당(銀塘)을 두드리는데
향기는 물 따라 감돌고 물길 따라 꽃들이 만개하네.
병산은 맑게 그림자를 드리우고 반지엔 석양이 깔렸는데
강 건너는 이에게 말해주오, 연꽃 만개한 이곳에서 술잔을 돌릴 생각은 마시라고.[89]

이 시들은 연꽃을 묘사하여 '군자질(君子質)', '염계종(濂溪種)'(주렴계가 쓴 「애련설」이 있다)이라고 하며, "모양은 반듯하되 마디가 없고 가운데가 통하여 남몰래 감추었네"라고 찬탄하는데 이 모두는 군자의 덕을 묘사하는 데 치중하였다. '청향'이라는 시어도 또한 군자의 인격에서 뿜어져 나오는 정신적 감화력을 지칭한다. 주변 경치를 묘사하면서 군자의 기상을 드러낸 것은 유학붕의 시가 가장 뛰어나다. 대구가 정교한 "바람이 스쳐가자 연못에 향기 가득, 빗방울이 은당(銀塘)을 두드리네"에서 첫 구는 군자의 도덕적 감화를 표현하고, 둘째 구는 거울처럼 맑은 연못으로 군자의 광명정대한 마음을 묘사한다. "병산은 맑게 그림자를 드리우고 반지엔 석양이 깔렸네"에서 거울이 비춰는 것처럼 연못

---

88 노덕가, 「봉산현채방책」, 489쪽.
89 노덕가, 「봉산현채방책」, 489쪽.

표면이 비취는 것을 통하여 표현의 묘미를 살리고 있다. 연못은 학궁에 들어가는 문과 같고 입학은 곧 반지에 들어가는 것이다. 반지에 은당에 비취는 여광(餘光, 석양)이 있다는 시어는 제생들이 성인의 광채로 목욕한다는 의미이다.(왕빈의 시에도 "성인의 광채를 바라네"라는 표현이 있다) "병산은 맑게 그림자를 드리우고"라는 표현은 또한 은당이 청명하여 거울처럼 비취는 것을 강조하며, 병산을 비췬다는 표현은 주변 환경을 통하여 하지(荷池)의 아름다움을 부각시키고 있다.

진문달이 읊기 시작한 연담야색(蓮潭夜色)은 허다한 모방작이 나왔는데 그 중에 가작은 두 편을 꼽을 수 있다. 하나는 봉산현학 공생 황문의의 「야범연담(夜泛蓮潭)」이라는 시이다.

달빛은 물결에 흔들리고 구름은 물 따라 흘러가고
맑은 물은 천리의 거울이고 파란 하늘은 가을이 깊어가네.
원로(鴛鷺)는 물억새 위를 날고 부예(鳧鷖)는 물결 위에 둥둥
탁영(濯纓)에 스스로 자적하고 어주(漁舟)에 이 내 맘을 띄어볼세.

다른 하나는 수재 탁운한의 칠언율시 「연담야범(蓮潭夜泛)」이다.

출렁이는 푸른 물가 감흥이 절로 일어 상앗대를 내려놓은 뱃사공을 불러 보네.
물은 불어 가득하고 백로와 꽃은 온통 하얀데 한밤중 미풍 불고 달은 산마루에.
허공에는 물억새요 뱃전에는 눈발이 흩날리는데 물고기는 뻐금거리고 옷이 다 젖었네.
이 내 몸 타고난 대로[眞如業] 살 뿐, 술잔을 마주하고 하하 웃으며 도잠을

배우리라.

첫째 시는 달이 비친 연담(蓮潭)을 묘사하면서 '천리의 거울'처럼 맑은 모습을 통하여 학자의 '자적(自適)'과 '수의(隨意)'를 묘사한다. 둘째 시는 배 탄 정경을 묘사하는데 첫째 시의 "어주(漁舟)에 이 내 맘을 띄어볼세"에 비하여 "허공에는 물억새요 뱃전에는 눈발이 흩날리네"라는 표현은 야경에 도취된 모습을 잘 드러낸다. "물고기는 뻐금거리고 옷이 다 젖었네"라는 표현 또한 청의를 입은 제생과 연담의 친근함을 묘사한다. 결구의 '진여(眞如)'는 비록 불가의 말이지만 자신을 초월하여 도와 합일한 경지를 묘사하는 데에는 아무 문제가 되지 않는다.

이외에도 수재 임청연의 「연지담」이 주희의 「관서유감」 시의 영향을 깊이 받고 있는 점은 주목해야 한다.

미나리와 마름은 맑은 물에 출렁이고[淸漣] 산 그림자는 물에 비쳐 서로 어울리네.
연꽃은 말하는 듯 열었다 닫았다, 구름은 무심히 오락가락.
임금 계신 그곳은 내가 갈 곳, 반지에서 그 누가 출중한 인재런가.
활발한 이 정취는 끝이 없나니 근원[源頭]을 캐어보고 속단하지 마시길.

제2구는 주희의 "하늘과 구름이 함께 노니네"에서 단지 두 자만이 다르다. 첫 구의 '청련(淸漣)'과 결구의 '원두(源頭)'는 모두 주희의 시에서 착상한 것이다. 한편 현령 황가정의 「봉강춘우(鳳岡春雨)」는 봉강서원을 읊고 있는데 이 또한 가작이다.

따뜻한 기운이 감도는데 봄비가 소솔이, 평강에 봄이 오니 풍경이 아름다워.

봉미산엔 비 갠 후 안개가 드리우고 산허리에는 신록이 푸르다네.

누각 등불은 고요하기만 하고 숲 속 인가는 바라보니 더욱 아득해.

막 심은 복숭아와 살구에는 은택을 받아 새싹이 움텄네.

이 시는 봉강서원의 봄 풍경을 묘사하고 있다.(제2구에서 '봉미'는 봉미산을 지칭한다) 특히 이 시는 봄비에 중점이 있는데 봄비는 아련한 이미지와 함께 하늘에서 내리는 빗물로서 학전의 과수를 잘 자라게 하여 서원의 경비 걱정을 덜어준다. 이것이 결구의 "막 심은 복숭아와 살구에는 은택을 받아 새싹이 움텄네"의 묘사이다. 복숭아와 살구를 심는 것은 학생을 키우는 것과 연결되고 '고택(膏澤)'은 봄비이자 임금의 은택과 연결된다. 또한 '영묘(靈苗)'는 학전에서 새로 난 싹을 지칭하면서 봉강서원 학생들이 계몽하는 것을 지칭한다. 이 시는 선생의 입장에서 문교를 사명으로 삼은 선생의 심회를 표현하고 있으며, 봉강서원의 경치 및 학전의 특색을 반영하고 있다.

마지막으로 봉산현학에서 가르쳤던 복주 출신의 임소유가 지은 「순사과번동(巡社課番童)」은 봉산현의 원주민 교육 및 사학(社學)의 교육 상황을 보여준다.

간밤에 내린 비 계곡물이 흐리고, 말을 타고 한가로이 만촌(蠻村)을 찾아가니

빈랑나무 마을을 가득 덮고 야자나무 마을 대문에 높이 드리웠네.

갈옷 입고 경서와 한어를 가르치니 귀걸이 하고 밭을 매며 임금 은혜를 안다네.

삼 년을 내왕하며 선생임을 부끄러워하였는데 기뻐하며 아이들의 예의를

지켜보네.

이 시는 경치를 가지고 감흥을 일으키고 있다. "한가로이 만촌(蠻村)을 찾아가니"라는 구절은 선생인 시인이 '번사(番社)'에서 가르치는 즐거운 마음을 묘사한다. 비록 "귀걸이 하고 밭을 매며 임금 은혜를 안다네"에 드러난 관점은 전근대 중국 지식인들이 교육에서 '군은(君恩)'을 중시하는 한계를 보이기는 하지만, 시인은 결구의 "기뻐하며 아이들의 예의를 지켜보네"에 중심을 두고 예의 바른 사회가 교화의 종국적인 이상임을 보여준다. "갈옷 입고 경서와 한어를 가르치니"는 교육 내용을 설명하는데 한어 외에도 유가 경전을 공부하였음을 보여준다. 따라서 마침내 "기뻐하며 아이들의 예의를 지켜보네"라고 하는 것이다. 이 시는 청대의 고시 중에서 진귀하게도 원주민 교육을 반영한 시이다.

4. 봉산현 원주민의 유학교육

공묘학궁의 설치는 명정 진영화의 계획에 의해 시작되었고 원주민 교육도 진영화가 시작하였다.[90] 강일승의 『대만외기(臺灣外紀)』에 따르면 강희5년(1666)에 "선사 공묘를 건립하고 옆에 명륜당을 완성"한 후에 "또한 각 사에 학교를 설립하고 선생을 초빙하여 자제들을 교육했다."[91] 여기에는 구체적인 내용을 기술하지 않은 연고로 '각 사'의 범위

---

90 沈光文이 나한문의 원주민 부락에서 한문을 가르치기는 했지만 기타 지역에서는 가르치지 않았다.
91 江日昇, 『臺灣外紀』(대북: 세계서국, 1979년), 236쪽.

를 정확히 알 길이 없다. 봉산현 사학은 강희 연간에 최초로 설립되었다.(제1절 참조) 이후 지속적으로 발전을 거듭하였지만 현존 비문 중에는 사학(社學) 관련 인사를 기록하고 있지 않다. 아마도 사학이 소형의 계몽학교인 관계로 낙후하여 별도로 비문을 세우지 못했을 것이다. 그러나 앞에서 고찰한 임소유의 칠언율시에 보이듯 시가에는 원주민의 유학교육을 반영하고 있다.

명정사와 관련하여 중요한 문헌인 양영의『종정실록(從征實錄)』, 강일승의『대만외기』에서는 명정시대에 정성공이 '민(民)'으로 번(番)을 칭하며 원주민의 생계권을 보호하도록 하교하여 원주민에 대한 편견을 보이지 않고 있다.[92] 그러나 명정 군대 내에서 장병들이 둔전의 명목으로 원주민의 전답을 침탈하는 사례가 발생한 것은 사실이다. 대만은 청대에 점차 한인과 한인문화가 중심이 되는 사회로 변모하는데 이에 따라 원주민은 경제적 침탈 외의 이차적 수탈을 당한다. 바로 강력한 한문화 동화정책의 압박에 의하여 점차 자신들의 고유한 문화를 잃어버린 것이다. 현존 청대 문헌에서 보자면 일부 한족들에게 '번'은 한족이 대만 개척 중에 맞닥뜨리는 험준한 산세, 사나운 짐승, 풍토병 등과 같은 장애물로 인식되어 이들을 무력으로 복종시키든지 아니면 교육으로 동화해야 한다고 생각했다. 그러나 수많은 인도주의 정신을 견지한 관리와 유생들이 원주민을 교화하는 기본적인 출발점은 동인(同人) 또는 천하일가(天下一家)의 정신으로, 공자가 혈통이 아닌 문화로 화이를 구분하는 사상에 뿌리내리고 있음을 간과해서는 안 된다.

최초의『봉산현지』에 수록된 5편의 서문에서 한결같이 원주민의 교

---

92 陳昭瑛,「文學的原住民與原住民的文學: 從'異己'到'主體'」,『臺灣文學與本土化運動』(대북: 정중서국, 1998년).

화를 높이고자 한 내용은 봉산현의 치적으로 평가할 수 있다. 시세표의 「서」에서는 "옛날에는 마치 교궁경굴(蛟宮鯨窟)에 조제흑치(雕題黑齒)한 야만인이 살던 곳과 같았는데 지금은 가숙(家塾)과 당상(黨庠)에서 학생들이 경전을 공부한다. 이곳처럼 다른 읍도 또한 비슷하다. 태평성대에 수레바퀴와 문자가 통일되고 교화가 융성하여 멀리까지 미쳐가니 실로 이방의 다른 풍속을 가진 족속들을 점차 중화로 교화한다."[93]

양문훤의 「서」는 청 조정의 입장에서 원주민이 낙후된 것은 명정의 '잔재'라고 평하면서 글에서 "성천자의 무궁한 교화로 비록 예로부터 중국과 통하지 못한 해외의 궁벽한 섬이지만 모두 신하가 되어 교화를 받고 있다. 관부를 설치하고 학교를 세우고 군대를 주둔하고 통상을 통하여 야만인[雕題黑齒]이 살던 곳을 문물(文物)이 풍부하고 미풍양속이 정착하도록 한다. 넓은 행정구역과 융성한 교화는 역대에 없던 것이다"라고 한다. 글에서 '조제흑치(雕題黑齒)'는 원주민을 지칭한다. 대만을 청에서 통치하기 시작한 초기에는 "대만이 비로소 안정되어 10여 년 동안 암약한 잔재를 제거하였지만 아직 인심이 안정되지 않고 원주민과 한족이 섞여 살았다"[94]라고 한다. 따라서 '성조(聖朝)'가 짧은 30~40년 만에 "야만인들이 살던 곳을 문물이 풍부하고 미풍양속이 정착하도록 한" 것을 기뻐한다.

왕례의 서문은 "대만이 먼 원양에 위치하여 야만인들이 종래 교화된 적이 없다"라고 한다. 그러나 '성조'의 통치를 입어 "근래에 바닷가 외진 곳에도 점차 흥성의 기운이 돌아 인구가 증가하고 토지를 개간하며 상인들이 몰려들고 자제들이 학문에 열중하여 문풍이 날로 흥해지고

---

93 진문달, 「봉산현지」, 3쪽.
94 진문달, 「봉산현지」, 5쪽.

있다"[95]라고 평한다.

이비욱의 서문은 '성조'의 교화가 끼친 공로를 강조하여 "30여 년 동안에 성천자의 문교가 널리 퍼져서 풍속이 일변했다. ……집집마다 경전을 공부하였으니 진실로 빈빈(彬彬)하게 흥성해졌다"[96]라고 한다. 특히 왕례와 이비욱의 서문은 문교의 완성이 지방지를 편수하는 이유임을 강조한다.

『봉산현지』는 아직 학교 항목을 별도로 만들어 기록하지 않고 학교 건립 운영과 관련된 사항은 「규제지(規制志)」에 배속하고 공묘 제사는 「사전지」에 편입시키고 있는데, 여기서 봉산현 교육이 강희 말년까지는 아직 충분히 정비되지 않았다는 것을 볼 수 있다. 『중수봉산현지』는 「학교지」를 개설하고 서두에서 이렇게 말한다.

봉산현은 바닷가 외진 곳으로 남쪽에 위치하며 학궁은 풍수가 대만에서 으뜸이라 선비들을 교육하기 아주 합당하다. 철부지 어린 학동들도 감화되어 도의를 생각하며 날로 새롭게 자신을 연마하는 것이 몽천(蒙泉)에서 그 사세(事勢)를 취하였으니 인재를 기르는 데에 더욱 알맞다. 지금 천자께서는 영재 육성을 즐거움으로 삼으시어 온 천하에 미쳤으니 과거 합격자 수를 늘리고 의숙을 증설했다. 아래로는 촌사(村社)와 번동(番童)에까지 선생을 초빙하여 가르친다. 임금의 은혜가 본토보다 더함이 있으니 이른바 형세를 따라 인도하는 것이다. 조제흑치(雕題黑齒)의 야만인도 임금의 교화를 입어서 경전 읽는 소리가 촌사에 진동한다. 유종원이 "공자의 도는 왕의 교화에 따라 가깝기도 하고 멀기도 하다"라고 했는데 참으로 지당한 말이다. 학교의 내용

---

95 진문달, 「봉산현지」, 9쪽.
96 진문달, 「봉산현지」, 11쪽.

을 기록한다.[97]

여기서 "아래로는 촌사(村社)와 번동(番童)에까지 선생을 초빙하여 가르친다", "조제흑치(雕題黑齒)의 야만인도 임금의 교화를 입어서 경전 읽는 소리가 촌사에 진동한다"라는 말은 모두 원주민 교화 성과를 논하는 대목이다. '토번사학' 조목에서 왕영증은 '번속잡기(番俗雜記)'를 기록하고 구체적으로 봉산현 원주민의 한족화 교육에 대해서 논한다.

공부에 열중한 번동들이 단정히 서서 배송하는 소리가 낭랑하게 들려오니 어느새 구습을 훌쩍 털어낸 듯하다. 진대련(陳大輦)이 교화를 담당하여 사서를 읽고 1경을 익힌 학생에게는 악생(樂生) 또는 무생(舞生)의 의견을 하사하여 격려하라고 했다. 계묘년 여름에 고택신(高鐸申)이 각 사(社)에서 학업 중인 번동에게 보내왔다. 술과 음식을 내려 위로하고 각 사에 '사서' 한 책과 '시헌력' 한 질을 하사했다. 정월과 삭망뿐만 아니라 한서와 춘추를 알도록 했다. 번은 본래 해를 세지 않았는데 일부는 점차 변하였다.[98]

이 '번속잡기'는 황숙경의 『대만사사록(臺灣使槎錄)』에서 따온 것이다. 이 글에는 원주민이 유가 경전을 공부하는 모습이 매우 생동감 있게 그려지고 있다. 진문달의 『봉산현지』에서 왕영증의 『중수봉산현지』까지 원주민에 대한 한족화 교육이 심화되는 과정을 살필 수 있다. 각라사명(覺羅四明, 만주족)은 「서(序)」에서 봉산현이 이미 "100년 동안의 가르침

---

97 왕영증, 『중수봉산현지』, 157쪽.
98 왕영증, 『중수봉산현지』, 182쪽.

을 모아서 야만의 상태를 문명으로 바꾸어 해외의 문명 지역으로 변모하였다"[99]라고 극찬한다.

이 문제에 대한 대륙학자 진국강과 전부달의 평가는 취할 점이 있다. 한편으로는 "청조의 고산족 교화 정책은 ……고산족에 대한 청조의 통치술의 하나로 군사, 정치, 경제 정책과 결합되는 한 부분이다"[100]라고 하면서, 다른 한편으로는 "이러한 정책은 청조 통치 계급을 위해서 복무하도록 하는 것으로 시대와 계급의 한계성을 가지고 있다"라고 비판적인 견해를 피력한다. 물론 이 두 학자들은 "이와 같은 교화 정책은 객관적으로 고산족의 문화 교육 수준을 향상시키는 데 일조"[101]했음을 간과하지 않는다.

사실 청조이든 당시의 한족 문인이든 '시대와 계급의 한계'를 벗어날 수는 없다. 다만 청조의 교화가 원활한 통치에 목적을 두고 있다면 유학자들은 조정에서 제공하는 자원을 활용하여 유학의 고유 사상을 실천하려는 목적을 가지고 부단한 경전 공부와 공평하고 정의로운 사회를 이룩하여 원주민들이 동등한 교육 기회를 가질 수 있도록 하였다. 청조가 지배 계급에 속한다면 유생들은 지식인 계층으로 청조와 원주민 사이에서 청조의 원주민 교화 사업을 통해 긍정적인 결과를 창출하였다. 유생 계층이 노정한 한계성은 한족 위주와 유학 본위의 사유방식에 기인하는데 그들은 유가의 이상을 온 천하에 적용하여 보편진리의 표준으로 삼고 원주민 사회에 급속하게 전파하여 한족 문화와 유가 문화에 완전히 동화하도록 경주하였다. 현대적 관점으로 당시의 유생들

---

99 왕영중, 「중수봉산현지」, 1쪽.

100 陳國强, 田富達, 「淸朝對高山族敎化政策述評」, 「하문대학학보」 제2기(1993년).

101 진국강, 전부달, 「청조대고산족교화정책술평」.

을 평가하면 분명 후진적인 관점이기 때문에 대만 문화라는 원주민 문화까지도 포함하는 전체적인 입장에 서서 청대에 원주민이 받았던 유학교육에 대해 반성적 성찰을 거쳐야 한다. 사실 한족 본위의 의식은 대만 유학이 타 문화와 교류할 수 있는 좋은 기회를 잃어버리게 하였다. 다시 말하면 청대 대만 교육에서 유학 독존적 색채는 문화적으로 활력과 창조성을 상실시킨 혐의가 있다. 이 점은 오늘날 대만 전통교육을 연구하는 현대 학자들이 분명하게 짚어야 할 문제이다.

■ 본 논문은 고웅시 교육국이 1996년에 주관한 제5회 '고웅문화 발전사'에서 발표한 원고를 황준걸(黃俊傑)이 편한 『고웅역사여문화논총(高雄歷史與文化論集)』 제4집(진중화옹 자선기금회, 1997년)에 수정하여 게재한 글이다.

5장

『대만통사』「오봉열전」에 나타난 유가사상

1. 연아당의 시대와 가학

연아당(連雅堂, 1878-1936)은 일본 강점 시대 이전에 출생하여 18세 때 대만 할양의 변고를 겪는데 일본의 대만 강점은 그의 평생 학문 역정에 절대적인 영향을 미친다. 따라서 일본 강점 시기에 대만 내 한족들이 일본의 식민통치하에서 겪은 압박 상황을 충분히 이해하지 못하면 연아당이 쓴 책들의 기본 정신을 이해할 수 없다. 그러나 연아당이 한족의 입장에 서서 이민족의 침략과 통치에 항거한 데에는 시대적 상황만이 아니라 그의 가학(家學)도 한몫한다.

연아당의 선조가 대만에 온 것은 18세기 초이다. 연아당의 외손녀인 임문월(林文月)의 설명에 의하면 연씨 가문이 대만에 온 경위는 다음과 같다. "청나라 성조 강희 연간에 연아당의 7대조 흥위공(興位公)이 명나라가 멸망하자 비통한 나머지 은둔하기로 결심하고 대만에 건너온다. 그리하여 대남(臺南)의 영남방(寧南坊) 마병영(馬兵營)에 정착하는데 흥위공은 민족영웅들이 군대를 주둔한 역사적인 장소에 집안을 세웠다.

이는 필시 우연이 아니고 깊은 생각이 반영된 것일 것이다. 후에 연씨 집안의 자제들이 청 조정에서 실시하는 과거시험에 응시하지 않은 데서 충분히 짐작할 수 있다. 홍위공은 임종할 적에 명나라 식으로 장사를 치르도록 유언하였다. 이는 그가 좌임(左衽)의 비통을 죽음에 처해서도 잊지 않았으며 결코 이민족 통치에 굴복하지 않겠다는 저항 의식을 맹세한 것으로 볼 수 있다."[1] 이 홍위공의 유언은 연씨 집안이 대대로 지켜온 가법이 되었다. 따라서 연아당의 부친인 영창(永昌)이 춘추사학을 가학으로 계승한 것은 전혀 이상할 것이 없다.

「과고거기(過故居記)」에서 연아당은 "선군은 『춘추』와 『전국책』 및 『삼국지연의』를 애독하셨다. 평소에 하시는 말씀은 옛날의 충의(忠義)로운 일이었다. 따라서 내가 가학으로 배운 것이 매우 많다"[2]라고 한다. 그의 부친은 고대 역사에 관심이 있었을 뿐만 아니라 대만사에도 관심을 두었다. 연아당은 『대만통사(臺灣通史)』 「효의열전」 '서(序)'에서 13세 때의 일을 회상한다. 부친이 금 두 냥의 값을 치르고 여문의(余文儀)의 『속수대만부지』를 사서 주면서 "너는 대만 사람이다. 대만의 일을 몰라서는 안 된다"[3]라고 했는데, 이에 그는 "구지(舊志)의 결점을 보충하는 책을 쓸 것을 다짐했다"[4]라고 적고 있다. 아울러 『대만통사』가 거의 완성될 무렵에 "선군의 음성과 모습이 여기에 있는 것 같았다"[5]라고 적고 있는데, 특히 주의할 것은 연아당이 『대만통사』 저술과 밀접한 관계가 있는 자신의 과거 일을 「효의열전」에 기록한 점이다. 이는 그가 이 역사 대작

---

1 林文月, 『靑山靑史: 連雅堂傳』(대북: 근대중국출판사, 1977년), 2쪽.

2 連雅堂, 「過故居記」, 『雅堂文集』(대북: 대북은행 경제연구실, 대만문헌총간 제208종, 1964년), 87쪽.

3 연아당, 『臺灣通史』(수정교정판)(대북: 국립편역관 중화총서 편심회출판, 여명공사인행, 1985년), 932쪽.

4 연아당, 『대만통사』, 932쪽.

5 연아당, 『대만통사』, 932쪽.

의 완성이야말로 가훈을 지키고 효도를 다하는 사명으로 생각했음을 보여준다.

그가 연씨 가족사와 가학을 통해 배양한 사학 전통을 소전통이라고 한다면 중국 고전에서 익힌 사학 전통은 대전통이라고 할 수 있다. 이 대전통은 연아당 사학의 필수적인 양분이자 찬란한 성과라고 할 수 있다. 이는 당연히 『사기』에서 근원한다. 연아당은 비교적 이른 나이에 이미 『사기』를 즐겨 공부했는데 유년시절에 벌써 만여 자 정도 되는 『사기』 「항우본기」를 한 번 보고 외울 정도였다."[6] 『대만통사』가 『사기』의 영향을 받았다는 것은 굳이 다른 설명이 필요 없다. 「범례」에서 "이 책은 사마천의 법도를 따라 「기(紀)」, 「지(志)」, 「전(傳)」으로 구성하며 표(表)는 여러 「지(志)」 안에 포함한다"라고 한다. 그는 「대만통사간성, 자제권말(臺灣通史刊成, 自題卷末)」에 붙인 시(詩)에서 태사공의 후계자로 자처하면서 "사마천이 죽은 후로 그의 종풍(宗風)을 잃어버렸는데 유협(游俠)에 관한 사적을 한 권으로 완성했다"[7]라고 밝히고 있다.

반청복명(反淸復明)을 필생의 사업으로 삼은 가문에서 성장한 연아당이 반일복한(反日復漢)을 자신의 시대정신으로 삼은 것은 당연할 것이다. 또한 사학 위주의 가학 전통에서 교육받은 그가 『대만통사』를 저술한 것은 필생의 과업이자 가족의 은혜에 보답하는 것이다. 이는 일본이 대만을 통치하는 상황에서도 한족들의 역사 의식과 충효의 도리는 대대로 전수되고 있음을 보여준다.

6　임문월, 「記外祖父連雅堂先生」, 「山水與古典」(대북: 순문학출판사, 1976년), 201쪽.

7　연아당, 「劍花室詩集」(대북: 대북은행 경제연구실, 대만문헌총간 제208종, 1964년), 54쪽.

2. 『대만통사』 중의 한족 의식과 원주민 형상

명·청 이래로 한민족이 대량으로 대만에 이주하면서 원주민 각 부족은 점차 산림으로 밀려났고 심지어는 멸족의 길을 걷기도 했다. 이런 과정에서 대만은 한족문화 위주의 사회가 되었다. 명·청시대에 대만에 온 한족 문인들이 목도한 첫 번째 장면은 이른바 '한번잡처(漢番雜處)', '토번균집(土番麕集)'으로 이는 그들에게 깊은 인상을 주었다. 따라서 의식적이든 혹은 무의식적이든 이에 대한 관련 기록을 남기고 있는데, 그 중에는 한족 우월주의에 사로잡혀 원주민을 야만족으로 폄하하는 글도 있지만 대다수는 사해동포주의에 입각한 인도주의 정신으로 충만한 감동적인 글을 남기고 있다.[8] 가령 정성공의 호관(戶官)인 양영(楊英)은 원주민을 백성으로 여기고 원주민에게 "백성들을 이롭게 하는 것을 가지고 이롭게 한다"라는 옛 가르침으로 대해야 한다고 강조했다.[9] 강희 연간 대만에 온 완채문(阮蔡文)은 원주민 사회에 대해 "정성스럽게 사풍(土風)을 정착시키기 위해 노력할 것이니 어찌 그들이 거친 것을 싫어하랴"[10]라는 진보적인 입장을 개진하였다. 도광 연간 대만에 부임한 유가모(劉家謀)의 「해음시(海音詩)」 100수 중 한 수는 원주민의 혼인 생활을 묘사하고 있는데 그 시 자주(自註)에 "원주민의 풍속은 교화할 수 있다", "대만 풍속(곧 대만 한인들의 풍습)은 "인심이 야박하고"

---

8 명정시대에서부터 일본 점령 시기까지 대만 지식인들이 원주민들을 대하는 입장의 변화는 다음을 참조. 陳昭瑛, 「文學的原住民與原住民的文學: 從 '異己' 到 '主體'」, 『臺灣文學與本土化運動』(대북: 정중서국, 1998년).

9 楊英, 『從征實錄』(대북: 대북은행 경제연구실, 대만문헌총간 제32종, 1958년), 194쪽.

10 阮蔡文의 장시 「淡水」는 다음에 수록. 陳夢林, 『제라현지』(대북: 대북은행 경제연구실, 대만문헌총간 제141종, 1962년), 268-269쪽.

"지기(地氣)가 각박한"[11] 것을 반영한다고 한탄했다. 반면에 원주민의 선량한 습속에 대해서는 칭찬을 아끼지 않았다.

이와 비교해서『대만통사』중에 표현된 원주민 형상은 그리 긍정적인 모습은 아니다. 이는 명·청시대의 문인이나 통치 계급의 엘리트적 입장에서 원주민들을 보는 것으로, 피통치 계급에 속하는 원주민들에 대하여 아랫사람에 대한 윗사람의 동정심이 반영된 모습이다. 그러나 일본 강점 시대에 오면 대만 사회의 민족 구조는 비교적 복잡해진다. 명·청 이래의 원주민 대 한족의 이항구조가 아니고, 통치 민족인 일본인 대 통치를 받는 원주민과 한족이다. 똑같이 압박과 수탈을 받고 있다는 의식하에서 연아당은 더 이상 명·청시대의 문인들처럼 우월한 위치에서 원주민을 포용하는 것이 아니다. 다시 말하면 민족이 생사존망에 처했다고 할 때 자기 민족을 보존하고 지속시키는 것이 당면한 지상과제가 되면서 다른 민족은 돌아볼 겨를이 없게 되는 것이다. 이런 맥락에서 접근한다면 연아당이『대만통사』에서 비교적 보수적으로 원주민을 묘사하는 것을 나름대로 이해할 수 있을 것이다.

『대만통사』에는 '내 민족'이라는 관념이 관통하고 있다. 물론 '내 민족'은 한족이다. 우리는 이렇게 단정할 수 있다. 연아당의 유학자 풍모를 고려했을 때 만약 청대였다면 결코 이처럼 분명히 한족 의식을 표방하면서 대만사를 서술할 수 없었을 것이다. 그러나 일본 강점 시대의 특수한 상황은 그로 하여금 한족의 문화와 역사 보존을 사명으로 삼게 했을 것이다. 물론 한족 중심주의는 그의 인식적 한계를 보여주는 것이기도 하다. 『대만통사』「자서」에서 핵심적으로 "대만은 본디 역사라고

11　시의 전문 "愛戀曾無出里閭, 同行更喜賦同車; 手牽何事輕相放, 黑齒雕題恐不如!" 이 시에 대한 해석은 다음을 참조. 陳昭瑛,『臺灣詩選註』(대북: 정중서국, 1996년), 101쪽.

할 것이 없었다. 네덜란드인이 처음 문호를 열었고 정씨(鄭氏)가 토대를 쌓았고 청이 경영하였다. 처음 시작하여 튼실한 뿌리를 내린 오늘까지 300여 년이 되었다"라고 한다. 단지 300여 년의 역사라고 한다면 여기서 '나'는 당연히 이족인 한족일 것이다. 그렇다면 "역사라는 것은 민족의 정신이요 국민들의 귀감이다." "나라는 멸망하더라도 역사는 소멸되지 않는다."(「자서」)[12] 이 구절 중의 '민족', "나라' 등은 한족과 중국을 지칭하는 것이며 이를 통해 연아당은 한족의 역사철학을 전개하고 있다. 「자서」 말미에 그는 감탄스러운 어조로 역사에 대한 감회를 피력하고 있다.

위대한 우리 선조들이 대해를 건너 오지에 들어와서 개척했다. 그들이 자손 만년의 기반을 닦았으니 그 공로가 위대하다. 선현들의 덕을 생각하고 앞으로 나아갈 길을 쳐다보니 심연을 건너는 것 같아서 더욱 삼가지 않을 수 없다. 아! 기억하라. 우리 선비들과 벗들은 오직 인효(仁孝)하고 의로운 일에 용감히 멸사봉공하여 타고난 본성을 발양해야 한다. 이것이 우리가 내세운 깃발이다. 넘실대는 대양과 아름다운 섬을 주목하라. 우리 선왕과 선민들의 위대한 사명이 실로 여기에 있다.

글 가운데 '우리 선조', '선민', '타고난 본성[種性]' 등은 모두 한민족을 가리키고 '선왕'은 정성공을 지칭한다.[13] 『대만통사』는 '선왕과 선민'

---

12 연아당, 「自序」, 『대만통사』.

13 정성공이 연평군왕에 봉해지고 사후에 그를 '先王'으로 칭한 명정시대의 자료가 많다. 가령 『민해기요』에 정성공 사후 鄭經이 하문의 제신들에게 하교한 내용이 기록되어 있다. "선왕께서 동도에 개국하시고 창업이 채 안정되기도 전에 갑작스레 붕어하셔서 짐이 동궁으로 왕위를 계승하였다. 제군들께서는 병사들을 위무하고 백성들을 안위하여 선왕이 평생토록 쌓아올린 유업을 망치지 않아야 할 것이다." (夏琳, 『閩海紀要』, 대북: 대북은행 경제연구실, 대만문헌총간 제11종, 1958년, 31쪽)

에 대한 온정과 경의로 가득 차 있다. '선왕'에서는 특별히 명정의 반청복명의 대업을 특별히 존중한다. '선민'에서는 "낡은 수레에 헤어진 옷을 입고서 산속을 개간"했던 노고를 강조한다. 여기서 과거 '선왕'을 '해역(海逆)', '위정(僞鄭)'이라고 했던 것을 한칼에 뒤집고 '선왕'의 응당한 역사적 지위를 회복한다. 또한 '선민'이 강토를 개척하는 과정에서 '선민'들과 충돌을 일으킨, 이 땅에 원래 거주하던 원주민은 '선민'들의 활동에 장애물로 간주된다.

'선왕'에 대한 경모는 연아당 저작 곳곳에서 볼 수 있다. 가령 「민해기요, 서(閩海紀要, 序)」에서 "내가 거처한 승천(承天)은 연평군왕(延平郡王)의 동도(東道)이다. 충의의 정신과 영웅적 기상을 느낄 수 있는데 그 산하를 바라보자니 눈물이 솟구친다. 책들과 기록들에는 연평군을 무고한 내용들이 많아서 매우 안타깝게 생각했다. 내가 약관 때부터 이에 관한 글을 쓸 것을 다짐했는데 마침내 『대만통사』 36권을 완성하여 연평군 사적을 본기(本紀)에 기록하고 건국(建國)이라고 하였으니 이는 대만에서 왕조를 유지하여 위대한 한족의 기백을 하늘 높이 드높였음을 밝힌 것이다"[14]라고 한다. "매우 안타깝게 생각했다"는 표현은 연아당의 역사에 대한 감정이입과 역사적 인물의 재평가에 대한 열정을 보여준다. 동일한 표현이 『사기』 「유협열전」에도 보인다. "진나라 이래로 필부 출신의 협객이 인멸하여 보이지 않는다. 내가 심히 한탄한다."[15] 역사서를 써서 역사의 정의를 밝힌다는 점에서 연아당은 태사공을 계승하였다. 「고연평군왕문(告延平郡王文)」에서 우리는 연아당이 선왕을 숭배하고 대만이 아직 신주(神州)처럼 광복을 일구지 못한 것에 대한 비

---

14 연아당, 『아당문집』, 42쪽.
15 사마천, 『사기』(대북: 낙천서국, 1974년), 1538쪽.

분을 표현하는 것을 볼 수 있다.

임자년 봄 2월 12일은 중화광복의 날이니 대만 유민들은 모두 황공히 머리를 조아려 절하며 연평군왕 신위에 고합니다. "아! 만인(滿人)들이 중화를 유린하여 국토를 빼앗긴지라 해 떨어지는 저문 바닷가에서 눈물로 수평선을 쳐다보았습니다. 그때 왕께서 홀로 동도에서 왕조를 보존하여 만인과 길항한 지 22년 만에 망했습니다. 멸망한 후 228년이 되어서 우리 중화민족은 만인을 몰아내고 마침내 나라를 세우게 되었습니다. 이는 앞선 자가 쓰러지면 뒷사람이 달려 나가며 투쟁한 혁명 열사들의 피눈물로 이루어낸 것이기도 하려니와 우리 왕께서 하늘의 신령이 되어 음양으로 보우하사 위대한 한족의 기백을 하늘 높이 드높이게 된 것입니다. 춘추 의리는 구세(九世)가 지나도 원수를 잊지 않는 법이고 초나라가 망하여 세 집만이 남을지라도 초나라를 반드시 회복할 것입니다. 만인의 우두머리를 권좌에서 끌어내고 온 중화에서 공화정을 실시하려고 합니다. 천명이 일신하여 혼신을 다해 용감히 전진하고자 하오니 왕의 신령께서 보우하여 주소서."

이 제문은 국민혁명의 성공을 "우리 왕께서 하늘의 신령이 되어 음양으로 보우하사"라고까지 말한다. 또한 "춘추 의리는 구세(九世)가 지나도 원수를 잊지 않는 법이고 초나라가 망하여 세 집만이 남을지라도 초나라를 반드시 회복할 것입니다"라는 말에는 대만 광복을 위한 결연한 의지가 잘 묻어난다. 민국 건립으로 고무된 연아당은 유쾌한 마음으로 대륙 여행을 결심한다. 「시시알문신국공사(柴市謁文信國公祠)」에서 그는 대만과 자신의 운명에 대한 감회를 "나는 또한 양구(陽九)의 상황을 만났지만 쓸쓸히 바닷가에 처해 있고, 중원은 이미 광복을 이루었지만 대만은 여전히 어둠에 잠겨 있네"[16]라고 읊고 있다. 여기서 고전 사학에서 중시하는 복수 관념이 그의 정신세계에 지속적으로 영향력을 발휘하고 있음을 엿볼 수 있다.

「8월 27일 대북에서 공자를 제사 지내는 것을 본 감응」이라는 긴 제목의 시에서 그는 유학이 몰락하는 것에 대한 비통함을 토로하고 있다. "높다란 담장은 무너진 지 오래되고 반지(半池)의 숲에는 부엉이들이 잔뜩 있네. 명륜당에서 익히던 예악은 사라졌는데 어려움을 겪은 후에 시서(詩書)의 의미를 함께 탐구하네. 도는 너무 커서 감히 초나라 광자가 공자를 빗댄 노래를 부를 수 없지만 시절이 하수상하여 성인의 도래를 기다리는 마음을 저버릴 수도 없네. 춘추에 비추어 보면 지금은 어느 시절일까? 나는 부심(釜鬵)에 물을 담는 자이고 싶다."[17] 분명 대만 할양이라는 사건을 통해 연아당의 정신세계는 유가의 춘추학을 절실히 수용하게 되었을 것이다. '존왕양이'의 설은 『대만통사』에서는 연평 군왕을 존봉하고 청인과 일본인을 배척하는 것으로 바뀐다. 역사란 대대로 내려오는 역사의 주체인 '아족(我族)'의 존재에 기반한다. 그는 「상청사관서(上淸史館書)」에서 "역사는 민족의 정신이다"라고 한다. 역사가 없다면 어떻게 될까? 이민족의 노예가 되는 것이다. "아무 생각 없이 살다가 아무 일도 하지 못하고 죽는다. 역사가 없다면 민족도 없다. 백성들을 어지럽게 하여 따를 곳이 없게 한다면 이는 서로서로 이민족의 노예가 될 뿐이다."[18]

따라서 '이종(異種)'은 만인(滿人), '토번(土蕃, 원주민)', 일본인이고 '아

---

16 연아당, 『검화실시집』, 23쪽.
17 연아당, 『검화실시집』, 53쪽.
18 연아당, 『아당문집』, 125-126쪽.

족(한족)'은 이민족과 대립 관계를 형성하면서 『대만통사』 내에서 역사 서술의 주체가 된다. 『대만통사』 「자서」에서 표창한 '선민'은 '선왕'과는 다른 대상이다. 가령 '선왕'(선왕을 따라서 대만에 온 여러 신하와 원로 포함)은 한족을 위주로 하여 만청과 대비한다면, '선민'은 한족을 위주로 하여 토번(원주민)과 대비하여 지칭한다. '선민'에 대한 묘사는 대략에서 볼 수 있다.

대만은 바다 한가운데 있는 황량한 곳이다. 논밭은 모두 백성들이 개간하였다. 손에는 쟁기와 보습을 들고 칼과 창은 허리에 매고서 토번 및 맹수들과 싸워가며 낡은 수레에 헤어진 옷을 입고서 산속을 개간했다. 이와 같이 하여 민족을 흥성하게 하였으니 지금도 그 여력이 미친다. (「전부지(田賦志)」)[19]

대만은 본래 토번의 지역이고 그 논밭은 대개 토번의 것이었다. 우리 민족이 이 땅을 개간하여 후손을 양육하였는데 지금도 여전하다. 그러나 이 일은 하루아침에 완성된 것이 아니다. 손발이 닳아 없어지고 생사의 고비를 수도 없이 넘나들며 한 뼘 되는 땅도 그렇게 얻은 것이니 어찌 아끼지 않겠는가? (「전부지」)[20]

위대한 우리 선민들이 대해를 건너 황량한 이 땅에 들어와 개간하여 자손만대의 기업으로 남겨주었다. 그 공이 위대하다. (「우형지(虞衡志)」)[21] (이 부분은 「자서」와 비슷하다. 다만 「자서」에서는 '선민'을 '조종(祖宗)'으로

---

19 연아당, 「대만통사」, 167쪽.

20 연아당, 「대만통사」, 182쪽.

21 연아당, 「대만통사」, 659쪽.

바꾸었다)

'선민'은 개척자였고 개척은 매우 위험천만한 일이다. 개척 과정에서 만나는 장애 요소는 부정적인 평가를 받지 않을 수 없을 것이다. 따라서 원주민은 곳곳에서 '번해(番害)', '번란(番亂)'으로 묘사된다.

(옹정)9년 겨울 12월에 대갑서사(大甲西社)에서 번란이 있었다. 총병 여서린(呂瑞麟)이 토벌하였다. (「경영기(經營記)」)[22]

그러나 개간이 잘되기는 했지만 번해가 극성하였다. 장기적으로는 토번과 좋은 관계를 유지하면서 풍속을 교화하는 것이 좋을 것이다. (「강역지」)[23]

대만에 애(隘)를 설치하여 정씨(鄭氏)를 방어했다. 영력19년에 자의참군 진영화(陳永華)가 둔전의 계책을 제출하여 토번의 땅을 개척하였다. 백성 중에는 개인적으로 개간하는 자들도 날로 늘어났지만 매번 번에게서 해를 입었다. 이에 토우(土牛)를 축조하여 경계로 삼아 출입을 제한했다. (「군비지」)[24]

(광서)2년에 태노각(太魯閣) 토번이 소란을 일으켜서 토벌하였다. 태노각은 대만 동쪽에 살고 있는 원주민으로 지형이 험준한 것을 믿고 곧잘 살인하였다. (「무간지(撫墾志)」)[25]

---

22 연아당, 「대만통사」, 60쪽.
23 연아당, 「대만통사」, 116쪽.
24 연아당, 「대만통사」, 358쪽.
25 연아당, 「대만통사」, 430쪽.

'선민'과 대비하여 원주민을 '번란', '번해' 등으로 표현하고 있다. 그렇다면 원주민과 대만의 관계는 어떠한가? 연아당은 네덜란드인이 대만을 점령하던 것에 비견한다.

대만은 본래 동쪽에 사는 토번의 땅이다. ……세상 사람들과 단절하고 토번들끼리만 모여서 무수한 집단을 이루었다. 맨몸에 아래만을 가리고 짐승들을 사냥하는 것이 수렵시대와 같다. (「개벽기」)[26]

대만은 해양 국가로 사면이 모두 바다로 둘러싸여 있다. ……높은 산들이 하늘 높이 솟아 있고 산지의 들판에는 구름이 떠돌며 무수한 짐승들 발자국이 어지럽게 널려 있다. 이곳에 토번들이 수천 년 전부터 살아오고 있다. (「우전지(郵傳志)」)[27]

대만은 남쪽 바다에 위치한 곳으로 날씨가 온순하고 땅이 기름지다. ……토번이 거점으로 삼고 섬의 오랑캐들이 막았다. (「우형지」)[28]

시대적 제약으로 연아당은 1990년대 대만 한인들처럼 원주민을 대만 최초의 거주민으로 인정하지 못했다. 개척사에서 원주민은 맹수, 가시, 질병처럼 선민들의 개척을 방해하는 장애물로 취급되었다. 그렇지만 당시의 역사적 상황을 고려한다면 『대만통사』에 기술된 부정적인 원주민의 모습은 충실한 묘사로 볼 수 있다. 이는 역사 사실을 객관적으

---

26 연아당, 『대만통사』, 1쪽.
27 연아당, 『대만통사』, 493쪽.
28 연아당, 『대만통사』, 659쪽.

로 보여주려는 연아당의 입장을 드러낸다. 물론 연아당은 한족의 입장에서 서술하고 있기 때문에 선민들이 행한 개척을 구체적으로 묘사하는 과정에서 원주민들의 구체적인 삶은 결과적으로 모호하게 처리하였다. 연아당은 선민을 표창하기 위하여 심지어 개척에 공이 있는 자들도 연평군왕 사당에 종사해야 한다고 했다. 그는 "원주민 지역을 개척한 임이(林圯)와 해협에서 전몰한 임봉(林鳳)을 배향하지 못한 것이 어찌 한 때의 실수일 뿐이랴!"(「제신열전」)[29]라고 하는데 이는 연평군왕을 반청복명을 주도한 부분 외에도 대만을 개척한 성왕의 모습으로 그려낸다. 한편 연아당이 임이, 임봉, 왕세걸(王世傑) 등 명정(明鄭)시대의 개척자들을 위해 그들의 「열전」을 만든 것은 어떤 의미에서는 연평군왕의 사당에 배향한 것으로 볼 수 있다.

「임이·임봉열전」에 의하면 임이는 정성공의 부장(部將)으로 두육문(斗六門)에서 개간을 하게 되었는데 "방어선을 구축하고 그 안에 거처하면서 날마다 토번과 전쟁을 했다." 하루는 "토번이 습격하여 힘써 싸웠지만 밀어내지 못하고 마침내 포위를 당하였다. 식량이 떨어지려고 하자 다른 이들은 도망칠 궁리를 하는데 그는 불가함을 밝혔다. '이곳은 내가 그대들과 어렵게 얻은 땅이다. 죽더라도 버릴 수 없다'라고 맹세하자 무리가 순종하였다. 이윽고 수일 후에 식량이 바닥나고 살해당했다. 그와 같이 죽은 자들이 수십 명이 된다." 연아당은 이를 두고 "개척의 공이 크도다!"[30]라고 칭찬하고 있다. 「왕세걸열전」에서는 "신죽(新竹)은 원래 토번의 땅이었다. ……우리 선민들이 들어가서 개척하였는데 나무를 베어내고 짐승들을 내쫓고 자식들을 길렀다." 정극상(鄭克塽)

---

29 연아당, 「대만통사」, 704쪽.
30 연아당, 「대만통사」, 724쪽.

이 재위에 있을 때 "북쪽 토번이 소란을 일으키자" 토벌하였는데 "토번이 달아났다"라고 적고 있다. 연아당은 왕세걸을 위해 독립된 「전」을 세웠는데 이는 왕세걸이 "군량미 운송에 공로[運餉有功]"가 있었기 때문에 번란을 토벌한 후에 "그가 개간하는 것을 허락하여 신죽이 우리의 땅이 되었기"[31] 때문이다. 오사(吳沙)도 청대의 개간자인데 개간에 공이 있어서 「전」을 세웠다. 연아당은 「오사열전」에서 "사는 필부이지만 원대한 뜻을 품고 강인한 백성들을 인솔하여 수풀만이 무성한 곳으로 들어갔다. 한편으로는 악천후에 맞서면서 다른 한편으로는 맹수와 야만인들과도 맞서 싸워야 했다. 그는 이러한 역경들을 불굴의 의지로 이겨내며 국가의 판도를 넓혔다"[32]라고 적고 있다. 연아당은 우리 민족의 활동 무대를 넓히고 국가의 판도를 넓히는 것은 큰 공이기 때문에 마땅히 「전」을 세워야 한다고 생각했던 것이다.

『대만통사』에 기록된 원주민은 '이종(異種)'이기는 하지만 연아당은 청대의 일부 문인들과 마찬가지로 "제국주의 시대의 식민지 통치자보다는 인도주의 정신을 가지고 있었다. ……식민지 통치자들이 식민지 백성은 영원히 열등한 민족이자 국민이라고 생각하는 것과는 분명히 달랐다."[33] 물론 "원주민이 '번'의 지위에서 '민'으로 상승하기 위해서는 반드시 교화를 거쳐야 한다"[34]고 생각했다. 당시에 교육받을 기회는 한족과 토번이 동등했다고 할 수 있다. 동치13년(1874)에 청 조정에서 반포한 「훈번리언(訓番俚言)」 중에는 "이들에게 표준어를 교육하여 중화인

---

31 연아당, 『대만통사』, 761쪽.

32 연아당, 『대만통사』, 811쪽.

33 진소영, 「문학적원주민여원주민적문학: 종'이기'도'주체'」,

34 진소영, 「문학적원주민여원주민적문학: 종'이기'도'주체'」,

으로 만든다. 의학(義學)을 설치하여 경전을 읽고 의리를 알도록 한다",
"한족과 토번을 구분하지 않고 동일하게 교화를 실시한다"[35]라는 구절
이 있다. 연아당도 이런 맥락에서는 원주민에 대해 평등한 생각을 가지
고 있었다. 물론 청대의 문인들처럼 원주민의 교화를 전제로 하지만 말
이다. 「경영기」에서 시랑(施琅)의 「소」 가운데 글을 인용하여 "이미 세력
권에 들어온 지역은 민과 토번이 모두 우리의 백성이다"[36]라고 한다.

연아당은 강희 연간 대만에 부임한 진빈이 원주민의 생활상에 관심
을 표명한 부분을 주목한다.[37] 그리하여 진빈이 "토번들의 고통을 곡진
히 물어보자 이를 본 자들이 감탄했다"(「무간지」)[38]는 대목을 기록하고
있다. 또한 서종간(徐宗幹)이 말한 "귀화했다면 이미 토번은 우리 백성
이요 땅도 우리 땅이다. 번지가 후환이 되는 데에는 한족들에게 문제가
있지 토번 때문이 아니다"[39]라는 견해를 「무간지」에 밝히고 있다. 이런
견해는 사금란(謝金鑾)의 「합자난기략(蛤仔難紀略)」 중에도 보이는데, 연
아당은 "만약 일을 공경스럽게 처리하고 백성을 사랑한다면 합자난에
거주하는 백성들이 요순의 백성이 될 것이니 무슨 화근이 되겠는가?"
라는 말을 인용하면서 "옳구나, 이 말이여! 당시에 합자난을 다스릴 만
하고 대만을 다스릴 만하다"(「오사열전」)[40]라고 칭송하고 있다.

여기서 연아당이 '토난'과 '토해'의 원인은 오직 '번토'에게만 있는
것이 아니라 한족 이민자 및 위정자들에게도 책임이 있다고 생각하는

---

35 黃逢昶, 『臺灣生熟番紀事』(대북: 대북은행 경제연구실, 대만문헌총간 제51종, 1960년), 51-53쪽.
36 연아당, 「대만통사」, 53쪽.
37 진빈의 생애와 사상에 대한 간략한 소개는 제3장 참조.
38 연아당, 「대만통사」, 405쪽.
39 연아당, 「대만통사」, 425쪽.
40 연아당, 「대만통사」, 81쪽.

것을 알 수 있다. 만약 '경사(敬事)', '애민(愛民)' 하지 못한다면 이는 '번난'과 '번해'를 조장하는 것으로 '번'에게 죄가 있는 것이 아니다. 심지어는 번지(番地)가 후환이 되는 것은 "한족들에게 문제가 있지 토번 때문이 아니다"라고 평한다. 『대만통사』의 이런 내용들은 한족의 입장에서 자아반성을 과감히 실천하는 태도를 보여준다.

『대만통사』는 1920년대 초에 완성되었기 때문에 원주민 서술에서 보이는 편협성은 시대적 제약에 기인한 것으로 볼 수 있다. 대만은 1920년대부터 문화계몽운동의 단계로 진입하는데 당시의 지식인 엘리트들이 원주민들에 대해 갖고 있던 인식은 여전히 성숙하지 못한 상태였다. 대만의 지식인 계층이 원주민들의 삶에 진정으로 관심을 갖게 된 계기는 1930년대에 발생한 무사(霧社) 사건이다.[41] 따라서 『대만통사』를 읽을 적에는 이 책이 완성된 시대에 비추어 이해해야만 비로소 그 의의와 가치를 제대로 알 수 있다.

3. 오봉고사의 각종 판본 및 연아당이 「전」을 세우는 준칙

오봉고사는 다양한 판본이 있는데 각종 판본의 기록은 각각의 목적이 별도로 존재한다. 최초의 기록은 유가모(劉家謀)의 『해음시(海音詩)』(1852년경에 완성)에 보인다. 이 책은 민간의 민요를 채집하려는 동기에서 출발하였다. 『해음시』 100수는 유가모가 채집한 민요이기 때문에 각 민요마다 긴 해석을 달고 이야기의 전말과 풍습의 연유를 밝히고 있다.

---

41 이 문제에 대해서는 다음을 참조. 진소영, 「문학적원주민여원주민적문학: 종'이기'도'주체'」.

시 중에는 "무수한 번할(番割)들이 백성들에게 재앙을 끼쳤는데 누가 오봉과 같이 백성들에게 은택을 주었는가?"[42]라고 하여 한족의 관점을 반영한다. 그러나 유가모의 입장은 한족 의식의 자각성에서 보자면 후대의 연아당에 미치지 못한다. 두 번째 기록은 예찬원(倪贊元)의 『운림현채방책(雲林縣采訪冊)』에 보이는데 광서20년(1894)에 완성되었다. '채방'이라는 말은 예찬원이 유가모처럼 민요 채집을 중시하고 있음을 보여준다. 『운림현채방책』은 지역을 15보(堡)로 구분하여 각 보의 연역, 인물, 산천, 물산, 풍속 등을 비교적 소상하게 적고 있다.[43] 오봉고사가 기록된 「타묘동보(打貓東堡)」 중에는 '흉번(兇番)' 조목이 있는데 여기에 '부통사오봉사적(附通事吳鳳事蹟)'이라는 제목으로 실려 있다. 한편 '흉번' 조목에 부기했다는 것은 '번해'의 입장에서 기술한 것으로 볼 수 있는데 이는 연아당이 「오봉열전」에서 역사적 안목을 가지고 접근하는 데에는 미치지 못한다. 그렇기는 하지만 「오봉열전」의 문학적 표현과 의리는 대체로 예찬원의 글에 근거한다. 따라서 글 중에서 중요한 부분을 인용하였다.

오봉은 타묘동보(打貓東堡)의 번자담장(番仔潭莊) 사람이다. 어려서 경서를 공부하여 대의를 알고 토번의 말에 능통했다. 강희 초에 대만이 청에 복속되자 ……토번을 다스릴 요량으로 토번의 말에 능통한 자를 모집하여 통사(通事)로 삼고 각 사(社)의 교역을 담당하게 했다. 토번은 본성이 살인을 즐기는지라 이를 두려워한 통사가 부랑자를 사다가 그들의 요구에 응했다. 이제 오봉이 통사가 되자 토번이 그에게 사람을 요구했다. 오봉은 이 악습을

---

42 진소영, 『대만시선주』, 107쪽.

43 倪贊元, 『雲林縣采訪冊』(대북: 대북은행 경제연구실, 대만문헌총간 제37종, 1959년), 1쪽.

혁파할 뾰족한 수가 없는 데다가 다른 사람의 목숨을 사서 토번에게 아첨하는 것도 차마 못할 짓인지라 적당한 핑계를 둘러대고 지연시키다가 매양 약속을 어겼다. 무술년에 이르러 토번의 무리가 강력하게 사람을 요구했다. 사태가 이미 더 이상 어쩔 수 없다는 판단이 들자 오봉은 미리 집안사람들에게 종이를 가지고 사람과 칼과 말을 만들게 했는데 손에 토번 추장의 수급을 쥐고 있는 자신처럼 만들라고 명했다. 그런 후에 토번과 회의 날짜를 잡았다.

약속 하루 전날에 권속에게 "흉악한 토번의 성질은 이미 오래전부터 교화하기 어려웠다. 현재 제재할 방책도 없고 사람을 죽음에 내몰 수도 없는 상황이다. 내가 대의를 가지고 그들을 꾸짖을 것인데 내 말을 받아들이면 토번이 필시 나와 같이 올 것이고 그렇지 않다면 나는 죽임을 당할 것이다. 그대들은 내가 죽더라도 울지 말고 속히 그 종이로 만든 사람을 태우면서 '오봉이 산에 들어가셨다' 하고 외쳐라. 내가 죽어서 신령이 있으면 이 우환을 제거할 것이다"라고 말했다. 집안사람들이 울면서 만류했지만 듣지 않았다. 다음 날에 토번이 도착하자 오봉이 붉은 옷과 두건을 쓰고 나와서 토번 무리에게 "살인하는 자는 자신의 목숨을 내놓아야 하는 것이 왕법에 분명히 적혀 있다. 너희는 이미 교화를 받았으니 마땅히 그 약속을 따라야 하거늘 어찌 망령되이 살인을 하는가?"라고 타일렀다. 토번들이 그의 말을 받아들이지 않고 오봉을 죽였다. 그러자 집안사람들이 그의 명령대로 했다.

그 사(社)에 속한 토번들 중에 말을 탄 오봉이 칼을 차고 산에 들어오는 것을 본 자는 병이 들어 죽은 자가 많았다. 서로 두려워했지만 뾰족한 수가 없었다. 때마침 토번의 여자가 산 아래로 시집을 가게 되었다. 그곳에 사는 사람들은 한어에 능통했는데 시집온 여자가 거기서 전해 들은 오봉의 말을 돌아가서 전했다. 토번의 무리가 더욱 두려움에 떨면서 다시는 가의계(嘉義界)에서 살인하지 않겠다는 맹세를 큰 돌 앞에서 했다. 그러자 역병이 멈추었다. 산 아래에 사는 사람들이 오봉의 은혜에 감격해하면서 사당을 세우고 제사를 지냈다. 지금도 위의 4개 사(社)에 속한 토번들은 맹세대로 타묘(打貓) 등의 보(堡)에서는 소요와 살인을 하지 않는다.[44]

여기에 기록된 오봉의 사상과 장렬한 죽음은 이후 「오봉열전」의 저본이 된다. 어떤 이들은 연아당의 역사 서술에는 객관성이 상대적으로 부족하여 종종 '위작(僞作)'이 보인다고 비판한다. 이런 맥락에서 「오봉열전」의 객관성을 의심하기도 한다.[45] 가령 모일파(毛一波)는 이것이 '애국보종(愛國保種)'의 일념에서 연유한 것이라고 하면서 연아당을 긍정하면서도 "열정은 넉넉하지만 이지(理智)와 인식(認識)이 부족한 단점이 있다"[46]라고 평가한다. 진기남(陳其南)은 「오봉열전」이 비교적 믿을 만하기는 하지만[47] 글이 너무 소략하여 논점을 분명히 드러내지 못한 아쉬움이 있다고 평가한다. 연아당이 『대만통사』를 쓰는 동안[48] 일본 측에서는 신판 오봉전을 내놓았는데 이는 "토번을 통치하는" 수단으로 삼고자 한 것이다. 이 판본에서는 오봉을 신격화하는데 오봉 사상의 도덕성을 높이면서 조족인(曹族人)의 추악한 점을 부각시킨다. (자세한 내용은 아래를 참조) 이와 같은 작업을 통해 일본인이 오봉보다 더 위대하다는 것을 부각하여, 오봉처럼 위대한 한족도 일본의 통치에 순응한다면 일본인이 우월한 것은 자명하니 '번인(토번)'들도 당연히 일본에 복종해야

---

44 예찬원, 『운림현채방책』, 179-180쪽.
45 薛化元, 「吳鳳史事探析及評價」, 『臺灣風物』 제32권 제4기(1982년), 65-81쪽; 翁佳音, 「吳鳳傳說沿革考」, 『臺灣風物』 제36권 제1기(1986년), 39-56쪽.
46 毛一波, 「吳鳳傳記之比較硏究」, 『臺灣文物論集』(남투: 대만성 문헌회, 1966년), 180쪽.
47 陳其南, 「一一則捏造的神話-'吳鳳'」(대북: 『민생보』, 1980년 7월 28일).
48 林文月의 기록(『愛國保種爲己任的連雅堂』)에 의하면 대략 1908년부터 1918년에 작성되었다. 임문월의 글은 다음에 수록되어 있다. 『연아당 선생 전집』 중 『연아당 선생 상관 논저 선집』(하책, 남투: 대만성 문헌회, 1992년), 175쪽.

한다는 주장을 널리 퍼트리기 위한 속셈이 깔려 있었다. 당시 일본들이 신판 오봉전을 유포시키는 마당에 연아당이 옛 기록을 저본으로 하여 한족의 관점에서 오봉고사를 서술한 이면에는 일본인에 맞서 중국인의 전통을 고수하려는 의도가 있다고 볼 수 있다. 따라서 서양 실증사학의 입장에서 연아당을 비판하는 것은 불공정한 면이 있다. 중국 사학의 전통에서 「오봉열전」을 평가할 때 그 가치를 제대로 파악할 수 있다.

「열전」 양식은 「사기」에서 창시한 것이다. 사마정(司馬貞)은 『색은(索隱)』에서 "열전은 신하들의 사적을 열거하여 후세에 전하고자 한 것이기 때문에 열전이라고 한다"라고 한다. 장수절(張守節)의 『정의(正義)』에서는 "그 사람의 행적을 나열할 수 있다는 의미에서 열전이라고 한다"라고 한다. 서복관(徐復觀)은 다소 참신한 설을 제출하는데 "열전이라는 것은 신분과 지위의 고하를 막론하고 전할 만하다는 의미를 따온 것이다"[49]라고 한다. 글자적인 고증 외에도 서복관은 또한 『사기』에서 「본기」의 '본'과 「세가」의 '세'는 모두 정치적 지위와 관계가 있지만 "오직 「열전」 중의 인물은 정치적 지위가 천차만별인지라 신분의 귀천으로 표준을 삼을 수 없다"[50]라고 한다. 이와 같은 '열전'의 정의에서 보자면 『사기』와 『대만통사』 내의 「열전」은 모두 여기에 해당된다.

『사기』는 「백이열전」을 첫 편으로 시작하는데 이는 공자의 영향으로 볼 수 있다. 글 중에 공자가 백이와 숙제를 긍정하여 "인(仁)을 구하여 인을 얻었으니 무슨 원망이 있으리오!"라는 말을 기록하고 있으며, 또한 "백이와 숙제는 비록 현인이지만 공부자 덕분에 더욱 세상에 알려졌다"라고 자평을 적고 있다. 『대만통사』도 「안정(顔鄭)열전」을 첫 편으로

---

49 徐復觀, 「論史記」, 『兩漢思想史』 권3(대북: 대만학생서국, 1979년), 383쪽.
50 서복관, 「논사기」, 『양한사상사』, 383쪽.

시작하는데 이는 정성공이 네덜란드인을 몰아내고 대만에 들어온 합법성을 밝히기 위한 것이다. 다음은 「영정왕(寧靖王)열전」을 두었는데 여기서는 다섯 왕비가 함께 순절한 것을 서술하면서 영정왕이 보여준 반천복명의 노고와 목숨까지도 내던지는 불굴의 절의를 표창하고 있다. 이어서 「제신(諸臣)열전」, 「제로(諸老)열전」은 명정시대의 제신과 명말의 유로들을 기록한 것으로 이들이 비록 황실 신분은 아니지만 영정왕처럼 이민족의 통치를 받아들이지 않았다는 공통점을 가지고 있다. 「제로열전」 '서'에서 우리는 연아당이 태사공과 동일하게 공자의 영향을 받고 있음을 알 수 있다.

연횡(連橫, 연아당)이 말한다. "정기가 천지를 보존하는 것이 위대하다. 『논어』에 은일한 백성을 기록하였는데 백이와 숙제가 으뜸이니 공자가 '그 뜻을 굽히지 않고 그 몸을 욕되게 하지 않았다'라고 칭송한다. 진실로 이 말은 공자의 미언대의(微言大意)이다. 은나라가 쇠퇴하여 무왕이 주를 정벌할 적에 목야(牧野)에서 군대를 모으고 단 한 번 출정하여 천하를 평정하였다. 이에 팔백 명의 제후 중에 신복하지 않는 자가 없었는데 백이와 숙제는 홀로 이를 부끄럽게 여기고 의리상 주나라의 곡식을 먹을 수 없다 하여 수양산에 숨어살다가 굶주려 죽었다. 이는 인(仁)을 구하여 인을 얻은 것이다. 명이 망할 무렵에 큰 도적이 나라를 훔치고 이민족 황제가 권력을 장악하자 사대부들이 머리를 숙이는 것이 마치 뿔 잘린 짐승처럼 벌벌 떨면서 이륜(彝倫)을 탕진하고도 전혀 부끄러운 줄을 몰랐다. 우리 연평군왕은 홀로 천하에 대의를 펼쳐서 부(府)를 설치하고 명나라를 앙망하면서 복건 일대와 광동 일대를 경략하였다. 그러자 당시 뜻있는 선비와 두 임금을 섬기지 않는 신하들이 그에게 의탁하여 국난에 용감히 맞섰다. 비록 북벌은 성과가 없었고 진군은 금릉(金陵)에서 더 이상 나아가질 못했지만 동도(東都)를 열어서 명나라의 운명을 연명하게 하였으니 어찌 정기의 보존이 아니겠는가? 내가 듣건대 연평이 대만에 들어간 후에 사대부 가운데 동도에 온 사람이 팔백여 명인데 성씨도 모르고 공적도 알 길이 없으니 사관의 잘못이다. ……한나라의 사마천이 '백이와 숙제가 비록 현인이기는 하지만 공자 덕분에 이름이 세상에 널리 알려졌다'라고 했다. 나는 심(沈)씨와 노(盧)씨 등 제현의 이름이 세상에 묻히지 않은 데에 감동을 받았는데 바로 대만의 많은 은군자 중의 한두 명이다. 따라서 세상에 묻혀버린 사건과 빛나는 업적을 발굴하여 지금의 모범으로 삼고자 한다.[51]

이 감동적인 '서'를 통해서 연아당이 『대만통사』에서 개인의 「전」을 세우는 기준이 『사기』 「백이열전」의 입장처럼 정치적 성패를 떠나서 인품을 표준으로 세웠다는 것을 알 수 있다. 이 표준은 공자의 이른바 "그 뜻을 굽히지 않고 그 몸을 욕되게 하지 않았다"(『논어』 「미자」)라는 정신이다. 명말의 유로들이 반청에 뜻을 세우고 그 뜻을 굽히지 않으면서 자신을 욕되게 하지 않았던 그 용기도 백이·숙제와 비슷한 점이고 이민족의 통치에 복종하지 않은 기개도 역시 백이·숙제와 다르지 않다. 연아당이 태사공의 「백이열전」을 본받아 지은 「제로열전」은 심지어 '서'에서 "은일한 군자들이 출사하거나 숨는 것은 일정한 때를 헤아려서 한다. 이와 같은 은일군자들이 세상에 알려지지 않은 것은 아쉽다"라는 대목이 「백이열전」과 한두 글자만 다를 뿐이다. 연아당이 「제로열전」을 지은 의도는 감추어진 품덕을 드러내어 인격의 기준을 세우는 것 외에도 "지금의 모범으로 삼고자" 하는 것이다. 바로 연아당이 유로들의 사적을 표창하여 당시 사람들의 절의를 바로 세우겠다는 의도가 있다 할

---

51 연아당, 「대만통사」, 714쪽.

것이다.

연아당이 「열전」을 찬술한 의도를 기준으로 분류하면 62편의 「열전」은 크게 세 부류로 나뉜다. 첫 번째는 이민족에 항거한 부류, 두 번째는 대만을 개척하고 다스리는 데 공이 있는 부류, 세 번째는 민간에서 절의를 드러낸 부류이다. 아울러 앞의 두 부류가 가장 많고 그 중에서도 두 가지를 겸한 사람으로 가령 임이는 반청복명 전쟁을 이끈 장수이자 대만을 개척한 공신이다.

첫 번째 부류는 대략 다음을 포괄한다. (1) 명정시대의 반청 인사들, 가령 「제로열전」을 들 수 있다. (2) 청대의 반청 인사들, 가령 「오구유각(吳球劉却)열전」, 「주일관(朱一貴)열전」, 「임상문(林爽文)열전」 등이다. (3) 을미년 대만 할양 시기의 반일 인사들, 가령 「열전8(列傳八)」 6편이다.

두 번째 부류는 명정시대의 대만 개척자들과 청대의 대만 개척자들로 상술한 임이, 왕세걸, 오사 외에 허다한 사람들이 열전에 등장한다. 가령 「강주(姜周)열전」의 강수란(姜秀鑾)과 주방정(周邦正), 「대동탁식(臺東拓殖)열전」의 진문(陳文)과 뇌과(賴科) 등이다. 대만 통치에 공이 있는 인사는 「순리(循吏)열전」 또는 단독으로 「전」을 세웠는데 가령 「심보정(沈葆楨)열전」, 「유명전(劉銘傳)열전」, 「원문탁(袁聞柝)열전」 등등이다.

세 번째 부류는 민간에서 절의를 드러낸 인사로 「충의열전」, 「용사열전」, 「열녀열전」이 있다.

물론 이외에도 상술한 세 가지 부류에 포함시키기는 어렵지만 거기에 가깝거나 유사한 특징을 보여주는 것들이 있다. 가령 「유우(流寓)열전」, 「문원열전」, 「화식열전」, 「향현(鄉賢)열전」 등이다. 그 중에서 「화식열전」은 대만을 개척하고 통치하는 것과 관계가 있으며, 「향현열전」은 「효의열전」에 가깝고 혹은 세 번째 부류에 포함시킬 수 있다.

마지막으로 문제는 「오봉열전」을 어느 부류에 귀속시킬 것인가이다.

「오봉열전」의 특색은 세 부류 인물들의 특징을 모두 가지고 있는 것처럼 보인다. 먼저 오봉은 비록 반청 의지는 없었지만 아족(我族)으로서 이족(異族)에게 맞서는 용기를 보여준다. 이는 반청반일 인사와 견주어 결코 뒤지지 않는다. 오봉이 '토번'에게 맞선 것은 반청반일 인사들의 훌륭한 업적과 견주어 전혀 손색이 없다. 대만 역사에서 오봉은 유일무이한 인물이다. 연아당처럼 독자적인 사관을 가진 사람이 어떻게 유일무이한 용사를 버려두겠는가? 다음으로 오봉은 통사로서 한인들이 황무지를 개척하는 과정에서 토번과 제일선에서 접촉했던 인물이다. 이런 맥락에서 그가 대만을 개척하고 대만을 통치하는 데 공을 세운 두 번째 부류에 속한다는 것은 굳이 설명이 필요 없을 것이다. 끝으로 오봉이 일생 동안 의를 실천하고 장렬하게 목숨을 바친 일은 유가사상의 핵심인 도덕이념을 실천한 것으로서 민간에서 절의를 드러낸 부류에 포함시키는 것도 가능하다.

62편의 「열전」 중에서 단독으로 「전」을 세운 사람은 33명인데 오봉은 그 중의 한 명이다. 단독으로 「전」을 세우는 것은 공로가 현저하거나 혹은 선구자적인 일을 한 사람들이다. 오봉은 이 두 가지 요소를 모두 가지고 있기 때문에 단독으로 「전」을 세운 것이다. 유가모는 오봉의 이야기를 채집한 민요 100수 중에 기록하고 있으며, 예찬원은 『운림현채방책』의 「흉번」 조에 기록하고 있다. 그런데 연아당이 태사공의 필법에 따라 오봉을 위하여 단독으로 「전」을 세운 것이다. 바로 한족 의식을 가지고 오봉고사를 다루고 있으며 이는 오봉 개인의 '이야깃거리'에서 집단의 '역사적 사건'으로 성격을 변화시킨 것이다. 이 과정을 통해서 오봉의 사적은 사전(史傳)문학의 지위를 얻게 된다. 아울러 연아당은 「열전」이라는 비교적 엄격한 사학적 양식을 통해서 오봉이 현재 또는 미래에 대하여 던지는 역사적 의의를 드러낼 수 있었을 것이다. "지난 일을 기록하고 앞으로 올 일을 생각한다"라는 것은 연아당이 「오봉열전」에서 인류의 보편 가치를 전달하고자 한 의도를 보여주는 말이자 오봉은 과거, 현재, 미래를 통하여 역사적 양심의 본보기로 단순히 한족 본위적 관점에만 국한되지 않는다.

한편 「오봉열전」과 비슷한 시기에 일본인들이 퍼트린 판본은 통치 계급이 원주민을 통제하기 위한 수단일 뿐이고 결코 사학적인 의미를 가지고 있지 않다. 일본인들이 오봉고사를 이용한 경위는 다음과 같다. 1904년에 대만 총독부 민정장관 후등신평(後藤新平)이 아리산에 도착하여 시찰을 할 적에 오봉의 이야기를 접하게 된다. 1912년 일본인 중전직구(中田直久)가 「살신성인통사오봉」을 지은 그해에 후등신평은 「아리산통사오원휘비」를 세운다. 1913년에 일본인이 만든 오봉묘가 낙성하자 총독 좌구간(佐久間)이 직접 제사를 주관하고 '살신성인' 편액을 내린다. 그해 「오봉전」이 소학교 교과서에 수록된다. 1930년 10월 말에는 무사(霧社) 사건이 발생하여 오봉에 대한 열기가 고조된다. 일본인이 윤색한 오봉고사는 토번을 더욱 흉악스럽게 묘사하고, 오봉이 토번들에게 자신의 목을 벨 것을 말하는 대목은 더욱 감동적으로 꾸며지며, 오봉을 '동방의 예수'[52]라고 찬미한다. 1937년에 칠칠사변이 발생하자 일본인들은 대만인들이 이른바 '인심사한(人心思漢, 사람 마음은 고향을 생각한다)' 할까 걱정한 나머지 오봉묘의 기마 조상을 제거하고 오봉을 제사 지내는 것을 금지한다.[53]

광복 후에 오봉은 다시 재조명을 받고 초등학교 '생활과 윤리' 교과서에 수록되었다. 학자의 분석에 의하면 교과서에 실린 오봉 이야기는

---

52 옹가음, 「오봉전설연혁고」.
53 官鴻志, 「一座神像的崩解: 民衆史的吳鳳論」, 「인간」 제22기(1987년 8월).

일본인들이 만든 판본에 근거한 것이라고 한다. 여기서 오봉은 평소에 조족(曹族)들이 존경한 장자였는데 한족과 조족을 위해 자신을 희생한다. 오봉을 잘못하여 죽인 조족은 참회의 눈물을 흘리며 다시는 살인하지 않을 것을 맹세한다.[54] 이 내용과 관련하여 정부 측에서 세심하게 판본을 검토하지 않았다는 학자들의 비판도 있었고[55] 원주민 운동가들의 강렬한 반대도 있었다. 관홍지(官鴻志)는 사건이 발생한 지역을 취재하면서 두무치(豆武治)라는 조족 청년을 탐방했는데 그 청년은 오봉을 죽인 사람이 바로 자신의 선조라고 말한다. 그는 오봉이 행한 사기 행각을 낱낱이 거론하면서 오봉에게 조족들이 복수했다고 주장한다.[56] 이 판본에 기록된 오봉고사 또한 일정 정도 진실을 담고 있다. 여기에는 한족이 개척 과정에서 원주민을 내몰고 수탈했던 사실을 반영하고 있으며 이는 오늘날 한족들이 당연히 반성해야 할 것들이다.

　연아당의 「오봉열전」은 조족이 등장하는 판본과 마찬가지로 한족 중심적인 색채를 가지고 있으며 제도권 교육 이념을 염두에 둔 것도 아니지만, 보편적인 인간성을 드높이고 유가사상에서 말하는 인간이 인간되는 기본 이념을 드러내고 있다. 아쉽게도 학자들이 이 점을 놓치고 있는 것 같다. 그들은 역사적 사건의 객관성만을 따지고 심지어는 고문에 익숙하지 않은 나머지 잘못된 해석을 내리는 경우조차 있다. 가장 두드러진 예는 '연대 고증'의 실수이다. 설화원(薛化元)은 「오봉열전」에서 오봉이 강희51년(1712) 통사에 임명되었다고 하면서 다시 그가 통사를 맡은 것은 건륭 때라고 적고 있는데 이는 두 기록이 서로 모순된다

54　옹가음, 「오봉전설연혁고」; 관지도, 「일좌신상적붕해: 민중사적오봉론」.
55　진기남, 「-일직날조적신화-'오봉'」.
56　관지도, 「일좌신상적붕해: 민중사적오봉론」.

고 지적한다.[57] 등공소(鄧孔昭) 또한 연아당의 이 두 기록은 '상호 모순'이라고 지적한다.[58] 사실 설화원과 등공소의 비판은 그들이 역사 기록 방식에 익숙하지 않기 때문에 발생한 오해이다.

「오봉열전」은 전체 세 부분으로 구성된다. '서(序)'에서 "선비는 살신성인을 하는 법이다.……"라고 시작하는 제1부분과 '찬(贊)'에서 "연횡이 말하길……"이라고 시작하는 제3부분은 모두 역사가의 개인적인 관점을 기록한 것이고, 중간에 "오봉은 제라현(諸羅縣) 타묘동보(打貓東堡) 번자담장(番仔潭莊) 사람이다.……"에서부터 "오봉을 아리산의 신으로 받들어 사당을 세우고 제사를 지냈다. 지금 산에 가는 자들이 모두 해가 없다"[59]까지가 본 이야기인 제2부분이다. 「열전」은 「운림현채방책」을 개작하면서 저본에 충실하고자 「운림현채방책」에 근거하여 오봉이 아리산 통사에 임명된 때를 강희51년(1712)으로 적고 있다. 「운림현채방책」에 의하면 '무술년'은 오봉이 죽은 해이다.[60] 무술년은 강희57년(1718)으로 「운림현채방책」 말미에 오봉이 통사를 맡은 지 몇 년에 난을 당했다라고 적고 있다. 오봉이 통사를 맡은 후에 "다른 사람의 목숨을 사서 토번에게 아첨하는 것도 차마 못할 짓인지라 적당한 핑계를 둘러대고 지연시키다가 매양[屢] 약속을 어겼다"라는 대목에서 '누(屢)'가 구체적으로 몇 번인지 알 길이 없기는 하지만, 연아당은 "이와 같이 하기를 5년 동안 했다. 토번은 마침내 오봉이 자신들을 속인 줄을 알았다"라고 적고 있다. 연아당이 제시한 5년은 비교적 이치에 합당해 보인

---

57 설화원, 「오봉사사탐석금평가」.

58 鄧孔昭, 『臺灣通史辨誤』(대만판, 대북: 자립만보출판공사, 1991년), 332쪽.

59 연아당, 『대만통사』, 765-766쪽.

60 예찬원, 「운림현채방책」, 180쪽.

다. 만약 오봉이 토번에게 "사람의 목숨을 사기가 어렵다"라고 하여 소로 대신했는데 2, 3년 만에 토번이 오봉을 죽이려고 했다면 이는 토번의 흉악성을 부각시키는 것이고, 오봉이 7, 8년 혹은 10년 동안 속였는데도 알지 못했다면 토번의 어리석음을 부각시키는 것이 된다. 따라서 5년은 비교적 적절한 햇수로 판단된다. 이런 이유로 강희51년(1712)에 오봉이 통사에 임명되었다고 하는 것이다. 그렇다면 글 말미의 찬문에서 연아당은 무슨 이유로 건륭 때 통사에 임명되었다고 보충 설명을 하는 것일까? 사실 이는 연아당이 갖고 있는 학자적 양심의 발로이다. 그가 「운림현채방책」에 근거하여 이 고사를 서술하기는 했지만 새롭게 파악한 내용들이 더욱 타당하다고 판단했기 때문에 이를 기록함으로써 후대의 사람들에게 올바른 판단을 내릴 수 있는 여지를 남긴 것이다. 그런데 등공소는 이 점에 대해 매우 그럴듯하게 오류를 지적하고 있으며 이와 비슷한 경우가 그의 책 곳곳에서 발견된다. 사실 등공소의 이와 같은 지적은 불필요하기도 하거니와 꼼꼼하게 살펴보지 않은 소치로 여겨진다.

4. '인, 의, 지, 무'의 유가사상 및 문학성의 표현

「오봉열전」에 나타난 유가사상은 오봉이 '인, 의, 지, 무(武)' 네 가지 관념을 강조하는 데에서 살필 수 있다. 물론 「열전」은 논문도 아니고 어록도 아니기 때문에 자세한 부연설명이 있는 것은 아니다. 유지기(劉知幾)는 『사통(史通)』「이체(二體)」에서 『사기』는 「기(紀)」에서 대강을 보여주고, 「전(傳)」에서 구체적으로 서술하고[委曲細事], 「표(表)」에서 연작(年

爵)을 나열하고, 「지(志)」에서 나머지를 총괄하여 서술한다”라고 하는데 바로 「전」은 “구체적인 일을 자세하게 서술하는[委曲細事]” 방식으로서 그 안에 담긴 의리는 통상 인물을 중심으로 하는 고사를 통해서 드러낸다. 「오봉열전」이 비록 「운림현채방책」에 근거하고는 있지만 그 안의 의리는 「운림현채방책」보다 훨씬 깊으며, 이른바 ‘위곡세사(委曲細事)’가 도달한 문학적 성취도 『운림현채방책』보다 뛰어나다.

「열전」에서 본격적인 이야기를 기록하고 있는 제2부분은 생동감 있는 대화와 행동을 통하여 정의감이 넘치고 불굴의 의지를 가진 대장부로 오봉을 그려낸다. 오봉은 임지에 도착했을 때 매년 한족 남녀 두 명을 토번에게 넘겨주면 그들을 희생제사로 바치며 또한 토번이 약속을 지키지 않고 수시로 사람을 죽이는데도 관에서 토벌하지 못했다는 이야기를 듣고서 비분강개한 심정을 토로한다.

오봉이 임지에 도착하여 그 일을 듣고 탄식하며 “저들은 토번이고 우리는 한족이다. 그들이 우리 한족을 죽이도록 해서는 안 된다”라고 말했다. 그러자 어떤 이가 “약속을 해놓고 저들이 따르지 않으니 어떻게 합니까? 매년 두 명을 그들에게 내어주면 공에게는 해가 없을 것입니다”라고 했다. 오봉이 대로하여 “어찌도 그리 비루한가? 죄 없는 사람을 죽이는 것은 어질지 못한 것이고, 동포를 죽여서 이익을 챙기는 것은 의롭지 못한 것이며, 저들이 우리 한족을 죽이고자 하는데 순순히 내어준다면 이는 어리석은 것이다. 우리는 한족 중에서도 강건한 자들인데 그들을 위엄으로 제압하지 못한다면 어찌 사내대장부라 할 것이며, 비굴한 얼굴로 굽실거리면서 토번에게 아첨하는 것은 굳센 자의 모습이 아니다. 만약 하나라도 저촉된 것이 있다면 그대는 하지 마시게!”라고 질책했다.

이 단락은 「운림현채방책」에서 오봉이 "다른 사람의 목숨을 사서 토번에게 아첨하는 것도 차마 못할 짓인지라"는 대목을 부연하여 서술한 것으로 '인, 의, 지, 무' 등의 관념을 보여준다. 특히 오봉의 위풍당당한 웅변에서는 맹자의 이른바 대장부는 "위엄과 무력에도 굴하지 않는다" (『맹자』 「등문공하」)라는 기개가 풍겨난다. 이어서 연아당은 구체적으로 오봉이 '불인', '불의', '부지', '불무'를 행하지 않은 것을 소상히 밝힌다. 그 해에 토번이 와서 약속대로 남녀 두 명을 내주라고 하자 오봉이 "올해는 대풍이라 사람을 구하기 어렵다. 소 몇 마리로 우선 대신 제사를 지내고 내년에 배상하겠다"라고 응변하는 대목은 「운림현채방책」 중의 "적당한 핑계를 둘러대고 지연시키다"의 한 구절을 부연한 것이다. 이처럼 토번을 속인 지 5년 후에 토번이 결국 속은 것을 알고 오봉을 죽여서 제사를 지내고자 했다. 이에 오봉이 자신을 희생하기로 결심하고 죽기 전에 여러 조치를 취하는데 여기서 죽음을 앞두고서도 전혀 흔들림 없는 용기와 지혜를 살필 수 있다.

오봉이 말하길, "……저 토번이 과연 나를 죽이고자 한다면 나는 죽어서 역귀가 되어 모조리 섬멸하겠다"라고 했다. 본시 오봉이 거처하는 곳은 산에서 가까웠다. 벌목과 개간에 종사하는 건장하고 힘센 장정 수십 명을 4개 분대로 편성하여 근처에 매복하게 했다. 그리고 "토번이 도망할 적에 공격하라"고 지시해두었다. 또한 종이로 자신을 닮은 인형을 만들게 하여 찢어진 눈에 머리는 풀어 헤치고 긴 칼을 들고 성난 말에 태워서 산을 향해 세워두라고 했다. 가솔들에게 또 "토번이 이르면 틀림없이 싸움이 일어날 것이니 나의 호령 소리를 듣거든 너희도 소리를 지르고 폭죽을 터트려서 우리를 돕도록 해라" 하고 단단히 일러두었다.

오봉이 가솔들과 부하들에게 자신이 죽은 후에는 귀신이 되어 토번을 해칠 것임을 알리는 대목은 「운림현채방책」에 근거한 것이다. 최초의 기록인 유가모의 「해음시」에는 "오봉이 죽었다. 그 사(社)에 사는 토번들이 매양 저녁 무렵이면 말에 올라탄 오봉이 산발을 한 채 검을 차고 외치는 것을 보았다. 많은 토번이 역병에 걸려 죽었다"[61]라고 적혀 있다. 예찬원과 연아당의 귀신설과 비교하면 유가모의 설이 훨씬 과학적이다. 이는 아마도 시대적 차이인 것 같다. 한편 모든 조치를 마친 후에 오봉은 토번과 담판을 짓는다. 연아당의 붓끝에서 오봉이 죽음이 임박한 찰나에도 침착하게 전혀 흔들림 없는 모습과 그가 죽은 후에 두려움에 떨며 어쩔 줄 몰라 하는 토번들의 모습이 선명하게 살아나면서 오봉의 주도면밀함을 분명히 보여준다.

며칠 지나서 토번의 추장이 무리 수십 명을 거느리고 오봉의 집에 왔다. 오봉이 당상에 꼿꼿이 앉았는데 위엄이 넘쳤다. 추장이 "그대가 우리와 약속한 것을 어찌하여 어겼는가? 지금 사람을 내어주지 않는다면 돌아가지 않겠다"라고 추궁하였다. 그러자 오봉이 질책하면서 "몽매한 무리들아, 내가 죽는 한이 있더라도 사람을 내주지는 않을 것이다"라고 응변하였다. 토번이 노하여 칼날을 오봉에게 들이대자 오봉 또한 맞섰다. 마침내 토번의 추장이 죽었다. 큰 소리로 "오봉이 토번을 죽이러 간다"라고 외치자 주변에서도 다같이 "오봉이 토번을 죽이러 간다"라고 합심하여 외치며 꽹과리와 북을 온 산이 진동할 정도로 두드렸다. 토번이 놀라서 달아나자 오봉 휘하의 무리가 공격하여 섬멸하였다. 간혹 간신히 살아남아서 산으로 도망치는 한두 명은 오봉이 쫓아오는 것을 보고 기겁하여 죽었다. 부녀자들은 놀라서 집 안에 꽁꽁

---

61 진소영, 「대만시선주」, 107쪽.

숨어 있다가 아사했다. 이윽고 전염병이 돌았는데 48개 사(社)의 토번들이 산으로 말을 몰고 들이닥치는 오봉의 환영을 보지 않은 자가 없었다.

연아당은 '서'(제1부분)에서 오봉의 인애를 강조하고 '찬'(제3부분)에서는 오봉의 무용을 강조한다. '서'에서 이렇게 말한다.

선비는 살신성인하는 자이다. 크게는 나라를 위해서, 다음으로는 고향을 위해서, 그리고 친구를 위해서 죽는다. 형가(荊軻)나 섭정(聶政)의 무리는 자기를 알아주는 것에 감동하여 과감히 자신의 목숨을 버렸는데 족히 나약한 자의 기상을 진작시킬 만하다. 이에 협객의 칭호를 받고 백세토록 이름을 드높였다. 아! 오봉은 한족을 위해서 죽었지만 오늘날까지도 아리산을 지나는 사람들은 누구나 그의 용감한 행적을 이야기하며 추모한다. 오봉 같은 이가 어찌 한족에게 없을 수 있겠는가? 극진한 예과 풍성한 제사를 드린 후에나 우리 선민의 덕에 보답할 수 있을 것이다.

연아당은 "인을 이룬다"는 것은 나라와 고향과 친구를 위해서 죽는 것인데 오봉은 한족을 위해서 죽었으니 나라를 위해서 죽은 것보다 더 위대하다고 평가하면서, 오봉이 "한족을 위해서 죽음을 선택"했기 때문에 그를 기념하는 것이 "우리 선민의 덕에 보답하는 것"이라는 점을 강조한다. 이처럼 주체적인 한족 의식은 『해음시』와 『운림현채방책』에서는 찾아볼 수 없는 것으로 당시 연아당이 처한 시대상에 대한 감회를 반영한다. 한편 '찬'에서 "오봉의 위엄이 지금까지도 아리산에 있다"라는 표현은 오봉의 무용을 강조한 것이다. 일본인이 퍼트린 판본에서는 오봉의 무용은 완전히 소실되고 그를 자상한 노인으로만 묘사하는데 이는 의심할 여지 없이 일본인들이 대만인의 무장을 해제하고 식민통치의 야심을 성취하려는 의도라고 할 수 있다. 『운림현채방책』과 「오봉열전」 중에서 오봉의 무용은 전체 고사 중에서 줄거리의 전개, 대화의 어조, 인물의 정신세계 등을 표현하는 데 영향을 미친다. 연아당이 '무용'을 고사의 중심에 둔 의도는 당연히 시대적 요인이다. 그는 자신을 '무공(武公)'[62]이라 자호하고, 손자에게는 '전(戰)'이라는 이름을 지어주었는데 이 또한 중국과 일본이 최후의 일전을 겨루어 대만을 광복하자는 의미를 담고 있다.[63] 이는 연아당이 대만을 할양한 것은 중국의 군사력이 약하여 일본과 전쟁을 벌일 수 없었기 때문임을 잊지 않았기 때문이다.

연아당은 『대만통사』에서 명정을 논하면서 '아족지무(我族之武)'를 거론한다. 「군비지」에 "네덜란드 사람이 ……다시 우리 연평군왕에 의해 내쫓겼다. 힘을 키워 내지를 다시 회복할 것을 도모했다. 따라서 정성공에게 몰려든 이들은 모두 한결같이 충의의 무리들이요 용사들이었다. 하늘이 명나라를 미워하여 2대에 명정이 망하고 말았다. 그러나 그때의 위엄은 아직도 여전하다. 안평(安平)의 보루와 철침(鐵砧)의 산에서 낙조가 바다에 비치는 모습을 바라보자니 감회가 새롭다. 이것이 우리 한족의 무(武)이다"[64]라고 적고 있다.

「용사열전」의 '서'에서 연아당은 "합종연횡하던 시대에 선비는 공공의 원수들을 대적하고 개인적인 다툼을 부끄럽게 여겼다. 따라서 사람들이 무용을 숭상하여 국가를 보호할 수 있었다. 한나라도 이 전통을 계승하였다"[65]라고 말한다. 이 글에서 설명하고 있듯이 '무(武)'의 진정

---

62 비록 연아당이 당호를 '武公'으로 삼은 것은 손문(쑨원)을 앙모한 데에서 연유하지만(임문월, 『청산청사: 연아당전』, 39쪽) 연아당의 기타 글을 살펴보면 그 안에 또 다른 뜻을 담고 있음을 알 수 있다.

63 임문월, 『청산청사: 연아당전』, 210쪽.

64 연아당, 『대만통사』, 282쪽.

65 연아당, 『대만통사』, 944쪽.

한 의미는 개인적인 다툼이 아니라 공공의 원수를 대적하고 국가를 보호하는 것이다. 이는 유가의 '인의'를 '무'의 경지로 승화한 것이다. 연아당은 이어서 "대만은 바다 한가운데 황량한 섬이지만 여기에 거처한 우리 선민들은 굳은 의지와 필사의 마음을 가지고 있었다. ……또한 연평군왕이 그들을 독려하였는데 그때의 유풍이 아직도 사라지지 않고 살아 숨 쉬고 있다"[66]라고 적고 있다. 이는 '무용'이 선왕 선민들이 가지고 있던 덕임을 보여주는 것이다. 또한 「용사열전」에 실린 이야기들은 '무용'이 유가에서 주장하는 '용감함'을 구체적으로 발휘한 것임을 설명한다. 「상청사관서(上淸史館書)」에서 연아당은 더욱 분명하게 '무'의 중요성을 지적한다. "우리 선민들이 강인하고 굳센 의지로 온갖 고난을 헤치고 전진하여 ……한족의 기상을 드높였다. ……자손이 무를 숭상하지 않아서 남의 명령을 듣게 되었다."[67] 그리하여 마침내는 "서로서로 이민족의 노예가 되고 말았다."[68]

공자 문하에서는 본래 무용을 중시하여 활쏘기와 말타기는 원칙적으로 필수과목이었다. 무를 숭상하는 정신은 공자의 "그 뜻을 굽히지 않고 그 몸을 욕되게 하지 않았다"에서부터 맹자가 말한 '대장부'의 기개까지 언제나 담대하게 맞서 두려워하지 않는 '용기'로서, 바로 '인의'를 지키는 보루인 것이다. 「오봉열전」은 인, 의, 지, 무 등의 관념을 대만 역사 속에서 특정한 장소와 인물을 통하여 극적 흥미를 가미하면서 성공적으로 보여주고 있다. 여기서 오봉이 보여준 무용은 이야기의 중요한 축을 형성하면서 생동감을 불어넣고 있다. 「오봉열전」의 성과는 중

---

66 연아당, 「대만통사」, 944-945쪽.

67 연아당, 「아당문집」, 125쪽.

68 연아당, 「아당문집」, 126쪽.

국 사전(史傳)문학의 정수를 잘 보여주고 있으며, 유가의 이념을 구체적으로 살아 있는 역사를 통해 보여준 데에 있다고 할 것이다. 연아당은 "지난 일을 기록하고 앞으로 올 일을 생각한다"라는 사학 정신을 가지고 「오봉열전」을 통해서 일본 강점 시기를 살았던 대만 유학자의 애통한 심정을 전달하고 있다. 군사력으로 지킬 수 없는 나라는 그 국민들이 남의 명령을 받게 되며 마침내 이민족의 노예가 된다는 것을 말하고 싶었을 것이다.

■ 본 논문은 '중국 근대문화의 해체와 중건 및 연횡'이라는 주제로 열린 학술대회(정치대학대학원 주최, 1997년)에서 발표한 논문이다.

6장

연아당의 『대만통사』와
유가의 춘추의리학

서론

연아당의 『중국통사』는 일본 대만 점령 시기에 완성되었다. 이 책이 만들어진 특수한 상황과 문학적, 사학적 성과에 대한 평가는 대략 몇 가지로 정리할 수 있다. (1) 중국 최후의 사전(史傳)문학이다. (2) 중국 영토를 이민족에게 할양한 지역에서 쓰였기 때문에 정치적으로 이 책이 탄생한 곳은 중국 영토에 속하지 않는다. (3) 중국 역대의 정사는 조정에서 관할하는 것이 통례이다. 참여 인력도 보통 한 사람에 그치지 않았으며 조정에서 소장한 방대한 자료를 활용한다. 그러나 『대만통사』는 연아당 개인이 민간학자의 신분으로 일본 식민통치자의 박해 위험을 무릅쓰고 10년의 풍상을 보내며 완성한 책이다. 이는 중국 사학사에서 매우 특수한 경우에 해당한다. (4) 이 책을 쓴 시기는 민국 성립 4년 전부터 민국7년까지(1908-1918)[1] 5·4 신문화 운동이 발생하기 전에 완

---

1 鄭喜夫 編, 『民國連雅堂先生橫年譜』(대북: 대북상무인서관, 1980년), 63쪽, 117쪽.

성되었다. 연아당이 비록 정치적으로 손중산(손문)의 국민혁명을 지지하기는 했지만 문화적으로는 전통을 고수했다. 대만의 신문화 운동은 1920년대 초에 이르러서야 발생하였다. 60만 자에 달하는 『대만통사』는 전아하면서도 활달한 고문을 사용하고 있는데 전통 문학과 사학의 지식을 충분히 활용하고 있으며, 신문화 운동의 도전에 맞서 구문화를 수호한 가장 유력한 보루가 되었다. 따라서 전통 혹은 현대의 관점이든지, 대만 혹은 중국의 관점에서 보더라도 이 책의 가치는 전혀 퇴색하지 않는다.

남명사(南明史)와 대만사를 연구한 선배 학자인 양운평(楊雲萍)은 민국74년에 출판한 신판 서문에서 "『대만통사』는 일본인이 대만을 점령한 지 23년이 지난 후에 완성된 책이다. 강산도 변하고 세상도 이미 다 변했다. 연아당이 비분강개한 마음으로 앞날을 기약하면서 이 거작을 완성했다. ……이 고전은 대만의 강산처럼 영원히 사라지지 않을 것이다."[2]라고 그 의의를 밝히고 있다. 『대만통사』는 확실히 대만인이 중국 인문학 전통에 기여한, 중요한 경전이다. 또한 『대만통사』가 이룬 성과는 중국 경전의 각도에서 탐구하지 않으면 안 된다. 사실 『대만통사』는 춘추의리학의 전통에 가깝고, 연아당 본인 또한 의식적으로 춘추의리학의 계승자로 자처했다. 여기에는 양운평이 지적한 요인 외에도 일본 점령이라는 시대적 상황도 작용하고 있을 것이다. 아울러 연아당 가문에 흐르는 민족정신 및 춘추의리학을 위주로 한 가학(家學)도 영향을 주고 있을 것이다.

「과고거기(過故居記)」에서 연아당은 그의 가학을 언급한다. "선군은 『춘추』와 『전국책』 및 『삼국지연의』를 즐겨 읽으셨고, 옛날 충의(忠義)에

---

2 楊雲萍,「新序」, 『대만통사』(수정교정판, 대북: 국립편역관 중화총서, 여명출판공사인행, 1985년).

관한 일들을 자주 말씀하셨다. 내가 가학에서 배운 것이 매우 많다."[3] 춘추의리학은 연아당의 가학일 뿐만 아니라 연씨 가문은 민족정신을 가문정신의 핵심으로 삼아서 7대를 내려오는 동안 전혀 변하지 않았다. 연아당은 『대만통사』 「제로(諸老)열전」의 '찬'에서 이렇게 말한다.

선조 흥위(興位)공은 영력35년에 태어나셨는데 2년이 지나자 명정(明政)이 망했다. 어려서 상심한 일을 겪고 나서 장성하자 은둔할 생각을 품었다. 마침내 용계(龍溪)를 떠나 멀리 곤해(鯤海)로 이사하여 정씨(鄭氏)의 옛 보루에 거처를 정했다. 현재까지 벌써 7대가 된다. 천분을 지키고 안빈낙도하며 대대로 조용히 덕을 닦고 공부하였으되 과거에는 응시하지 않았다. 이는 여전히 좌임(左袵)을 통탄한 것이다. 따라서 흥위공에서부터 조부, 부친에 이르기까지 모두 명나라 식으로 염(殮)하였다. 고국을 사모하는 애틋함이 아득하다.[4]

「제로열전」은 이 단락의 자전식 고백으로 글을 마치고 있다. 연아당 가문의 이와 같은 정신은 명정이 간직한 반청복명의 민족정신을 계승한 것으로 볼 수 있다. 이와 같은 정신이 유독 연아당에게 두드러지는 이유는 일본 점령 시기 대만인의 상황이 명말의 유민과 유사하기 때문일 것이다. 연아당은 늘 '대만 유민'으로 자처했다.

연아당은 재주가 출중하고 박학한 데다 중국의 문학과 사학을 두루 섭렵했지만 결국 가학과 시대적 상황에 의해 사학으로 일가를 이루었다. 이 글은 중국 사학 전통의 관점에서 20세기에 완성된 이 경전이 어

---

3 連雅堂, 「過故居記」, 『雅堂文集』(대북: 대북은행 경제연구실, 대만문헌총간 제208종, 1964년), 87쪽.
4 연아당, 『대만통사』, 721쪽.

느 부분에서 전통사학의 기본 정신을 계승했는지 탐구하고자 한다.

1. '계절존망'과 '복수'의 의리

이른바 춘추의리학은 공자가 찬수한 『춘추』에서 시작하여 『좌전』, 『공양전』, 『곡량전』에서 발전을 이루고 『사기』에서는 한층 성숙한 면모를 보인다. 공자가 『춘추』를 지은 뜻에 대해서는 후학이 설명하고 있다. 가령 『맹자』 「등문공하」에서 "세상에 도가 땅에 떨어지고 사악한 말과 난폭한 행동이 횡행하여 신하가 임금을 죽이고 자식이 부친을 살해하는 일이 생겼다. 공자가 이를 걱정하여 『춘추』를 지었다. 『춘추』는 천자의 일이다. 그러므로 공자가 '나를 알아주는 이도 오직 『춘추』를 통해서이고 나를 벌하는 이도 오직 『춘추』일 것이다'라고 했다. ……옛날 우임금이 홍수를 막아서 천하가 안정되었고, 주공이 오랑캐를 내쫓고 맹수를 내몰아서 백성이 평안해졌고, 공자가 『춘추』를 짓자 난리를 일으키는 신하와 못된 자식들이 두려워했다"라고 밝히고 있다. 여기서 맹자는 공자가 『춘추』를 지은 것을 "우임금이 홍수를 막고" "주공이 오랑캐를 내쫓은 것"과 같은 중대한 역사 사건으로 평가하고 있으며, 동시에 『춘추』가 "난리를 일으키는 신하와 못된 자식들을 두려워하게" 할 수 있다는 것을 강조한다. 분명한 것은 난신과 적자가 두려워하는 것은 춘추학이 가지고 있는 강한 도덕적 심판을 그들이 알기 때문이다.

'『춘추』 삼전' 중 『좌전』 또한 『춘추』에서 보여준 도덕적 심판 작용을 논한다. 『좌전』 '성공14년' 조에 "따라서 군자가 『춘추』의 기록은 말이 세밀하면서 의리가 분명하고 사건을 기록하면서도 함축한 것이 심원하다. 표현이 완곡하면서도 이치가 정연하고 끝까지 따지면서도 왜곡하는 것이 없다. 또한 악을 징계하고 선을 권면한다. 성인이 아니면 누가 능히 수찬할 수 있겠는가?'라고 했다." 이 단락은 『맹자』의 내용보다 더욱 분명하게 권선징악 하는 『춘추』의 도덕적 기능을 밝히고 있다.

『공양전』'애공14년' 조에 "서쪽에서 수렵하다가 기린을 잡았다. 공자가 '우리의 도가 이제는 끝났다'라고 했다." 이 대목 다음에 『춘추』의 도덕적 심판 기능을 논하고 있다. "군자가 왜 『춘추』를 지었는가? 난세를 다스려 정도를 회복하는 것이 『춘추』보다 좋은 것이 없기 때문이다." 이 대목은 앞에서 언급한 맹자의 "세상에 도가 땅에 떨어졌다", "공자가 『춘추』를 짓자 난리를 일으키는 신하와 못된 자식들이 두려워했다"라는 말이 발전한 것이다. 그렇지만 '발난반정(撥難反正, 난세를 다스려 정도를 회복하는 것)'이라는 표현은 간이직절 하게 『춘추』의 정신을 잘 설명하고 있다.

춘추의리학의 기본 정신을 구체적이면서도 체계적으로 밝힌 사람은 사마천이다. 그는 『사기』「자서」에서 이렇게 말한다.

상대부 호수(壺遂)가 "옛날에 공자가 무엇 때문에 『춘추』를 지었는가?"라고 물었다. 태사공이 대답했다. "내가 동생(董生, 동중서)에게 들었는데 '주나라의 도가 쇠퇴한 때에 공자가 노나라의 사구(司寇) 벼슬을 하고 있었다. 제후들과 대부들이 방해하고 가로막는지라 공자가 충언을 가납하지도 않고 도를 펼 수도 없는 상황을 이해하고 240년 동안의 시비를 분명히 하여 천하의 의리를 판정하는 준거를 만들었다. 천자를 폄하하고 제후를 물리치며 대부를 성토한 것은 왕의 일을 했을 뿐이다'라고 했다. 공자는 '내가 공허한 말을 기록하는 것은 절실하면서도 분명한 사건을 보여주는 것만 못하다'라고 했다. 『춘추』는 위로는 삼왕의 도를 밝힌다. 아래로는 인사의 기강을 분별하고 혐의를 변별하며, 시비를 밝히고 유예를 확정하며, 선은 선대로 악은 악대로 응당하게 처분하며, 현자는 현자로 대우하고 불초한 자는 천하게 대우한다. 망한 나라를 보존하고 끊어진 세대를 이어주며, 낡은 것을 보충하고 폐지된 것을 일으킨다. 이것이 왕도를 실천하는 큰 도리이다."

이 단락은 춘추의리학의 기본 정신을 잘 표현하고 있다. 그 중에서 '계절존망(繼絶存亡, 망한 나라를 보존하고 끊어진 세대를 이어준다)'의 춘추의리는 일본 점령으로 한족이 생사존망의 기로에 선 시대를 살고 있는 연아당에게 강한 영향을 주었다. 『대만통사』 「자서」에서 "나라가 망할지는 몰라도 역사는 망하게 할 수 없다"라는 대목과 『대만통사』의 기록들은 '발양종성(發揚種性, 한족의 기개를 높이 드러낸다)'에 그 의미가 있다고 할 수 있다. 또한 연아당은 '계절존망'의 목적을 가지고 『대만시승(臺灣詩乘)』과 『대만어전(臺灣語典)』을 편찬하였다. 『대만시승』 「서」에서 "내가 걱정하는 것은 역사가 없는 것이다. 역사가 없는 고통은 내가 이미 말하였다. 10년 동안 온 정력을 바쳐 『대만통사』를 짓고 여가를 이용하여 『대만시승』을 완성했다"[5]라고 한다. 『대만고석』 「서이(序二)」에서 연아당은 절실하게 말한다. "내가 선현들에게 들었다. 남의 나라를 멸하려면 먼저 그 역사를 없앤다. 남의 근본을 파괴하려면 그 기강을 망치는데 이 또한 역사를 먼저 없앤다. 인재가 나오지 못하도록 하고 교육을 말살하는 것도 역사를 먼저 없앤다." 일본인들이 대만어를 금지하자 연아당은 "내가 아무리 생각해봐도 소멸될까 걱정이다"[6]라고 탄식한다. 따라서 『대만통사』가 '계절존망'의 동기에서 나왔을 뿐만 아니라 『대만시

---

5 연아당, 『아당문집』, 33쪽.
6 연아당, 『아당문집』, 37쪽.

승』과『대만어전』도 같은 목적을 갖고 있음을 있다.

춘추의리학에서 주장하는 '계절존망'의 정신은 '복수' 관념과 일맥상통한다.『공양전』'장공4년' 조에 "9대(九代)가 지나도 복수를 할 수 있는가? 100대를 넘어서도 가하다"라는 말이 나온다. 이 대목은 제(齊)나라 양공(襄公)이 9대 전의 애공(哀公)을 위해 복수한 것에 관한 이야기이다. 공자가 찬수한『춘추』에는 복수에 관한 구체적인 언급이 없다. 그러나『논어』「헌문」에서 공자가 "이덕보원(以德報怨)"에 대한 질문에 "이직보원(以直報怨)"으로 대답한 대목은 '복수'의 관념이 일견 보인다. '춘추삼전'에서『공양전』은 특별히 '복수'의 의리를 강조한다. 후에 동중서와 태사공은 이를 더욱 발전시킨다. 동중서의『춘추번로』「왕도제육(王道第六)」에서 "『춘추』의 의리는 신하로서 적을 토벌하지 않으면 신하가아니고, 자식으로서 부모의 원수를 복수하지 않는다면 자식이 아니다"라고 한다. 사마천은 오자서의 복수를 긍정하고「전」을 세웠다. 이는『공양전』'정공4년' 조에서 오나라 왕이 초나라를 정벌한 것에 대하여 "아버지가 죄가 있어서 주살(誅殺)된 것이 아니라면 자식이 복수하는 것이가능하다"라고 평하는 대목에 근거한다.[7]『사기』는 집안의 원수를 복수한 일을 기록했을 뿐만 아니라 나라의 원수를 복수한 역사도 널리 알린다. 가령「항우본기」에 "초나라가 비록 세 집만이 남을 지라도 진나라를 망하게 할 자는 초나라 사람이다"라는 당시의 도참설을 기록했는데,『집해』에서는 "초나라 사람들이 진나라를 원망하여 겨우 세 집만이 남을지라도 충분히 진나라를 망하게 할 수 있다"라고 해석한다. '복수'가

---

7 사마천이 오자서의 본전을 세운 것은『공양전』의 말에 근본한다. 이에 대해서는 다음을 참조. 서복관,「先秦儒家思想發展中的轉折及天的哲學大系統的建立: 董仲舒『春秋繁露』的研究」,『兩漢思想史』(대북: 대만학생서국, 1976년) 권2, 362쪽. 인용문에서 "父不受誅(아버지가 죄가 있어서 주살된 것이 아니라면)"이라는 말의 해석도『공양전』에 근거하였다.

나라의 원수를 갚을 때 '계절존망'의 정신과 관통하며 이때 '복수'는 단순한 복수가 아니라 '복국(復國)'의 의미를 갖는다.

『공양전』과 『사기』와 비교해보면 『대만통사』는 복수의 의리를 유례없이 강조한다. 집안의 복수나 나라의 복수를 막론하고 연아당은 무수한 고사들을 통해 복수의 의리를 선명하게 부각시킨다. 이는 이민족이 통치하는 대만이라는 특수한 시공간을 살아가야만 했던 연아당이 조국의 광복을 오매불망 소망한 연유일 것이다. 신해혁명 성공 후에 쓴 「고(告)연평군왕문」에서 연아당은 감동적으로 '복수'를 그려낸다.

> 춘추의 의리는 9대가 지나도 여전히 원수인 것이다. 초나라가 망하여 세 집만이 남았어도 옛날을 회복시킬 수 있었다. 오랑캐의 우두머리를 권좌에서 끌어내고 온 중화에서 공화정을 실시하려고 합니다. 천명이 일신하여 혼신을 다해 용감히 전진하고자 하오니 왕의 신령께서 보우하여 주소서.[8]

글 중에서 연아당은 자신을 '대만 유민'이라고 자칭하고 신해혁명을 '중화광복'이라고 규정한다. 또한 국민혁명을 정성공의 반청복명에 연결시키고 마침내 "춘추의 의리는 9대가 지나도 여전히 원수인 것이다. 초나라가 망하여 세 집만이 남았어도 옛날을 회복시킬 수 있었다"라는 말로 종지부를 찍고 있다. 이 글 안에는 이민족을 몰아내고 대만 광복을 염원하는 간절한 기원이 깔려 있다. 사실 일본 점령 시기의 대만인은 항상 망국의 고통을 안고 살아가야만 했다. 이른바 '초국삼호(楚國三戶, 초나라에 오직 세 집만이 남더라도)'의 고사를 가슴에 새기고 자신을 면려한 사람은 비단 연아당 한 사람만은 아니다. 임유춘(林幼春)은 1911년

---

8 연아당, 『아당문집』, 115쪽.

양계초(梁啓超)가 대만을 방문했을 적에 지은 「봉화임공선생원운지작(奉和任公先生原韻之作)」이라는 칠언율시에서 이렇게 읊고 있다. "초나라가 망해도 초나라를 회복시킬 세 집안이 있다고 말하기는 했지만 서로 얼굴을 마주 보며 두 줄기 눈물을 흘렸네. 초나라의 죄수가 죽음을 감내하며 의연히 버틴 데는 초나라의 관을 쓰고 각건을 마주할 작정이었네."[9]

'초국삼호'로 자신을 면려한 데에는 바로 나라를 광복시키는 데 뜻이 있는 것이다. 연아당이 『대만통사』에서 선양한 '복수' 관념 중에는 나라의 원수를 응징하는 것만이 아니라 집안의 원수를 복수하는 것도 있는데 그 중에서도 여성이 집안의 원수를 복수한 내용들이 많은 점이 눈에 띈다.

나라의 원수를 복수한 것으로는 명정왕조의 반청 활동을 가장 높이 평가했다. 그 다음은 주일관(朱一貴)처럼 청조에 대항하여 봉기를 일으킨 인물이다. 연아당은 『대만통사』 전체를 통하여 명정왕조가 견지한 복국의 의지를 매우 추앙한다. 『대만통사』 「군비지」에서는 네덜란드 사람이 대만을 점거한 사실을 거론하면서 "38년이 지나서 다시 우리 연평군왕에 의해 내쫓겼다. 힘을 키워 내지를 다시 회복할 것을 도모했다"라고 적고 있다. 복국을 도모하는 자는 반드시 무용을 숭상하기 마련이다. 연아당은 바로 이어서 "평안(安平)의 보루와 철침(鐵砧)의 산에서 낙조가 바다에 비치는 모습을 바라보자니 감회가 새롭다. 이것이 우리 한족의 무(武)이다"[10]라고 한다. 『대만통사』 「종교지」에서 연아당은

---

9 任幼春의 생애와 본 시에 대한 해석 및 양계초의 답시에 대해서는 다음을 참조. 陳昭瑛 選注, 『臺灣詩選注』(대북: 정중서국, 1996년).

10 연아당, 『대만통사』, 282쪽. 특히 연아당이 유가사상 중 소략된 감이 있는 상무정신을 드높인 대목은 제5장 참조.

정성공이 죽은 후에 신이 되어 백성의 숭배를 받았다고 한다. 그가 대만을 개척한 공로가 있고 복국을 위해 노력했기 때문이다. "연평군왕이 대만에 들어온 후에 농토를 개간하고 문교에 힘썼다. 명나라의 유명을 간직하고 청나라에 항거하였다. 그 충정과 대의는 고금을 통해 찬란히 빛나고 있다. 사후에는 민간에서 묘당을 세우고 제사를 지냈다."[11] 또한 『대만통사』「예문지」에서 명정 시기에 문학이 충분히 발달하지 않은 것은 복국의 마음이 절실하여 문예를 경영할 겨를이 없었기 때문이라고 설명한다. "우리 연평왕이 고국이 망한 비통한 마음에 한 뼘밖에 안 되는 작은 땅과 사람으로도 간절히 복국을 염원하여 우리 선민이 이 일에 충심으로 달려들어 전심전력을 다했다. 그리하여 왕의 군대가 되어 마치 이미 떨어진 해를 다시 끌어올리듯 악전고투를 했으니 우리 선민들이 차마 문명을 밝히지도 못했고 밝힐 겨를도 없었다."[12]

시랑(施琅)과 청대에 봉기를 일으킨 사건을 기록하면서 연아당은 복수의 의리에 주목한다. 원래 정성공의 부장이었던 시랑이 청나라에 항복하고 청나라 군사를 인도하여 대만을 공격하였는데 연아당은 명정을 옹호하는 입장에서 그를 비판하지 않고 도리어 자식의 복수라는 측면에서 동정을 표한다. 『대만통사』「시랑열전」에서 "시랑은 정씨의 부장으로 죄를 얻어 청에 투항하였다. 마침내 청나라 군대를 빌려서 명정을 전복하였으니 잔인하다. 시랑이 오자서가 원한이 있어 초나라가 망한 것을 도모한 것과 같으니 내 어찌 견주(譴誅)하리오만 대만에 오자서와 같은 이가 없어서 초나라를 위하여 복수하지 못하는 것이 안타까울 뿐

---

11 연아당, 『대만통사』, 548쪽.
12 연아당, 『대만통사』, 588쪽.

이다."[13] 연아당이 오자서가 복수한 고사를 시랑에 비유한 것은 실로 절묘하면서도 역사적 상상력이 풍부하다고 할 것이다. 찬문에서 '복초'를 기대하는 것으로 결론을 맺고 있는데 이는 자신의 원래 입장을 밝힌 것이다. 짧은 단문이지만 균형을 잃지 않으면서 구성이 매우 치밀하다.

「시랑열전」 다음은 「오구·유각(吳球·劉却)열전」인데 「시랑열전」 다음에 이를 배치하여 전체적인 균형을 맞추고 있다. 연아당이 오구와 유각을 위하여 「전」을 세운 것은 사마천이 진섭(陳涉)과 오광(吳廣)을 위하여 「전」을 세운 것과 유사하다. 모두 '선봉자'의 역할을 중시한 것이다. 오구는 명정이 항복한 후에 첫 번째로 청에 항거한 인물이고, 유각은 5년 후에 의거를 일으켰다. 「오구·유각열전」의 서두에서 연아당은 분명하게 밝힌다. "대만이 청에 복속된 후로 사람들은 고국을 생각하고 늘 광복을 도모했다. 민간에서 항거가 10여 차례 있었는데 오구가 첫 번째이다. 그는 명나라 유민으로 제라의 신항에 살았는데 평소에 뜻이 있었다. 산중의 호걸들과 대사를 도모했지만 실패했다."[14] 오구가 도모한 거사가 사전에 진압되었음에도 불구하고 연아당이 「전」을 세운 데에서 '선봉자'를 중시하는 연아당의 입장을 살필 수 있다. 이는 사마천 사학의 영향과 관계가 있다고 할 것이다. '선봉자'의 공 외에도 연아당은 이들이 보여준 복국의 염원을 중시한다. 찬문에서 "오구와 유각은 일개 백성에 불과하지만 망국의 한을 가슴에 품고 떨쳐 일어났다가 모두 죽임을 당했다. 사람들은 그들이 어리석다고 비웃지만 나는 그들의 용기를 흠모한다."[15]

---

13 연아당, 『대만통사』, 738쪽.

14 연아당, 『대만통사』, 739쪽.

15 연아당, 『대만통사』, 740쪽.

「오구·유각열전」다음은「주일관열전」이다. 연아당이 오구와 유각을 주일관의 선구자로 보고 있음을 알 수 있다. 「주일관열전」은 매우 감동적인 글이다. 주일관을 손에 잡힐 듯이 묘사할 뿐만 아니라 거기에 나오는 격문은 고금에 둘도 없는 걸작이다. 이 격문은 당연히 연아당의 붓끝에서 나온 것으로 연아당이 '복수'의 의리를 얼마나 찬미하는지 볼 수 있다. 「열전」에서 주일관이 중흥왕(中興王)이 되자 옛 명나라를 높이고 천지와 역대 조종과 연평군왕에게 제사를 드린다. 이때 세상에 공표한 격문에서 명나라가 개국했던 것은 옛 땅을 수복하는 것이었음을 밝힌다. "옛날 오랑캐 원나라가 중국을 강탈하여 신주(神州)의 이름을 침탈하였다. ……우리 태조 고(高)황제가 칼을 뽑고 일어나 ……우리의 땅을 수복했다." 이어서 명말에 청병이 산해관을 깨트리고 중국을 또다시 강탈한 것을 묘사한다. "마침내 명나라의 유민들이 노예가 되고 금수강산은 오랑캐 땅이 되었다." 이어서 연평왕의 숙원을 서술하여 복명을 꿈꾼 주일관을 더욱 선명하게 보여준다. "연평군왕은 충의와 대의가 가득 찬 분으로 하늘의 때가 되어 세상에 나타났다. 부(府)를 설치하고 명나라를 수복하고자 하여 민(閩)과 월(粤) 일대를 경략했다. ……우리 선민을 인솔하여 새로운 도읍을 건설하고 명나라의 유업을 이어받았다. 정예의 군사를 양성하면서 때가 되면 일어날 것을 기약했다." 격문 중에 주일관은 초나라에 잔존한 세 집에 자신을 견주면서 "따라서 작은 땅이지만 여기서부터 고국을 수복할 수 있고 초나라 사람이 세 집만 남았지만 족히 진나라를 망하게 할 수 있다"라고 말한다. 말미에서는 감동적으로 주일관이 보여준, 오랑캐를 물리치고 중화를 회복하려는 그 의리를 밝힌다.

대만은 비록 작은 땅덩어리이지만 연평군왕이 왕업을 연 곳이다. 가로세

로를 합쳐서 계산하면 대략 사방 천 리가 된다. 견고한 산하와 거센 파도, 풍요로운 물산과 잘 정비된 군대가 있으니 진격하면 반드시 적을 물리칠 수 있고 물러나면 보존할 수 있다. 중화의 도를 넓히고 국토를 넓힐 때는 바로 지금이다. ……삼군을 인솔하여 대해를 건너 북벌할진대 장성에서 말에게 물을 먹일 것이요, 오랑캐의 조정을 박살내고 그 우두머리를 섬멸할 것이다. …… 강동(江東)의 기애(耆艾)와 하삭(河朔)의 건아(健兒)와 영표(嶺表)의 고충(孤忠)과 중원(中原)의 구곡(舊曲)들이 의병을 정비하여 중화를 바로 세울 것을 바라나니 제환공이 오랑캐를 축출한 사업과 진문공이 주왕을 지킨 노고가 제후들을 연합하여 일을 이루었던 것들이 지금도 역사에 빛난다.……[16]

이 뛰어난 필치의 격문은 대만 사학자의 고증에 의하면 연아당이 창작한 것이라고 한다.[17] 이 글에서 주일관의 심지를 분명히 알 길은 없지만 연아당이 춘추의리학 중에서 복수의 의리를 특히 강조하고 있으며 또한 행간에서 일본 통치를 끝장내고 대만 광복을 염원하는 마음을 읽을 수 있다.

「열전」 중에는 연아당이 집안의 원수를 복수한 고사를 기록한 내용이 있는데 남성이 행한 복수와 여성이 행한 복수로 구분할 수 있다. 남성이 행한 복수는 「용사열전」에 기록한, 객가(客家) 아방(阿蚌)이 동생 네 명이 '토번'에 의해 참수되자 "복수를 생각하지 않는다면 남자가 아니다"라고 하며 산중에 잠입하여 '토번'의 목을 자르고 동생의 목을 거두

---

16 연아당, 『대만통사』, 743쪽.

17 陽雲萍, 『臺灣史上的人物』(대북: 성문출판사, 1981년), 82쪽. 劉妮玲도 朱一貴事件 관련 자료를 살펴보면 이 격문이 보이지 않는다고 하면서 이 격문은 연아당이 창작했다는 '연아당 창작설'을 주장한다. 물론 그는 『대만통사』에 실린 민변 관련 내용은 극히 제한적이라는 점을 지적하지만 연아당이 보여준 史識과 史觀의 가치는 결코 폄하하지 않는다. 유니령, 「連橫民族史觀的價値與限制: 以淸代臺灣民變爲例說明」, 『臺北文獻』 제61-64기 합본(1983년).

어 돌아온다는 이야기이다.[18] 이는 동생을 위하여 복수한 것이다.

「효의열전」에는 임전주(林全籌) 형제가 부친의 복수를 행한 내용이 나오는데 매우 자세하다. 임씨 4형제의 부친이 그 지방의 세력가에게 살해되었을 때 장자 임전주는 21살이고 막내는 12살이었다. 부친이 사망한 후 얼마 지나지 않아서 임전주는 복수를 감행하려고 하지만 실패하고 만다. 11년이 지나서 동생 임춘생(林春生)이 이미 23세가 되었을 때 하루는 "원수가 어느 부인과 이야기를 나누고 있는데 주변에 호위하는 사람이 없는 것을 보았다. 크게 기뻐하면서 돌아와 모친에게 '복수의 날이 왔습니다' 하고 칼을 들고 나갔다. 모친이 '너는 아직 어려서 적수가 되지 못한다. 잘못하면 네가 죽을 수 있다. 형이 돌아올 때까지 기다려라' 하고 만류했지만 듣지 않았다. 길에서 다시 장형을 만나자 '복수의 날이 왔습니다' 말하고 앞으로 달려갔다. 뒤쫓아온 모친이 전주에게 '네 동생은 원수의 적수가 못 된다. 어찌해야 하겠느냐?'라고 말하자, 전주가 '사태가 이미 엎질러진 물이 되었으니 제가 가겠습니다. 성공하면 부친의 은공이고 성공하지 못하면 따라서 죽겠습니다' 하고 뒤따라갔다. 임전주가 현장에 도착해보니 임춘생이 이미 원수를 죽였다. 형제가 크게 기뻐하면서 부친의 신위에 고하고 각자 도망하였다." 임춘생은 부친이 사망했을 때 겨우 12세인데도 이미 복수의 대의를 알았고 11년 후 마침내 복수에 성공하였다. 연아당은 이런 종류의 고사들을 찬양하고 고무하는 태도로 기술한다. 아울러 찬문에 적기를, "내가 대중(臺中)에 거할 적에 강민(剛愍) 임공(林公)이 복수한 이야기를 들었는데 신령이 도왔다. 또 임전주가 칼로 원수를 죽이고 부친의 복수를 했다는 이야기를 듣고 춤추지 않을 수 없었다. 복수는 큰일이다. 효자와 어진 이

---

18 연아당, 『대만통사』, 949쪽.

만이 능히 할 수 있는 것이다. 나약한 자들은 죽을 때까지도 꾹 참고 마는데 천하에 용기 없는 자들이다. 『예』에 아버지의 원수는 불공대천이라고 했으니 이 땅을 같이 밟지 않겠다는 것이다."[19]

여성이 행한 복수로는 「대조춘(戴潮春)열전」에서 몇 명의 여걸들을 소개하고 있다. 그 중에는 자식을 위하여 복수하거나 남편을 위해서 복수한 사람도 있다. 대조춘 휘하의 부장에 왕신부(王新婦)가 있었는데 전사했다. 그의 어머니가 "자식이 장군이 되자 일품부인(一品夫人)이라고 도장을 새기고 전쟁에 출전했다. 아들이 죽자 용병을 모집하여 여재(呂梓)에 돌아와서는 깃발에 '자식을 위해 복수한다'고 적었다." 왕신부의 모친만이 아니라 정대시(鄭大柴)의 아내 사씨(謝氏)도 "남편의 복수를 위하여 일어났다." 결국 왕신부의 모친은 죽고 사씨만 포위망을 뚫고 탈출한다. 이 두 여성 외에도 「열전」에서 걸출한 여성들을 묘사하고 있는데 복수와는 상관이 없기 때문에 여기서는 더 이상 논하지 않겠다.

『대만통사』에 기록한 여성이 행한 복수 중에서 가장 절절한 이야기는 「열녀열전」 중의 유씨(劉氏) 여인일 것이다. 이 여인의 이야기는 「열녀열전」에서 단연 압권이고 연아당의 찬문 또한 감동적이다. 유씨는 대만진 총병(臺灣鎭總兵) 유정빈(劉廷斌)의 딸이다. 부친을 따라 임지에 가서 살았는데 부친이 전사하자 열일곱 명의 권속과 함께 도광8년에 배를 장만하여 바다를 건너오다 그만 도적을 만나 모두 죽고 오직 그녀만이 사로잡혀 도적의 부인이 되었다. "10여 년 동안 네 명의 자식을 낳았다. 그 속내를 아는 사람이 없었고 도적도 의심하지 않았다." 하루는 유씨가 절에서 예불을 드리다 스님을 만났는데 그는 당시 배에 올라타고자

19 연아당, 『대만통사』, 943-944쪽.

했던 사람이었다. 유씨는 그에게 천주(泉州)에 가서 "지현에게 첩보를 드리고 군도들이 모이는 때를 알려주도록 하니 병졸들이 가서 모두 체포하였다. 국문을 당하자 사실을 실토하여 모두 사형에 처했다. 아울러 네 명의 자식도 감금했다." 사람들이 "자식들은 어떻게 할 것인가?"라고 물었다. 그러자 유씨가 "내가 10여 년 동안 치욕을 참은 것은 복수의 일념이었다. 어찌 자식 때문에 사사로이 그 일념을 삭일 수 있겠는가?" 하고 네 명의 자식을 살해하고 자신도 목숨을 끊었다. 연아당은 찬문에서 "내가 역사서를 읽을 적마다 복수의 대목에 이르면 강개한 기운이 솟구쳐 절로 춤추지 않은 적이 없다. 예양(豫讓)의 의리와 섭정(聶政)의 무용을 사람들이 칭송하고는 있지만 여성에게서 찾아보자면 방아(龐娥) 이후로 몇 명일 뿐이다. 오직 유녀는 지혜롭고도 용감한 여인이라고 할 수 있다. 도둑의 소굴에 빠졌어도 조금도 당황하지 않고 마침내 원수에게 직접 복수하고 자진하였으니 어쩜 그리도 기상이 드높은가! 세상의 나약한 사내는 이를 보고 뜻을 세울 수 있을 것이다."[20]

『대만통사』「열녀열전」 '서'에서 연아당은 대만 여성의 절개는 명정 시기에 영정왕(寧靖王)과 함께 죽은 다섯 명의 왕비에게서 시작하여 "지금도 그 절개가 전해지고 있다"라고 한다. 그러면서 "대만은 조그마한 땅덩어리인데도 현부, 재원, 열녀, 의비가 일시에 탄생했으니 신령한 기운이 여인들에게 모여든 것이 아니겠는가?"[21]라고 찬탄한다. 연아당이 여성을 중시하는 태도는 그가 여성의 복수를 주목하여 다룬 또 다른 원인이라고 할 수 있다.

복수의 의리와 계절존망(繼絶存亡)의 정신이 서로 관통하는 지점은

---

20 연아당, 『대만통사』, 970쪽.
21 연아당, 『대만통사』, 954쪽.

고국의 수복이다. 연아당이 견지한 복국(復國)은 정치적인 면만이 아니라 문화에도 착안한다.「문원열전」 '서'에서 그는 자신이 처한 시대를 말하면서 고국의 문화를 회복해야 한다고 주장한다. "자환(子桓)이 '문장은 나라를 다스리는 대업의 일환이며 불후의 대작이다'라고 했다. 조비의 문학적 재주로도 이처럼 문장을 높이려는 뜻을 가지고 있었는데 하물며 내가 문장이 쇠퇴한 때를 당해서야 두말할 것이 없다." 연아당이 생각하기에 일본 점령 시기야말로 "문운이 쇠한 것이 이때가 가장 심각하고 창힐의 글자와 공자의 책을 사람들이 함부로 내다버린다." 따라서「문원열전」을 지은 목적은 "만약에 나서서 보호하지 않는다면 점차 없어지는 것을 볼 수밖에 없을 것"[22]을 걱정한 데에 있다.

집안의 복수에서 나라의 복수까지, 남성의 복수에서 여성의 복수까지, 정치적 복국에서 문화적 복국까지『대만통사』는 생동감 있는 인물들과 강건하면서도 단아한 고문으로 정연하면서도 참신한 논리를 가지고 춘추의리학 중 계절존망의 정신과 복수의 의리를 잘 설명하고 있다.

2. 화이의 분변과 왕패의 분별

화이의 분별과 왕패의 구분은 춘추의리학에서 밝히는 중심 논의 중의 하나로 공자에게서 시작하여『공양전』과『사기』에서 논의가 발전하고『대만통사』가 이를 계승하였다.『논어』 여러 곳에서 공자가 중화를

---

22 연아당,「대만통사」, 912쪽.

확실히 지키려는 의중을 살필 수 있다. 가령 "오랑캐에게 임금이 있는 것이 중화에 임금이 없는 것만 못하다"(『논어』 「팔일」), "관중이 아니라면 우리는 머리를 묶지 않고 좌임을 했을 것이다"(『논어』 「헌문」). 『공양전』에서 주장한 이후로 공자가 『춘추』를 지은 목적의 하나는 중화를 확실히 지키는 것이다. 춘추삼전 중에서 화이의 변론을 가장 철저하게 밝힌 것은 『공양전』이다. 『공양전』 '은공7년' 조에 "오랑캐가 중국을 다스리도록 하지 않는다." '장공10년' 조에 "오랑캐가 중국을 잡도록 하지 않는다." '성공5년' 조에 "주나라가 통치하는 곳을 안으로 하고 제후국들은 밖으로 하며, 제후국들을 안으로 하고 오랑캐를 밖으로 한다." '소공23년' 조에 "이적(夷狄)이 중국을 주장하지 않도록 한다." 이 기록들은 모두 중국과 오랑캐를 엄격히 구분하는 것으로 모두 중국의 입장에서 말하는 것이다.

사실상 '중국'이라는 명칭은 사방에 있는 국가와 대비하여 지칭하는 말이지 화하족(華夏族) 자체를 지칭하는 것은 아니다. 『예기(禮記)』 「왕제(王制)」에서 "동방을 이(夷)라고 하는데 머리를 산발하고 문신을 한다. 화식하지 않는 자가 있다. 남방은 만(蠻)인데 이마에 문신을 하고 잠잘 때 다리를 서로 엇갈리며 화식하지 않는 자가 있다. 서방은 융(戎)인데 머리를 산발하고 곡식을 먹지 않는 자가 있다. 북방은 적(狄)인데 짐승의 털가죽을 입고 동굴에 살며 곡식을 먹지 않는 자가 있다." 화하족이 거주하는 황하 유역은 이 '동이', '서융', '남만', '북적'으로 사방이 둘러싸여 있기 때문에 '중국'이라고 자칭한다. 화하족은 왜 '화하'라고 자칭하는가? 선배학자인 임혜상(林惠祥)의 고증에 의하면 중국의 문헌 자료 중에서 '하' 자가 최초로 등장하는 것은 『상서』 「요전」이고 '화' 자는 춘추시대에 보인다. 그는 『설문』에서 '하'를 '사람'이라고 하며 "원시민족이 자기 족속을 '인'이라고 자칭하는 것 같다"라고 한다. 결론적으로

"'화'는 토템의 명칭으로 이른바 '화족'인 것이고, '하'는 자신들을 지칭하는 말로 '사람'[23]이라는 뜻이다"라고 한다. 자형으로 보면 만과 적은 충(虫)과 견(犬)이 있는데 모두 사람이 아니라는 의미이고, 이와 융은 궁(弓)과 과(戈)를 지고 있는 것으로 문명이 없다는 뜻이다. 상대적으로 화하는 찬란한 문명의 인류라는 뜻이다. 선진 문명의 자부심을 가지고 화와 이의 구분을 엄격히 한 것으로 볼 수 있다.

화이의 분별은 문화적 구분이지 종족을 따지는 것이 아니다. 『사기』「조세가(趙世家)」에서 이를 자세히 설명하고 있다. "중국은 총명하고 지혜로운 사람이 거처하는 곳이고 온갖 물산이 모이는 곳이다. 또한 성현이 가르침을 베푸는 곳이고 인의를 실천하는 곳이자 『시』와 『서』의 가르침과 예악을 정치에 활용하는 곳이다. 뛰어난 공예술을 시험하고 다른 나라에서 사모하여 달려오는 곳이자 오랑캐가 의롭게 행하는 곳이다." 『사기』는 기본적으로 공자의 『춘추』와 『춘추공양전』의 민족주의 정신을 계승하였다. 『사기』 연구자인 진동생(陳桐生)에 의하면 『사기』 중의 소수민족에 관한 기록은 화하족의 입장에서 쓰인 것이고, 그 민족주의 정신의 주요 내용은 '왕자일통(王者一統)'과 '용하변이(用夏變夷)'로서 각 민족이 평등하게 관계를 맺기 위해서는 먼저 화하의 문화를 반드시 받아들여야 한다는 입장이다. 이는 현재 중국 정부가 중국 내 각 소수민족의 평등을 강조하는 맥락과는 매우 다르다고 한다.[24]

『대만통사』를 완성한 시기는 신구문화가 서로 교차하는 때이기는 하지만 일본이 대만을 점령한 시대적 상황은 연아당으로 하여금 전통을

---

23 林惠祥, 『中國民族史』(대북: 대만상무인서관, 1983년), 45-49쪽. (작자 서문에 의하면 이 책은 1936년에 완성되었다).

24 陳桐生, 「重評司馬遷的民族思想」, 『司馬遷與史記論文集』(秦始終王兵馬俑博物館·陝西省司馬遷研究會編, 西安: 陝西人民出版社, 제1집(1994년), 146-159쪽).

고수하는 민족주의 색채가 강하고 엄격한 화이관을 정립하도록 했을 것이다. 화이관을 강조한 것은 사마천과 동일하지만 사마천이 살던 때는 화하족이 사방의 오랑캐를 제압하는 시기였다면 연아당이 처한 시공간은 화하족이 이민족의 지배를 받는 대만이라는 점에서 다르다. 강자의 입장에서 사마천은 이른바 '용하변이'를 주장할 수 있었지만 약자의 상황에 처한 연아당은 화하를 지켜내는 데 중점을 두어서 '만이활하(蠻夷猾夏)'(『상서』「요전」)를 모면하고 중국 문화가 대만에서 소실되는 것을 막고자 하였다. 따라서 화하를 지켜내려는 의식이 『대만통사』 중에서 『사기』에는 보이지 않는 장렬한 비원으로 드러나는데 이는 『대만통사』가 중국 사전문학사에서 차지하는 독특한 점이다.

『대만통사』「범례」에서 "이 책은 수나라 대업 원년에서 시작하여 청나라 광서21년에 마친다"[25]라고 하지만 사료의 제한으로 명정 이후의 역사를 집중적으로 다룬다. 「자서」에서 연아당은 "대만 300년 동안의 역사에서 후손에게 보여줄 것이 없다면 어찌 우리의 죄가 아니겠는가?"[26]라고 하면서 명정 이후를 집중적으로 다룬다. 따라서 책에 나오는 화이관의 주요 대상은 시대적으로 변화를 보인다. 명정시대의 '이'는 만주족과 네덜란드인 그리고 토번이다. 청대 초기의 '이'는 만주족과 토번이고, 후기는 동서열강의 일본인, 영국인, 프랑스인 등이다. 일본 점령시기의 '이'는 일본인을 주로 지칭한다. 이민족들과는 달리 『중국통사』에서 역사의 주체이자 역사 서술의 주체는 모두 한족이고 화하족이고 중국인이다.

『대만통사』「자서」에서 "위대한 우리 선조들이 대해를 건너 오지에 들

---

25 연아당, 『대만통사』, 17쪽.
26 연아당, 『대만통사』, 16쪽.

어와서 개척했다. ……우리 선비들과 벗들은 오직 인효(仁孝)하고 의로운 일에 용감히 멸사봉공하여 타고난 본성을 발양해야 한다. 이것이 우리가 내세운 깃발이다. 넘실대는 대양과 아름다운 섬은 우리 선왕과 선민들의 위대한 사명이 실로 여기에 있다."[27] 이 단락 중의 '우리 선조', '우리 선비', '우리 벗', '우리 선왕과 선민'은 모두 우리 족속인 한족을 지칭한다. 『대만통사』 전체에서 이와 유사한 아족(我族) 입장은 곳곳에서 볼 수 있다. 몇 군데를 골라보면 다음과 같다.

1. 연횡이 말하길, 대만의 명칭은 언제 시작되었는지 자료에서 상고하기 어렵고 자료마다 명칭이 다르다. 우리 민족이 여기에 터를 잡고 자손이 대를 이어 내려왔는데도 불구하고 대만이라는 이름을 제대로 알지 못한다면 이는 빈번하게 조상에 제사를 지내면서도 정작 조상은 잊어버리고 있는 것과 무엇이 다르겠는가? (「개벽기」)[28]

2. 혹자가 말하길, "대만의 원래 이름은 매원(埋冤)인데 ……연평이 들어와서는 동도(東都)라고 하였다가 정비가 끝나자 동녕(東寧)이라고 했다. 우리 민족이 어렵게 건설한 곳이니 굳게 지켜나가야 한다. (「개벽기」)[29]

3. 우리 선민들이 이 땅을 개간하였다. 손에는 쟁기와 보습을 들고 칼과 총은 허리에 매고서 토번 및 맹수들과 싸워가며 낡은 수레에 해어진 옷을 입고서 산속을 개간했다. 이와 같이 하여 민족을 흥

---

27 연아당, 『대만통사』, 16쪽.
28 연아당, 『대만통사』, 20쪽.
29 연아당, 『대만통사』, 21쪽.

성하게 하였다. (「예문지」)[30]

4. 포리사(埔里社)는 본래 대만의 옥토로 우리 민족이 이곳을 경영
하였다. 관(官)을 설치하고 토번을 위무한 것은 다른 의도가 있는
것이 아니라 단지 물품 교환에 지나지 않았다. (「정륵선(鄭勒先)열
전」)[31]

1과 2에서는 명정 인솔하의 한족이 대만 개간을 이룬 공적을 특별히
강조하고 있으며, 3과 4에서는 개간 과정에서 한족이 '이적' 즉 당시의
'토번'과 대립한 것을 볼 수 있다. 대만 할양 전에는 한족이 토번보다
강자였기 때문에 '용화변이'가 토번을 대하는 주요 정책이었다. 명정시
대와 관련하여 중요한 사료인 양영(楊英)의 『종정실록(從征實錄)』에서는
정성공이 대만에 들어와 토번의 환영을 받는 것을 기록하고 있으며, 명
정왕조의 원주민 통치의 중점은 생활과 가장 밀접한 농업생산 방면이
었음을 보여준다.[32] 물론 농업생산력을 높이는 것이 중점이기는 했지만
원주민에 대한 교화도 실시했다. 따라서 우리는 명정이 청에 항복한 지
7년(1700)이 지난 후 대만에 부임한 욱영하(郁永河)가 지은 『비해기유(裨
海紀遊)』에서 명정의 원주민 교화 상황을 엿볼 수 있다. "신항, 가류만,
구왕, 마두는 위정(僞鄭) 시기 사대사(四大社)로서 거기에 살고 있는 자
제들 중에 향숙(鄕塾)에서 독서한 자는 요역을 면해주면서 교화했다."[33]
그러나 욱영하는 명정의 원주민 한족화의 성과는 그리 크지 않다고 평

30 연아당, 『대만통사』, 587쪽.

31 연아당, 『대만통사』, 828쪽.

32 명정의 원주민 정책에 대해서는 다음을 참조. 陳昭瑛, 「文學的原住民與原住民的文學: 從'異己'到'主
體'」, 『臺灣文學與本土化運動』(대북: 정중서국, 1998년).

33 郁永河, 『裨海紀遊』(대북: 대북은행 경제연구실, 대만문헌총간 제44종, 1959년), 17쪽.

가한다. 이는 명정의 대만 통치 기간이 23년에 지나지 않기 때문이다. 연아당은 '민란(民亂)'을 다룰 적에는 한족의 입장에 서서 반청복명의 대의를 확고히 하지만 청나라 조정에서 실시한 '용하변이'의 토번 교화 정책에 대해서는 옹호하는 입장을 취한다. 물론 이는 한족 중심주의에 기반을 둔 것이지 결코 청나라 조정을 옹호하는 것은 아님을 주의해야 한다.

『대만통사』의 여러 곳에서 '용하변이'의 성과를 볼 수 있는데 가령 「열녀열전」에 한족화한 원주민 여성 이야기가 나온다.

> 대남만(大南蠻)은 제라목가류만사 토번 대치(大治)의 처이다. 결혼 후에 근검절약하며 시어머니를 섬기고 남편을 보필하는 데 지극정성을 다했다. 나이 스물에 남편이 죽자 토번들이 그녀가 아름답다는 것을 알고 서로 결혼하고자 했다. 대남만은 토번의 습속을 바꿔서 재혼하지 않겠다고 결심하고는 칼을 들고서 "아녀자의 머리를 자르거나 팔을 자를 수는 있어도 절개는 뺏을 수 없다"라고 당당히 말했다. 농사일로 생계를 꾸리고 어렵사리 자식들을 키우면서 27년 동안 수절했다. 유사가 상부에 보고하여 정표를 받았다. 연횡이 말한다. "대남만은 토번의 일개 아녀자일 뿐이지만 재가하지 않고 수절하면서 자신을 온전히 지켰으니 마치 산속에 핀 한 떨기 난초가 아니고 무엇인가? 그 뜻이 고결하고 그 행실이 향기 난다. ……오랑캐도 도(道)에 나아갔다. (『대만통사』「열녀열전」'대남만')[34]

이 글의 내용과 찬문 말미에서 "오랑캐도 도에 나아갔다"는 평가는 연아당이 사마천의 '용하변이' 입장을 계승했음을 보여준다. 청대를 전체적으로 살펴볼 때, 조기에는 『대만통사』에서 '반청복명'과 '용

---

34 연아당, 『대만통사』, 959쪽.

하변이'에 중점을 두었다면 후기에는 열강의 침략에 맞선 '양이'를 논하고 있는데 여기에서 연아당이 견지한 아족 입장을 선명하게 볼 수 있다. 다만 200년 동안 동거동락하면서 19세기 후반에 열강의 침략을 당했을 때에는 '아족'의 범위에 한족만이 아니라 만주족과 원주민도 포함된다.

『대만통사』 「경영기」에 "(도광)21년 가을 7월에 영국 군함이 계룡을 정탐했다", "22년에 영국 배가 대안항을 다시 침입했다[犯]"[35]라고 적고 있다. 여기서 '범(犯)'이라는 글자를 사용한 것은 아족의 입장을 드러낸 것이다. 「경영기」에는 원주민들이 성공적으로 열강의 선박을 격퇴한 내용이 나온다. "(동치)5년에 영국 군함 노무호가 낭교(지금의 항춘)에서 토번에 의해 격퇴되었다." "(동치)6년 영국 군함 나위호가 낭교에서 토번에 의해 격퇴되었다."[36] 19세기에 들어서자 열강들이 대만을 호시탐탐 노리는 상황에서 『대만통사』에서 강조하는 화이관의 대상도 변화를 보인다. 이제 '이'는 동서열강인 '일본', '영국', '미국', '프랑스' 등의 나라이다. 연아당은 상당한 분량을 할애하여 대만의 관민이 합심해서 '이'에 맞선 영웅적 사적을 기록하고 있는데 흥분과 찬탄의 심사를 글 안에서 느낄 수 있다.

1840년 아편전쟁이 중국 동남쪽 연해에서 발생하면서 대만 바깥쪽 바다도 전장이 되었다. 아울러 이곳은 아편전쟁에서 중국이 유일하게 승리한 전장이기도 하다. 대만 사람들은 이에 대해 자부심이 대단했다. 연아당은 이를 대서특필하여 대만인의 자존심을 한껏 고무시키면서 동시에 화이의 구분을 더욱 분명히 한다. 「경영기」에서 "(도광)21년(1841)

---

35 연아당, 『대만통사』, 73쪽.
36 연아당, 『대만통사』, 76쪽.

가을 7월에 영국 군함이 계롱을 정탐하면서 연해를 순항했다. 총병 달홍아(達洪阿), 병비도(兵備道) 요영(姚瑩)이 합심하여 물리쳤다."또한 "22년 봄 2월에 영국 배가 다시 대안항을 범했는데 물리쳤다."[37] 「외교지」의 '영웅적인 일'이라는 조목에서는 더욱 상세하게 영국과의 항거에 공을 세운 요영과 오랑캐를 방어하는 계책을 저술한 서종간(徐宗幹)에 대하여 「요·서열전」을 쓰고 그들의 공적을 칭송했다.

「외교지」에서 당시 병비도에 임명된 요영과 대만 토착민들이 보여준 수비 상황은 창을 베고 밤을 꼬박 새울 정도로 삼엄하게 경비를 하고 있었다. "병비도 요영은 출중한 재주에다가 민심을 얻었다. 그는 총병 달홍아와 함께 방어전술을 마련하고, 성곽을 수리하고 포대를 증축하면서 해안 방어를 철저히 했다. 그리하여 영국인들이 침입하지 못했다. 20년(1840) 여름 5월에 영국 군함이 논이문을 정탐하자 관병이 격퇴시켰다. ……이윽고 하문 지역이 무너지자 경보가 계속 날아왔다. 관과 민이 똘똘 뭉쳐서 바다를 지켰다. 요영은 남북으로 다니며 선비들을 모집하고 의용군을 훈련하였다. 그 중의 반은 파견을 보내서 모두 4만 7,100명이었다. 또한 대만에 몰래 잠입하여 내통하려는 매국노가 있으면 바로 잡아서 처단했기 때문에 내환이 없었다."[38] 이처럼 삼엄한 경비를 통하여 요영은 대만 북부 바깥 바다에서 여러 차례 영국 군함을 격퇴시켰다. 그 자신은 동성파(桐城派) 고문의 명수로서 시를 통해 이 일을 묘사했다. "바다 안개가 진운둔을 높게 덮고 있는데 장교(長蛟, 영국)를 치지 못한다면 칠곤(七鯤)을 수복한 정성공에게 부끄러울 뿐이다." 이 시에서 요영은 치열한 해전을 묘사하고 대만 수호의 결의를 분명히

---

37 연아당, 「대만통사」, 73쪽.

38 연아당, 「대만통사」, 385쪽.

보여준다.[39]

민(閩)과 절(浙)과 월(粵) 지역이 무너지자 청나라 조정은 화친을 제의한다. 이에 요영에 대해 원한이 깊은 영국 측에서 그가 포로를 '학살'했다고 비난하자 "강소 지역의 화친회의 담당자와 복건 지역의 문무대신들은 대만의 전공을 숨기면서 서로에게 책임을 전가했다. 흠차대신기영(耆英)이 이를 조정에 보고하고 북경으로 압송하여 신문하려고 하였다. 병사들과 주민들에게 소요의 기미가 보이자 요영과 달홍아가 적극적으로 진정시켰다. 마침내 체직하였다"(「요·서열전」)[40]라고 기록하고 있다. 이와 유사한 내용이 「외교지」에 중복된 것을 보면 연아당이 이 일을 중시했음을 알 수 있다. 요영이 대만을 떠난 후에 대만인은 그의 원통함을 조정에 하소연했다.(「외교지」)[41] 내지와 대만 양쪽에서 시나 글을 통해서 그의 무고함을 호소한 자들이 매우 많았다. 마침내 요영과 달홍아에게는 강등 처분만이 내려졌다.

도광28년(1848) 병비도에 새로 부임한 서종간은 『방이지서(防夷之書)』를 써서 백성들에게 나누어 주었는데 연아당은 이를 주목하여 「외교지」에 대만인이 이때 '금연공약(禁煙公約)'을 세웠다[42]고 적고 있다. 연아당은 이 두 문서를 「요·서열전」과 「향치지(鄕治志)」에 나누어 싣고 있다. 서종간이 제시한 오랑캐를 막는 방법은 대만의 관, 병, 민과 '토번'이 힘을 합쳐 '이'에 대항할 것을 역설한다. 여기서 '이'는 원주민을 포함하지 않음을 알 수 있다. 서종관은 "오랑캐의 화근은 예로부터 있었다. 화

---

39 姚瑩의 본 시에 대한 해설은 다음을 참조. 진소영, 『대만시선주』, 94-95쪽.

40 연아당, 『대만통사』, 816쪽.

41 연아당, 『대만통사』, 386쪽.

42 연아당, 『대만통사』, 386쪽.

친을 반대하는 사람들은 주화(主和)는 우리가 약하다는 것을 보여주는 것이므로 국가에서 추진할 계책이 아니라고 비판한다"라고 말하고 있다. 그리고 대만에서 오랑캐를 막기 위해서는 '도(道)'의 방법을 써야지 '무(武)'만을 써서는 안 되고 또한 백성과 '토번'을 활용해야 한다고 주장한다. "현재 요충지를 잘 방어해야 하는데 최우선적으로 담경(淡境)과 계롱(鷄籠) 앞바다 일대를 잘 방어해야 한다. 현재 우리가 쓸 수 있는 방법은 적을 막아내는 도법(堵法)이 가능하지 적을 공격하는 무법(撫法)은 불가하다. 관병을 동원하여 적을 막아내면서 적군 전위부대의 허점을 파악하고 후위부대의 약점을 파고들며 백성과 토번을 동원하여 적을 막아낸다면 첩보를 빼낼 수 없을 것이다. 도(堵) 전술은 군사들을 쭉 나열한다는 것이 아니라 적군이 대만 해안에 들어오지 못하도록 막는 것이다. 백성과 토번의 규율이 엄정하지 않으면 관병이 치죄한다. 병사가 민간인 복장을 하고 민간인이 토번의 복장을 한다면 저들이 구별할 수 없을 것이다. 사(社)에 암약하는 첩자를 토색하고자 할진대 관청의 이목은 백성의 이목만 못하고 관청의 호령은 백성의 호령만 못하다. 백성이 백성을 막는다면 내부 첩자가 근절되고 외국 오랑캐도 필시 침입하지 못할 것이다."[43] 이 글에서 서종간은 오랑캐를 막는 전술로 백성과 토번에게 더 많은 기대를 하고 있는데 백성과 토번은 관병에 비하여 더욱 훌륭히 임무를 완수할 수 있다는 평가가 깔려 있다.

대만의 백성들도 요영과 서종간 등의 기대를 저버리지 않았다. 「향치지」에서 연아당은 대만 사람들이 어떻게 '양이론'을 제창했는지 밝히고 또한 그들이 세운 향약의 내용을 기록하고 있다. "도광 말년에 아편을 금한 일과 관련하여 분쟁이 있었다. 영국 군함이 항구를 정탐하자

43 연아당, 「대만통사」, 819쪽.

대만 사람들이 분노하며 전쟁을 하였다. 화친이 체결되어 조정에서 다섯 항구에서 통상을 할 수 있도록 하자 양이에 관한 논의가 드세게 일어났다. 이에 공약하여 말하길……"[44] 「향치지」에 공약 전문을 수록하였는데 글 중에서 화이관에 바탕하여 오랑캐를 막아낼 것을 논하고 있다. "대만은 영국인이 들어올 곳이 아니다. 우리는 조정이 관대하게 합약을 허여하고 반대하지 않은 것이 그들을 두려워한 것이 아님을 안다. 저들이 머리를 숙이고 공손하니 우리가 어찌 일을 만들 수 있겠는가? 이른바 화친은 보고서 죽이지 않는다는 것이지 저들의 명령을 듣는다는 것이 아니다. 저들이 우리를 먼저 능멸한다면 우리가 어찌 저들에게 겸손히 대할 수 있겠는가?"[45] 공약은 오랑캐를 물리칠 것을 강조하면서 매우 자세하게 그 방안을 설명한다.

대만은 바다 한가운데 떠 있는 섬으로 더 이상 도망할 곳이 없으니 서둘러 일을 도모해야 한다. 먼저 감시를 부지런히 해야 한다. 해안가 주민들은 수시로 높은 곳에서 감시하다가 서양 선박의 흔적이 보일라치면 즉시 문무아문에 비보하여야 한다. 다음은 어느 항구로 들어왔는지 탐문하고 중도에 막아야 한다. ……다음은 기선을 제압해야 한다. 가령 정박한 양선에 군대가 대량으로 타고 있지 않다면 천 명 또는 수백 명이 병장기를 숨기고 항구에 도열하여 안으로 들어가려는 것을 막아야 한다. ……다음은 내통자를 토색해야 한다. 서양인은 두려워할 것이 없지만 내부의 비적들과 결탁하는 것이 무섭다. 가령 개인적으로 그들과 내왕하는 자가 있다면 결박하여 문무아문으로 넘긴다. ……다음은 힘센 장정을 선발한다. 일이 없을 적에는 마을에서 환과

44 연아당, 「대만통사」, 534-537쪽.
45 연아당, 「대만통사」, 535쪽.

고독(鰥寡孤獨)과 독자를 제외하고는 집집마다 한 명은 차출한다. ……경비를 준비하는데 방도(防堵)에 소요되는 군수는 별도의 항목을 책정하여 준비하지만 백성들도 자신들이 별도로 비축하여 집안을 지킨다. ……다음은 무기를 준비한다. 도창(刀槍)과 패총(牌銃)을 집집마다 구비하여 무기를 들면 바로 강한 군대가 된다.……[46]

이 향약에서 중국과 프랑스가 벌인 전쟁 중에 프랑스군이 승리하지 못했던 것과 대만 할양을 반대한 항일 전쟁 중에 대만 백성들이 일본 군대를 여러 차례 물리칠 수 있었던 힘이 어디에 있었는지 추측할 수 있다. 또한 전투력은 갑오전쟁 중 일본에 패한 북양군보다 강하다고 할 수 있다. 이 향약에서 대만인이 스스로 자신을 지킨다는 정신은 '양이(攘夷)'에 대한 인식과 궤를 같이한다. 공약 중에 "영국인들이 대만에서 무역을 하고자 하는데 만약 그렇게 된다면 앞으로 재앙이 끝이 없을 것이다. 예수교를 배워 세상에 퍼트리는 것은 우리의 자손을 해치는 것이고, 농지에다가 집을 짓는 것은 주민들에게 재앙을 주는 것이다. 물건에 세금을 거둬들이는 것은 상인들의 생계를 끊어버리는 것이고, 남자와 여자를 사서 쓰는 일은 백성들에게 해독이 된다"[47]라고 밝히고 있다. 영국 오랑캐가 대만에 들어와서 만든 재앙을 하나하나 언급하고 있는데 대만인들의 화이관이 투철한 것을 알 수 있다. 연아당은 이 조약을 매우 중시한다.

중·불 전쟁에서 대만을 지키는 데 공을 세운 유명전(劉銘傳)과 유오(劉璈)는 『대만통사』에서 단독의 전이 있다. 연아당은 이 두 사람이 항불

---

46 연아당, 『대만통사』, 535-536쪽.
47 연아당, 『대만통사』, 535쪽.

전쟁에서 보여준 전공만이 아니라 그들이 당시 대만에 내린 정확한 진단을 기록하고 있다. 이 진단은 열강이 대만을 삼키기 위해 노리고 있는 위급한 상황을 반영하고 있다. 「유명전열전」에서 유명전의 상소문에 이런 말이 있다. "대만은 일곱 성의 문호로 각국이 침을 흘리고 있습니다. 조금의 틈만 생기면 바로 삼키고 말 것입니다. ……모든 방어 설비와 군사 훈련, 토지와 부세의 정비, 토번의 위무 등을 순차적으로 정비해야만 합니다."[48] 유오는 프랑스 군함이 정탐할 적에 독무(督撫)에게 올린 글에서 대만의 형세를 논하고 있다. "대만의 사면은 바다입니다. 둘레는 3천여 리로 험지가 없고 어딘들 오를 수 있습니다." 이러한 대만을 반드시 지켜야 하는 것은 지리적으로 중요하기 때문이다. "만일 대만이 저들에게 당한다면 ……남북 양무가 장차 편안할 날이 없을 것이니 대만이 잘못되면 나라가 잘못되는 것입니다."(「유오열전」)[49] 당시에 대만 방어 전술은 유명전이 북부를 경영하고 유오가 남부의 바다를 방어하는 것이었다. 「외교지」의 '법군일역(法軍一役)' 조목에서 연아당은 많은 양을 할애하여 사건을 소상히 적고 있는데 영국군에 맞선 항거를 기록한 대목처럼 여기서도 백성들의 참여를 강조한다. 가령 장이성(張李成)이라는 사람이 300명의 의용군을 지휘하여 호미(滬尾, 淡水)에서 프랑스군을 절단시켰는데 유오도 상소문에서 대만 백성의 용감함을 피력하고 있다.

지금 대만은 정예의 병사와 양식이 풍족하며 무기가 넉넉합니다. 이미 프랑스군이 감히 침범할 수 없습니다. 다시 징병한다면 평소 무예를 연마한 대

---

48 연아당, 「대만통사」, 867쪽.
49 연아당, 「대만통사」, 871쪽.

만의 100만 의병들이 군부의 원수를 들고 자진하여 군량미를 준비하고 갑옷을 입고서 불공대천의 원수와 결전을 펼칠 것입니다.[50]

대만이 외세의 도전에 이처럼 백성들의 기세가 드높은 것은 위에서 언급한 영국에 항거한 전쟁 때에 제창한 존화양이론 및 향약과 관련이 있다.

이와 같은 백성들의 기세는 대만 할양 시기에도 연속된다. 『대만통사』는 이 시기를 다루면서 「독립기(獨立紀)」와 「오탕흥(吳湯興)열전」, 「서양(徐驤)열전」, 「임곤강(林崑岡)열전」, 「오팽년(吳彭年)열전」 등 순국열사의 「열전」에서 이를 표현하고 있다. 이들 「열전」 안에는 이들 외에도 관련된 인물들이 다수 포함되어 있다.

연아당의 글을 살펴보면 그가 중시한 내용을 살필 수 있다. 먼저 유생의 무장항일운동을 중시하여 항일운동에 참가한 무수한 유생들을 기록하고 있다. 오탕흥, 서양, 임곤강 등 유생 외에도 강소조, 간정화, 구국삼, 오진광, 심방미 등이 모두 유생이다.

다음으로 연아당은 항일과 항청을 동일한 맥락에서 서술한다. 그는 대만 중부에 거주하는 지주들이 "국성회(國姓會)를 조직하여 천여 명의 자제들을 모아 두가조장(頭家厝莊)에서 항전을 펼친 것"[51]을 기록하고 있다.

또한 대만 출신 유생 외에도 대만을 위해 목숨을 바친 무수한 외지인들을 기념하고 있는데 「오팽년열전」이 대표적이다. 오팽년과 오탕흥은 둘 다 팔괘산(八卦山) 전투에 참전하여 전사하였다. 오탕흥이 의병을 일

---

50 연아당, 『대만통사』, 396-397쪽.
51 연아당, 『대만통사』, 974쪽.

으켰을 때 지은 「문도(聞道)」라는 시가 있다. "신령한 용이 이제 몇 조각의 비늘만 남았다는 소식을 접하고 해천(海天)에서 북쪽을 바라보니 하염없이 눈물이 흐르네. 서생이 적을 죽이는 것이 무슨 큰일이랴, 왜놈들과 다시 한 번 일전을 치르리."[52] 오팽년은 죽기 전에 "하늘이 어찌 이 백성을 버리리!", "오랑캐 때문에 근심하였는데 종국에는 대만을 할양했네"[53]라는 시를 썼다. 여기서 '왜(倭)', '이(夷)'에 대한 항거가 항전의 주요 이유라는 것을 알 수 있다. 연아당은 오팽년이 외지인임에도 불구하고 대만을 지키기 위해 기꺼이 목숨을 바친 그 갸륵한 마음을 높여 찬문에서 이렇게 평한다. "팽년은 어찌 의로운 선비가 아니겠는가? 위험한 것을 보고 자신의 운명을 받아들여 죽기로 작정하고 흔들리지 않았네. 그 고상한 뜻은 은하에까지 이르고 일월보다 환히 빛나리. ……내가 팔패산을 바라보니 아직도 단의(短衣)에 필마를 탄 소년이 칼을 높이 들고 하늘을 향해 웃는 듯하다. 아 굳세구나!"[54] 이 글을 읽자니 마치 팔패산에 오팽년의 동상이 우뚝 서 있는 듯하다.

연아당이 견지한 화이관은 『대만통사』에서 대만과 외이(外夷)의 왕래를 기록한 대목이라든지 양이에 공을 세우거나 희생된 유생과 관민을 찬미하는 대목에서 살필 수 있다.

화이관과 밀접한 관계를 맺고 있는 왕패(王霸)의 구분도 『대만통사』에서 반복적으로 논하고 있다. 제1절에서 인용한 『사기』 「자서」 대목은 공자가 『춘추』를 지은 의도를 밝히고 있는데 거기에는 춘추의리학의 중

---

52 진소영, 「대만시선주」, 137에서 재인용.
53 진소영, 「대만시선주」, 140에서 재인용.
54 연아당, 『대만통사』, 979쪽.

요한 부분인 왕패에 관한 분별이 나온다. 가령 "공자가 충언을 가납하지도 않고 도를 펼 수도 없는 상황을 이해하고 240년 동안의 시비를 분명히 하여 천하의 의리를 판정하는 준거를 만들었다. 천자를 폄하하고 제후를 물리치며 대부를 성토한 것은 왕의 일을 했을 뿐이다. ……『춘추』에서 삼왕의 도를 밝히고 ……망국을 보존하고 절세(絕世)를 이어주며 폐기한 것을 보호하여 일으키는 것이 왕도의 큰 것이다." 왕패의 구분을 구체적으로 논한 사람은 맹자가 처음이다. 『맹자』 「공손추상」에서 맹자는 이렇게 말한다. "힘으로 인을 빌린 것은 패도이고 ……덕으로 인을 행하는 것은 왕도이다." "선왕은 차마하지 못하는 마음이 있어서 남에게 잔인한 정치를 하지 않는다." "왕자(王者)가 일어나지 않은 것이 이때만큼 없었던 적이 없다. 백성이 학정에 시달린 것이 이때처럼 심한 적이 없다." 따라서 유가의 왕패 구별은 민본과 인정의 실천 여부에 달려 있음을 알 수 있다.

춘추삼전 또한 동일한 기준으로 왕패를 구별한다. 가령 『좌전』 「장공32년」 조에 "국가가 장차 흥하려고 하면 그 조짐을 백성에게서 듣게 된다"라는 말이 있고, 『좌전』 「양공4년」 조에 위나라 위강(魏絳)의 말을 인용하여 춘추시대에 수많은 제후들이 망한 것은 "사람을 잃은 연고이다"라고 적고 있다. 역사서를 통하여 포악한 전제주의 통치자의 잘못을 분명히 드러내며 고통받고 원통한 백성들을 위해 정의를 신장하는 것은 삼대의 선왕들이 내세운 제도를 표준으로 하는 유가의 정치 이상을 드러낸 것이자 공자 이래로 춘추의리학의 훈도를 받은 역사가들의 사명이다. 이 전통은 20세기를 살았던 연아당도 예외는 아니다.

연아당은 『대만통사』의 「범례」에서 민본사상을 제출한다. "국가는 국민을 근본으로 한다. 국민이 없으면 어떻게 국가가 세워질 수 있겠는가? 따라서 이 책의 각 「지」에서 「향지」 이하는 백성들의 일에 기록이 많다."[55] 연아당은 선현들의 어느 역사서보다 민사(民事)를 중시하는 것으로 자부한다. 「교육지」에서 그는 왕패를 분별하고 있는데 그 중에서 선왕의 제도에 대한 강한 향수를 드러낸다. "정전제가 폐지된 후로 학교가 침체되고 인재가 나오지 않게 되었다. 조정에서 인재를 얻는 것이 오직 과거시험뿐이다. ……학교를 개설하는 것은 공(公)을 넓히려는 것이고 과거시험은 사(私)이다. 사로 공을 해치는 것은 패자의 방법이다." 대만에서도 왕제는 마찬가지로 결여되었다. "대만은 바다 한가운데의 황량한 섬이라 본래 선왕의 제도가 없었다. 네덜란드 사람들이 이 섬을 차지하고 토번을 가르치기 시작했는데 가르쳐서 노예로 삼으려는 것일 뿐이었다."[56] 네덜란드 사람들이 토번을 교육하여 노예로 삼았다는 것은 당연히 왕도가 아니다. 명정 시기에 대만 최초로 학교를 세웠는데 연아당은 이때에 이르러 선왕의 제도를 계승했다고 평가한다. "피난 온 사대부들은 대부분 학문이 깊은 선비들이었다. 경전을 가지고 막부에 몰려들어 책을 펼치고 강학하며 선왕의 가르침을 본받았다. 활기찬 모습들이 한때 장관을 이루었다."[57] 청대에 이르러 교육이 보급되기는 했지만 연아당은 이민족 정권의 본질은 결국 인재를 억압하고 언론을 탄압하는 데에 있다고 비판한다.

옛날에 선비는 말을 전하고, 서인은 방(謗)하고, 상인은 시장에서, 장인은 자신의 만든 물건으로 간했다. 정월 맹춘에는 유인(輶人)이 목탁을 치고 거리를 다니면서 민요를 채집하여 천자에게 바쳤다. 따라서 왕은 조정을 나가

---

55 연아당, 「대만통사」, 17쪽.
56 연아당, 「대만통사」, 261쪽.
57 연아당, 「대만통사」, 262-263쪽.

지 않고도 천하의 치란을 알 수 있었다. 그러나 삼대 이후로는 천하의 시비가 모두 조정에서 나오고 학교에서 나오지 않았다. 그러므로 천자가 칭찬하면 무리가 옳다고 하고 천자가 비난하면 무리가 틀렸다고 지적한다. 나쁜 습속에 중독되고 이록에 마음이 이미 물들어져 도의가 없어졌다.[58]

"삼대 이후로는"에서 "무리가 틀렸다고 지적한다"까지는 황종희(黃宗義)의 『명이대방록(明夷待訪錄)』을 인용한 글이다. 연아당의 이 평론에서 그가 유가의 왕제에 경도되었음을 알 수 있다. 왕패의 구분이 민본의 여부에 달린 이상 왕도를 지지하는 연아당은 민의를 곳곳에서 표창하며 대만에서 관직을 수행한 관리들의 업적도 백성들의 각도에서 평가한다. 백성은 생존에 절실한 물질을 가장 중시한다. 따라서 정치는 민생을 중시하는 것이다. 「우형지(虞衡志)」에서 연아당은 분명하게 "천하의 부유함은 토착(土著)에 있다"라고 밝힌다. 아울러 선왕의 도로써 기준을 세운다. "『주례』에서 직방씨가 천하의 물토(物土)에 알맞은 것을 도와서 구곡(九穀)을 기르고 육축(六畜)을 분별하였으니 조절하고 돌보아서 상하의 초목과 조수가 모두 천성대로 잘 자랄 수 있도록 했다. 후왕은 도를 잃어버리고 부렴(賦斂)하는 것이 때에 맞지 않아 풀과 연못에서 소득이 나오지 않고 심지어는 백성과 더불어 이익을 다투면서 곡식과 금을 거두어들여 자신을 살찌운다."[59] 또한 「농업지」 말미에 "국가가 의지하는 것은 백성일 뿐이다. 백성이 중시하는 것은 농사일 뿐이다. 그러므로 토지의 경계를 올바로 정하고 부렴을 경감하며 경중을 공평하게 하고 근로를 면려해서 백성들로 하여금 농사에 온 힘을 다하도록

---

58 연아당, 『대만통사』, 268쪽.

59 연아당, 『대만통사』, 659쪽.

하고 수탈하지 않는다면 이것이 강국이 되는 방법이다"[60]라고 재차 부언한다.

연아당은 행정에 힘쓰고 백성을 사랑한 관원에 대해 그의 언행을 기록하여 민본의 의리를 밝힌다. 가령 강희 연간의 진빈이 "자혜애민(慈惠愛民) 하고 밤에 순행하면서 부로들이 고통을 겪고 있는 것이 없는지 살핀다. 베 짜는 소리나 글 읽는 소리가 들리면 문 안으로 들어가 후한 상을 주었다."(「순리열전」)[61] 아울러 양식을 스스로 준비하여 북쪽 담수에 이르러 "밤에 촌사에서 잠을 청하고 토번들의 고충을 탐문하자 보는 자들이 감탄했다."(「무간지」)[62] 연아당은 「무간지」에서 사금란이 제시한 왕도론을 기록한다. "어진 사람이 마음을 일신의 편안함에 두지 않고 민생과 나라의 일을 도모하는 데 쓴다. 일을 공경하게 처리하고 백성을 사랑한다면 합자난(蛤仔難)에 사는 토번이 곧 요순의 백성이 될 것이니 무슨 화단(禍端)이 있겠는가?"[63] 이 말은 위정자가 '경사애민' 한다면 원주민 또한 요순의 백성이라는 것이다. 사금란이 「사·정(謝·鄭)열전」에 기록된 것은 바로 이 왕도론 때문일 것이다.

민본사상을 강조하기 위하여 연아당은 「공예지」를 썼는데 「서」에서 저작 동기를 밝히고 있다. "옛날 성인이 천하를 다스릴 때에는 쟁기와 가래를 만들어 밭을 경작하게 하고 그물을 만들어서 고기를 잡게 했다. ……이용후생(利用厚生) 하여 백성들이 잘못을 저지르지 않도록 한다면 도가 크게 갖추어질 것이다. 후대의 유자들은 이를 살피지 않고 형이상

---

60 연아당, 『대만통사』, 626쪽.
61 연아당, 『대만통사』, 879쪽.
62 연아당, 『대만통사』, 405쪽.
63 연아당, 『대만통사』, 413쪽.

은 도(道)이고 형이하는 기(器)라고 하여 공론과 현담을 논하면서 유정(維精)이니 유일(維一)이니 말하지만 나라를 부강하게 하고 백성을 이롭게 하는 것은 제쳐놓고 생각지도 않으니 도가 폐지되었다. 진한(秦韓) 이래로 사가가 줄지어 나왔지만 공예에 관한 「지」를 두지 않았으니 내가 심히 한탄하는 바이다."[64] 이 단락을 통해서 연아당이 주장한 유학은 실학에 있지 이학(理學)이 아님을 볼 수 있다. 그가 이학은 나라를 부강하게 하고 백성을 이롭게 하는 데 도움이 안 된다고 생각하기 때문일 것이다. 전통 사학에서 민간공예를 중시하지 않은 것에 대해서도 다소 비판적인 표현을 봤을 때 그가 춘추의리학의 민본사상을 발양하는 데 애쓴 모습을 다시 한 번 발견할 수 있다.

■ 본 논문은 『중국철학』 제22집(200년 6월)에 수록한 글이다.

---

64 연아당, 『대만통사』, 611쪽.

7장

유가 시학과 일본 점령 시기의 대만

경전 해석의 맥락

서론

유가 시학은 공·맹·순에서 「시대서(詩大序)」까지 『시경』에 대한 다양한 견해들을 통하여 일정한 형식과 내용을 갖추게 되었다. 그 뒤 정현의 『시보』「서」, 유협의 『문심조룡』, 주희의 『시집전』「서」에서부터 송·원 이래의 수많은 시화(詩話) 저작들 속에 기록된 유가 시학의 견해들은 자연스레 유가 시학의 전통을 형성하였다. 가령 공·맹·순과 「시대서」의 시학을 유가 시학의 경전으로 볼 수 있다면 그 뒤에 학자들과 학파들이 유가 시학을 논한 부분은 이 경전에 대한 각기 다른 해석을 보여준다.

본문에서는 '일본 점령 시기의 대만'이라는 특수한 역사적, 지리적 맥락 안에서 유가 시학이 어떻게 만들어가고 있는지 탐구하고자 한다. 한족 전통문화의 하나로서 유가 시학은 일본 점령 시기에 다른 전통문화와 마찬가지로 힘든 시련을 겪게 된다. 첫 번째는 황국신민화 정책에 의하여 한족 고유의 글과 역사를 잃어버릴 수 있는 상황이고, 두 번째 는 신문화 운동의 도전에 대응하여 '현대로의 전환'을 이룩해내는 것이 다. 이 두 요소는 일본 점령 시기 대만 유가 시학의 독특한 풍격을 만들 어낸다.

망국의 아픔과 황국신민화 정책이 펼쳐지는 상황에서 시 평론가들 은 '변풍변아(變風變雅)'의 시풍에 주목한다. 이는 전통 유가 시학에서 "정경(正經)"을 '변풍변아'보다 높게 평가하는 것과는 사뭇 다르다고 할 수 있다. 이 당시의 유학 정신은 상대적으로 청대 주자학의 영향이 점 차 줄어들고 일본의 대만 점령처럼 망국의 시기였던 남명 시기에 유학 이 표방한 경세적 정신으로 회귀하는 경향을 보인다. 시학 방면에서는 이것이 시가에서 도덕교화와 경세치용의 측면을 강조하는 것으로 나타 난다. 송원(宋元) 이래로 시화 전통에는 유교와 불교(선종이 대표)가 서로 비등하게 맞서는 형국이었지만 이 시기의 대만 시학은 유가 일파가 독 주하는 양상을 보인다. 망국의 아픔과 애국심에서 발로한 장렬한 슬픔 은 이 시기 대만 시 평론가들이 '정(情)'을 중시하게 했다. 그리하여 '정' 에 드러나는 다양한 모습들과 '정'이 갖고 있는 미학적 폭을 심화하는 데 주력한다. 이는 이전의 유가 시학이 '정'의 윤리적 측면(부정적 측면) 을 부각한 것과는 전혀 다르다.

'현대로의 전환' 방면에서 신문학과 전통문학 사이의 논쟁은 유가 시학과 서방 시학의 대화를 촉진한 측면이 있다. 문학 이론에서 기본적 인 문제인 '진정한 시'와 '진정한 시인'을 어떻게 규정할 것인가에 대해 서는 신문학 진영과 전통문학 진영이 서로 비슷한 해답을 제시한다. 시 가발생학과 시가사회학에 입각하면 2천 년 전에 형성된 유가의 견해는 반드시 근대 서방 문학 이론의 검증을 통과해야 한다. 1920년대 대만의 지식인들은 의외로 유가 시학이 신문학 운동에 방해되는 것이 아니라 도움이 된다는 것을 발견했고, 유가 시학의 입장에서는 신문학 운동이 받아들이고 있는 현대성과 서구성의 도전을 본 진영에서 한 단계 도약할 수 있는 계기로 받아들이고 있다.

1. 전통 시학이 직면한 두 가지 시련: 식민지 상황과 신문학 운동

중국 고전 시가는 남명 시기에 심광문(沈光文)이 대만에 오면서 전래되었다. 이때가 1652년으로 정성공이 대만에 오기 9년 전의 일이다. 심광문으로부터 정성공 및 명정 정권을 따라 대만에 온 시인들은 망국의 한과 고국에 대한 사무치는 그리움을 시를 통해 노래했다.[1] 연아당은 『대만통사』「예문지」에서 "명정 시기에 태복사경 심광문이 처음 시를 통해 망국의 한을 노래하자 당시 피난 온 선비들이 고국에 대한 그리움과 강산에 대한 상념들을 시를 지어 서로 주고받았는데 내용이 사뭇 처량하였다. 군자가 상심하여 부른 노래라고 할 수 있다." 또한 정성공이 남긴 "북벌에 관한 격문과 부친에게 보내는 편지는 비장하면서도 뜨거운 피가 솟구치는 것 같아서 읽다 보면 절로 몸이 떨린다"[2]라는 평은 명정 시기 대만 시가가 애족주의와 정감을 위주로 하면서 격앙되고 비장한

---

1 명정시기 대만 문학에은 두 가지 정조가 흐르고 있다. 돌아갈 수 없는 고향에 대한 설움과 새로운 세계인 대만에 대한 열정이다. 이 시기 시가에 대한 분석은 다음을 참조. 陳昭瑛, 「明鄭時期臺灣文學的民族性」, 『臺灣文學與本土化運動』(대북: 정중서국, 1998년) 및 『臺灣詩選注』(대북: 정중서국, 1996년) 중 「導論: 臺灣詩史三階段的特色」과 명정 시기 부분.

2 연아당, 『臺灣通史』(수정교정판, 대북: 국립편역관 중화총서 편심회출판, 여명공사인행, 1985년).

풍격을 가지고 있음을 밝혀준다. 유가 시학의 경전인『시경』「서」의 각 도에서 보자면 이런 작품들은 '변풍과 변아'에 속한다.「시대서」에서는 이렇게 말한다. "왕도가 쇠퇴하자 예의가 폐지되고, 정교(政敎)를 잃어버리자 나라마다 정치가 다르고 가문마다 풍습이 달라져서 변풍과 변아가 만들어졌다."

이민족에 의한 통치라는 시대성을 공유한 일본 점령 시기의 대만 전통 시가와 명정 시기의 시가는 유사성을 보여준다. 연아당은『대만시승』「서」에서 이렇게 말한다. "(청조가 들어서면서) 강역과 복식을 바꾸게 되니 민심이 표동하고 상심 실의한 중에 비분강개하거나 분기탱천한 심회를 읊은 시들이 전대 작품의 수준을 능가했다. 오늘날 대만에서 시가 이처럼 왕성한 것은 시절 때문이기도 하고 형세 때문이기도 하다."[3] 아울러 이 시기 시가는 '변풍과 변아'에 속한다고 평가한다. 근대 인물인 이어숙(李漁叔)의『삼대시전(三臺詩傳)』은 일본 점령 시기 전통 시가 작품으로 여기서도 연아당과 유사한 입장이 보인다. "대만 할양 무렵에 대만 인사들이 망국의 아픔을 겪으면서 시문의 대가들이 속출하였다. 이들 중 구창해(丘滄海), 임유춘(林幼春) 등은 시대적 상심을 사물에 빗댄 것이 의미가 깊고 정련된 언어를 사용한다."[4] 아울러 그는 명정 시기를 이와 같은 시풍의 연원으로 보고 있다.[5]

일본 점령 시기라는 특수한 식민지 경험은 대만 시인들이 명정 시기 시가의 정수를 다시 드러내도록 하였다. 이 시기 시가를 해석함에 있어 연아당과 이어숙은 동일하게 망국의 통한이 이 시기 시가의 밑바탕에

---

3 연아당,『臺灣詩乘』(대북: 대북은행 경제연구실, 대만문헌총간 제64종, 1960년).
4 李漁叔,『三臺詩傳』(대북: 학해출판사, 1976년), 1쪽.
5 이어숙,『삼대시전』, 1쪽.

흐르고 있다고 지적한다. 또한 연아당은 이런 시풍을 '변풍과 변아'의 전통으로 설명한다. 물론 연아당뿐만 아니라 홍기생(洪棄生) 또한 일본 점령이라는 격변의 시대를 살아가면서 자신의 『시화』를 통하여 '변풍과 변아'를 천명하는 데 심혈을 기울이고 있는 것을 볼 수 있다.

식민지 상황을 전통 시학이 일본 점령 시기에 받았던 첫 번째 시련이라고 한다면 신문학 운동은 두 번째로 밀려온 거센 파도였다. 대만은 1920년대부터 신문화 운동에 돌입한다. 특히 1921년 대만 문화협회의 결성은 계몽시대의 도래와 항일 운동의 전환을 의미한다. 대륙의 5·4 신문화 운동과 보조를 같이하여 대만은 1923년에 황정총(黃呈聰)과 황조금(黃朝琴)이 백화 운동을 펼치고 1924년에는 장아군(張我軍)이 신구문학 논쟁을 전개한다.[6] 1924년부터 1925년까지 장아군은 『대만민보』에 연달아 수편의 글을 발표하면서 전통문학 진영에 맹공을 날린다. 그의 이론적 무기는 호적과 진독수 등이 백화문 사용과 신문학 제창을 주장하면서 사용한 논리이다. 그러나 여기서 우리가 주목할 점은 그가 전통 시학을 옹호하는 진영 일부에서 보여준 일본에 부화하는 면을 강하게 공격한 사실이다. "유로(遺老)의 풍격을 간직한 노시인들은 그렇게 말하면 곧잘 화를 낸다. 그러나 이 노시인들은 형식은 그럴듯하지만 내용이 전혀 없는 시를 즐기고 총독 각하께서 추파를 보내기만 하면 기뻐서 어쩔 줄 모른다."[7] 여기서 장아군이 전통문학을 반대하는 데에는 전통문학 진영에서 일본에 아첨하는 것에 대한 비판도 깔려 있음을 알 수 있다. 또한 이 글을 통해 당시 식민지 상황에서 대만 시인들이 갖고

---

6 신문화 운동과 백화 운동에 대해서는 다음을 참조. 진소영, 「啟蒙, 解放與傳統: 論二〇年代臺灣知識分子的文化省思」, 『臺灣與傳統文化』(대북: 중산학술문화기금회, 1999년). 2005년에 개정판이 대만대학출판 중심에서 나왔다.

7 張我軍, 「糟糕的台灣文學界」, 『張我軍詩文集』(張光直 편, 대북: 순문학출판사, 1989년), 64쪽.

있는 민족의식의 양극화 현상을 읽을 수 있다. 한쪽은 반일의 민족정신을 보여주고 반대쪽은 일본 당국의 공덕을 찬양한다.

장아군의 전통문학 비판은 부분으로 전체를 판단한 혐의가 있어서 전통파 문인들의 대대적인 반격을 초래한다. 연아당은 그가 주편한 『대만시회(臺灣詩薈)』 제10호에서 임소미(林小眉)의 「대만영사(臺灣詠史)」에 발문을 달면서 신문학을 비판한다.

오늘날 학자들은 육예의 책을 입으로 읽지도 않고 백가의 논을 눈으로 보지도 않고 이소와 악부의 음악을 귀로 듣지도 않고서 시끄럽게 "한문은 폐지해야 한다, 한문은 폐지해야 한다" 하고 떠든다. 심지어는 신문학을 주장하면서 신체시를 고취하고 옛 경전을 헌신짝 취급한다. 그러면서 스스로 가장 진보적이라고 자부한다.[8]

연아당의 이 비판은 장아군이 후속편에서 신문학과 전통문학의 관계를 밝히면서 신구문학은 결코 대립 관계가 아니라 연관성을 갖고 있음을 승인하는 계기가 된다. 심지어 논쟁 후에 장아군은 전통 유가 시학에 회귀하는 경향성을 보여준다.[9]

신문학 운동가들의 포화가 비록 거세기는 했지만 최종적으로 전통문학이 자리를 내어주게 된 결정적인 이유는 신문학 창작이 일군 풍성한 성과와 이러한 문학적 실천이 대만 현실사회에 불러일으킨 강력한 반향 때문이었다. 장아군은 1925년에 대만의 첫 번째 신체시 시집인 『난

---

8 연아당, 『臺灣詩薈』 제10호(1924년 11월), 『連雅堂先生文集』(남투: 대만성 문헌회, 1992년).

9 진소영, 「계몽, 해방여전통: 논20년대대만지식분자적문화성사」, 『대만여전통문화』 중 「對儒家詩學的回歸」 부분 참조.

도(亂都)의 연(戀)』을 출간하는데 '대만의 호적'이라는 명칭이 전혀 무색하지 않다. 소설 방면의 성과는 더욱 풍성해서 소설가의 수적인 면이나 작품의 완성도 측면에서 상당한 수준을 보여준다. 아울러 전통문학 진영과 마찬가지로 식민지 사회의 특수한 상황에서 신문학 진영의 작가들 또한 민족의식에서 양극화를 보인다. 바로 항일문학과 황민문학이다. 신구 양쪽에서 발견되는 동일한 양분화는 문학의 본질에 대한 반성을 일으킨다. 신구문인을 막론하고 일본 식민지 지배하에서 무엇이 진정한 문학이고 진정한 시인인지를 고민하지 않으면 안 되는 상황에 처하게 되었다.

전통 시가 실천의 이론적 종합이든지 또는 전통 시가 창작의 정신적 지침이든지 간에 전통의 시학은 전통의 시인과 시사(詩社)에서 사상적 기초를 담당하고 있었다. 이민족이 통치하는 현실에서 전통 시학은 '변풍과 변아'의 시풍을 중시하게 되는데, 이는 시의 내용 중에 이른바 나라 잃은 유로들의 감상과 진나라를 망하게 하는 것은 반드시 진나라에 망한 초나라일 것이라는 비원(悲願) 등에 호응한 것이다. 다른 한편으로는 신문학 운동의 도전을 겪으면서 전통 시학이 서방의 시문학 이론을 수용함으로써 유가 시학의 보편성을 천명하게 되는데, 이는 장아군이 연아당의 반격에 맞서 숙고한 결론임과 동시에 전통파 시인 출신으로 신문학 창작에 뛰어든 많은 문인들의 노력에 의한 성과이다.

2. 진정한 시: 신구문학의 대화

시가의 본질을 문제 삼을 때 신문학과 전통문학 양 진영은 상호 대화할 수 있는 여지와 주제를 발견한다.

　장아군은 「유일한 격발음(擊鉢音)의 의의」라는 제목의 "사람은 왜 시를 쓰는가?"라는 일절과 「시체(詩體)의 해방」이라는 제목의 "시의 본질"이라는 일절[10]에서 유가 시학의 경전적 작품들을 대량 인용한다. 가령 『상서』「우서·요전」의 "시는 뜻을 말하고 노래는 말을 읊는다."「대시서」의 "시는 뜻(생각)이 나온 것이다. 무언가가 마음 안에 있으면 뜻이 되고 그것을 말로 표현하면 시가 된다. 감정은 마음 가운데에서 발동하여 말로 표현된다. 말로 이루 다 표현할 수 없어서 감탄을 한다. 감탄으로 이루 다 표현할 수 없어서 노래한다. 노래로 이루 다 표현할 수 없어서 손발이 자기도 모르게 저절로 춤춘다." 또한 주희 『시집전』「서」의 "사람이 태어나면서 고요한 것은 하늘이 부여한 본성이다. 외물에 감응하여 발동하는 것은 본성의 욕구이다. 이미 욕구가 있다면 말이 없을 수 없다. 말로 표현했지만 아직 말로 표현하지 못한 것들은 감탄과 탄식으로 나오는데 이 과정에서 자연적인 박자와 리듬이 생기는 것이다. 이렇게 하여 시가 만들어진다" 등이다. 장아군은 이 경전의 저자들을 '중국의 성인'이라고 칭송한다. 이러한 문학관은 "시가 나에게 오는 것이지 내가 시를 짓는 것이 아니다"라고 한 독일 괴테의 말과 유사하며, 창작은 "마음의 감흥을 주체할 수 없어서 글로 표현한 것이다"라고 결론을 맺는다. 장아군은 시의 원리를 제대로 파악하고 있으며 이와 같은 비교를 통하여 유가 시학은 서방 시학과 소통의 통로를 찾게 된다. 이 견해가 신문학 운동가들에게 미친 영향력은 실로 지대하다.

　「유일한 격발음의 의의」라는 글을 발표한 지 9개월 후에[11] 그는 다시

10　이 글은 1925년 『대만민보』에 발표한 글로 다음에 수록. 장아군, 『장아군시문집』.
11　이 글은 『대만민보』 제3권 2호(1925년 1월 11일)에 발표한 글이다.

『대만민보』에 「시학의 유행 가치는 무엇인가」라는 논설을 게재한다. 이 글은 이전의 견해를 반복하여 격발음류의 시풍을 반대한 것 외에도 "진정한 시는 ……'심화심성(心畫心聲)'의 표현이다"[12]라고 강조한다. 시는 시인 심령의 표현이라는 말은 전통 시학의 공통된 견해이다. 그런데 신구문화 논쟁 후에도 여전히 신문화 운동가의 중시를 받았다는 것은 전통문학이 신문화 운동의 도전을 막아냈다는 것을 보여준다.

1926년 응사(應社) 동인 시인으로 서예가이자 소설가인 진허곡(陳虛谷)이 「북보(北報)의 무강적(無腔笛)에 실린 글을 반박함」이라는 글에서 일본에 부역하는 시인들을 강하게 성토하는데 그 이론적인 토대는 장아군의 관점을 차용하였다. "시는 대체 무엇인가? 시는 우리의 마음에 강렬한 감정이 일 때에 이 감정을 음절이 있는 문자로 표현한 것이다. 이것을 시라고 한다. 워즈워스는 이렇게 말한다. ……송대의 이학자인 주희도 이렇게 말한 적이 있다."[13] 그는 『상서』 「순전」 및 「대시서」를 인용하여 시는 어떻게 만들어지는지 설명한다.

진허곡이 쓴 이 글에서 두 가지 요점을 발견할 수 있다. 첫째, 시와 인격의 상관관계를 주장한다. "두보의 인격에서 두보의 시가 나온다. 도잠(도연명)의 인격에서 도잠의 시가 나온다." 둘째, 민중성을 강조한다. "시인은 민중의 선구자가 되어 시대정신과 민심의 향배를 시에 표현해야 한다. 시인은 철학가와 사상가의 능력을 가지고 있어야 한다." 이 두 가지 입장은 그에 상응하는 논리를 전통 시학 중에서 발견할 수 있다. 맹자의 '지인논세(知人論世)'의 설은 진허곡이 말한 두 가지 견해

---

12 『대만민보』 제73호(1925년 10월 4일). '心畫心聲'이라는 말은 揚雄의 『法言 · 問神』 중 "故言, 心聲也; 書, 心畫也"에 나온다.

13 이 글은 『대만민보』 제132호(1926년 11월 21일)에 발표한 글로 『陳虛谷選集』(陳逸雄 主編, 대북: 홍몽 출판공사, 1985년), 346-352쪽에도 실려 있다.

를 포괄한다. 「대시서」의 "치세의 음악은 안락하고 그때의 정치는 화락하며, 난세의 음악은 원망하고 분노하며 그때의 정치는 분열상을 보인다. 망국의 음악은 슬프고 백성이 곤고하다." 이런 말들은 시가 '시대정신'을 반영하고 있음을 보여준다. 진허곡은 전통 시학이 이 방면에 미친 영향을 직접적으로 언급하고 있지는 않다. 그러나 장아군이 제시한 '시가발생학'적 측면에만 국한되지 않음을 간접적으로 보여준다. 바로 '시가사회학'의 측면으로 확대할 수 있는 가능성을 보여준다. 진허곡은 이와 같은 문학 이론에 기초하여 일본에 부화하는 시인들은 "시 창작의 본의를 위배하는 것으로 이는 예술을 능멸하는 것이다. 자신의 인격을 땅에 떨어뜨리는 것이다"라고 비판한다.

1929년에 역사 시인이자 대만 문화협회(문협)의 지도적 인물인 섭영종(葉榮鐘)은 「타락한 시인」이라는 글에서 일부 전통파 시인들을 비판한다. 그들의 시어가 실제적이지 않고 사교적 수단 정도로 전락한 것을 비판하면서 또한 그들이 쓴 일본 당국을 칭송하는 시에 대해 비판을 가한다. 그는 시의 본질에 근거하여 비판을 가하는데, "시를 창작하는 것은 ……진실한 영감이 있어야 한다. 이른바 '감정은 마음 가운데에서 발동하여 말로 표현된다'는 것이어야 한다"[14]라고 말한다. 시인은 반드시 "절대 자유의 심경"을 가지고서 "심령의 감동에 충실해야 한다", "만약 진실한 영감이 없다면 시는 생명이 없고 개성이 없다"라고 강조한다. 그는 시를 다른 목적의 '수단'으로 변질시키는 것을 반대한다. 왜냐하면 "'신성한 예술'을 모독하는 것"이기 때문이다.

1932년에는 「시 창작의 태도」라는 글에서 또다시 「대시서」의 "감정은

---

14 이 글은 『대만민보』 제242호(1929년 1월 8일)에 발표한 글로 『臺灣人物群像』(葉榮鐘, 대북: 시보출판공사, 1995년)에 실려 있다.

마음 가운데에서 발동한다"는 이론을 원용하여 "시가 만들어지는 것은 이른바 '마음 한가운데에서 나온 감정'의 내용이 있어야 한다"[15]라고 재차 강조한다.

1932년에 전통파 시인이자 경제학자이면서 문협의 지도적 인물인 진봉원(陳逢源)은 「대만 전통파 시단에 폭탄을 던진다」라는 장편의 글에서 일부 전통파 시인들을 성토하면서 시사(詩社)가 '아편굴'이 되었고 시인들은 "시를 가지고 사교와 찬미의 도구로 삼고 있는데 이는 선배들이 간직했던 유민의 풍격을 상실한 것이다"[16]라고 성토한다. 또한 이런 변화는 마치 헤겔이 말한 이른바 "'대립물로의 전화'라는 사회 현상의 과정"이라고 설명한다. 진봉원은 예지롭게 전통파 시단에 '시의 이화(異化)'가 출현했음을 간파하고 헤겔 철학 개념을 적절하게 사용하여 이를 고발하고 있다. 또한 「시는 무엇인가」라는 글에서는 서두에 「시대서」의 "시는 뜻이 나온 것이다"라는 글을 인용하여 '시의 정의(定義)'를 내린다. '진정한 시'는 바로 이 점에서 '가짜 시'와 구별된다고 강조한다. 「새 시대의 새로운 시는 무엇인가?」라는 글에서는 여전히 전통 시학을 비판하지만 결코 5·4 신문화 운동의 추종자들처럼 전통문학이 귀족문학이라고 비판하지는 않는다. 그는 '새 시대의 평민시'와 '백성의 기상을 고무하는 시'는 전통 시에서 근원을 찾을 수 있다고 생각한다. 가령 정판교의 「빈사시(貧士詩)」, 두보의 「석호리(石壕吏)」 그리고 양계초가 대만에 올 적에 지은 「두육리(斗六吏)」 등은 모두 '시대성과 사회성'을 가진 '대표적인 가작'이라고 평가한다. 사회의식은 시인에게는 극히

---

15 이 글은 『南音』 제1권 제6호의 '권두언'(1932년 4월 2일)으로 발표한 글로 『日據下臺灣新文學: 文獻資料選集』(李南衡 편, 대북: 명담출판사, 1979년)에 실려 있다.

16 이 글은 『南音』 제1권 제2호와 제3호(1932년 1월 17일, 2월 1일)에 발표한 글로 『日據下臺灣新文學: 文獻資料選集』에 실려 있다.

자연스러운 것이다. 바로 "진정한 시인은 세밀한 신경과 날카로운 감정을 가지고 있어야 그 시대 그 지역의 사회 사정과 민생의 고통에 대하여 절창과 절주를 쓸 수 있다"라고 주장한다. 그는 일부 전통파 시인들이 진정성에서 발로한 사회의식이 결핍되어 "시대의 선구자인 시인이 도리어 대만 사회의 진보를 가로막는 반동 진영을 형성하게 되었다"라고 평가한다.

진봉원의 이와 같은 견해는 매우 중요하다. 앞서 진허곡의 글에서 시의 사회적 기능을 중시하는 것을 볼 수 있었는데, 진봉원은 시인의 사회의식(정감)을 「대시서」에서 말한 시는 정감이 자연 발생한 것이라는 '시가발생학'에 포함시키고 있다. 이는 시의 기능적 차원만을 논하는 데에 멈추지 않고 문학의 사회성을 '사회실천의 도구'로 해석함으로써 전통 시학에서 '문학사회학'의 근거를 찾은 것으로 볼 수 있다.

장아군과 연아당이 벌인 논쟁으로 문학관이 1920년대와 1930년대에 많은 발전을 하게 된다. 이는 이 시기에 발생한 신문화 진영과 전통문화 진영 사이의 논쟁과 대화를 통한 회통의 소산이라고 할 것이다. 유가 시학 중에서 시가발생학, 시가사회학에 관한 일반적인 견해는 신문화 계열 문인들의 도전과 전환을 통하여 유가 시학이 서방 시학과 최초로 접촉하게 되었고, 계속하여 유가 시학의 시가발생학과 시가사회학은 신문화 계열 문인들의 문학 실천에 정신적, 이론적 기초가 되었다고 본다.

3. 시를 보면 그 사람이 보인다: 왕송

왕송(王松)은 일본 점령 시기의 신죽(新竹) 지역 시인이자 시화가로 대만 할양 10년 후인 1905년에 『대양시화(臺揚詩話)』라는 책을 간행했다. 이 책은 대만 할양을 염두에 두고 있으며 작가의 유가 시학관을 잘 보여주고 있다. 「자서」에서 "난리 통에 살아남아서 남이 해놓은 것을 그저 흉내나 내려고 하지만 그마저도 사우들과 절차탁마하는 공부도 없고 가르침도 받지를 못했다. 본래 이 책은 내가 곁에 두고 홀로 감상도 해보고 비망 정도로 쓸 요량이었다. 게다가 고금에 나온 시화는 한우충동(汗牛充棟)할 정도로 많고 이미 지인논세(知人論世)의 내용이 충분한데 굳이 이 책을 세상에 내놓을 것이 있겠는가?"라고 한다. 아울러 이 책을 지을 적의 어려움을 "궁벽한 곳에서 간신히 목숨을 부지하던 때에 어디서 책을 구할 수 있겠는가?"[17]라고 하는데 이 말은 대만 할양에 대한 소회를 담고 있다. 이는 시화를 빌려 자신의 속내를 표현하는 방식이다. 또한 여기서 맹자가 말한 '지인논세'를 시화 창작의 이론으로 삼고 있는 것도 확인할 수 있다. 왕송이 주장하는 '관시지인(觀詩知人, 시를 읽으면 그 사람이 보인다)'의 견해는 맹자의 '지인논세'의 설에서 연유한다. 동일한 논리로 왕송이 어떤 사람인지 이해하는 것은 그의 시화를 이해하는 데 도움이 될 것이다. 친구 정여란(鄭如蘭)은 「서」에서 왕송의 시는 '불평이명(不平而鳴)'한 것으로 이른바 "그 노래에는 심사(心思)가 있고 그 곡성(哭聲)은 회한(悔恨)이 있다"는 표현의 전형적인 인물이다. "세상사에 쇄탈하여 사람들과 어울리지 않고 술을 잘 한다", 주변에 친구들이 잘 모였는데 "취기가 얼큰히 올라, 군이 비분강개하며 시국을

---

17 王松, 『臺陽詩話』(대북: 대북은행 경제연구실, 대만문헌총간 제34종, 1959년).

성토할 때면 그 말이 만언이나 되었다"[18]라고 한다. 왕송의 이런 성격을 이해하면 그가 침울하면서도 호탕한 시풍을 편애한 이유를 쉽게 헤아릴 수 있다. 구숙원(邱菽園)은 「서」에서 그가 "독서하는 것은 경세를 주로 한다"라고 하면서 왕송 본인의 말을 인용한다. "뜻이 없는 사람은 제대로 된 사람이 될 수 없다. 자신을 속이는 사람은 자신을 세울 수 없다. 세상에서 내 몸을 편안히 쉴 수 있게 하고 내 뜻을 펼치도록 도와주는 자라면 내 그를 따르겠다."[19] 여기서 왕송이 유가적 정신세계에 근접한 것을 볼 수 있다. 따라서 그의 시화도 유가 시학을 종착점으로 삼는다.

대만 할양은 왕송이 시화를 지을 결심을 하는 데 결정적인 작용을 했다. 책 안에서 이를 분명히 밝힌다. "시화를 짓는 것에 대해서는 고인들이 이미 자세하게 평론해놓았으니 나 같은 소인이 어찌 별도의 견해를 제출하겠는가? 갑오년 이래로 전사자들이 즐비하고 마음이 답답하여 할 일 없을 적에 선인들 흉내나 내면서 근심을 잊어버리고자 한 것인데 허송세월했다는 질책이나 면해볼 요량이었다. 그렇기는 하지만 이 또한 고인들이 말한 '한 권의 책을 남길 수 있다면 공경의 지위에 오른 만큼 고귀하다'는 뜻에 부합한다."[20] 「자서」에서 갑오전쟁과 을미년 대만 할양이 그가 시화를 창작한 직접적인 동기임을 분명히 밝히고 있다.

왕송 시학의 요점은 두 가지로 정리할 수 있다. 첫째는 시가 갖고 있는 개인 수양과 국가 사회 등 다방면에 미치는 영향을 강조하는 부분이다. 이는 「대시서」의 전통을 계승한 것으로 평가할 수 있다.

---

18 왕송, 「대양시화」, 3쪽.
19 왕송, 「대양시화」, 5쪽.
20 왕송, 「대양시화」, 8쪽.

시라는 것은 인심의 사정(邪正), 풍속의 후박, 정치의 득실, 국가의 성쇠를 아는 것이니 찬양하는 시이든 풍자하는 시이든 없앨 수 없다. 이 시를 듣는 자는 은미한 속내를 알게 되고 노래하는 자에게 죄를 가할 수 없다. 옛날 유헌씨(輶軒氏)가 민요시를 채집하는 제도가 있었다. 그러나 시는 응당 온유하고 돈후한 것을 기본으로 해야 한다. 찬양하는 내용은 더욱 정진하도록 돕는 것이고 풍자하는 내용은 속히 개선할 것을 바라는 것이다. 말은 다르지만 마음을 보존하는 효과는 동일하다.[21]

여기서 "인심의 사정(邪正) ……아는 것이니"의 '안다'는 공자가 말한 '흥(興), 관(觀), 군(群), 원(怨)' 중의 '관(觀)'과 비슷하며, 시를 통해 '인심의 사정' 여부를 알 수 있다는 말은 시가 '반영'의 속성을 가지고 있음을 보여준다. '찬양과 풍자'라는 말은 '군', '원'과 유사하다. 이에 대해서는 「대서시」에서 분명하게 설명하고 있다. "윗사람은 아랫사람을 풍화하고 아랫사람은 윗사람을 풍자한다. 시가를 통해서 윗사람을 완곡하게 풍자하면 그 말을 한 자를 벌할 수 없으며 듣는 자는 족히 경계하게 된다." 여기서 눈에 띄는 대목은 왕송의 표현 중에서 "윗사람은 아랫사람을 풍화하고" 대목이 생략된 점이다. 이는 왕송이 일본 식민지 통치자에게 교화의 권위를 부여하지 않으려는 태도와 관계가 있을 것이다.

왕송이 시를 논하는 두 번째 중점은 '관시지인'이다. 이는 시와 시인이 불가분의 관계임을 주장한다. 시인의 성격과 인품은 작품의 품격으로 나타난다. 이 관점은 맹자의 '지인논세'의 설에서 연원을 찾을 수 있다. 『예기』「악기」에 음악을 논하는 대목에서 이와 유사한 견해가 보인

---

21 왕송, 「대양시화」, 14쪽.

다. "마음이 애상한 자는 그 소리가 촉박하며 여유롭지 못하고, 마음이 즐거운 자는 그 소리가 즐거우면서도 여유롭고, 마음이 기쁜 자는 그 소리가 경쾌하면서 가뿐하고, 마음이 노한 자는 그 소리가 무겁고 사나우며, 공경하는 마음을 가진 자는 그 소리가 곧으면서 조심스럽고, 사랑하는 마음을 가진 자는 그 소리가 온유하다." 여기서 '애', '락', '희', '노', '경', '애' 등 6가지 감정이 발한 소리는 6가지 다른 품격을 보여준다. 왕송의 '관시지인'은 이와는 반대적으로 작품에 드러난 품격과 기상을 통해서 시인의 인품과 기질을 판단한다. 왕송은 자신의 견해를 이렇게 밝힌다.

'관시지인(시를 보면 그 사람이 보인다)'의 말을 내가 처음에는 그리 신뢰하지 않았지만 지금에야 선현이 결코 나를 속이지 않은 것을 알았다. 시에 소순(蔬筍)의 기가 풍겨나는 사람은 옹색하고, 지분(脂粉)한 기가 풍겨나는 사람은 음일(淫佚)하고, 진토(塵土)의 기가 풍겨나는 사람은 세속적이다. ……경구(警句)가 없는 사람은 용렬하고, 공련(工鍊)한 구가 있는 사람은 온축한 내공이 있다. 가벼운 사람은 시가 들뜨고 침잠한 사람은 시가 묵직하다. 웅변을 토하는 사람은 포부가 남다르며, 뼛속에 스미는 한기를 견디고 가을 하늘을 나는 매와 같은 기상을 보여주는 사람은 지조가 범인을 초월하며, 보배로 몸을 감싸고 조금도 흠결이 없는 것 같은 사람은 기상이 하늘을 찌른다. ……충신과 효자는 말이 평정하고 정이 극진하다. 열사와 용사는 뜻이 드넓고 말이 강건하다. ……관시지인이라는 말은 진실로 틀린 말이 아니다.[22]

가령 『예기』 「악기」는 '심(心)'에서 '성(聲)'까지의 음악발생학의 문제

---

22 왕송, 『대양시화』, 15-16쪽.

를 논하고 있다면 왕송은 '시'에서 '사람'까지의 문학비평 원칙을 논하고 있다. 왕송은 '관시지인'의 원칙을 제출한 데에서 멈추지 않고 시의 품격과 인품에 대하여 가치 판단을 내린다. 이 점은 맹자의 '관시논세'의 설보다 도덕주의의 색채가 더 강하다고 할 수 있다. 인용한 글에서 왕송이 긍정한 부류는 "포부가 남다르고", "기상이 하늘을 찌르는" 사람들이고 "충신과 효자", "열사와 용사"들이다. 왕송은 심지어 '명(名)'을 논하는 다른 단락에서는 성현 등급 아래에 시인을 둔다. "성현이라는 명망이 있고 충신과 효자라는 명망이 있는데 성인의 명망을 빌릴 수 있다면 장자나 열어구 같은 무리도 명망을 빌릴 것이다. ……한 등급 아래로 재사와 시문의 명망도 또한 그럴 수 있다."[23] "한 등급 아래로"라는 구절은 왕송이 자신이 전업으로 하는 시문을 통하여 성현의 경지를 추구하고 있음을 보여주는데 이는 역대의 시화가 중에서 매우 드문 경우이다. 시문의 가치는 그 정신을 전달하는 기능에 있다. 이는 '문이재도(文以載道)'라는 유학의 오랜 관념이다. 이에 대해 왕송이 명확하게 표현한 대목이 있다. "글은 글의 정신이 있고 시는 시의 정신이 있다. 정신이 100년을 내려간 작품은 100년 동안 전해지고, 정신이 10년이나 50년을 내려간 작품은 10년이나 50년 동안 전해진다. 정신이 억겁토록 마멸되지 않는다면 작품도 억겁토록 전래되어 마멸되지 않는다."[24] 시문이 전해지는 여부와 오랫동안 전해질지 여부는 바로 그 시문의 정신에 달려 있다.

『대양시화』에서 다루고 있는 시는 청나라 통치부터 일본 점령 시기까지의 대만시들이다. 개별 시인이나 시에 대한 품평을 통해서 왕송의

---

23 왕송, 『대양시화』, 61쪽.
24 왕송, 『대양시화』, 61쪽.

시문학관을 살필 수 있다. 여기에는 명정 시기의 시를 수록하고 있지는 않지만 정성공의 시를 품평하는 데에서 시작한다. 왕송은 서두에서 다음과 같이 말한다. "연평왕 주성공(朱成功, 정성공)은 대만에서 왕업을 연 위대한 첫 번째 인물이다. 명나라가 그에 의하여 30여 년을 지속할 수 있었다. 그 성덕과 대업을 해내외에서 흠모하고 있으며 세상의 문인과 학자들이 즐거이 이 일을 찬미한다."[25] 그리고 이 글 다음에 채성보(蔡醒甫)와 심보정(沈葆楨) 등의 시를 선별하여 수록하였는데 여기서 왕송이 명정을 긍정적으로 평가하고 있음을 알 수 있다.

청대 시인 중에서 가장 호평한 사람은 신죽 시인 임점매(林占梅)이다. 왕송은 여러 곳에서 그의 인물됨과 시를 평하고 있다. "임설둔방백(점매)은 호가 소송도인으로 기상이 강개하고 큰 뜻이 있었다. 대역(戴逆)의 난리에 향리의 의용군을 모아서 소탕에 참가했다. 손수 잠원(潛園)을 만들어 우리 고을 팔경의 하나가 되었다. 해내의 명사를 초대하여 잠원에서 시문 모임을 열고는 했는데 거기에 천하의 재사들이 모였다. 주인과 손님 모두 출중한 인물들이었다. 저서에 『잠원금여초(潛園琴餘草)』가 있으며 각 체에 모두 뛰어나다."[26] 다른 곳에서는 임점매를 "강개임협(慷慨任俠)"하다고 하고 "그 시는 송대 중·후기 풍에 가깝다. 유람하면서 감상을 적은 것들이 성정의 본심을 그대로 표현하고 전인의 작품을 모방한 것이 전혀 없이 일가를 이루었다. 절절한 애국의 충정은 이른바 '강호에 멀리 떨어져 있으나 어찌 임금의 은혜를 잊을까'라는 마음을 잘 표현하고 있다"[27]라고 평한다.

---

25 왕송, 『대양시화』, 1쪽.

26 왕송, 『대양시화』, 47쪽.

27 왕송, 『대양시화』, 46쪽.

일본 점령 시기 시인 중에는 구봉갑(邱逢甲)을 가장 높이 평가한다. 왕송은 구봉갑에게 자신이 '경도'되었다고까지 말한다. 구봉갑은 "재주와 학문이 단연 군계일학이다. 을미년에 월(粵)로 돌아온 후에 조주의 한산서원을 맡아서 많은 학생들을 키워냈다. 모두들 태산이나 북두성처럼 우러러보았다. 두보의 시재에 그가 지은 시들은 비장하면서도 문채가 찬연하고 웅장한 맛이 넘치는 게 바로 그의 인품을 보는 것 같다." 아울러 반란사(潘蘭史)가 지은 「설검당집(說劍堂集)」을 소재로 한 장편 칠언고시를 수록하면서 "이 시들을 수록하여 경모의 마음을 전하며 칩암존고(蟄庵存稿)라고 칭한다. 이 작품은 모두 을미년 이후의 것으로 마치 두보가 진(秦)에 들어가고 육유(陸游)가 촉(蜀)에 들어간 것과 같으니 그 처량강개한 풍모가 고인의 아래에 있지 않다"[28]라고 말한다. 다른 곳에서는 구봉갑의 고체시를 "그 공력이 상당하여 옛 대가들과 비교해도 전혀 손색이 없다"[29]라고 평한다.

이와 같은 시평을 통해서 왕송이 추숭하는 시풍이 강개창량(慷慨蒼凉)하고 비장한 것임을 알 수 있다. 임고해를 논할 적에는 개인 사적을 중시하면서 그의 시는 진정성이 넘치며 애국심이 절절하다고 평가하고 구봉갑을 논할 적에는 그 시가 "그의 인품을 보는 것 같다"고 하여 '관시지인'의 이론을 구체적으로 보여주고 있다. 또한 을미 이후의 작품을 "두보가 진에 들어가고 육유가 촉에 들어간 것"에 비유한 것은 구봉갑을 풍격이 호방한 애국시인의 계보에 포함시킨 것으로 볼 수 있다. 그러면서도 구봉갑의 시에 경도되어 그가 대만을 떠나 내지로 간 사실을 전혀 언급하고 있지 않다. 왕송이 견지한 유학 입장은 호매한 시풍과

---

28 왕송, 「대양시화」, 51–52쪽.
29 왕송, 「대양시화」, 56쪽.

애국시인을 편애하는 것과 상호 밀접한 관계가 있다. 이민족의 통치를 받는 현실에서 왕송은 시학에서 도덕적 판단을 중시한다. "시는 인심(人心)의 사정(邪正)을 알 수 있다"는 견해는 주희『시집전』「서」에 근거한다. '정(正)'의 개념은「시대서」와 정현의『서보』「서」에 이미 보이는데 '정'과 '사'를 대조하여 '인심'에 연결한 것은 주희에서 시작한다. (하절에서 자세히 논함) 그러나 왕송이 말한 '정필전면(情必纏綿)'의 견해는「시대서」 '변풍변아'의 일종이지 시의 '정경(正經)'은 아니다. (정경의 설은 정현에서 시작하는데 아래에서 자세히 논함) '정(情)'의 중시는 일본 점령 시기 유가 시학의 중요한 특징 중 하나로서 대만 할양의 변고를 겪는 와중에 당시 시인들의 가슴을 피멍 들게 했던 슬픔과 밀접한 관계가 있다.

4.『시경』은 정감과 이치가 조화를 이루어 경전이 된다: 홍기생

홍기생(洪棄生)은 일본 점령 시기 녹항(鹿港)의 숙유로 구학을 목숨처럼 신봉하고 신문화를 철저하게 배척하였다. 평생 머리를 자르지 않고 양복을 입지 않았다. 신문화를 반대하고 자녀가 일본어와 서양 언어를 배우는 것을 반대했다. 대만 할양 후에는 '기생'이라고 이름을 바꾸고 고국과 함께 죽겠다는 애통한 마음을 분명히 했다. 저술이 풍부하고 내용 또한 다양하다. 다양한 양식의 시사(詩詞), 고문, 변려문, 논설문, 기사문, 시화에 정통하다.『기학재시화(寄鶴齋詩話)』는 일본 점령 시기에 완성했다.[30]『시경』,『초사』에서부터 청대 및 대만 할양 전후의 역대 시가

---

30 程玉凰,「洪棄生及其作品考述」(대북: 국사관, 1997년), 302쪽.

를 다루는데 내용이 충실하고 논리가 자세하며 참신한 점은 『대양시화』의 수준을 넘어선다.

『기학재시화』에 보이는 유가 시학은 두 가지 특색이 있다. 첫째, '변풍 변아'를 중시한다. 둘째, '정리구족(情理俱足, 정감과 이치가 조화를 이룬다)'을 『시경』이 경이 되는 근거로 설명한다. 이 두 가지는 정현과 주희로 대표되는 정통의 관점과는 사뭇 다르다. 이러한 차이는 홍기생이 처한 특수한 역사 상황에서 그 이유를 찾는 것이 합리적일 것이다.

'변풍변아'의 설은 「대시서」에서 시작한다. "왕도가 쇠퇴하자 예의가 폐지되고, 정교(政教)를 잃어버리자 나라마다 정치가 다르고 가문마다 풍습이 달라져서 변풍과 변아가 만들어졌다." 여기서 난세에 변풍과 변아가 나타나는 것을 알 수 있다. 이 시풍은 대개 '슬픔'와 '상심'의 정조를 띤다. 「대시서」에서 "인륜이 폐한 것을 상심하고 형정(刑政)이 가혹한 것을 슬퍼하였다. (사관이) 이런 마음을 읊은 시를 골라서 왕에게 풍유(諷諭)하였으니 이는 세상의 사정이 이미 변한 것을 명달(明達)하고 옛날의 풍습을 생각한 것이다. 따라서 변풍은 정감에서 발하고 예의에서 멈춘다. 정감에서 발한 것은 백성의 성정이고 예의에서 멈춘 것은 선왕의 은택이다"라고 한다. 여기서 "이런 마음을 읊은 시를 골라서 왕에게 풍유한다"는 말은 바로 "아랫사람은 윗사람을 풍자한다"는 의미로, 난세는 통치자의 학정에서 시작하기 때문에 시인이 슬프고 상심한 마음이 솟구쳐서 당시의 정치를 비판하는 것이다.

'정경(正經)'을 가지고 '변풍변아'와 대비한 것은 정현이다. 「시대서」에 '정(正)'이라는 글자가 나오기는 하지만 '정경'의 설은 없다. 정현은 『시보』「서」에서 '정경'을 선왕 시기의 작품으로 보고 '변풍변아'를 후왕 시기의 작품으로 본다. 정현은 주나라 문왕과 무왕 "이때의 시는 풍(風)에는 「주남」과 「소남」이 있고, 아(雅)에는 「녹명」과 「문왕」 등이 있는데 성왕과 주공 때에 와서 태평성대를 이루었다. 예악을 제정하고 성덕의 노래를 부른 것은 지극히 성대함을 보여준다. 이와 같은 풍과 아에 근본한 작품은 모두 수록하였으니 이것을 시의 정경이라고 한다"라고 한다. 변풍과 변아는 후왕 시기 정치와 교화가 쇠퇴한 이후 작품으로 정현은 "후왕은 정교가 쇠퇴하였다. 의왕(懿王)이 제(齊)나라 애공(哀公)에 대한 참소를 듣고 삶아 죽이고 이왕(夷王)이 예에 맞지 않는 행동을 한 후로 패(邶)가 현인을 존중하지 않았다. 이때 이후로 여왕(厲王)과 유왕(幽王) 때는 정교가 더욱 쇠퇴하였고 주(周)왕조가 더욱 붕괴되었다. 「시월지교(十月之交)」, 「민로(民勞)」, 「판(板)」, 「탕(蕩)」 등의 시가 불렸는데 제후국들이 혼란에 빠지고 서로 헐뜯고 원망하였다. 다섯 패자가 패권을 잡던 말기에는 ……기강이 완전히 끊어졌다. 따라서 공자가 의왕(懿王)과 이왕(夷王) 당시의 시에서부터 진(陣)나라 영공(靈公)의 음란한 일까지를 기록하고 변풍변아라고 했다."『시보』「서」는 주로 역사적 맥락과 정교 흥망성쇠의 입장에서 『시경』이 '정경'에서 '변풍변아'로 변화하는 과정을 논하고 있는데 「시대서」에서 논하고 있는 시가발생학에 근거한 견해는 반영되어 있지 않다.

주희의 『시집전』「서」는 「시대서」와 『시보』「서」의 견해를 계승하고 거기에 유학사상을 융합하여 매우 이지적인 느낌이 든다. 그는 정현이 제시한 '정경'의 설을 '인심'과 '성정'의 올바름[正]에 연결하여 논한다. "시라는 것은 인심이 외물에 감응하여 언어로 표현된 것이다. 마음이 감응할 적에 사정(邪正)이 있기 때문에 말로 표현되는 것도 시비가 있게 된다. 오직 성인이 임금의 자리에 있을 적에야 감응한 것이 바르지 않음이 없고 그 말이 모두 가르침이 될 만하다. ……옛날 주나라가 흥성하던 때에는 위로는 교묘(郊廟)와 조정에서부터 아래로는 향당과 여항(閭巷)에 이르기까지 그 말이 순수하여 바르지 않은 적이 없었다."「국풍」을 논하면서는 "풍이라는 것은 저잣거리의 노래가 대부분이다. 이른 바 남녀가 서로 더불어 노래하며 각기 그 정감을 말한 것이다.「주남」과 「소남」만은 문왕의 교화를 받아서 성덕한 것이라 사람들이 성정의 바름을 얻었다. ……따라서 이 두 편이 풍시의 정경이 된다"라고 한다. 이는 인심이 바르게 감응한 것과 성정의 바른 것을 '정경'으로 설명하는 것으로 정현이 왕조와 역대 왕의 성쇠를 기준으로 논한 것과는 다르다. 또한 성정의 바름을 얻어야 한다면 "슬퍼하더라도 몸을 상할 지경에는 이르지 않아야 한다(이는 공자의 말에 근거한다)"는 말을 따져보면 주자는 '슬픔'의 표현이 정경(正經)이 정(正)이 되는 데 하등의 문제가 되지 않는다고 생각한 것으로 볼 수 있다.「시대서」는 '애(哀)'와 '상(傷)'을 구분하지 않고 모두 난세의 풍으로 여긴다. 가령「시대서」에서 "망국의 노래는 슬픔이 넘치며 백성들은 곤고하다"(이 구절은『예기』「악기」에 나온다)라고 하면서 변풍과 변아가 "인륜이 폐한 것을 상심하고 형정이 가혹한 것에 슬퍼하여" 나온 것이라는 주장과 비교해보면 주희의 설명 방식은 '정경'을 다양한 각도에서 이해하는 것이 가능하도록 했다고 할 수 있다.

'변풍'의 탄생은 인심이 감응하는 중에 드러나는 사정(邪正)과 관련이 있다. "패풍(邶風)」 이후로는 나라마다 치세 여부가 다르고 위정자의 현명한 것도 제각각이라 감흥하여 노래한 시도 사정(邪正)과 시비가 제각각이다. 이른바 선왕의 풍이 여기서 바뀌었다." 주희는「대서서」와 『시보』「서」보다 더욱 분명하게 '변풍'이 선왕의 풍을 변용한 것임을 밝힌다. 아울러 인심이 감응하는 중에 나오는 "사정과 시비가 각기 다른" 데에서 변풍이 연유한 것을 밝히고 인심의 감응이 전부 '사(邪)'와 '비(非)'는 아님을 지적한다. 곧 변풍 중에 '성정의 정(正)'을 얻은 작품이 있음을 인정한다. 이러한 태도는 정현에 비하면 훨씬 개방적인 모습을 보여준다. "변아(變雅)는 현인군자가 당시의 세태를 걱정한 시로 성인이 이를 채록하였다"라는 대목은 아(雅)나 송(頌) 시편이 갖고 있는 "그 말이 온화하면서도 장중하고 의리가 관대하면서도 엄밀한" 정도는 아니지만 "충후하고 측달한 마음과 선을 선양하고 악을 막는 뜻이 있다"라고 하여 변아에 대해서 긍정적인 평가를 내린다.

흥미로운 것은 주희가 『시경』이 경이 되는 이유로 정경과 변풍변아를 함께 갖추고 있기 때문이라고 설명하는 방식이다. 주희는 "『시』가 경이 되는 것은 인사가 아래에서 흡족하고 천도가 위에서 갖추어져 있어서 하나의 이치도 갖추고 있지 않은 것이 없기 때문이다"라고 하는데 그렇다면 정경과 변풍변아가 함께 있어야만 『시경』이 온갖 이치를 갖추고 있는 '경'이 될 수 있고 진정한 '경전'은 '경'과 '변'을 함께 갖추고 있다고 말하는 셈이다. '경'이 '변'하는 것은 '경'의 필연성이고 '변'을 통하여 '경'은 비로소 인사와 천도 중의 온갖 이치를 갖추게 된다. 따라서 '경'의 다른 의미는 온갖 이치를 갖추고 있다는 것으로 이른바 "한 이치도 갖추고 있지 않음이 없다"라는 것이다. 따라서 변풍과 변아에서 두드러진 슬픔과 원망은 특정한 상황에서 드러나는 인사의 이치를 표현하는 것으로 '경'에 속한다고 할 것이다. 주희의 주장은 이 점에 있어서 철학적인 통찰과 깊이가 「시대서」나 『시보』 「서」와는 비교할 수 없을 정도로 깊다.

홍기생이 지은 시화에서 논한 두 가지 중점은 모두 주희의 견해와 관계가 있다. 주희는 비록 변풍변아가 지닌 긍정적 가치를 인정하기는 했지만 여전히 '정경'의 아래에 있음을 분명히 한다. 그런나 홍기생은 '정경'에 대해서는 논하지 않고 '변풍변아'가 『초사』와 『악부』 및 후세의 저명한 시인 두보와 육유 등에 미친 영향을 칭송하면서 변풍변아에서 노래한 다양한 '정감'을 대단히 중시한다. 주희는 『시경』이 경이 되는 것은 "한 이치도 갖추고 있지 않음이 없기" 때문이라고 하지만 '정감'은 언급하지 않는데, 홍기생은 '정'을 내세우면서 정감과 이치가 구족해야만 비로소 『시경』이 경이 된다고 말한다.

'변풍변아'에 대해서 논하자면, 홍기생과 주희는 모두 '진정성'에서 출발하며 변풍변아도 경이 된다고 생각한다. 홍기생은 변아가 가진 기상 및 '진정성'을 높이 사면서 변아는 "태산의 높은 기상과 하수가 넘실대는 자연스러움을 겸하고 있다. 후세에 반고, 장형(張衡), 마융, 양웅, 한유, 유종원이 지은 부(賦)와 송(頌)은 그들이 평생 동안 갈고닦은 학문과 재주를 다한 작품들이다. 그러나 가사에서 높은 기상은 뿜어져 나오지만 바다처럼 넘실대는 기상은 찾아보기 어렵다. 이들은 후학자들 중에서 준일한 자들로 그 정교한 표현은 볼만하지만 자연스러운 경지는 아직 부족하고 진정성은 별도로 배울 수 있는 것이 아니다. 이것이 경이 되는 소이(所以)이다"[31]라고 말한다. 홍기생은 변아에서 사용하는 시어의 자연스러움을 배우는 것도 만만치 않지만 그 진정성 또한 쉽게 배울 수 있는 것이 아니라고 평한다.

변아만이 아니라 변풍도 홍기생이 후세 작품을 평가하는 기준이 된다. 『초사』에서 청대까지 변풍변아의 유풍을 간직하고 있는 작품은 훌륭한 작품으로 평가한다. 가령 굴원이 "불세출의 재주로 『시경』 300편의 신묘한 이치를 원용하고 300편의 형식을 변용하였으니 고부(古賦)의 원조일 뿐만 아니라 고시(古時)의 비조(鼻祖)이다"[32]라고 평가한다. 또한 홍기생은 「구장(九章)」이 변아에서 연유했다고 판단한다.[33] 물론 그

---

31 洪棄生, 『寄鶴齋詩話』(남투: 대만성 문헌회, 1993년), 3쪽.

32 홍기생, 「기학재시화」, 4쪽.

33 홍기생, 「기학재시화」, 6쪽. 『초사』를 변풍변아로 평가한 것은 주희가 『초사집주』에서 이미 논하고 있다. 『全書』의 「序」와 『離騷』의 「序」에서 이에 대한 관점을 살필 수 있다.

는 『초사』가 『시경』을 계승한 점을 간과하지는 않지만, 이른바 "스스로 아름다운 표현을 만들다[自鑄偉辭]"(『문심조룡』「변소(辨騷)」)라는 성과를 무시하지도 않았다. 「구장」에서 "문장의 고하는 글을 짓는 천기(天機)와 관련이 있지 풍(風)이라든지 아(雅)와는 관계가 없다"[34]라고 한다. 그는 「구가 · 상군(九歌 · 湘君)」을 칭찬하면서 "상군(湘君)아, 가지 못하고 망설이는 것은 모래톱에 누가 있는 겐가?"라는 대목은 "쭉 읽어 내려가면 빼어난 표현들이 층층이 등장하며 애절한 마음이 절실하다"라고 한다. 중간쯤에 "물에서 벽력을 따고 나뭇가지에서 부용을 꺾고 싶네. 마음이 맞지 않으니 중매쟁이는 헛고생이고 감정이 깊지 않으니 쉽게 헤어지네"라는 대목은 "기발한 착상에다 생각지도 못한 감정이 솟구친다"라고 평한다. 「산귀(山鬼)」의 "사람의 자취가 산모퉁이에 있는데 당귀옷을 걸치고 여라로 둘렀도다. 이리저리 둘러보며 절로 웃음이 터지나니 내 모습이 예쁘다는 낭군님 말씀 떠오르네"라는 대목은 "멀리서 아련히 보이는 듯, 표현이 압권이다"[35]라고 평한다. 물론 "「이소」의 표현이 신묘불측한 맛이 있기는 하지만 기본적으로 부, 비 흥 3가지 수사법을 구사한 것이다"[36]라고 밝힌다. 이는 『초사』가 '자주위사(自鑄偉辭)'의 독특성을 가지면서도 『시경』에서 사용한 부, 비 흥 3가지의 수사법을 벗어나지 않음을 지적하여 '경'과 '권'이 평형을 유지하도록 한다. 이와 같은 태도는 유협의 『초사』에 대하여 "비록 『시경』의 뜻을 받아들이기는 했지만 자신만의 표현을 만들어냈다"라는 평가와 비슷하다. 홍기생은 『초사』 이후로 허다한 작품을 변풍과 변아라는 저울을 가지고 평가한다. 가령

---

34 홍기생, 『기학재시화』, 6쪽.

35 홍기생, 『기학재시화』, 4-5쪽.

36 홍기생, 『기학재시화』, 5쪽.

"공북해(孔北海)의 잡시 한 수는 변아의 전통을 계승하고 있다. 중간의 구에서 '고분(孤墳)은 서북쪽에 있고 그리운 당신은 아직도 오시지 않네. 치맛자락 꼭 잡고 언덕에 올라보건만 고사리와 늙은 쑥만 보일 뿐'이라는 대목은 당시 난리의 정경을 묘사한 것으로 침통한 마음을 불러일으킨다."[37] 또한 "진중장(陳仲璋)의 「음마장성굴」과 왕중선(王仲宣)의 「칠애시」는 모두 변풍의 전통을 간직하고 있다."[38] 이처럼 홍기생은 "변아의 전통[變雅遺音]"과 "변풍의 전통[變風遺音]"을 긍정적으로 평가한다. 난세를 묘사하고 슬픔을 그리는 것이 변풍변아의 특색이다.

변풍변아의 전통을 계승하여 가장 잘 발휘한 시인은 두보이다. 홍기생은 여러 곳에서 '정'과 '변'을 가지고 이백과 두보의 차이를 논한다. "두공(두보)의 「북정」, 「출새」 등의 시는 그 정조가 변아에 가깝고 적선(謫仙, 이백)의 고풍 16수는 국풍에 가깝다."[39] "이백의 시는 재주가 학문을 덮고 두보의 시는 학문이 재주를 덮는다. 이백은 정조(正調)풍이고 두보는 변조(變調)풍이다."[40] "이태백의 고풍 59수는 위로는 국풍에 연원하고 아래로는 한(漢)나라와 위(魏)나라 오언과 칠언의 구체(古體), 금체(今體)를 배웠는데 모두 대아의 음악이다. 두보는 위로는 변아에 연원한다."[41] 홍기생은 이백과 두보의 시풍을 『시경』의 '정'과 '변'으로 나눌 뿐만 아니라 두 시인의 서로 다른 품격에 대해서도 핍절한 설명을 한다.

---

37 홍기생, 『기학재시화』, 4쪽.
38 홍기생, 『기학재시화』, 3쪽.
39 홍기생, 『기학재시화』, 3쪽.
40 홍기생, 『기학재시화』, 97쪽.
41 홍기생, 『기학재시화』, 11쪽.

이백과 두보의 가행(歌行)을 보면 하나는 웅준하고 하나는 침울하며, 악부를 보면 하나는 넉넉하고 하나는 처절한 맛이 다르다. 이백의 고풍 59수는 국풍에 연원하며 자유로운 정감을 다채롭게 풀어가는데 두보에게는 없는 것이다. 두보의 북정 70운은 소아에 연원하며 나라와 가정에 대한 절절한 감회를 그려내는데 이백에게는 없는 것이다. 내가 두 시인의 작품을 헤아려보니 이백의 「위태수」는 방대한 스케일이 두보의 「북정」에 비견할 만하고, 두보의 「전후출새」는 곡진한 맛이 이백의 「고풍」에 필적한다.

이백과 두보는 이른바 "옛날에도 없었고 앞으로도 없을 것이다"[42]라는 평가를 받기는 하지만 홍기생의 평가는 이백과 두보를 두고 미묘한 차이를 보인다. 두보에 대해서는 "위로는 변아에 연원하고 아래로는 한나라와 위나라의 시풍에다가 고가요까지 섭렵하지 않은 것이 없다. 이것을 자기 것으로 소화하여 시로 만들어내니 시인 중에 대성이라고 할 만하다"[43]라고 하고, 또 "이백과 두보는 대가라고 할 수 있는데 마치 집대성한 공자와 비슷하다. 한유, 백거이, 소식, 육유도 대가라고 할 수 있는데 마치 도를 연역한 증자, 맹자와 비슷하다"라고 한다. 그러나 두보는 공자와 같을 뿐만 아니라 심지어는 주공과도 같다. "두보의 7언 고풍은 틀림없이 주공이 지었을 것이다. 그 신묘하고 성스러운 경지는 이태백이 넘볼 수 없다."[44] 이 평가는 "시인의 마음은 조화에 통한다"[45]라는 그의 평소 입장과 비슷하다. 홍기생이 변풍변아를 긍정하고 있음은

---

42 홍기생, 「기학재시화」, 45쪽.

43 홍기생, 「기학재시화」, 11쪽.

44 홍기생, 「기학재시화」, 64쪽.

45 홍기생, 「기학재시화」, 95쪽.

두보에 대한 평가에서 살필 수 있다. '변'이 '정'보다 인정과 사리를 더욱 폭넓게 담고 있다고 확신한다. 또한 '시인'의 위상을 높이는 태도는 왕송과는 유가 다르다.

'시인'의 위상을 높이는 것과 『시경』의 '경전'적 지위에 대한 이해는 상호 밀접한 관계를 갖고 있다. 홍기생의 견해는 주희와 차이가 있다. 주희는 '이치를 갖고 있음'을 기준으로 『시경』이 '경'이 되는 근거로 삼는데, 홍기생은 '정감'을 부각하여 '정리구족(情理具足)'하기 때문에 『시경』이 '경'이 된다고 강조한다. "『모시』는 정감도 구족하고 이치도 구족하다. 이치에 합당하고 비속하지 않으며 상정에 맞고 지나치지 않다. 이것이 진실로 경이 되는 이유이다."[46] '정'을 중시하는 것은 변풍변아를 긍정하는 것과 상호 밀접한 관계를 맺고 있다. '정'을 표현하는 데 있어서 '정경'은 온유하면서 완곡하고 변풍변아는 변화무쌍하며 깊고 강렬하다. 홍기생이 '정'을 중시하는 것은 다른 작품에 대한 비평에서도 읽어낼 수 있다. 가령 『초사』 「구가」는 "기정파휼(奇情波譎)"[47]하다고 하고, 「공작동남비」는 "그 정이 절절하여 하늘이 울어대며 슬프고 비극적이면서도 기창(氣暢)한 맛이 있다"[48]라고 하고, 「악부제일요지」는 "시어가 곡진하고 정감이 핍절해서 절절한 맛이 넘친다"[49]라고 하고, 백거이의 「기원미지」 시는 "참으로 곡진한 정이 뚝뚝 묻어난다"[50]라고 하고, 오매촌(吳梅村)의 시는 "침울하고 돈좌(頓挫) 중에 진정이 넘친다"[51]라고 한다.

---

46 홍기생, 「기학재시화」, 7쪽.
47 홍기생, 「기학재시화」, 4쪽.
48 홍기생, 「기학재시화」, 7쪽.
49 홍기생, 「기학재시화」, 38쪽.
50 홍기생, 「기학재시화」, 46쪽.
51 홍기생, 「기학재시화」, 60쪽.

주희는 '정감'에 대해 '정(正)'과 '부정(不正)'의 문제(이른바 '성정지정(性情之情)')만을 고려하지만 홍기생이 언급한 '정감'은 다양하다. '정기(情奇)', '정지(情至)', '정고(情苦)', '정진(情眞)', '정심(情深)' 등 이처럼 다양한 정감은 이학자인 주희는 생각지도 못했을 것이다. 정(情)에 대하여 주자는 '정정(情正)'이라는 윤리학의 범위 내에서만 고찰했는데 홍기생의 시학에서 미학적으로 심화되었다고 할 수 있다. 물론 변풍변아를 추숭했든 '정감'의 위상을 높였든 이 모든 것은 홍기생이 살았던 일본 점령 시기라는 역사적 상황과 밀접한 관계를 맺고 있다.

5. 시인은 천지로 마음을 삼는다: 연아당

연아당은 홍기생과 마찬가지로 시인에게 지고한 위상을 부여한다. 사상적으로 두 사람은 모두 유학에 근본을 두고 있지만 연아당에게는 선종 시학이라는 또 다른 요소가 있다.[52] 또한 연아당은 시의 사회적 기

---

52 홍기생은 시뿐만 아니라 시화에도 평론을 가한다. 그는 嚴羽의 『滄浪詩話』는 "순정하고 흠이 없어서 송원시대 시화 중 으뜸이다. 다만 시를 禪學的으로 접근한 대목을 漁洋이 극구 부각한 점은 편향된 감이 있다. 그렇기는 하지만 風雅의 풍모를 잃지 않았다"(『기학재시화』, 105쪽)라고 하여 왕어양이 엄우의 선학적인 경향을 부각한 점에 대해 반대 입장을 표명하면서도 포용적인 태도를 취한다. 그러나 『隨園詩話』, 『甌北詩話』, 『雨村詩話』에 대해서는 "선가 소송들을 마구잡이로 집어넣어서 심지어 野狐禪에서 魔道에 빠진 자들도 있으니 선별하지 않는다면 온갖 병폐가 마구 나올 것이다"(『기학재시화』, 106쪽)라고 배척한다. 그러나 선학적으로 시를 논하는 것이 司空圖가 주장한 "글자 하나에 집착하지 않으면서 풍류를 체현한다"는 종지를 충분히 살린다면 색다른 느낌을 줄 수 있을 것이다"(『기학재시화』, 113쪽)라고 평한다.
한편 연아당은 시와 선학에 대해 비교적 개방적인 태도를 취한다. "시인은 세속을 벗어나는 마음을 간직한 자이다. 마음이 담박하고 만물이 모두 텅 비어 있다. ……시와 선은 하나이면서 둘이고 둘이면서 하나이다. 시인은 자연에서 그 핵심을 끌어내고 선가는 무아에서 해탈을 구현한다. 자연이나 무아는 모두 상승에 속하는 것이다. 따라서 시인은 선적인 맛이 농후하고 선가는 시심을 가슴에 품고 산다"(『詩薈餘墨』, 『아당문집』(대북: 대북은행 경제연구실, 대만문헌총간 제208종, 1964년), 276쪽)라고 한다. 심지어 "불가사의 이 네 글자가 불문의 진제인데 시인도 이를 구해야 시의 묘미를 살릴 수 있다"(『시회여묵』, 『아당문집』, 281쪽)

능을 중시한다. 아래에서는 몇 가지로 나누어 연아당 시학의 주지를 논하고자 한다.

(1) 시와 사(史)

연아당은 시인이자 사학가로서 시와 역사에 대해서 남달리 조예가 깊다. 그는 『대만시승』「서」에서 "『대만통사』를 출간한 후에 고금의 시를 집성하고 다시 별도로 정리한 대만 관련 시들을 뒤에 붙여서 『대만시승』이라고 이름을 달았다. 맹자가 왕자의 자취가 소멸하자 시가 망했고 시가 망한 후에 춘추가 일어났다고 하는데 바로 시가 역사이고 역사가 시이다. 내가 『대만시승』을 편찬하는 이유가 여기에 있다."[53] 연아당은 『맹자』에서 말한 것은 시가 역사의 기능을 갖고 있고 『시경』의 기록은 왕자의 자취인데 그 자취가 없어지자 제후들의 역사인 『춘추』로 대신했다고 이해한다. 연아당이 대만 시가를 역사로 이해하는 입장은 맹자에 근거하는 것으로 이는 '문학사'를 통해서 유학의 기원을 찾는 작업과 별반 다르지 않다.

그는 「서」의 결론 부분에서 "내가 근심하는 것은 역사가 없는 것이다. 역사가 없는 고통은 이미 밝혔다. 10년여간 오로지 『대만통사』를 완성하는 데 전력을 다했다. 그 와중에 여가를 이용하여 『대만시승』을 완성했다. ……시는 곧 역사이다. 이를 통해 흥(興)하고 군(群)하게 할 수 있다. 이 책을 읽으면 변풍변아를 알게 될 것이다." 여기서 시의 역사적 기능을 재차 강조하면서 대만 시는 '변풍과 변아'의 풍이라는 것을 밝

라고 한다.

53 연아당, 『대만시승』.

히고 있다. 이러한 시풍은 대만이 겪은 두 번의 망국 경험(명정이 만청에 항복한 것과 대만이 일본에 할양된 것)과 관계가 있다. 연아당은 두 번째 망국의 경험을 특히 중시한다. 그 자신이 몸소 체험했기 때문이다. "(청조가 들어서면서) 강역과 복식을 바꾸게 되니 민심이 표동하고 상심 실의한 중에 비분강개하거나 분기탱천한 심회를 읊은 시들이 전대 작품의 수준을 능가했다. 오늘날 대만에서 시가 이처럼 왕성한 것은 시절 때문이기도 하고 형세 때문이기도 하다." 이 단락은 연아당이 홍기생과 마찬가지로 변풍변아를 중시한 데에는 이민족의 통치라는 시대적 상황이 작용하고 있음을 보여준다. 시학에서뿐만 아니라 연아당 본인의 시 또한 이런 풍격을 갖고 있다. 그의 친구이자 역사(櫟社) 동인 발기인인 임조숭(林朝崧)은 「증연군아당」이라는 시에서 "시권애시유변풍(詩卷哀時有變風, 시권의 애시에는 변풍이 있다)"[54]이라고 하면서 연아당 시의 풍격을 설명하고 있다. 시가 역사를 기록하고 시대의 반영이라고 한다면 일본점령 시기의 시가가 변풍변아의 풍을 갖는 것은 당연한 일이다.

(2) 시교

연아당이 주장한 시교(詩敎)는 그가 주희의 영향을 깊이 받았음을 보여준다. 「모시서」에서 시교와 관련한 대목을 살펴보면 "풍(風)은 바람으로 교화를 나타낸다. 풍으로 흥기시키고 교(敎)로 감화시킨다", "선왕은 이것으로 부부의 법도를 세우고 효도와 공경을 완성하고 인륜을 두텁게 하고 교화를 찬미하며 풍속을 변화시킨다"라고 하는데 이것이 시

---

54 전체 시는 다음과 같다. "伊川被髮久爲戎, 望絶英雄草莽中; 革命空談華盛頓, 招魂難起鄭成功; 霸才無主誰靑眼, 詩卷哀時有變風; 擊碎唾壺歌當哭, 知君應不爲途窮." 본 시에 대한 분석은 다음을 참조. 진소영, 「대만시선주」, 185-188쪽.

의 '이풍역속(以風易俗)'이라는 교화 기능이다. 주희는 시교를 『대학』에서 제창한 수신의 철학에 포함시켰다. 주희가 『대학』을 중시한 것은 『사서』에 편입시키고 『논어』, 『맹자』와 병렬시킨 것에서 볼 수 있다. 그렇다면 『대학』에 근거하여 『시경』을 해석하는 것은 전혀 놀라울 것이 없다. 그는 『시집전』 「서」에서 "성정의 은미한 사이를 관찰하고 언행의 핵심적 발단을 살핀다면 '수신제가치국평천하'의 도리가 다른 곳에서 구할 것이 아니라 모두 여기에 있다"라고 한다. 연아당의 '시교' 관념은 기본적으로 「대시서」에 근거하여 '역풍이속' 하는 시의 기능을 강조하지만 주희의 견해를 발휘하였다. 시라는 것은

작게는 아(雅)와 풍(風)이라는 형식의 글이고 넓게 보면 도덕적으로 교화하는 도구이다. 안으로는 정심수신의 학문이요 밖으로는 제가치국평천하의 도리이다. 우리 시인의 본령은 천지 사이에서 우뚝 서는 것이다.[55]

연아당은 자신의 시를 통해서 유가의 시교를 실천하는 데에도 사명감을 가지고 있었다. 그는 자신이 지은 시집의 서문에서 '시를 짓는 이유'를 밝히고 있다.

나라를 권념하고 강산을 생각할 적에 비분강개한 표현이 지나칠지언정 옹색한 표현은 사용하지 않았다. 따라서 10년 동안 근심이나 병이 난 적이 없었다. 어찌 하늘만이 나에게 후대한 것일까, 내가 하늘에 받은 것을 온전히 한 것이다. 맹자가 "하늘이 이 사람에게 큰일을 맡기려면 먼저 그 심지를 괴롭게 하고 근골을 힘들게 하고 굶주리게 하고 헐벗게 하고 매사가 뜻대로 되지

---

55 「대만시회발간서」, 『아당문집』, 40쪽.

않게 함으로써 동심인성(動心忍性)을 통하여 하지 못하는 것을 할 수 있도록 한다"라고 했다. 내가 성현은 아니지만 이 말을 잘 따라서 훗날 덕에 나아가는 밑천으로 삼았다. 이것이 또한 내가 시를 짓는 뜻이다.[56]

위의 두 인용문을 통해서 연아당의 시교가 『대학』에서 제출한 시교의 이론을 체현하고 있는 것을 볼 수 있는데 주자가 「시집전서」에서 논한 것보다 더욱 철저하다.

(3) 시가발생학

연아당의 시가발생학에 대한 견해는 「대시서」, 『예기』 「악기」 이래의 전통적 견해를 계승하였다. 그는 "시는 뜻을 말하고 노래는 말을 읊은 것이다"라는 말을 고금 시학의 정론이라 생각하고[57] 『예기』 「악기」의 음악은 마음이 사물에 감응한 것이라는 내용을 원용한다.[58] 이러한 보편적인 이해에 대해서는 연아당이 특별히 자세한 논의를 전개하지 않고 변풍변아에 속하는 시의 발생을 집중적으로 검토한다. 따라서 「대시서」의 작자처럼 마음과 사물의 관계를 통해서 시의 발생을 논하는 개념적 접근을 취하지 않고 굴원처럼 "불우하여 시가 생겼다"는 이론을 펼친다. "옛날에 참으로 많은 작자가 있었다. 공자가 노나라로 돌아온 후에 『춘추』를 첨삭하였고, 좌구명이 실명한 후에 『국어』를 지었고, 굴원이 쫓긴 후에 『이소』를 지었고, 여불위가 실권한 후에 『여씨춘추』를 세상에

---

56 「寧南詩草自序一」, 『아당문집』, 34-35쪽.
57 「시회여묵」, 『아당문집』, 261쪽.
58 「시회여묵」, 『아당문집』, 278-279쪽.

전했다."[59] 대만 시사의 맥락에서 연아당은 여전히 '불평즉명(不平則鳴)' 의 시가발생학을 중시한다. 그는 "300년 이래로 선비는 그 덕을 잃고 농부는 터전을 잃고서 온갖 역경을 헤쳐 나오면서 노래를 불러 답답한 심사를 풀었다."[60] 또 "대만 할양 이래로 세상에서 뜻을 얻지 못한 선비 들이 시에 경주하여 자신들의 낙담하고 무료한 마음을 시로 표현했는 데 너도나도 달려들었다."[61] 대만 할양은 시인들을 불우하게 했고 불우 한 상황은 시 창작이 활발하도록 했다. 연아당 시가발생학의 견해는 그 가 변풍변아를 중시하는 것과 서로 표리를 이룬다.

(4) 시의 민족성과 민중성

시는 그 민족의 명맥을 유지하는 것과 관계가 있기 때문에 연아당은 『대만통사』를 지었던 심정으로 『대만시승』도 지었다. 일본 점령 시기에 시인들이 "실낱처럼 위태한 유학을 보존"하자는 고심은 시가 갖고 있 는 민족성에 기초한다. 연아당은 "문장은 중화의 도구이며 역사는 민족 의 혼이다"[62]라고 하면서 시가 역사라는 주장을 한다. 따라서 시는 '민 족의 혼'으로 볼 수 있다. 그는 "국혼(國魂)을 일깨우는 것은 시인의 임 무이다"[63]라고 한다. 그가 무수한 문장에서 명정시대 시가를 추숭한 것 에는 고국을 그리워하는 마음이 깔려 있다.

연아당은 또한 시의 민중성을 중시하여 "민요는 문장의 시작이

---

59 「臺灣稗乘序」, 『아당문집』, 38쪽.
60 「대만시회발간서」, 『아당문집』, 40쪽.
61 「櫟社同人集序」, 『아당문집』, 46쪽.
62 「시회여묵」, 『아당문집』, 271쪽.
63 「시회여묵」, 『아당문집』, 282쪽.

다"[64]라고 한다. 또한 대만의 민요는 국풍의 유음으로 평가하는데 "대북의 채다가(採茶歌)는 독특한 풍(風) 체의 민요로 죽지(竹枝), 유지(柳枝)와 비슷한 체이다. 의미가 곡진하고 가사는 완곡하며 음조는 유장하다. 비록 남녀가 서로 주고받는 가사가 주종을 이루지만 경치에 마음을 싣고 사물에 비흥하는 것은 국풍의 유음이다"[65]라고 평한다. 그는 민간문학 수집가인 이헌장에게 보내는 편지에서 "우연히 신민보에서 대만 방언 및 민요 만담을 읽으면서 큰 위안이 되었습니다. 우리 대만인들은 대만의 역사, 언어, 문학을 모두 보존하고 널리 알려야 합니다. 그래야 우리 선민들을 볼 면목이 있습니다"라고 한다. 아울러 그가 방언을 연구하는 목적도 여기에 있음을 밝힌다.[66] 연아당은 장아군처럼 귀족적인 풍모의 구문인이 아니다. 연아당의 민족성에 대한 인식은 상당히 철저하다. 그는 한문화를 보존하기 위해서는 사대부 계층의 문화와 더불어 서민문화를 함께 보존해야 함을 알고 있었다. 연아당의 민족시학은 분명히 그가 처한 일본 점령 시기의 심정을 반영하고 있다.

(5) "시인은 천지로 마음을 삼는다"

앞에서 인용한 연아당의 "우리 시인의 본령은 천지 사이에서 우뚝 서는 것이다"라는 말은 연아당이 '인자(仁者)'로서 시인을 바라보고 있음을 알 수 있다. 그는 다른 곳에서 "오늘날 대만의 시인은 먼저 자립한

---

64 「시회여묵」, 「아당문집」, 288쪽.
65 「시회여묵」, 「아당문집」, 272쪽.
66 「與李獻璋書」, 「아당문집」, 130쪽.

후에 남을 세우고 먼저 자각한 후에 남을 각성시켜야 한다"[67]라고 한다. 심지어 시인은 천지를 마음으로 삼은 사람이라고도 한다. "시인은 천지를 마음으로 삼은 자이다. 따라서 마음이 넓어야 하고 안목이 높아야 하고 생각이 기특해야 하고 정감이 발라야 한다."[68] 여기서 "정감이 올바르다"는 말은 주희의 '성정지정(性情之正)'에 근거한다. 연아당은 동중서의 "마땅히 할 것을 하고 이익은 생각하지 않으며 도를 밝히고 그 공효는 헤아리지 않는다"라는 말은 학자들만 그렇게 하는 것이 아니라 시인들도 마찬가지라고 한다.[69] 분명히 연아당은 "천지로 내 마음을 삼아야" 비로소 "성정의 올바름을 얻을 수 있다"고 생각한다.

그는 또한 "시를 짓는 요체는 허심(虛心)과 정기(靜氣)만한 것이 없다고 한다. 허(虛)하면 신(神)에게 통하고 정(靜)하면 치원(致遠)한다"[70]라고 한다. 이 말은 유협의 "문학적 사색에는 허정(虛靜)이 좋다"(『문심조룡』「신사(神思)」)라는 입장을 발휘한 것이다. 이 말들은 작가 정신과 상상력을 계발하는 것과 관련이 있는 표현이다. 이런 맥락에서 "천지로 내 마음을 삼는다"는 말은 윤리학적 함의만이 아니라 미학적 함의도 가지고 있다. 미학 방면으로 말하면 천지를 마음으로 삼아야 비로소 "정신이 만물과 함께 어울리고" "생각이 천고에 미쳐서"(『문심조룡』「신사」) 상상의 나래를 펴고 만사와 만물을 전부 녹여 시에 집어넣을 수 있다. 윤리 측면에서 보자면 시의 교화는 호연한 기상을 배양할 수 있으며[71] 인격을 함양하여 천지에 우뚝 서고 천지의 화육에 참여할 수 있다. 연

---

67 「시회여묵」, 『아당문집』, 280쪽.

68 「시회여묵」, 『아당문집』, 273쪽.

69 「시회여묵」, 『아당문집』, 273쪽.

70 「시회여묵」, 『아당문집』, 269쪽.

71 「鰲峰詩草序」, 『아당문집』, 45쪽.

아당은 문천상(文天祥)의 「정기가(正氣歌)」를 "천지를 뒤흔든다"라고 평하며 그 "애국의 일편단심으로 천추의 역사 위에 밝게 비추리라"의 '단심'은 공자가 말한 "필부의 뜻은 빼앗을 수 없다"의 '뜻'[72]으로 천지의 마음은 죽지 않는 단심이요 빼앗을 수 없는 의지라고 한다. 연아당이 시가의 가치와 시인의 위상을 높이는 것은 여기서 극명하게 드러난다. 『예기』「악기」에서 "작자(作者)는 성(聖)이다"라는 말을 고대로 소급하여 생각하면 문장은 본래 성인이 지은 것이라는 말인데, 그렇다면 연아당이 위에서 설한 내용들은 중국 문학의 기원에 대한 이해가 깔려 있으며 특히 송대 유자인 장재의 "천지에 마음을 세운다"는 말과 사상적 영향관계에 있다.

■ 본 논문은 대만대학에서 개최한 '중국 문화의 경전 해석 전통 연구' 성과보고회에서 발표한 것으로 2000년 2월에 완성하였다.

---

72 「시회여묵」, 「아당문집」, 279쪽.

8장

오탁류의 『아시아의 고아』 중 유학사상

서론

오탁류(吳濁流)는 한족 시인이자, 소설가, 산문가로서 일생을 대만 문학 발전에 헌신한 작가이다. 통상적으로 그를 유가 또는 유학자로 평가하지는 않지만 중국 고전문학에 깊이 천착하고 유가 시학이 갖고 있는 내밀한 감화력을 계승하고 있다. 어떤 이는 그가 유가사상의 영향을 강하게 받았고 심지어는 "유학을 신앙했다"고도 한다. 가령 섭석도(葉石濤)는 「회념오로(懷念吳老)」에서 오탁류는 "유가사상을 신앙한 구식 자유주의자"라고 평한다. (섭석도는 "구식 자유주의는 사회주의와 결합하지 않은 일종의 자유주의"라고 설명한다)[1] 섭석도는 결코 부정적인 입장에서 오탁류의 '유학 신앙'을 평가하지 않는다. 도리어 이를 오탁류의 "식민지배자들에 대한 깊은 반항정신"과 연결한다. 그의 "강한 민족의식"과 "애향정신" 및 "견결하게 대만 문학을 위해 희생하겠다는 결심" 그리고 "의

---

[1] 葉石濤, 『文學回憶錄』(대북: 원경출판사, 1983년), 48쪽.

연한 기품으로 진리를 위하여 끝까지 투쟁할 수 있는 두려움 없는 정신"과 "비타협적인 호연지기의 기백"[2] 등으로 설명한다.

광복 후에 일본어 작가인 황영지(黃靈芝)는 부정적인 입장에서 오탁류의 '유학 신앙'을 평가한다. "그는 당시(唐詩)의 신봉자요 추종자이다. 그러나 나는 당시(唐詩)를 예술적으로 높이 평가하지 않는다. …… 오 선생은 시인 또는 문학가이지 유가사상의 훈도를 받은 독서인이라고 할 수는 없다."[3] 진영진(陳映眞) 또한 부정적인 입장에서 유가사상이 『아시아의 고아』 가운데 주인공 호태명(胡太明)에게 미친 영향을 평가한다. "유가의 『중용』 사상은 ……격동하는 시대의 소용돌이에서 그의 삶의 대부분을 고뇌하고 우유부단하게 살도록 했다"[4]라고 평가한다. 진영진의 유가사상 이해는 분명 정확하지 않다. 그는 비록 『아시아의 고아』가 가진 '역사적 교훈'이 '고아의식의 극복'이라는 것을 예리하게 읽어냈지만 유가사상이 바로 호태명이 '고아의식'을 극복할 수 있는 근본적인 동력임은 깨닫지 못했다.

이 글은 두 가지 방면에서 『아시아의 고아』 중의 유가사상을 다루고자 한다. 첫 번째는 주제와 관련하여 유가사상, 고아의식, 대만의식 간의 상관성을 살펴보고자 한다. 두 번째는 소설 미학의 입장에서 오탁류의 글 안에서 유가사상이 등장인물과 줄거리, 분위기를 어떻게 창조하는지 그리고 건축 공간에 대한 묘사 등을 통하여 소설의 구성 요소를 분석하겠다.

---

2 섭석도, 「문학회억록」, 44쪽, 48쪽.

3 黃靈芝, 「我所認識的吳濁流先生」, 『臺灣文藝』 제53기('오탁류 선생 기념호'), 1976년 10월.

4 陳映眞, 「孤兒的歷史·歷史的孤兒: 試評『亞細亞的孤兒』」. 이 글은 같은 제목의 논문집(대북: 원경출판사, 1984년) 83-84쪽에 수록.

1. 오탁류의 한학 생애

오탁류는 1900년 신죽 신포의 부유한 객가(客家)인 지주 가정에서 출생했다. 그가 어린 시절을 회상한 글에서 "내가 살던 곳은 큰 묘당(廟堂) 형태의 집이었다. 마을에서 사당을 제외하고 우리 집처럼 규모가 큰 집은 없었다. 내가 출생했을 때 안채 세 칸은 이미 일본 군인들에 의해 소실되었고 조상에게 제사 지내는 세 칸도 곧 무너지려고 했다."[5] 이 대청은 나중에 중건되어 오탁류의 『아시아의 고아』에 등장하는 중요한 정신적 공간인 '호가(胡家) 대청(大廳)'의 원형이 되었다. 한편 신포 남쪽의 북포는 대만 할양 초기에 항일 활동이 치열했던 객가 거주 지역으로 당시 거족인 강두가의 아들 강소조가 항일 의용군을 이끌었다. 그가 죽었을 때 겨우 21세의 나이였다. 오탁류는 신축에 거주하는 객가의 항일 투쟁 역사에 관심이 많았다. 죽는 순간까지도 결코 망각하지 않았다. 그는 자신의 회상록인 『무화과(無花果)』 제1장에서 당시 어른들의 항일투쟁을 기록하고 있다. 죽기 1개월 전에는 「북포사건 항일열사 채청림」을 썼다. 오탁류는 평생 객가 사람들의 유교적 가학과 항일투쟁의 전통을 벗어나지 않았다.

그의 부친은 중의였는데 진료하는 데 바빠서 농사일과 가정에서 자녀들을 챙기는 것은 모친의 몫이었다. 오탁류는 네 살 때부터 할아버지와 한 방을 썼는데 조부는 독서인으로 한학에 대한 소양이 깊었다. 조부가 젊었을 때에는 집안사람을 구하기 위해 죽음을 각오하고 일본군을 만나러 가기도 했었다.[6] 오탁류는 이를 두고 '살신성인'의 정신을 실

---

5 吳濁流, 『臺灣連翹』(대북: 전위출판사, 1988년), 15쪽.
6 이에 대한 자세한 내용은 다음을 참조. 오탁류, 『無花果』(대북: 초근출판공사, 1995년), 17-18쪽.

천했다고 평한다.[7] 그러나 조부의 여생을 살펴보면 유가적이기보다는 도가의 무위자연의 인생관을 견지하여 "도연명을 사숙하고 여생을 즐겼다"[8]라고 기록하고 있다. 이 조부가 『아시아의 고아』에서 호태명의 조부인 호 노선생(胡老先生)의 원형이 된다.

오탁류는 11세(1910)에 신포공학교에 입학한다. 당시 담임선생은 임환문(작가 임해음의 부친)으로 붓글씨에 능하고 점심때면 글자를 써주었다. 오탁류에게 먹을 갈고 종이를 펴는 법을 가르쳤으며 어느 날은 습자첩에 왕발(王勃)의 시를 적어주었다. "등왕의 높은 누각 강가에 서 있는데, 옥구슬 노래와 춤 그친 지 오래이다. 아침이면 남포의 구름 기둥을 채색하고, 저녁이면 서산의 비 주렴을 걷는다. 한가로운 구름 그림자 연못에 비칠 때 해는 유유히 지나가고, 세상은 변하고 별들은 운행하니 그 도수 얼마를 지났던가. 누각의 왕자 지금 어디에, 난간 너머 장강은 하염없이 흐른다." 오탁류는 당시를 회상하며 "내가 집에 가지고 갔는데 조부께서 보시고 극찬하였다. 천재 시인 왕발이 어린 나이에 「등왕각서」를 지은 이야기를 해주셨는데 아직 어려서 이 시의 의미를 깨닫지 못했지만 매우 장려(壯麗)한 시라는 생각이 들었다"[9]라고 적고 있다. 이는 오탁류가 중국 고시를 접한 첫 번째 인상이라고 할 수 있다.

오탁류는 신포공학교에서 두 번째 한학 선생인 첨제청을 만난다. 그는 수재 출신으로 오탁류의 한문 선생이었다. "첨수재는 서당 방식으로 학생들을 지도했는데 매우 엄격했다. 손에는 회초리를 들고 암송하지 못하는 학생들은 나이를 불문하고 사정없이 때렸다." 아울러 교과서 외

---

7 오탁류, 『무화과』, 18쪽.

8 오탁류, 『무화과』, 18쪽.

9 오탁류, 「一束回想」, 『南京雜感』(대북: 원행출판사, 1977년), 3쪽.

에도 『주자가훈』, 『석시현문(昔時賢文)』, 『지남척독』 등을 가르쳤는데 오탁류는 이 기간 동안 한학에 대한 기초를 닦았다.[10]

20세 무렵에 신포 분교에서 가르칠 적에 오탁류는 "노장철학을 가장 좋아했다."[11] 그러나 얼마 되지 않아 신문화 운동의 충격을 받고 "노장철학은 단지 한때의 아편과 같은 것이다. 결코 이것으로 안신입명(安身立命) 하지 못한다"[12]라고 반성했다. 23세(1922) 때에 「학교와 자치」라는 글을 썼는데 사상이 과격하다고 하여 외딴 사호공학교로 전근을 가게 된다. 그는 당시를 '참을 수 없는 적막'이라고 하여 일본 식민통치에 대한 '분개'를 「영록앵무(詠綠鸚鵡)」라는 시로 표현했다. "본성은 영리하고 재주가 많은데 파란색 몸을 흔든다. 주인을 알아보는 것은 새 중에는 드물다. 궁궐을 바라보니 굳게 닫혀 있고 농산(隴山)을 돌아보니 일마다 잘못일세."[13] 이 시의 후반부 두 구는 『무화과』에 채록되어 있지 않고 다른 글에 보이는데 "늙은 짝이 날아가니 홀로 춤추기 힘들고 취금(翠襟)은 다 빠지고 홀로 날아가려고 하네. 언젠가 새장이 활짝 열리는 날이 오면 여느 새처럼 돌아올 것은 꿈도 꾸지 마세요"라고 읊고 있다. 오탁류는 앵무를 노래하여 '내심의 고뇌'를 표현하고자 했다.[14] 이 시는 분명히 더 이상 도가의 무위자연의 경지에 안주하지 않고 굴원 같은 '불우'의 심정을 표현하고 있다.

1927년 묘율 일대 전통파 시인들은 율사(栗社) 동인을 결성하여 140여

---

10 오탁류, 「一束回想」, 『南京雜感』, 3-4쪽.

11 오탁류, 『무화과』, 47쪽.

12 오탁류, 『무화과』, 19쪽.

13 오탁류, 『무화과』, 58쪽.

14 오탁류, 「回顧日據時代的臺灣文學」, 『黎明前的臺灣』(대북: 원행출판사, 1977년), 57-58쪽. 이 시는 또한 다음에도 실려 있다. 『濁流千草集』(대북: 집문출판사, 1963년), 191쪽; 『濁流詩草』(대북: 대만문예잡지사, 1973년), 195쪽.

명이 가입하는데 오탁류도 그 중의 일원이 된다. 이 일에 대해서는 회고문에서 자세히 밝히고 있다. 그는 시사(詩社)가 한족의 절개를 가다듬는 작용을 한다고 생각했다. "내가 율사에 가입한 후로 옛날 독서인들에게 어떤 절개가 있음을 비로소 알게 되었는데 바로 뼛속 깊이 사무친 한족의 서늘한 절개를 깨달았다."[15] 시사 회원 중에는 1914년 나복성(羅福星)이 주도한 묘율혁명에 참가하여 9년 형을 선고받은 오야재도 있고, "백이·숙제가 아사한 것은 기꺼이 아사를 받아들인 것이다. 주나라의 곡식으로 배고픔을 해결하는 것을 부끄러워해서이다"라고 말한 유운석 등이 모두 오탁류가 존경하는 선배들이었다.[16]

예술 창작에 있어서 오탁류의 시작(詩作) 태도는 매우 진지했다. 항상 글자와 문장을 다듬고 반복하여 퇴고하였다. 그는 「현무호즉경(玄武湖卽景)」이라는 시에서 '투(妬)' 자를 두고 무려 3개월 동안 생각했다고 한다. 이 시는 후에 『아시아의 고아』에 수록되어 호태명과 그의 아내 숙춘(淑春)이 혼인 전에 여행할 적의 즉흥시로 사용된다. 시는 다음과 같다. "만 가닥 천 가닥의 옅은 푸른색이 아름답고 긴 둑 호숫가에 오래도록 서 있었네. 자매들은 지금쯤 무엇을 재잘대려나, 그림자를 쳐다보며 서로를 위로하면서 버들가지를 질투하겠네."[17] 오탁류가 보여준 시작 태도는 그 자신이 "이 길에 심취했다"[18]고 밝히고 있는 것처럼 깊이 몰입한 모습을 보여준다.

오탁류의 한학 생애는 한시를 종착지로 삼는다.[19] 그의 시 문학관은

---

15 오탁류, 「회고일거시대적대만문학」, 「여명전적대만」, 47쪽.
16 오탁류, 「회고일거시대적대만문학」, 「여명전적대만」, 42쪽.
17 오탁류, 「覆鍾肇政君一封信」, 「臺灣文藝與我」(대북: 원행출판사, 1977년), 11쪽.
18 오탁류, 「重訪西湖」, 「남경잡감」, 43쪽.
19 오탁류는 '漢詩'라는 말을 사용하고 '古詩', '舊詩'라는 용어는 꺼렸다. 혹자는 오탁류가 '한시'라는 표

유가에 기울어져 있다. 기본적으로 한시는 "호연한 기상을 배양하며" 시를 통해서 민족정신과 민족성을 표현해야 한다고 생각했다.

오탁류는 「한시 혁명」이라는 글에서 일본인이 한시를 중시하는 것은 일본의 시사가 "한시가 가진 기백이 결핍하여" "그들이 광가(狂歌), 검무(劍舞), 비분, 강개 등을 느낄 적에 읊은 것이 한시"라고 지적한다. 그는 한시를 통하여 청년들의 "호연지기를 길러야 한다"라고 주장하면서 당시 일본인들은 한시를 통해서 그들의 국민정신을 배양하려고 하는데 "중국은 도리어 한시를 짓는 것은 죽음에 이르는 길이라고 주장하는 사람이 있다"[20]라고 비판한다. "호연지기를 기른다"라는 표현은 시를 배우고 감상하는 것과 시가 가진 교화 작용에 주목한 말이다. 시 창작 및 작품의 본질적 측면에서 평가하면 오탁류는 '시혼(詩魂)', '민족성'을 강조한 것으로 볼 수 있다.

「시혼을 일깨우자! 중국의 시를 다시 논함」이라는 글에서 오탁류는 "현재의 한시 작가는 시혼도 없고 자유의 정신도 없고 명리도 초탈하지 못하고 영감도 없고 생명도 없다"라고 비판한다. 심지어 "공덕을 찬양하고" "아부를 떤다"[21]라고 비판한다. '시혼'은 시인에게는 시인의 인격이라고 할 수 있다. 오탁류는 "한시가 가진 인격을 중시하고 개성을 중시하는 훌륭한 전통을 말살할 수 없다"[22]라고 역설하는데 이는 한시가 유가가 표방하는 '위기지학'의 전통을 간직하고 있음을 강조한 것이다.

현을 사용한 것은 일본인의 영향을 받은 것이라고 지적한 적이 있었는데, 이에 대해 중국인들도 "한시"라는 표현을 사용할 수 있으며 더욱이 "중국 고유시의 지위를 회복하려고 한다면" '한시'라는 표현을 사용하지 않으면 안 된다고 변론하였다. 오탁류, 「關於漢詩壇的幾個問題」, 「대만문예」 제3기(1964년 6월).

20 오탁류, 「漢詩須要革新」, 「대만문예여아」, 71-72쪽.
21 오탁류, 「詩魂醒吧! 再論中國的詩」, 「대만문예여아」, 108쪽.
22 오탁류, 「對詩的管見」, 「대만문예여아」, 96쪽.

한시에서 '시혼'은 한족이 시가 중에 표현한 민족정신이다. 오탁류는 "중국의 문학은 중국 민족의 독창적인 것이다. 고귀한 것도 여기에 있고 특징도 여기에 있다."[23] "한시는 중국 문학의 결정이고 전통이고 정의이고 영혼이고 혈액이고 정수이며 민족과 함께 영화를 함께한다."[24] "한시는 고유의 문화 특색을 가지고 있으며 한족 최고 지혜를 표현한 것으로 근대 문명이 함부로 범접할 수 없다"[25]라고 말한다.

오탁류는 한시의 중요한 특징은 '문자적인 감각'이라고 한다. 한자는 각각의 글자가 음과 뜻을 가지고 있기 때문에 몇 글자를 합쳐야 비로소 의미를 표현할 수 있는 외국 문자와 비교하면 한시는 음율과 대구의 처리가 용이하다. 따라서 "간결할수록 깊은 의미가 배어나며 묘미가 깊다."[26] 오탁류가 한시와 한자의 관계에 상당한 조예가 있음을 알 수 있다. 일생 동안 2천 수 정도의 한시를 지은 오탁류는 『대만문예』에서 신시상(新詩賞) 외에도 한시상(漢詩賞)을 제정하고, 젊은이들이 한시를 배우지 않는 것을 두고 "한시가 날로 쇠퇴한다", "애통하다"고 했다.[27] 그러나 그는 신체시가 반드시 과거의 형식과 격률을 묵수해야 한다고 주장하지는 않는다. 그는 '문화격률(文化格律)'이라는 새로운 양식을 제기하는데 신체시가 만약 '중국 고유의 문화격률'을 결핍하게 되면 장차 외국 문학을 모방하는 아류로 떨어질 수밖에 없다고 한다. 그렇다면 무엇이 '고유한 문화격률'인가? "고유 형식 또는 고유의 정형"을 지칭하는 것이 아니라 "고유 문화의 전통과 풍격을 간직한 것이다. 자세히 말

23 오탁류, 「시혼성파! 재론중국적시」, 『대만문예여아』, 125쪽.
24 오탁류, 「한시수요혁신」, 『대만문예여아』, 79쪽.
25 오탁류, 「한시수요혁신」, 『대만문예여아』, 85쪽.
26 오탁류, 「한시수요혁신」, 『대만문예여아』, 84-85쪽.
27 오탁류, 「設新詩獎及漢詩獎的動機」, 『대만문예여아』, 37쪽.

하자면 한시가 간직한 정신과 철학의 심오한 의경(意境) 및 우아한 시어를 버릴 수 없으며, 또한 한시에서 인격과 개성을 중시하는 훌륭한 전통을 말살할 수 없다"[28]는 것이다. 그는 "중국인은 중국인의 시가 있어야 한다"[29]고 누차 강조한다.

그는 한시가 경시되고 부정되는 상황에 대해 반성을 촉구한다. 이는 '5·4 신문화 운동의 부작용'이라고 하면서 '타도공가점'의 주장을 강하게 비판한다. 비록 공자의 정치사상이 시대와 합치되지 않는 면이 있다손 하더라도 "공자의 개인 윤리와 개인 도덕은 천년이 가도 틀리지 않고 만년이 가도 변하지 않는 것이기 때문에 소중히 지켜내야 한다."[30] 오탁류의 머릿속에는 공자의 '위기지학'과 맹자의 '양호연지기' 사상이 그의 이른바 '인격과 개성을 중시하는 한시 전통'의 정신적 근거로 간주된다. 이처럼 개인의 인격을 중시하는 특징은 그의 일생을 통하여 변하지 않는 원칙이자 그가 창조한 '호태명'이라는 인물의 가장 중요한 정신적 근거가 된다. 따라서 오탁류의 한시 생애를 철저히 이해하지 않는다면 그의 유학 체득을 이해하기 어렵고, 더욱이 '호태명'이라는 인물의 창조 과정도 이해하기 어렵다.

---

28 오탁류, 「대시적관견」, 「대만문예여아」, 96쪽.
29 오탁류, 「대시적관견」, 「대만문예여아」, 93-96쪽.
30 오탁류, 「대시적관견」, 「대만문예여아」, 92쪽.

2. 호태명의 계몽 교사 팽 수재와 호 노인

호태명의 한학 생애는 서원의 교사인 팽 수재와 할아버지 호 노선생으로부터 영향을 가장 깊이 받았다. 소설은 할아버지의 손에 이끌려 아홉 살배기 어린 호태명이 팽 수재의 운제서원에서 수업을 받는 데서 시작한다. 오탁류는 "고란화가 핀 3월의 봄날"[31]로 호태명 한학 생애의 첫 새벽을 묘사한다. 그는 팽 수재의 유생적 면모를 생동감 있게 묘사한다. 일본인 통치를 인정하지 않고 은거 생활을 택한 팽 수재는 학생들을 지도하면서 아편을 피우고 난과 국화를 키우며 여생을 보낸다. 그의 방 정면 벽에는 "공자의 화상이 걸려 있고 향이 자욱이 피어오르고 있었다"(5페이지)라고 하는데, 이는 그가 매일 향을 피우고 공자에게 배례함을 알 수 있다. 그는 호 노인과 동창으로 대화 중에 "우리 학문이 땅에 떨어졌다", "우리 도가 쇠락해졌다" 등의 말을 곧잘 되뇌면서 "성학이 몰락한 것을 한탄한다."(6페이지) 그는 아홉 살의 어린 호태명이 원 고향인 당산(唐山)의 주소를 말하자 매우 기뻐한다.(6페이지) 특히 시대를 잘못 만난 불우한 유생으로서 팽 수재의 모습을 사실적이고 솔직하게 묘사한 대목을 살펴보면 "팽 선생은 아편을 피우느라 이른 새벽에 기침한다. 아직 날이 밝지 않았지만 '후룩후룩' 하며 수연을 빠는 소리가 들린다. 이 소리가 그치면 '삑' 하고 방문이 열리고 기숙생들은 이 소리를 신호로 일제히 일어나서 그가 심은 화초를 돌본다. 그때쯤 선생은 모기장처럼 길게 늘어진 장포의 옷자락을 허리춤에 꽂아 넣고 계단을 걸어 내려온다"(8페이지)라고 한다. 여기서 '모기장처럼 늘어진 장포'는 선생

---

31 오탁류, 『亞細亞的孤兒(아시아의 고아)』(대북: 원경출판사, 1993년), 6쪽. 이후부터는 본문에 쪽수만을 기재함.

님이 입고 있는 장포에 대한 아홉 살 어린아이의 느낌을 생동감 있게 묘사한다.

팽 수재의 사상은 그의 춘련에 잘 나타난다. 호가에서 세배를 할 적에 팽 수재와 호 노인은 상대방의 춘련을 서로 칭찬하는데 이들의 춘련은 유가와 도교의 다른 입장을 잘 보여준다. 호 노인이 "뜰 안의 닭과 개는 선경을 맴돌고 만경(萬徑)의 연하(煙霞)에는 세속이 멀다"라고 춘련을 쓰자 팽 수재는 '탈속'과 '달관'의 맛이 있음을 칭찬한다. 팽 수재의 춘련은 다음과 같다.

큰 나무는 새 우로(雨露)에 젖지 않고 운제(雲梯)는 옛날 그대로일세.

호 노인은 '백이와 숙제의 기상'을 칭찬하면서 운제서원의 옛 풍모를 지켜낼 수 있을 지 걱정한다. 팽 수재는 은연중에 만약 서원이 문을 닫게 되면 "한학도 같이 없어진다"(11-12페이지)라고 밝힌다. 이 단락은 '명지(明志)'를 분명히 드러낼 뿐만 아니라 신년의 희락이 쓸쓸한 감상을 덮어 누르고 있다. '큰 나무'와 '새 우로(雨露)'는 상징하는 바가 깊어서 음미해볼 만하다. '큰 나무'는 뿌리가 깊은 중국 문화를 상징하고 '새 우로'는 일본인이 대만의 전통적 독서인을 농락한 것을 나타낸다. 가령 서원에서 일본어를 교육하면 보조금을 지원하고 공립학교의 한문 교사로 초빙하겠다고 회유한다. 한편 이에 타협하지 않는 독서인에 대해서는 고압적인 방안을 사용한다. 공립학교를 광고하면서 독서인 가정의 자녀들을 공립학교에 입학시킬 것을 권유할 뿐만 아니라 서원에 학생을 보낸 부모의 명단을 요구하며 한학을 숭상하는 부모들을 압박한다. 호태명이 입학할 무렵 운제서원에는 대략 30-40명의 학생들이 공부하고 있었는데 점차 그 수가 줄어들었다. 그러나 팽 수재는 "순리에 맡기고 근심하는 기색이 없었다. ……여전히 안빈낙도하면서 도연명의 「귀거래사」를 읊었다."(16페이지) 그는 공립학교 한문교사 초빙을 거절하고 운제서원을 유지하기 어렵게 되자 "번계(番界) 부근의 모 서당의 초빙을 수락한다."(16페이지) 그리하여 호태명은 어쩔 수 없이 집으로 돌아가는데 조부가 직접 "사서오경을 강의한다."(16페이지) 그러나 결국에는 세태의 변화를 거역하지 못하고 공립학교에 입학한다.

몇 년 후, 호태명은 사범학교를 졸업하고 공립학교의 교사가 된다. 팽 수재의 부음에 연로한 조부를 대신하여 호태명이 조부의 명을 받들어 조문을 간다. 팽 수재는 '번계'의 서원을 여전히 '운제'라고 이름 하였다. 오탁류는 호태명과 팽 수재의 마지막 조회를 감동적인 필치로 서술하고 있다.

호태명이 '운제서원'이라는 눈에 익은 필체의 편액을 달아놓은 쇠락한 그곳에 도착했을 때는 황혼 무렵이었다. 황량하고 적막한 이곳이 평생 예교를 실천한 팽 수재의 안식처라고 생각하기에는 너무도 쓸쓸했다.

그러나 장례는 매우 성대했다. 장례식 참가자들은 팽 수재의 유족과 제자들이었다. 이때 호태명은 팽 수재가 일생 동안 간직해온 그 뜻을 다시금 생각해보기는 했지만 새로운 시대를 맞이하여 팽 수재의 죽음은 "아마도 지난 시대의 상징"이었다. 그리하여 "나도 나 자신의 시대가 있다"는 생각을 갖게 된다. 장례식에서 호태명은 "아주 오래된 망자의 혼이 마치 미라 같은 몸에서 빠져나가는 것 같았다. ……그가 문득 정신을 차렸을 때에는 빵빵거리는 자동차 소리와 함께 운구차는 이미 우투구를 지나갔다. 길가의 풍경은 전광석화처럼 휙휙 사라졌다."(56-57페이지) 오탁류는 독백과 배경 묘사를 교차시키면서 호태명이 구시대와 결별하는 것을 묘사하고 있다. 바로 호태명 뒤로 사라지는 양편의 배경들은 팽 수재의 영혼처럼 구시대의 상징이다.

만약 팽 수재의 죽음이 서원 교육의 종말을 상징한다면 호 노인의 죽음은 가족윤리의 몰락을 상징한다. 호 노인의 역할은 당시 도가적 성향을 지닌 지식인의 전형을 보여줄 뿐만 아니라 객가 사람들이 전통적으로 가족윤리를 중시하는 모습을 보여준다. 본인은 비록 도가적 삶을 살았지만 호태명에게는 유가 교육을 했다. 그가 유교와 도교를 동시에 중시한 것은 전통 독서인들이 유교와 도교 사이를 내왕했다는 것을 알려준다. 그는 호태명이 서원에서 돌아와 겨울방학을 보낼 적에 "자신 있게 '대학의 도가 명덕을 밝히는 데 있음'을 설명하고 자신의 체험을 들려준다."(10페이지) 처음 호태명이 일본인이 설립한 공립학교에 들어가는 것을 거절한 데에는 "세태가 어떠하든 학교에서는 사서와 오경을 배울 수 없다"라는 이유에서였다.(13페이지) 그는 서양 문화를 배척하고 일본 문화는 서양 문화의 아류에 불과하다고 생각한다. "호 노인이 동경하는 것은 춘추대의, 공맹유교, 한당문장, 송명이학 등 찬란한 중국 고대 문화이다. 따라서 이 문화를 자손에게 전해주고자 했다."(14페이지) 그러나 호태명의 어린 영혼이 시대의 변화를 이해할 수 있었을까? 당연히 "호 노인이 왜 경서를 읽히는지 몰랐다."(17페이지) 나중에 한학에 대해 조예가 깊은 학교 교사의 설명을 듣고 호 노인은 호태명이 공립학교에 들어가는 것을 동의한다.(18페이지)

호태명에게 있어서 호 노인은 가장 가까운 한학 교사였다. 호씨 집안에서 호 노인은 집안의 가장 큰 어른이다. 집안의 존경과 신망을 받고 있으며 호씨 집안에서 제사에 사용하는 공동재산을 관리하고 있었다. 그런데 친일파이자 법률사무소에서 번역 업무를 맡고 있는 호지달이 집안사람들을 선동하여 제사용 공동재산을 분배할 것을 요구하고 이로 인해 호 노인은 병으로 드러눕는다. 노인은 분할을 요구하는 집안사람들의 말을 듣고 본인이 "덕이 부족하다"는 자책과 함께 다시는 그 재산을 관리하지 않겠다고 결심한다. 호씨 집안은 이 일로 제사를 거행하는데 "유구한 세월 동안 역대 선조들과 함께 내려온 공동재산을 하루아침에 없애버리려고 한다"라고 탄식하고 다른 사람들도 제사 중에 매우 심통해했다. "조부는 선조의 신위 전에서 자신의 부덕을 탓하며 죄를 청했다.""그러나 제사가 끝나자 다른 사람들이 돌아갈 때 조부는 슬픔에 겨워 몇 걸음도 떼지 못했다." 마을에 불행한 이 사건이 알려지고 얼마 되지 않아 조부는 병으로 더 이상 일어나지 못했다. 조부의 죽음은 호태명으로 하여금 "무한한 허탈감을 맛보게 하였다."(86-89페이지)

호 노인은 가족윤리의 해체에 비통해하며 죽었다. 그의 죽음은 유가 가정에서 정신적 지주의 붕괴를 상징한다. 호태명은 자신을 길러주고 조석으로 모셨던 조부의 죽음을 통하여 그가 조부로부터 배웠던 한학 교육의 기억을 되살린다. 그리하여 한학에 대한 애착이 더욱 깊어진다. 조부를 잃고 적막한 심사에 있던 호태명은 "대륙의 부르짖음"을 듣게 된다. 오탁류는 호 노인의 죽음을 스토리 전환의 국면으로 처리한다. 조부 사후 호태명은 고향에서 더 이상 대화를 나눌 벗이 없어져버렸다. 그는 조부가 남긴 책들을 정리하고 떠나려는 즈음에 조부가 좋아했던 노장과 도연명의 시집 곳곳에서 조부의 비주를 발견하고 "자신도 모르게 옛날로 돌아가""조부의 마음이 마치 이 책 속에 있는 것 같은"(106페이지) 회상에 잠긴다.

공동재산 분할 사건에 연이어 이번에는 호씨 집안의 산소 터가 일본인에 의해 강제로 밭으로 개간된다. 이런 일련의 사건을 통해 호태명은 "바다 건너 대륙으로 건너갈 생각을 갖게 되는데"(108페이지) 우연한 계기를 통하여 실현된다. 호태명이 대륙으로 건너간 것은 곤경에서 도피하려는 것이 아니고 발전의 희망을 모색하는 여정이다. 바로 그가 팽 수재와 호 노인에게서 배운 중국 문화의 전통을 대륙에서 확증하려는 의도가 담겨 있다. 물론 호 노인의 죽음으로 호태명은 중국 대륙에 더욱 많은 관심을 갖게 된다.

3. 호태명 생명 중의 두 개의 유학 공간: 운제서원과 호가 대청

소설에서 오탁류는 두 곳의 유학 공간에 대한 묘사를 통해 팽 수재와 호 노인이라는 구시대 인물들을 그려낸다. 이 공간들은 소설에서 예술적 감동을 확대하고 다른 한편으로는 호태명의 생애에서 유학을 대표하는 가장 중요한 공간이다. 이 공간에 깊게 배어 있는 세월의 변화는 곧 유학이 겪게 되는 흥망성쇠의 운명을 암시한다.

호태명은 아홉 살에 처음 운제서원에 발을 내딛었다. 서원은 전체 묘우(廟宇)의 한 동을 사용하고 있었는데 맞은편에 용수(榕樹)가 들어선 뜰이 있었다. 당시 "노인이 태명을 데리고 오래된 건물 안으로 들어갔다"(4페이지) 이 오래된 건물 기둥에 다음 해에 "큰 나무는 새 우로(雨露)에 젖지 않고 운제(雲梯)는 옛날 그대로일세"라는 춘련을 붙인다. 춘련은 머리를 들면 매일 볼 수 있는 것으로 자신을 살피는 일종의 좌우명과 같다. 건물에 붙인 멋진 글을 통해 집주인의 생각을 기탁하는 것은 중국 건축의 특색이다. 팽 수재의 방은 퇴락한 늙은 서생의 서재이다.

방 한쪽 구석에 큰 침상이 놓여 있다. 침상에는 네모난 연반이 놓여 있고 연반에는 희미하게 불빛이 퍼진다. 희미한 불빛은 처량하게 연창, 연합, 연도

등 별별 아편 용구들과 그 곁에 모로 누워 있는 깡마른 노인을 비춘다. 침상
책상에는 서적이 쌓여 있고 주필 몇 개가 필통에 꽂혀 있다. ……방 정면 벽
에는 공자의 화상이 걸려 있고 향이 자욱이 피어오르고 있었다.(4-5페이지)

그는 사람이 들어오는 낌새를 알아채지 못했다. 호 노인이 침상 옆에
서 불렀을 때에야 비로소 정신을 차리고 "뜻밖에 힘찬 어조로 '아, 호
선생! 오랜만이네, 오랜만이야' 하면서 침상에서 벌떡 일어나 의관을
정제하고 옆방의 교실을 바라보고 냅다 큰소리를 지르자 장난꾸러기
학동들의 시끄러운 소리가 일시에 가라앉았다."(5페이지) 이 단락은 팽
수재를 생동감 있게 묘사하면서 등장시키고 있다. 오탁류는 그가 거처
하는 서재와 그의 모습을 묘사하면서 팽 수재에 대한 이미지를 뚜렷하
게 각인시키고 있다. 또한 호태명이 방에 들어가는 대목에서 "밝은 바
깥에서 어두컴컴한 방 안으로 들어갔다"(4페이지)라는 표현을 통해 팽
수재의 세계와 외부 세계를 대비하여 일본인 통치하에서 암담한 유학
의 미래를 암시한다. 이 단락에서 건물에 대한 묘사는 팽 수재라는 인
물 묘사에 필수적이다.

호태명은 팽 수재의 장례식에 갔을 때 그가 전에 가르쳤던 서원에도
들른다. 서원은 '운제'라는 이름이 무색하게 여러 곳이 훼손되어 있었
다. 오탁류는 이 대목에서 이렇게 쓰고 있다. "태명은 부서진 문 앞에서
눈에 익은 필적을 쳐다보며 만감이 교차함을 느꼈다."(56페이지) '눈에
익은 필적'이란 바로 팽 수재가 직접 쓴 '운제서원' 편액이다. 이 퇴락
한 집이 상징하듯 구시대 학문의 몰락은 호태명으로 하여금 구학의 굴
레에서 벗어나겠다는 생각을 갖게 했으며, 퇴락한 서원은 태명이 신구
문화 사이에서 우왕좌왕하는 마음을 암시한다.

소설 중에서 중요한 유학 공간은 호씨 집안의 대청이다. 이 대청을

첫 번째로 대표하는 영혼은 호 노인이고 두 번째는 호태명이다. 이 대청은 오탁류 자신의 집을 원형으로 하며 그는 이 대청에 대해 여러 번 언급했다. 이 대청은 소설에서 중요한 의미를 가지고 있는데, 그 중에서도 특히 마지막 부분에서 호태명이 미치광이 행세를 한 무대가 바로 대청이다.

본 소설에서 말하는 '대청'은 『대만연교(臺灣連翹)』에서 일본군에 의해 소실된 조상에게 제사하는 '정청(正廳)'³² 또는 '당(堂)'이다. '당'은 중국 주택에서 가장 문화적 색채가 농후한 공간으로, 왕진화는 '당'이 갖고 있는 문화적 의미를 깊이 있게 설명하고 있다.

당은 가정에서 천지와 조상과 문화를 받아들이는 공간이다. 당 앞의 뜰은 공터인데 이곳은 높게 드리운 하늘과 함께 천지를 상징하고 당은 뜰을 정면으로 향하고 있다. 당상에는 "역대 조상들의 신위를 모신" 신주가 있는데 이것들은 일반적인 제사에서 보자면 선조의 상징이지만 예제의 본질에 천착하자면 문화의 상징이기도 하다. ……따라서 당은 천지의 공간, 무궁한 시간, 무한한 문화라는 3가지 요소가 교착하는 지점이다. 한 집안의 중심이 여기에 있으며 개인이나 집안을 대표할 뿐만 아니라 공간 전체를 대표하는 곳이다. 집집마다 이 공간에서 혼례, 상례 등 애경사를 거행하고 명명과 관례 등의 대례도 거행한다. 전문적인 사람[神父]도 필요하지 않고 전문적인 장소[敎堂]도 필요하지 않다.³³

---

32 오탁류, 『대만연교』, 15쪽.

33 王鎭華, 「華夏意象: 中國建築的具體水法與內涵」, 『中國建築備忘錄』(대북: 시보출판공사, 1984년), 114쪽.

'당'은 『논어』의 '묘당(廟堂)'으로 유가가 가정 예교를 전수하는 공간이다. 오탁류가 '호가 대청'을 세밀하면서도 심혈을 들여 묘사하는 데에는 어린 시절 그의 뇌리에 박힌 기억만이 아니라 유학에 대한 본인의 '구체적인 체험'을 보여준다. 여기서 '구체적인 체험'이란 형상과 공간을 통하여 어떤 사상과 문화의 전승을 감지하는 것이다.

호태명이 일본에 유학하기 이전과 귀국할 적에 대청은 중요한 배경이다. 호태명은 새로 부임한 학교에서 일본인 여교사 내등구자(內藤久子)를 사모하지만 민족이 다르다는 이유로 거절당한다. 실의에 빠져 돌아오는 길, 소슬한 대청을 쳐다보며 호태명은 감상에 젖는다.

> 20년 전 수백 명의 친족들이 모여 떠들썩하던 호가 대청은 이미 쇠락했다. 사방의 벽은 온통 어린아이들 낙서요 '진선당'이라고 쓴 편액에 도금한 것도 너덜너덜하다. 신주 책상에는 먼지가 뿌옇고 촛대에는 수년 전 촛농이 그대로 남아 있다.(43페이지)

이런 풍경은 전통의 대가족제가 몰락하는 모습을 보여준다. 그 후 얼마 지나지 않아 호태명이 일본으로 출발하는 날 "대청에는 홍촉을 환히 밝혔다. 조부는 예복을 입고 그 긴 변발을 늘어뜨린 채 책상 옆에서 향을 살랐다." 친구들도 대청에 모여 태명을 배웅했다.(62페이지) 태명이 학업을 마치고 귀향하여 그가 "대청에 들어설 적에" 마당에서 폭죽이 시끄럽게 터지고 "조부는 분향하고 공손히 선조들에게 평안히 돌아왔음을 고했다."(80페이지) 조부는 대청의 주인이고 대청은 선조의 정신이 모이는 곳이다. 호 노인이 죽은 후에 대청의 새로운 주인은 호태명이 된다. 대륙으로 떠나는 그날 "그는 대청에서 향촉을 피우고 조상들에게 평안히 다녀올 수 있도록 기원했다. 대청의 동량에는 '공원(貢元)'이라는 편액이 걸려 있었는데 편액 위에 입힌 금박은 오래되어 닳아 없어져서 보는 이들로 하여금 옛 전통에 대해 경모의 마음이 절로 들도록 했다.

그가 대륙에서 낙심하고 돌아왔을 때에도 대청은 여전히 중요한 배경이 된다. "하늘의 뜻과 시대의 변화로 마을 사람들도 변했다. 단지 호가의 대청만이 여전히 고색창연하게 서 있었다. 태명이 대청에 들어가 향을 태우고 조상에게 절했다. 무수한 생각이 솟구쳐 올랐다. 조부의 명복을 빌었다."(185페이지) 현재 이 대청은 태명과 죽은 조부가 대화하는 장소가 되었다. 고색창연한 모습은 변동불거(變動不居)한 세상과 강한 대비를 이루었다. "금박이 떨어져 나간 '공원' 편액에는 온통 거미줄이 덮고 있고 신줏단지의 금속 장식품은 어두운 빛을 발하고 있었다. 태명이 대륙으로 떠나던 날 조상들에게 강남에 묻힐 수 있도록 해주십사 기원하였는데 지금 어쩔 수 없이 고향으로 돌아오게 되어 신주에 모신 조상들에게 부끄러웠다."(185-186페이지)

일본이 황국신민화 정책을 전개하던 그때, 태명의 형이 이 운동에 적극 동참했다. 호씨 집안의 대청도 이 조류를 비껴나갈 수 없었다. "태명이 돌아와서 조용히 뜰을 산책하다 대청 안에 들어갔다. 대청에는 이미 일본식 감실을 설치하고 일본 그림을 걸어두었다. 빈약하고 왜소한 화폭은 웅장한 건물과 부조화를 이루었다."(198페이지) 오탁류는 일본식 감실과 일본 그림이 호가 대청과 부조화를 이루는 묘사를 통하여 황국신민화 시기 일본 문화와 중국 문화의 충돌과 호태명이 여기서 느끼는 심정을 보여주고 있다.

대청은 태명에게는 문화전통이다. 그는 대청 안에서 자기가 이 전통에 속하며 전통의 일부분이라는 사실을 느낀다. 세상의 번영은 곧 이 전통의 몰락과 대비를 이룬다. 대청의 흥망성쇠를 묘사한 오탁류는 비통한 마음을 억누르며 대청을 위한 감동적인 만가를 부른다. 바로 이 정신적 공간은 호태명의 정신세계에 이루 말할 수 없는 자극을 일으킨다. 따라서 태명의 생애에서 가장 중요한 지점이다. '미치광이'는 호가 대청이 제공하는 줄거리의 배경일 뿐만도 아니고 예술적인 호소력이 깊은 공간도 아니다. 가장 중요한 것은 호가 대청이 본래 나약하고 의심 많은 태명이 폭거에 항거하도록 하는 정신적 지주가 된다는 것이다.

동생 지남이 강제로 부역에 끌려가서 죽은 지 이틀째가 된 날 태명은 미치광이가 된다. "태명은 얼굴을 관공처럼 색칠하고 호가 대청의 신주 책상 위에 앉았다. 그리고 벽에는 그가 쓴 시 한 편이 적혀 있었다. '뜻은 천하의 선비가 되는 것이지 어찌 천민이 될 것인가?……' 이 시는 유가사상이 명확하다." (이 시의 분석은 다음 절을 참조) 이때 마을 사람들이 시끌벅적하게 모였다. "호가 대청은 물샐 틈 없이 사람들로 메워졌다. 이때 태명은 붉은 화장을 하고 몸을 이리저리 흔들면서 소란스러운 중에도 신주 책상 위에 조용히 앉아 있었다."(278-279페이지) 이어서 "너희는 잘 들어라"라고 외친 후에 먼저 황민화에 적극 동참한 큰형 지강을 대놓고 "우두머리는 큰형이고 큰형은 도적의 우두머리이다"라고 성토한다. 그리고 산가(山歌)를 부르며 "대낮의 도적"이라고 꾸짖는다. 그런 후에 황민계급을 한바탕 성토한다.(280-281페이지) 이어서 마을 곳곳의 간판에 "대낮의 도적"이라는 글자를 쓰고 돌아다닌다. 결국 미치광이로 취급되어 붙들려가지 않는다. "그 후에도 태명은 묵묵하게 대청의 신주 책상 위에 앉아 있었다."(281페이지) 나중에 돌연히 사라졌는데 어부는 태명과 비슷한 남자가 그의 배를 타고 건너 언덕으로 갔다고 하고, 어떤 사람은 "곤명 방면의 방송국에서 태명이 대일본 선전 방송을 하는 것을 들었다고도 한다."(281페이지)

이 책의 말미에 오탁류는 이렇게 적고 있다. "태명은 마침내 배를 타고 바다를 건너갔을까? 진짜 곤명에 있는 것일까? 아무도 사실을 확인할 길이 없다. 그가 호가 대청에 남긴 필적은 비록 공개적으로 전람할 수는 없지만 그에 대한 이야기가 암암리에 한 사람에서 열 사람으로 또 백 사람으로 퍼져서 이 시를 안 본 사람이 거의 없었다. 이때 태평양 전쟁은 가장 치열한 상황에 돌입했다."(282페이지) 호문경은 일본 당국에 발견될 것을 두려워하여 태명의 글씨 위에 그림을 걸어두었다. 그러나 태명이 쓴 반항시는 여전히 보려는 사람들이 줄을 섰다. 이 반항시는 태명이 적극적으로 항일에 참가하려는 굳은 결의를 보여줄 뿐만 아니라 조상에게 아뢰는 자신의 고백이다. 이 시는 호가 대청의 일부분이 되었고, 이는 호태명이 대청이 상징하는 문화전통의 정신세계에 편입되었음을 의미한다. 오탁류가 심혈을 다해 묘사한 대청은 이제 최후의 완성 단계에 도달했다. 여기에서 대청의 본 의미는 활짝 빛을 발휘한다.

4. 도가에서 유가로: 호태명의 정신 역정

조부가 남긴 노장과 도연명의 서적에 담긴 도가사상은 호태명의 정신적 자산이었다. 그러나 외부 세계의 압박이 날로 거세지자 호태명은 더 이상 천지 사이에 도망할 곳이 없다는 것을 자각한다. 만약 큰형 지강처럼 황민이 되지도 않고 동생 지남처럼 고난 속에 죽지 않는다면 결국 폭압에 항거하는 것뿐이다. 사상적 변화에서 보자면 호태명은 평생 순탄치 않은 삶을 통해서 계속된 자기 성찰을 거치는데 이 과정이 '도가에서 유가로 전환'하는 역정이다.

태명은 아홉 살에 운제서원에 입학한 이래로 유학을 집중적으로 배웠고, 공립학교와 사범학교에 입학한 후에는 자연스레 서양의 학문을 흡수하였다. 그러나 조부의 영향과 교사 생활 중에 일본인들의 차별 대우에 충격을 받고 도교와 도연명의 세계로 도피한다. 그러다 조상의 산소가 일본인들에 의해 암암리에 개간지로 바뀐 것을 목도하면서 책들을 내던진다. "도연명으로는 이 상처를 아물게 할 수 없다"(108페이지)라고 한탄한다. 이제 '은일'의 처세 철학에 대한 회의가 시작된다.

대륙 여행은 본 소설에서 중요한 대목이다. 이 여행을 통하여 호태명은 자신을 새롭게 발견하며 자신이 공부한 바를 검증하게 된다. 그의 눈에 비친 대륙 여자들은 설령 모던한 의상을 입었을지라도 "5천 년 문화의 그윽한 비밀을 간직하고 있다"고 생각한다. 또한 "유교 중용지도의 영향으로 그녀들은 극단으로 치닫지 않고" 구미의 문화를 받아들일 때에도 "여전히 자신의 전통과 중국 여자 특유의 이성을 간직한다"(121페이지)고 평가한다. 유가 시교의 도야를 통하여 호태명은 "중국 문학의 시경(詩境)은 여성이 표현할 수 있을 것이며 그 안에는 유구한 역사를 간직한 유교의 훈육이 자연스레 묻어날 것이다. 이것들은 우아한 고전적 아름다움을 근대문명에서 활용한 실례가 될 것이다"(122페이지)라고 평한다. 그리하여 태명은 상해 시내 차 안의 수많은 승객들 중에서 유독 "화려한 표지의 외국 잡지와 책"을 든 여학생을 홀린 듯이 응시한다.

이처럼 중국 문화에 대한 생각을 대륙 여학생에게 투사한 태명에 대한 묘사는 숙춘과의 불행한 결혼을 전조한다. 가령 앞에서 말한 구자라는 여성이 태명이 이해한 일본 문화를 상징한다면, 상해에서 처음 만난 숙춘은 태명에게는 중국 문화의 화신이었다. 태명의 이상주의적 성격에는 현실과 메울 수 없는 간격이 존재한다.

태명이 처음 숙춘을 본 것은 상해에서 남경으로 가는 기차 안에서였는데 숙춘은 소주에서 올라탔다. 기차가 소주에 도착했을 때 태명의 뇌리에 장계(張繼, 「楓橋夜泊」)의 시구가 번뜩 떠올랐는데 마침 기차에 오른 숙춘은 "소주 미녀" 그 자체였다. 심지어는 기차가 남경에 도착하자 신발을 신은 채 가죽 의자에 올라 선반에서 짐을 내리는 것을 보고 "그녀가 내린 후에 가죽 의자에는 작고 아름다운 상해식 여자 신발의 흔적이 남을 것"을 생각했다. 태명은 이와 같은 생각들이 "매우 이기적이라"는 것을 알지만 "깜찍하고 귀여운 발자국 때문에" "그녀를 책망할 수가 없었다."(135-136페이지) 이러한 묘사는 매우 섬세하다. 이런 소소한 부분에 대한 집착은 이후 태명이 맹목적인 열애에 빠질 것과 결혼 후 숙춘의 반전을 암시하는 복선 역할을 해준다.

결혼생활에 금이 가면서 태명은 고전에서 위안을 찾고자 한다. 이때 그가 읽은 책은 『춘추』와 제자백가이다. 그는 "이런 책들을 읽으면서 자신이 이전에 가졌던 번뇌는 실상 범인들의 근심에 지나지 않는다"는 것을 깨닫게 된다.(156페이지) 이 시간들을 통하여 그는 외교부에서 일하는 객가 사람 장모를 알게 된다. 장상은 그와 시국을 논하면서 "청년의 뜨거운 피와 진정만이 중국을 구할 수 있다"(159페이지)라고 주장한다. 장상의 열변은 태명으로 하여금 과거의 세계로 도피하려는 마음을 깊이 반성하게 하는 계기를 마련한다(160페이지) 여기서 "과거의 세계"는 전술한 노장과 도연명의 사상이다. 그러나 태명은 여전히 행동이 결여되어 있다. 과거 대만에 있을 적에 증도사(曾導師)가 "일본의 불평등"에 대하여 강력하게 항의하는 것을 직접 목도하였지만 당시 그는 "조용히 서서 온몸에 뜨거운 피가 일시에 솟구치는 것을 느꼈다. ……그 전에 자신이 가지고 있던 허울 좋은 명철보신의 철학이 한순간에 무너졌다." (51페이지) 그는 항쟁의 용기가 없었다. 만약 종족 차별로 구자가 거절하지 않았다면 아마도 일본과 대만 간의 불평등한 현실을 직시하지 못했을 것이다.

이에 비하면 태명에게 구애를 받은 숙춘은 태명이 대만인이라는 것을 개의치 않았다. 태명이 가르친 학교의 여학생 소주와 유향은 늘 그에게 자신들이 쓴 시의 첨삭지도를 받았다. 태명이 익힌 국학 소양이 대만인과 대륙인의 거리를 메우고 있음을 알 수 있다. 그러나 항전이 시작되면서 국민정부에서 일본인들이 대만인을 간첩으로 활용하는 것에 대한 특별 주의를 발령하고 국민당의 반공 활동이 확대되면서 태명은 감옥에 갇히게 된다. 이는 태명이 대륙으로 건너가도록 소개한 증도사가 당시 연합전선에 참가한 좌익분자라는 것을 은연중에 암시하며, 태명이 체포된 것은 그가 단순히 대만인이기 때문이 아님을 알 수 있다. 담당 특무대원은 태명이 신중국 건설의 열정을 토로하자 감동을 받기는 하지만 "나는 네가 간첩이 아니라는 것을 믿는다. 그러나 너를 석방할 권리가 없다. 이는 정부의 명령이다"라고 말한다.(171페이지)

태명은 절망 중에 문틈으로 들어온 한 장의 편지를 받는다. "능원(陵園)에서 함께 꽃을 감상한 때를 회상하니 하늘이 보낸 손님이 저에게 왔네요. 오나라와 월나라가 본래 같은 뿌리인 줄 내 일찍 알았는데 어찌 선생께서 고통을 받으실까!"(174페이지) 태명은 글을 읽고 소주가 쓴 글임을 알아낸다. 전에 태명이 학생들을 인솔하여 명 효릉으로 소풍 갔을 적에 소주와 시를 주고받은 적이 있었다. 당시 태명은 벚꽃이 활짝 핀 것을 보고 일본 침략의 위협을 생각하여 "봄날 산에서 사방을 둘러보니 벚꽃 10리에 온갖 꽃을 덮었도다. 세상을 바로잡을 힘이 없어 술 미치광이 행세하니 이로써 마음의 울분을 삭이려네." 여기서 제3구는 태명이 마침내 미치광이 행세를 하는 복선이 된다. 당시 소주는 태명의 시에 보이는 지나친 애국충정의 정취를 다듬어서 천진한 풍의 시를 읊는다. "아련한 춘광이 따사롭게 비추는데 내 마음엔 벚꽃이 좋아라. 한 폭의 그림 같은 강남의 아름다운 풍광이니 봉화라고 착각하여 근심하지 마소서!"(175페이지) 소주는 태명의 우국충심을 알아채고 "오나라와 월나라가 본래 같은 뿌리"라는 시구를 지었다.

감옥에서 두 사람이 고시를 통해서 소식을 내왕하는 대목은 오탁류가 심사숙고하여 설정한 것이다. 비록 오탁류 본인이 한시를 편애하기 때문이기도 하지만 이 소설의 주제와 관련하여 핵심적인 내용을 담고 있다. 호태명을 구속한 것은 한 쪽짜리 '정부의 명령'이었고, 호태명을 석방한 것은 학생이다. 호태명에게 한시를 배운 학생은 사제 간의 의리를 맺게 되고 감옥에서 서로 소식을 주고받은 통신수단은 한시이다. 이 이야기는 일본 정부 혹은 중국 정부가 폭력 또는 공포정치를 통하여 대만 사람과 본토 사람 사이에 연락을 단절시킬 수는 있겠지만 중국 문화라는 기초에서 대만인과 대륙인은 결코 나눌 수 없음을 보여준다. 바로 대륙인인 소주가 "오나라와 월나라가 본래 같은 뿌리"라는 구절을 통하여 상처받은 대만인을 뜨겁게 포옹하는 데에서 알 수 있다.

태명은 소주, 유향, 유향 자부의 도움으로 남경에서 상해로 도망하여 다시 상해에서 대만으로 돌아가는 배를 탄다. 그를 배웅하면서 유향의 자부는 동정의 마음으로 태명에게 작별인사를 건넨다.

당신이 간직한 신념을 최선을 다해서 펼치고자 하는 곳마다 다른 사람은 당신을 믿지 않을 것이고 심지어는 당신이 간첩이 아닌지 의심할 것입니다. 이러니 당신은 고아가 아니고 무엇입니까? (181페이지)

'고아'라는 말은 이 소설에서는 대륙인이 대만인을 묘사하는 말이고 호태명 본인이 이렇게 생각한 것은 아니다. 정신적으로 호태명은 유구한 역사를 지닌 중국문화 전통을 간직하고 있기 때문에 정신적인 집이 있는 사람이다. 태명 본인은 자신이 '고아'라고 생각하지 않는다. 그러나 당시 정치적 현실에서 대만인 태명은 확실히 고아이다. 따라서 호태명이 극복하고자 하는 현실은 고아의식이 아니고 고아의 현실 상황이다.

대만에 돌아온 후 호태명은 강제 징집되어 광주에서 통역요원으로 종군한다. "태명은 익숙하지 않은 군도를 차고 거리를 다녔다. 그가 접한 주민들은 하나같이 적의를 품었다. 태명은 그들에게 속내를 보여주고 싶었지만 결국 할 수 없는 일이었다."(202페이지) 종국에는 항일의용군에 가담한 18, 19세 정도의 청년이 처결되는 것을 보고서 정신적으로 충격을 받아 대만으로 후송된다. 이 이야기는 태명이 대륙에서 일본인으로서 겪는 곤경을 보여준다.

태명이 대만에 돌아온 후에 황민화 운동은 최고조에 달하는데 그는 여기서 강한 거부감을 갖게 된다. 그러면서 농민들에게 희망을 찾는다. "흙과 생사를 같이하는" 농민들의 마음은 타인에 의해 흔들리지 않는다. 그들은 태어나면서부터 삶 속에 민족의식을 보존하고 있다.(229페이지) 태명은 젊었을 때 농장에서 일한 적이 있었다. 자신의 월급을 털어 여공들에게 과일을 사주고 점심시간에는 짬을 이용하여 여공들에게 속성교육을 했다.(96, 100페이지) 또 마을 아래에 있는 찻집에서 선초수(仙草水)를 마시자 농민들이 좋아했는데 그 이유는 "지체 높은 사람"은 이런 물을 마시지 않는다는 것이었다.(91페이지) 생활물자가 궁핍해진 전쟁 말기에 호태명은 평소 잘 알고 있는 농민의 초청으로 농가에서 야생 멧돼지 고기를 먹기도 한다.(252페이지) 농민들이 보여준 신뢰는 바로 앞서 서술한 대목에서 태명이 농민들을 신뢰한 것에 대한 보답이라고 할 수 있다. 서민들에 대한 관심은 산가(山歌)에 대한 태도에서도 볼 수 있다. 소설 도입부에서 호 노인이 찻잎 따는 소녀가 산에서 산가를 부르는 것을 듣고 "국풍이 망했다"(4페이지)고 했는데 호태명은 자신이 미치광이 노릇을 할 적에 산가를 부른다. 이는 호 노인 세대의 선비들보다 서민들과 더 밀접한 것을 보여준다.

미치광이 노릇을 하다 소리 없이 대륙으로 건너가기 전에 태명은 여러 차례 생각에 잠겼다. 어느 때는 그 여학생을 생각하면서 "대륙으로 돌아가려는 생각을 하기도 하고"(246페이지), 어느 때는 "국제 정세가 극변하기 때문에 대륙으로 돌아가는 생각을 갖기도 하고"(233페이지), 어느 때는 "대륙으로 돌아가서 모순 없는 생활을 꿈꾸기도 한다."(232페이지) 특히 여기서 '모순 없는 생활'이라는 말에는 대만인과 중국인은 모순이 없으며 행동과 사상 사이에 모순이 없다는 의미를 담고 있다.

일생 동안 호태명은 5가지 '신분(identity)'을 경험한다.[34] 이 5가지 신분은 호태명이 긍정하는 것도 있고 부정하는 것도 있다.

대만의 대만인
일본의 대만인
중국의 대만인
중국의 일본인
중국의 중국인

'대만의 대만인'으로서 태명은 자신의 일과 애정 모두 무시를 당하고 황국신민화 시기에는 비참한 생활을 영위한다. 심지어는 대륙에서 일본인으로 취급받는다. '일본의 대만인'으로서 태명은 대만에서처럼 무시를 당하지는 않는다. 그러나 유학생 모임에서 대륙 유학생으로부터

---

34 identity는 '認同'으로 번역되기도 한다. 그러나 '인동'은 주관적 의식에 한정되지만 신분은 객관적 인식도 포함한다. 따라서 인동과 신분은 서로 혼용할 수는 있지만 동일한 개념은 아니다.

간첩이라는 오해를 받는다. 이를 통해 태명은 처음으로 대륙과 대만의 복잡한 정치 상황을 알게 된다. '중국의 대만인'으로서 태명은 대륙 학생들의 환대와 친구들의 신뢰를 받기는 했지만 결국에는 정치적 소용돌이에 휩쓸려 감옥에 갇히고 만다. '중국의 일본인'으로서 태명은 인정받지 못한 신분이다. 광주에서 그를 적대시하는 동포와 비분강개하며 의용에 나선 청년들은 그가 제정신으로 자신을 지탱할 수 없도록 한다. 마지막으로 장기간의 모색을 통하여 지금과 같은 시기에 대만인이 '모순 없는 생활을 찾기' 위해서는 결국 '중국의 대만인'을 선택하여야만 비로소 '고아'의 '상황'을 극복할 수 있다고 결론을 내린다. (엄격히 말해서 '고아의식'은 아니다) 이는 지남이 죽을 적에 태명이 가졌던 생각이다. 소설은 암시적으로 복선을 깔고 있다. "동생의 죽음은 태명으로 하여금 어떤 문제를 철저하게 해결하도록 했다."(276페이지) "이렇게 목숨을 연명하는 것이 도대체 무슨 의미가 있단 말인가?"(277페이지)

태명은 황국신민화가 한참일 적에 『묵자』를 읽으면서 묵자가 맹자보다 글이 통쾌하다고 느꼈다. 또한 중국 역대 지식인들의 운명을 되돌아보게 된다. "종전의 노장, 도연명 등은 역사의 성난 파도에 휩쓸리지 않을 수 있었다. 그러나 현대인은 불가능하다. 현대의 '전면전' 상황에서 개인의 역량을 발휘하는 것은 제로에 가깝다."(199-200페이지) 외부의 압박과 내면의 반성을 통하여 호태명은 도가적 인생관에서 유가의 입세적이고 불굴의 의지를 간직한 '선비'의 전통으로 전환한다. 오탁류는 태명이 미치광이 행세를 할 적에 벽에 적은 시를 통해 태명이 유학으로 회심했음을 보여준다.

뜻은 천하의 선비가 되는 것, 어찌 천민이 되리오. 폭도를 물리치는 몽둥이는 어디에, 영웅을 꿈에 자주 뵈오네. 중국인의 혼은 결코 없어지지 않을 테요, 기꺼이 이 한 몸 바치리. 승냥아, 승냥아!(일본인이 대만 사람을 비하하는 말) 무슨 생각을 하느냐? 노예 생활은 원망이 많은 법, 횡포와 만행을 나중에 어찌 감당하려고. 일치단결 옛 강산을 회복하세, 600만 동포야 다함께 궐기하자, 뜨거운 피 조국을 위해 죽을 것을 굳게 맹세하리라.(278-279페이지)

제1구에서 가리키는 '선비'는 일생 한학에 침잠한 태명 자신이고 '천하의 선비'는 '국사(國士)'보다 한 단계 높은 개념이다. 이런 생각을 가진 태명이 어떻게 일본의 "천민'이 될 수 있겠는가? 제2연에서는 장량이 철퇴로 진시황을 공격한 고사에 바탕하여 진시황을 공격한 영웅들이 항상 꿈에 나타난다고 함으로써 일본의 폭압에 대한 항거를 촉구한다. "중국인의 혼은 결코 없어지지 않을 테요"는 황국신민화 시기 일본인들이 널리 선전한 '대화혼(大和魂)'과 대조를 이루는 것으로, 중국인의 혼이 소멸되지 않도록 목숨을 바쳐 수호할 것을 말한다. 이 시기 태명은 얼굴을 관공처럼 분장하고 신주 책상에 앉아 있었다. 관공에게 혼을 의탁한 이유는 관공이 '의리'의 화신이기 때문이다. 관공은 중국의 무성(武聖)이고 전쟁의 신이다. 한대 이래로 유가의 '상무(尚武)' 정신은 점차 쇠락하였다. 따라서 오탁류는 이를 통해서 유가의 상무 정신을 회복하고자 한 것이다. 마지막으로 낡은 호가의 대청, 관공의 분장을 하고 신주 책상에 앉아 있는 태명, 비분강개하며 벽에 시를 쓰는 이야기, 태명이 곤명에 들어가 항일운동에 참가하는 것에 대한 암시 등에서 오탁류는 감동적인 필치를 통해 유가사상이 어떻게 호태명 일생 최후의 정신적 근거가 되었는지를 생생하게 표현하고 있다.

■ 본 논문은 성공대학 중문과에서 주관한 제2회 '대만 유학' 국제회의에서 발표한 원고

로, 글 안의 일정 부분은 필자가 강단에서 『아시아의 고아』를 내용으로 학생들을 지도
하면서 얻은 결과물이다.

『郭店楚墓竹簡』, 北京: 文物出版社, 1998년.

『臺灣省通誌』 권5, 「敎育志 · 制度沿革篇」, 南投: 臺灣省文獻會, 1969년.

『臺灣省通誌』 권5, 「敎育志 · 敎育行政篇」, 南投: 臺灣省文獻會, 1969년.

『臺灣敎育碑記』, 臺北: 臺灣銀行經濟硏究室, 臺灣文獻叢刊 제54종, 1959년.

『臺灣民報』, 臺北: 東方文化書局複印本, 1972년.

『辭源』(修訂本, 大陸坂), 臺北: 臺灣商務印書館, 1989년.

丁宗洛, 『陳淸端公年譜』, 臺北: 臺灣銀行經濟硏究室, 臺灣文獻叢刊 제207종, 1964년.

丁鋼, 劉琪 共著, 『中國書院與傳統文化』, 上海: 上海敎育出版社, 1992년.

毛一波, 「吳鳳傳記之比較硏究」, 『臺灣文物論集』, 南投: 臺灣省文獻會, 1966년.

王天有, 『晚明東林黨議』, 上海: 上海古籍出版社, 1991년.

王必昌, 『重修臺灣縣志』, 臺北: 臺灣銀行經濟硏究室, 臺灣文獻叢刊 제113종, 1961년.

王松, 『臺陽詩話』, 臺北: 臺灣銀行經濟硏究室, 臺灣文獻叢刊 제30종, 1959년.

王瑛曾, 『重修鳳山縣志』, 臺北: 臺灣銀行經濟硏究室, 臺灣文獻叢刊 제146종, 1962년.

王鎭華, 『中國建築備忘錄』, 臺北: 時報出版公司, 1984년.

王鎭華, 『書院敎育與建築: 臺灣書院實例之硏究』, 臺北: 故鄕出版社, 1986년.

司馬遷, 『史記』, 臺北: 樂天書局, 1974년.

朱熹, 『四書章句集注』, 北京: 中華書局, 1983년.

朱熹, 『朱子語類』, 臺北: 漢京文化公司, 1980년.

朱熹, 『詩集傳』, 臺北: 中華書局, 1970년.

朱熹, 『楚辭集注』, 臺北: 河洛出版社, 1980년.

朱熹, 『朱文公文集』, 臺北: 臺灣商務印書館 四部叢刊本.

伊能嘉矩, 『臺灣文化誌』(中譯本) 下卷, 南投: 臺灣省文獻會, 1991년.

任繼愈, 『中國道敎史』, 上海: 上海人民出版社, 1990년.

江日昇,『臺灣外紀』, 臺北: 世界書局, 1979년.

余文儀, 『續修臺灣府志』, 臺北: 臺灣銀行經濟研究室, 臺灣文獻叢刊 제121종, 1962년.

何休 等,『春秋公羊傳注疏』, 臺北: 藝文印書館, 1979년.

吳文星,「日據時代臺灣書房之研究」,『思與言』제16권 3기, 1978년 9월.

吳濁流,「關於漢詩壇的幾個問題」,『臺灣文藝』제3기, 1964년 6월.

吳濁流,『亞細亞的孤兒』, 臺北: 遠景出版社, 1993년.

吳濁流,『南京雜感』, 臺北: 遠行出版社, 1977년.

吳濁流,『無花果』, 臺北: 草根出版公司, 1995년.

吳濁流,『臺灣文藝與我』, 臺北: 遠行出版社, 1977년.

吳濁流,『臺灣連翹』, 臺北: 前衛出版社, 1988년.

吳濁流,『黎明前的臺灣』, 臺北: 遠行出版社, 1977년.

吳濁流,『濁流千草集 』, 臺北: 集文出版社, 1963년.

吳濁流,『濁流詩草』, 臺北: 臺灣文藝雜誌社, 1973년.

呂宗力, 欒保群 共著,『中國民間諸神』, 臺北: 臺灣學生書局, 1991년.

李汝和,『臺灣文教史略』, 南投: 臺灣省文獻會, 1966년.

李漁叔,『三臺詩傳』, 臺北: 學海出版社, 1976년.

李南衡 編,『日據下臺灣新文學: 文獻資料選集』, 臺北: 明潭出版社, 1979년.

沈茂蔭,『苗栗縣志』, 臺北: 臺灣銀行經濟研究室, 臺灣文獻叢刊 제159종, 1962년.

周元文,『重修臺灣府志』, 臺北: 臺灣銀行經濟研究室, 臺灣文獻叢刊 제66종, 1960년.

周璽,『彰化縣志』, 臺北: 臺灣銀行經濟研究室, 臺灣文獻叢刊 제156종, 1962년.

官鴻志,「一座神像的崩解: 民眾史的吳鳳論」,『人間』제22기, 1987년 8월.

林文月,『山水與古典』, 臺北: 純文學出版社, 1976년.

林文月,「愛國保種爲己任的連雅堂」,『連雅堂先生全集』, 南投: 臺灣省文獻會, 1992년.

林文月,『靑山靑史: 連雅堂傳』, 臺北: 近代中國出版社, 1977년.

林文龍,「記臺灣的敬惜字之民俗」,『臺灣風物』제34권 2기, 1984년 6월.

林惠祥,『中國民族史』, 臺北: 臺灣商務印書館, 1983년.

林豪,『澎湖廳志』, 臺北: 臺灣銀行經濟研究室, 臺灣文獻叢刊 제164종, 1963년.

施瓊芳, 『石蘭山館遺稿』 上冊, 臺北: 龍文出版社, 1992년.

洪棄生, 『寄鶴齋詩話』, 南投: 臺灣省文獻會, 1993년.

胡建偉, 『澎湖紀略』, 臺北: 臺灣銀行經濟研究室, 臺灣文獻叢刊 제109종, 1961년.

胡秋原, 「敬答吳濁流先生: 關於新舊詩及臺灣文藝史之提議」, 『文學藝術論集』, 臺北: 學術出版社, 1979년.

胡秋原, 『復社及其人物』, 臺北: 學術出版社, 1968년.

范咸, 『重修臺灣府志』, 臺北: 臺灣銀行經濟研究室, 臺灣文獻叢刊 제105종, 1961년.

郁永河, 『裨海紀遊』, 臺北: 臺灣銀行經濟研究室, 臺灣文獻叢刊 제44종, 1960년.

倪贊元, 『雲林縣采訪冊』, 臺北: 臺灣銀行經濟研究室, 臺灣文獻叢刊 제37종, 1959년.

夏琳, 『閩海紀要』, 臺北: 臺灣銀行經濟研究室, 臺灣文獻叢刊 제11종, 1958년.

徐世昌, 『清儒學案』, 臺北: 燕京文化公司, 1976년.

徐復觀, 『兩漢思想史』 권2, 臺北: 臺灣學生書局, 1976년.

徐復觀, 『兩漢思想史』 권3, 臺北: 臺灣學生書局, 1979년.

翁佳音, 「吳鳳傳說沿革考」, 『臺灣風物』 제36권 제1기, 1986년.

翁佳音, 『臺灣漢人武裝抗日史研究: 1895-1902』, 臺北: 臺灣大學文史叢刊, 1986년.

高文, 范小平 共著, 『中國孔廟』, 成都: 成都出版社, 1994년.

高令印, 陳其芳 共著, 『福建朱子學』, 福州: 福建人民出版社, 1986년.

高拱乾, 『臺灣府志』, 臺北: 臺灣銀行經濟研究室, 臺灣文獻叢刊 제65종, 1960년.

屠繼善, 『恒春縣志』, 臺北: 臺灣銀行經濟研究室, 臺灣文獻叢刊 제75종, 1960년.

孫希旦, 『禮記集解』, 北京: 中華書局, 1989년.

郭紹虞 編, 『中國歷代文論選』, 臺北: 木鐸出版社, 1987년.

陸象山, 『陸九淵集』, 臺北: 里仁書局, 1981년.

程顥 · 程頤, 『二程全書』, 臺北: 中華書局, 1976년.

程顥 · 程頤, 『二程集』, 北京: 中華書局, 1981년.

張光直 編, 『張我軍詩文集』, 臺北: 純文學出版社, 1989년.

梁其姿, 「清代的惜字會」, 『新史學』 제5권 제2기, 1994년 6월.

梁啓雄, 『荀子簡釋』, 臺北: 華正書局, 1974년.

盛成, 「復社與幾社對臺灣文化的影響」, 『臺灣文獻』 제13권 제3기, 1962년 9월.

連雅堂, 『雅堂文集』, 臺北: 臺灣銀行經濟研究室, 臺灣文獻叢刊 제208종, 1964년.

連雅堂, 『臺灣通史』(修訂校正版), 臺北: 國立編譯館中華叢書編審會出版, 黎明公司印行, 1985년.

連雅堂, 『臺灣詩乘』, 臺北: 臺灣銀行經濟研究室, 臺灣文獻叢刊 제64종, 1960년.

連雅堂, 『臺灣詩薈』, 『連雅堂先生文集』, 南投: 臺灣省文獻會, 1992년.

連雅堂, 『劍花室詩集』, 臺北: 臺灣銀行經濟研究室, 臺灣文獻叢刊 제94종, 1960년.

郭廷以, 『臺灣史事概說』, 臺北: 正中書局, 1954년.

陳文達, 『臺灣縣志』, 臺北: 臺灣銀行經濟研究室, 臺灣文獻叢刊 제103종, 1961년.

陳文達, 『鳳山縣志』, 臺北: 臺灣銀行經濟研究室, 臺灣文獻叢刊 제124종, 1961년.

陳其南, 「一則捏造的神話-'吳鳳'」, 臺北: 『民生報』, 1980년 7월 28일.

陳昭瑛, 『臺灣文學與本土化運動』, 臺北: 正中書局, 1998년.

陳昭瑛 選注, 『臺灣詩選注』, 臺北: 正中書局, 1996년.

陳昭瑛, 『臺灣與傳統文化』, 臺北: 中山學術文化基金會, 1999년.

陳昭瑛, 『臺灣與傳統文化』, 臺北: 臺大出版中心, 2005년.

陳映眞, 「孤兒的歷史 · 歷史的孤兒: 試評『亞細亞的孤兒』」, 臺北: 遠景出版社, 1984년.

陳桐生, 「重評司馬遷的民族思想」, 『司馬遷與史記論文集』(秦始終王兵馬俑博物館 · 陝西省司馬遷研究會編), 西安: 陝西人民出版社, 제1집, 1994년.

陳國强, 田富達, 「淸朝對高山族敎化政策述評」, 廈門: 『廈門大學學報』 제2기, 1993년.

陳國棟, 「哭廟與焚儒服: 明末淸初生員層的社會性動作」, 『新史學』 제3권 1기, 1992년 3월.

陳培桂, 『淡水廳志』, 臺北: 臺灣銀行經濟研究室, 臺灣文獻叢刊 제172종, 1963년.

陳淑均, 『噶瑪蘭廳志』, 臺北: 臺灣銀行經濟研究室, 臺灣文獻叢刊 제160종, 1963년.

陳朝龍, 『新竹縣采訪冊』, 臺北: 臺灣銀行經濟研究室, 臺灣文獻叢刊 제145종, 1962년.

陳逸雄 主編, 『陳虛谷選集』, 臺北: 鴻蒙出版公司, 1985년.

陳夢林, 『諸羅縣志』, 臺北: 臺灣銀行經濟研究室, 臺灣文獻叢刊 제141종, 1962년.

陳慶元, 「宋代閩中理學家詩文: 從楊時到林希逸」, 『福建師範大學學報(哲學社會科學版)』 제2기, 1995년.

陳璸, 『陳淸端公文選』, 臺北: 臺灣銀行經濟研究室, 臺灣文獻叢刊 제116종,

1961년.

章甫,『半崧集簡編』, 臺北: 臺灣銀行經濟研究室, 臺灣文獻叢刊 제201종, 1964년.

程玉凰,『洪棄生及其作品考述』, 臺北: 國史館, 1997년.

黃宗羲,『宋元學案』, 臺北: 世界書局, 1966년.

黃典權,「臺灣南部碑文集成」, 臺北: 臺灣銀行經濟研究室, 臺灣文獻叢刊 제218종, 1966년.

黃逢昶,『臺灣生熟番紀事』, 臺北: 臺灣銀行經濟研究室, 臺灣文獻叢刊 제51종, 1960년.

黃進興,「學術與信仰: 論孔廟從祀制與儒家道通意識」,『新史學』 제5권 2기, 1994년.

黃靈芝,「我所認識的吳濁流先生」,『臺灣文藝』 제53기('吳濁流先生記念號'), 1976년 10월.

楊布生, 彭定國 共著,『中國書院與傳統文化』, 長沙: 湖南教育出版社, 1992년.

楊英,『從征實錄』, 臺北: 臺灣銀行經濟研究室, 臺灣文獻叢刊 제32종, 1958년.

楊伯峻,『春秋左傳注』, 北京: 中華書局, 1981년.

陽雲萍,『臺灣史上的人物』, 臺北: 成文出版社, 1981년.

楊熙,『清代臺灣: 政策與社會變遷』, 臺北: 天工書局, 1985년.

葉石濤,『文學回憶錄』, 臺北: 遠景出版社, 1983년.

葉榮鐘,『臺灣人物群像』, 臺北: 時報出版公司, 1995년.

葉榮鐘,『臺灣民族運動史』, 臺北: 自立晚報出版公司, 1971년.

劉良璧,『重修臺灣府志』, 南投: 臺灣省文獻會, 1977년.

劉妮玲,「連橫民族史觀的價值與限制; 以清代臺灣民變爲例說明」,『臺北文獻』 제61-64기 합본, 1983년.

劉枝萬,『臺灣中部碑文集成』, 臺北: 臺灣銀行經濟研究室, 臺灣文獻叢刊 제151종, 1962년.

劉述先,『黃宗羲心學的定位』, 臺北: 允晨出版公司, 1968년.

劉勰 著, 周振甫 注,『文心雕龍』, 臺北: 里仁書局, 1984년.

蔣毓英 編纂, 陳碧笙 校註,『臺灣府志』, 廈門: 廈門大學出版社, 1985년.

陳乃乾 等 著,『徐闇公先生年譜』, 臺北: 臺灣銀行經濟研究室, 臺灣文獻叢刊 제123종, 1961년.

鄭亦鄒 等 著,『鄭成功傳』, 臺北: 臺灣銀行經濟研究室, 臺灣文獻叢刊 제67종, 1960년.

陸世儀 等 著, 『東林與復社』, 臺北: 臺灣銀行經濟硏究室, 臺灣文獻叢刊 제259종, 1968년.

鄭喜夫 編, 『民國連雅堂先生橫年譜』, 臺北: 臺北商務印書館, 1980년.

鄧孔昭, 『臺灣通史辨誤』(臺灣版), 臺北: 自立晩報出版公司, 1991년.

盧德嘉, 『鳳山縣采訪冊』, 臺北: 臺灣銀行經濟硏究室, 臺灣文獻叢刊 제73종, 1960년.

薛化元, 「吳鳳史事探析及評價」, 『臺灣風物』 제32권 제4기, 1982년.

謝金鑾, 『續修臺灣府志』, 臺北: 臺灣銀行經濟硏究室, 臺灣文獻叢刊 제140종, 1962년.

대만의 한국유학열(韓國儒學熱)에 답하다

아마 2012년 봄 무렵인 것 같다. 최영진 교수께서 이 책을 국내 독자들에게 소개를 해보자고 한 때가 말이다. 한 해 전에 제법 긴 중국 유학생활을 마치고 방금 귀국한 역자에게 '대만 유학'이란 책 제목은 다소 생소한 느낌이었지만 그렇게 해서 이 책과 인연을 맺게 되었다.

그 해 6월 제4회 국제한학회의(國際漢學會議)에 최영진 선생의 통역으로 참석할 기회를 얻었다. 대만 중앙연구원(中央研究院)에서 진행된 수일간의 학술대회에서 저명한 학자들을 뵐 수 있었는데 특히 노신사 풍에 눈빛이 형형한 노사광(盧思光) 선생이 기억에 남는다. 회의 중간 주최 측에서 도시락 점심을 준비하여 삼삼오오 식사를 같이하게 되었는데 중앙연구원의 임월혜(林月惠) 선생이 본 역서의 저자인 진소영(陳昭瑛) 대만대학 교수를 소개해 주었다. 당시 많은 분들이 함께 한 자리라 많은 이야기를 나누지는 못했지만 활달한 성격이라는 느낌을 받았다. 이때가 저자와의 첫 만남인 셈이다.

두 번째 만남은 그리 오래 걸리지 않았다. 그해 2012년 11월에 성균관대학교 유학대학에서 "유교 르네상스"라는 주제로 국제학술대회를 개최하였는데 해내외의 많은 저명 학자 분들이 오셨다. 그 중에 진소영 교수도 있었는데 마침 역자가 발표 통역을 맡게 되었다. 통역을 준비하기 위해 논문을 꼼꼼히 읽으면서, 중문과를 나온 문학전공 자임에도 불구하고 유학(특히 이학)에 대한 상당한 조예를 가진 분이라는 것을 알았다. 나중에 알게 된 사실이지만 철학전공 석사 학위를 갖고 계셨다.

이 책의 탄생 배경에 대해서는 저자가 서문에 대강을 밝혀놓았고 역자도 유교문화연구소에서 발행하는 (국제판)『유교문화연구』19호(2013년)에 "대만 본토성과 유학 보편성의 결합(臺灣的本土性和儒學的普世性之結合)"이라는 제목으로 내용을 소개한 바가 있다. 이 책은 원제목인 "대만 유학: 기원, 발전과 전환(臺灣儒學: 起源, 發展與轉化)"에서도 알 수 있듯이 대만 유학의 정체성 확립이라는 거대한 목적 하에 기존에 발표했던 관련 논문들을 묶은 단행본이다.

이 책에서 다루고 있는 주제들은 저자의 넓고도 깊은 공부 역정을 통하여 뽑아 올린 결과물들로 구체적으로는 문학, 사학, 철학 등 다양한 분야를 섭렵하면서 대만 내 유학 전통의 기원과 발전 양상을 밝히고 있다. 당연히 이 결과물은 저자가 서문에 밝히고 있듯이 새로운 분야를 창립한다는 사명감을 가지고 일구어낸 지난한 지적 작업의 소산이다.

이 책을 번역한 역자로서 가장 큰 애로는 이 책에서 다루고 있는 대만 유학 관련 내용들에 대해서 번역자가 거의 무지한 상태였다는 점이다. 그리하여 책에서 기술하는 구체 사건의 역사적 배경, 인명, 지명 및 전장(典章) 제도를 일일이 찾아보고 또 어떤 부분은 직접 저자의 가르침을 받기도 했지만 여전히 미진한 부분이 있음을 솔직히 고백하지 않을 수 없다. 이 과정에서 번역을 위해서 한 공부이기는 하지만 대만 유학에 대해서 친숙감과 어느 정도 이해를 갖게 된 것은 예외의 소득이다.

1992년은 김영삼 정부에서 한·중 수교를 맺은 해이다. 이 역사적인 수교는 대만과의 외교 단절이라는 대가를 치르고 얻은 것이었다. 당시까지 대만은 중국 철학 연구를 위해 유학을 떠나는 중요 국가였고, 학계의 원로 학자 분들 말에 의하면 대만 정부에서도 한국 유학생들에게 많은 혜택을 주었다고 한다. 한·중 수교 이후로 여전히 많은 학생들이 유학을 가고 학자들 간에 교류가 활발하기는 하지만 분명 그 이전과는 온도차가 있다는 이야기를 들은 적이 있다.

최근 수년 사이 대만 학계(유학 분야)의 추세 중 한 가지는 한국 유학에 대한 관심도가 높아지고 있다는 점이다. 가령 대만대학의 황준걸(黃俊傑) 선생을 위시한 대표적인 학자 그룹들이 한국 유학(조선유학)에 대하여 관심의 수준을 넘어 본격적으로 연구하고 있다는 점은 이러한 분위기를 잘 보여준다고 할 것이다. 이러한 추세에 대해 여러 가지 원인 설명이 가능하겠지만 분명한 것은 대만 내 유학연구자들의 이른바 한국유학열(韓國儒學熱)은 현재도 진행 중이라는 사실이다.

이런 즈음에 중국 철학을 공부하기 위해 가던 대만, 한국의 많은 유학생들에게 혜택을 주었던 대만, 한국의 유학 전통을 경이롭게 평가하고 있는 대만 정도의 이해에 그치지 않고, 한국의 동양철학(유학) 전공자들을 포함한 광범위한 독자들이 이 대만 유학의 그 은밀한 탄생과 발전을 진지하게 살펴본다는 것은 본인의 시야를 넓히는 데에도 그렇고 앞으로 양국 간에 새롭게 펼쳐질 다양한 교류를 위해서도 좋은 바탕이 될 것으로 기대한다.

끝으로 현재 성균관대학교 유학대학 동양철학과(대학원)에서 수행하고 있는 제3단계 BK21플러스 사업에 한·중·일 유학 글로컬리티

랩 디렉터로 최영진 교수께서, 연구교수로 역자가 참가하고 있는데
본서는 본 랩의 최신 성과물이기도 한 점을 밝혀둔다.

번역자를 대표하여 선병삼 씀

대만 유학, 그 은밀한 탄생과 발전

초판 1쇄 인쇄 2014년 7월 18일
초판 1쇄 발행 2014년 7월 25일

지 은 이	진소영
옮 긴 이	최영진 · 선병삼
펴 낸 이	김준영
펴 낸 곳	성균관대학교 출판부
출판부장	박광민
편 집	신철호 · 현상철 · 구남희
마 케 팅	박인봉 · 박정수
관 리	박종상 · 김지현
등 록	1975년 5월 21일 제 1975-9호
주 소	서울특별시 종로구 성균관로 25-2
대표전화	02) 760-1252~4
팩시밀리	02) 762-7452
홈페이지	press.skkup.edu

ISBN 979-11-5550-056-9   93150

잘못된 책은 구입한 곳에서 교환해드립니다.